사회복지 현장실습
A to Z

석말숙 · 김정진 공저

SOCIAL WELFARE PRACTICUM A TO Z

학지사

본 연구는 2021년도 나사렛대학교 교내연구비 지원으로 이루어졌음.

머리말

'십 년이면 강산도 변한다'는 말이 있다. 그러나 현대사회에서는 모든 것이 급변하고 있어 '조변석개(朝變夕改)'라는 말이 더 어울린다. 급변하는 세상 속에서 살아남기 위해서는 변화에 적응하고, 그 변화를 주도해야 할 것이지만, 오히려 변하지 말아야 할 것도 있다. 그중 하나가 "훌륭한 사회복지사는 현장실습에서 만들어진다."라는 교육 신념이다.

사회복지는 이론과 실천기술을 함께 배우는 실천학문이며, 사람을 상대로 하는 휴먼서비스다. 따라서 사회복지사는 철저한 현장실습교육을 기초로 이론과 실천기술을 함양해야 한다. 그러나 사회복지 현장실습교육은 다양한 이유로 인해 그다지 철저하게 이루어지지 못하고 있다. 그 여러 이유 중 하나가 교재의 문제다. 기존의 교재는 학생들의 실습에 큰 도움을 주지 못할 뿐 아니라, 수업 교재로 활용하는 데 적합하지 않다는 아쉬움이 있다. 사회복지 현장실습은 대학교와 현장기관, 학생, 실무자와 교수가 공동으로 만들어 가는 실천교육과정이다. 그러나 대부분의 학생은 사회복지 현장실습 과목을 '교과서가 필요 없는 과목' '별도의 준비가 필요 없는 과목' '자신의 실습 경험을 발표만 하면 되는 과목' 등 소극적이고 개인적인 작업으로 인식하고 있다. 안타까운 일이다.

필자들이 재직하고 있는 대학에서는 사회복지 현장실습교육을 내실 있게 진행하고자 의무 실습 2회, 심화 실습 과목 개설, 실습기관 방문을 통한 협력교육 등 다양한 시도를 하고 있다. 최근에는 학생들이 실습을 하기 전에 현장 실무자를 초빙하여 '실습 아카데미'라는 교육과정을 열어 학생들의 사전준비와 자발적 학습동기 강화를 돕고 있다. 이는 학생들에게서 사회복지 실무현장과 대학이 학생들의 욕구가 반영된 내용으로 공동 교육을 실시하기 때문에 도움이 된다는 평을 이끌어 내고 있다.

따라서 이와 같은 교육 경험에 기초하여 이 책을 구성하였다. 제1부에서는 사회복지 현장실습의 개요와 이론, 제2부에서는 사회복지 현장실습을 위한 점검과 준비, 제3부에서는 사회복지 현장실습의 실제, 제4부에서는 사회복지 현장실습슈퍼비전 그리고 부록에서는 한국사회복지사 윤리강령과 사회복지 현장실습에 필요한 서식 등을 제시하였다. 제1부와 제4부는 김정진 교수가, 제2부와 제3부는 석말숙 교수가 집필하였고, 사회복지 현장실습에 필요한 서식은 한국사회복지사협회의 권고안을 소개한 것이다.

　훌륭한 사회복지사를 배출하기 위해 함께 노력하고 열정적으로 실습교육에 임하는 나사렛대학교 사회복지학부 교수님들에게 깊은 감사의 인사를 전한다. 아무쪼록 이 책이 학생 및 현장의 슈퍼바이저, 학교의 실습 교과 운영에 도움이 되기를 바란다.

2022년 2월
저자 일동

차례

제4부 사회복지 현장실습슈퍼비전

제**1**부

사회복지 현장실습의 개요와 이론

제1장
사회복지사의 정체성과 실습교육

　한국사회복지교육협의회(2012)에서는 사회복지 현장실습은 학생들이 학교에서 배운 사회복지실천의 가치 및 윤리와 사회복지실천지식 및 기술을 실제 현장에 적용하고 실행함으로써 전문직의 사명감과 실천능력을 겸비한 사회복지사로 교육하고 훈련하는 과정이라고 정의한다. 사회복지 현장실습은 강의실에서 습득한 지식과 개념을 실제 상황에 적용함으로써 학생의 실천적 지식, 기술 및 가치관을 학습하는 기회를 제공하는 전문교육의 핵심 교과과정이다. 그러므로 사회복지 교과목 중에서 현장실습은 실천현장의 직접 경험을 위해 학생이 투입해야 하는 교육 시간이 가장 큰 부분을 차지하고 있다.

　이는 실천적 지식교육을 위해서 지식과 응용의 통합이 필요하며, 이를 위해 선지식(preparing), 직접적인 경험(action), 지식과 경험의 후 통합을 위한 반성적 재통합(retrospective learning)과 같은 일련의 과정이 수반되어야 함을 의미한다. 듀이(Dewey, 1972)는 인간이 기본적으로 반성적 고찰 능력과 성향을 가지고 있으므로 실제적인 경험 교육은 가치관과 전문적 견해의 발달에 효과적이라고 하였다. 이러한 개념에 기초하여 성인교육학(andragogy)이라는 교육 개념이 1970년대에 체계화되었다. 이 개념은 특히 성인학습자에 초점을 두고 있으며, 교육을 지식으로 전환하는 데에 초점을 두는 'pedagogy(교육학)'와 달리 자기 지향적인 질문의 반성적 고찰과 적극적이고 상호적인 활동을 통한 지식화의 학습 과정을 의미한다. 노울즈(Knowles, 1972)는 사회복지교육의 대상과 목적을 고려할 때 사회복지교육은 성인학습모델에 기초하는 것이 적절하며, 그 필요성을 다음과 같다고 하였다.

- 전문적인 교육을 목표로 하는 대학 교육의 주 대상은 자기 지향적인 학습 양식을 선호하는 성인이다.
- 성인학습자의 학습 과정에서는 학습동기에 영향을 미치는 생활 경험이 존중 되어야 하고, 이를 학습에 활용하도록 성인학습자를 격려해야 한다.
- 성인학습자는 역할 성취를 위한 학습동기가 높기 때문에 실천현장에서 클라 이언트와의 직접 경험이 학습의 효과를 극대화한다.
- 성인학습자는 학습에 있어 주제중심 접근보다는 문제중심 접근 경향이 있어 즉각적인 지식 적용 기회를 선호한다.

이러한 성인학습모델의 특성과 강점은 사회복지 현장실습교육에 더욱 적합하다. 사회복지 현장실습교육의 학습과정은 이론중심의 강의실 수업과 달리 경험적, 참여적, 성찰적 학습과정으로 구성되어 있기 때문이다. 사회복지실천현장에서의 직접적인 경험과 문제해결적 실천학습을 통해 자기성찰을 기반으로 자기 지향적, 실천적용의 학습동기가 강화되는 성인학습모델에 의해 학습효과가 극대화될 것이다.

성인학습 차원에서 사회복지 현장실습교육의 효과를 강화하기 위해서는 우선 사회복지사는 어떤 전문직인가, 어떤 직무를 감당하도록 요구받고 있는가에 대한 그 정체성과 직무를 이해해야 한다. 이를 토대로 실습교육의 목적을 명확히 하고, 현장실습교육모델의 특성을 인지하고 실습에 임하는 것이 필요하다. 또한 최근 2년 이상 지속되는 코로나19 팬데믹과 디지털 사회로의 빠른 전환은 우리 사회에 뉴노멀을 형성하며 사회복지실천 현장과 직무에도 큰 변화를 가져오고 있다. 이러한 변화를 인식하고 실천현장에서 실습을 준비하는 것이 요구된다.

1. 사회복지사의 정체성과 직무

1) 사회복지사의 정체성

사회복지는 모든 인류가 추구하는 삶의 궁극적 목적을 나타내는 이념이면서도 동시에 이를 실현하고자 하는 사회적 제도다. 사회복지의 목적과 이념을 달성하기 위해서는 사회제도나 정책 혹은 사회복지에 대한 인식의 확대만으로는 불가능하며, 사회복지를 실현시킬 수 있는 체계적이고 구체적인 기술이나 전문적인 실천활동이 요구된다. 사회복지실천은 인간과 사회환경에 대한 과학적 지식과 기술을 토대로 인간의 문제와 욕구를 해결할 수 있는 서비스나 프로그램을 계획하고 개발하며 이를 실행하는 전문적인 실천활동으로서 계획된 변화(planned change)를 유도하는 전문적 활동이다. 사회복지의 전문적 활동은 다른 휴먼서비스 전문직에 비해 '무덤에서 요람'까지 다양한 발달주기와 다양한 삶의 문제를 가진, 다양한 부류의 클라이언트를 만나면서 이루어진다(김정진, 2019).

톰슨(Thompson, 2009)은 원조전문직으로서 사회복지전문직의 역할과 정체성의 특징을 다음과 같이 분석하고 있다. 첫째, 사회복지사는 법에서 규정한 업무를 수행한다는 특수한 상황에 놓여 있다. 법에 규정된 업무를 수행하기 때문에 사회복지사는 법적 책임을 지며, 법의 맥락에서 실천해야 하는 의무를 진다. 둘째, 사회복지실천에는 보호와 통제 사이의 긴장이 존재한다. 사회복지는 당연히 보호와 원조를 위한 전문직이지만, 한편으로는 사회 통제의 요소가 있다. 이러한 상황은 사회복지가 개인뿐 아니라 사회의 복지를 보호하고 증진해야 하기 때문에 일어나는 것으로 보호와 통제라는 이중의 책임은 사회복지사에게 갈등과 긴장을 야기한다. 셋째, 사회복지실천은 '사이에 낀(caught in the middle)' 입장에 처해 있다. 보호와 통제의 긴장에서 알 수 있는 것처럼 사회복지사는 개인과 사회 사이에 끼여 있으며, 이외에도 여러 상황에서 서로 상충하는 사회적 힘 사이에 '낀' 상태를 경험하게 된다. 이는 사회복지사가 단순하고 공식화된 정답에만 의존할 수 없으며 그 상황과 맥락에 따라 행동하고 대처하는 경우가 많다는 의미다. 넷째, 사회복지는 사회의 '지저분한 일'을 처리하는 역할을 하고 있다. '청소'를 사회복지의 기능 중 하나라고 보는 것으로 사회 정책이나 체계의 실패로 발생하는 문제를 처리하는 역할을 의미한다. 이로 인해 복지국가에서 사회복지

제도가 차지하는 역할은 '땜질(patch up)'의 역할이라 하기도 한다. 다섯째, 다른 원조전문직과 비교할 때 사회복지의 두드러진 특징은 바로 사회정의에 대한 헌신이다. 사회와 사회 문제에 대한 비판적 관점은 사회복지의 근본적 부분이며, 사회정의를 위한 실천은 사회복지의 정체성, 즉 사회복지실천의 성격을 규정하는 중심 특징이다(임정기, 최명민, 2016에서 재인용).

사회복지실천현장과 분야들은 고정된 것이라기보다는 사회변화와 밀접한 관련성을 갖고, 그 사회의 변화하는 가치나 사회문제, 법률, 사회서비스의 발달 등에 따라 새롭게 등장하거나 사라지고 통합되기도 한다. 최근 실천현장의 변화를 살펴보면, 인구구조의 변화로 인한 노인복지분야의 서비스욕구가 증대되고, 여성의 노동시장참여가 증가되면서 아동의 보육서비스 욕구도 증가하고 있다. 아울러, 빈곤과 가족해체를 예방하고 치료하기 위한 가족지원서비스의 확대도 요구되고 있다. 노인, 아동, 여성, 가족복지 분야는 전통적인 사회복지실천분야에 포함되어 있으나 서비스 실천현장이 다양화되고 서비스대상의 수가 확대되고 있다(김기태 외, 2005). 1990년대 이후 전 지구적인 세계화의 흐름 속에서 재외 동포 및 북한이탈주민, 외국인 등의 다양한 경로를 통한 국내 유입이 증가하여 다문화 배경의 클라이언트와 관련 현장도 증가하였다. 또한 2019년 12월 코로나19 팬데믹 이후 사회적 거리두기 강화로 돌봄공백의 문제가 심화되면서 비대면 서비스 실천이 활발해지고, 지역사회복지체계의 개편 필요성이 논의되고 있다.

이처럼 사회복지전문직은 국가의 사회복지입법과 사회복지정책에 기초하여 인간 삶의 문제를 포괄적으로 다루며 전인적으로 접근하여 그 문제의 범위와 유형, 실천의 수준과 개입의 범위, 근무 기관과 서비스 대상 집단 등에 있어서 직무가 매우 광범위하고 다양하다. 이런 특성으로 인해 사회복지사를 하나의 속성으로 규정하기 어렵고, 각 현장과 수행 직무에 따라 다르게 정의되어야 한다는 주장도 있지만, 분명한 것은 사회복지사는 우리 사회의 꼭 필요한 곳에서 시민의 삶의 질 향상을 위한 서비스 제공자이자 유능한 문제해결자로서 존재하며 활약하는 전문가다(임정기, 최명민, 2016).

2) 직무

사회복지사는 다양한 현장에서 다양한 삶의 문제와 복합적인 욕구를 가진 클라이언트를 효과적으로 돕기 위해 일반주의(generalist) 실천을 한다. 일반주의 사회복지실천은 생태체계 관점을 기반으로 정책과 임상의 이원론적 사회복지 접근 방법의 통합을 지향하며, 이는 다른 전문직과 차별화되는 정체성이다. 일반주의 실천을 위한 사회복지사의 전문역량은 다양한 현장에서 만나는 클라이언트와 클라이언트를 둘러싼 사회적 상황과 구조의 맥락, 클라이언트를 돕기 위한 다양한 자원에 대한 지식과 돕는 과정에서의 전문적 태도와 가치 그리고 통합적으로 실천하는 방법과 기술이다(김정진, 2019).

일반주의적 실천에 기초한 사회복지사의 직무는 주로 크게 직접 서비스 영역과 간접 서비스 영역으로 구분된다. 직접 서비스의 대표적 직무로는 사례관리가 있으며, 기타 상담과 프로그램 제공 등이 직접 서비스 영역에 포함되고 있다. 이 중 사례관리직무는 사례발견과 사정부터 자원 연결, 평가, 사후관리 등의 매우 복잡한 하위 과업으로 구성된다. 프로그램 제공을 위해서는 프로포절 작성, 프로그램 운영 및 모니터링, 성과 평가 등의 하위과업이 있다. 간접 서비스 영역은 다양한 직무를 포괄하는데, 대표적인 직무로는 지역사회 서비스, 자원 개발 및 연계, 조직 및 인사 관리 등의 행정 직무가 있다.

〈표 1-1〉 사회복지사의 직무 영역

직접 서비스		간접 서비스	
상담 및 사례관리	프로그램 개발 및 운영	지역사회 조직화	조직 관리 및 행정
접수부터 종결까지 과정, 위기개입, 자원 확보 및 연계, 옹호 관련 법규 이해 및 적용, 다문화 수용, 사례회의 운영 등	프로포절 작성, 프로그램 운영 및 모니터링, 성과 평가	자원 발굴 및 관리, 욕구 조사 및 분석, 지역사회 활동, 연계망 조직, 주민조직화, 아웃리치, 주민 리더 발굴 등	인력관리, 직무관리, 직원 평가, 시설관리, 재정 및 문서 관리

이러한 직무 특성을 반영하여 한국사회복지교육협의회(2012)에서는 현장실습을 통해 사례관리, 면접기술, 프로그램 계획과 실행, 지역사회 요구조사, 사회복지기관 보고서 및 논문 등 검토와 활용, 개인 및 집단의 요구에 맞는 전문적 실천, 클라이언트 문제해결에 도움을 줄 수 있는 자원 이용, 지역사회서비스 전달

체계 파악, 지역사회의 다른 기관들과의 네트워크, 지역사회 내 자원봉사자와 후원자 파악과 활용, 지역사회 내 공식·비공식 자원과 연계망 활용 등과 같은 직접·간접 서비스 직무를 실천적으로 학습하도록 권장하고 있다.

3) 4차 산업혁명과 포스트 코로나 뉴노멀 시대 사회복지실천 변화

4차 산업혁명이라는 용어는 독일의 'Industry 4.0'이라는 개념에서 출발하였다. 이 용어는 2016년 1월 세계경제포럼(World Economic Forum: WEF)이 4차 산업혁명의 이해를 주제로 대회를 개최한 이후 세계적으로 급속히 확산되었다. 세계경제포럼에 4차 산업혁명의 도래를 강조했던 클라우스 슈밥(Klaus Schwab)은 1차 산업혁명은 철도건설과 증기기관의 발명을 바탕으로 한 생산이 가능해진 시기로, 2차 산업혁명은 전기와 생산 조립라인의 출현으로 대량생산이 가능해진 시기로 규정한다. 3차 산업혁명은 반도체와 메인프레임 컴퓨팅, 인터넷 발달이 주도하였고, 컴퓨터 혁명 또는 디지털 혁명을 말한다. 3차 산업혁명 토대 위에 유비쿼터스 모바일 인터넷, 더 작고 강력해진 센터, 인공지능과 기계학습이 제4차 산업혁명의 특징이다(이재완, 2020에서 재인용).

4차 산업혁명은 과거의 전통, 상식, 가치를 뒤바꿀 만한 파급력으로, 전 세계에 큰 변혁을 가져오고 있다. 과거 1~3차 산업혁명에서도 일자리뿐만 아니라 사회, 경제, 문화, 복지 등 사회 전반에 큰 변화를 가져오고 새로운 표준(new normal)을 설정하였듯이, 4차 산업혁명도 삶의 디지털화로 뉴노멀을 제시하고 있다. 이에 우리나라도 2016년 다보스포럼에서 제4차 산업혁명 담론이 확산된 직후 2017년 대통령 직속 4차 산업혁명위원회를 신설하고, 21개 부처 합동으로 '혁신성장을 위한 사람중심의 4차 산업혁명 대응계획(I-KOREA 4.0)'을 발표했다. 이 계획의 핵심 내용에는 지속 가능한 스마트시티 모델 구현, 자율제어 기반 지능형 스마트홈 확산, 진료정보 전자교류 전국 확대, 맞춤형 정밀진단·치료 확산, AI 기반 신약개발 혁신 등이 포함됐다(대통령직속 4차산업혁명위원회, https://www.4th-ir.go.kr).

사회복지와 관련해서는 간병·간호 지원 로봇 도입, 치매노인 생활보조 혁신 등의 내용이 포함되어 있다. 구체적으로, '내 삶을 바꾸는 2021년 한국판 뉴딜 추진계획'의 2021년도 사업에는 '스마트 의료 및 돌봄 인프라 구축'이 포함되었다. 이에 건강 취약계층 IoT·AI 활용 디지털 돌봄 시범사업 추진 및 어르신·

장애인을 위한 돌봄 로봇 4종 개발 사업 등 돌봄 사업에 도입되고 있다.

현재 돌봄 사회서비스 분야에서 디지털 기술과 관련성이 많고 도입이 이루어지고 있는 영역은 장애인복지와 노인복지 분야다. 복지급여로 제공되는 대부분의 장애인 보조기구나 노인복지용구가 하이테크 제품은 아니지만, 인공지능 스피커, 동작 감시 센서, 반려 로봇 등 다양한 디지털 기기가 접목되기 시작했다. 구체적으로 국내 사회서비스 분야의 디지털 기반 서비스 모델을 살펴보면, 공공부문과 민간부문에서 사례들이 늘어나는 추세다. 한국사회보장정보원은 복지포털 '복지로'와 사회보장 정보시스템 '행복e음'을 운영하고 있다. 보건복지부는 2009년 유비쿼터스 기반 공공서비스 촉진사업의 일환으로 '독거노인 u-Care 시스템 구축 사업'을 추진한 이후 지방자치단체와 협력해 지속적으로 서비스를 확대하고, ICT 기반의 '독거노인·중증장애인 응급안전서비스' 인프라를 구축했다. 지방자치단체들은 자체 예산을 활용하거나 스마트도시 사업과 연계해 독거노인을 위한 돌봄 로봇과 안전 확인 서비스를 포함한 응급지원 시스템을 구축하고 있다. 보건소에서도 취약 집단 중심으로 혈압이나 체온을 측정하는 디지털 기기를 보급하고 있으며, 스마트 건강관리 서비스를 제공하고 있다. 한편, 기업들은 사회공헌사업 차원에서 지역사회 취약 노인들에게 인공지능 스피커를 보급하거나 ICT 복합공간 등을 조성해 고령자들의 디지털 격차 문제 해소에 기여하고 있다(복지타임즈, http://www.bokjitimes.com).

더욱이 2019년 말부터 시작된 코로나19 팬데믹으로 인한 사회적 거리두기 강화로 교육, 소비, 물류 등 사회 전반에 비대면 방식이 강화되고, 디지털 온라인 사회가 가속화되고 있다. 사회적 거리두기로 제한된 생활에 활력과 여가를 제공하기 위한 운동, 요리, 놀이, 그림, 원예 등을 교육하는 유튜브 채널 운영, 스마트폰을 활용한 일대일 화상통화 사례관리 등 사회복지실천에서도 다양한 디지털 온라인 사회복지서비스가 이루어지고 있다. 사회복지 분야에서도 '디지털 전환'이 시작된 것이다. 향후 4차 산업혁명의 고도화되고 다양한 기술에 대한 사회복지 현장에서의 적용이 증가할 것이고, 클라이언트의 삶의 질 향상에 도움을 줄 수 있을 것이다.

대통령직속 4차산업혁명위원회에서는 사회보장 부문에서 사회적·경제적 불평등 심화의 원인인 정보격차의 문제에 대응하고자 빅데이터를 활용한 개인 맞춤형복지제공을 대안으로 내세우고 있으며, 로봇과 복지를 결합한 국가적인 지원으로 격차를 줄일 필요성에 대해 언급하였다. 이에 2019년부터 빅데이터를 활용하여 건강관리가 필요한 노인 및 장애인을 발굴하고, 맞춤형 건강관리 서비스를 제공하는 지역사회통합돌봄(커뮤니티케어) 선도사업을 실시하고 있다. 이러한 대전환의 시대에 대응하기 위해서는 사회복지교육에 있어 시대가 요구하는 새로운 인재상과 학문적 정체성에 대한 재정립과 교육관 정립, 융합인재 양성 및 교육을 위해 인공지능로봇 활용 및 사물지능기술과 같은 미래사회 변화에 맞는 새로운 인력양성체계 구축, 빅데이터 활용 및 분석과 같은 복지정보교육 강화 등이 이루어져야 할 것이다(남희은 외, 2020).

이처럼 4차 산업혁명 기술과 사회복지와의 연계성이 증가됨에 따라 융합적 실천역량이 요구될 것이다. 미국 사회복지교육협의회(CSWE)에서는 2022 교과 과정인정기준(Educational Policy and Accreditation Standards: EPAS)의 우선적인 고려사항으로 기술과 정보이해 및 운영능력, 다양성·공평·포용, 데이터 기반 표준, 현장교육 및 변화하는 실천맥락, 고등교육의 변화와 과제 등을 제시하였다. 이로부터 사회복지 현장실습교육에서 정보기술 이해 및 가치윤리 역량을 함양하는 것이 중요함을 알 수 있다. 이는 코로나19 상황이 지속되면서 더욱 강조되고 있다. 즉, 정보기술 및 디지털 기술을 활용하여 변화에 대응하는 개별 및 소규모 맞춤형 대면·비대면 프로그램과 서비스 개발, 대규모 집단 대상 표준화 서비스 개발, 대면·비대면 관계형성 및 사회적 네트워킹 능력 등의 실천역량이 요구되고 있다(김희수, 2020). 이처럼 융합적 기술과 접목한 서비스 사정과 개입과정에서 대상자의 특성과 상황에 대한 개별화가 필수적이며, 공간의 제약을 넘어서는 서비스가 확대될 것이다. 이때 인권과 윤리에 관한 민감성이 요구될 것이며, 인간과 사회에 관한 인문학적 성찰 능력과 윤리적 민감성이 요구될 것이다.

2. 실습교육의 목적

사회복지 현장실습교육의 목적은 사회복지 전공학생들의 개인적 자질과 능력, 사회적 능력, 학교에서 갖춘 전문적 지식·가치·기술 등을 실천현장에서 적용해 보는 기회 제공에 있다(박종엽, 이효선, 2009). 이를 통해 학생들은 사회복지사에 대한 정체성을 확립해 가며 사회복지사로서 필요한 자질과 실천능력을 향상시키는 기회를 가지게 된다. 즉, 사회복지사에게 요구되는 직무역량을 준비하고 갖추기 위해 사회복지실천현장에서 예비사회복지사로서 다양한 과제를 수행하며 실무 경험을 터득하는 경험적 학습을 통해 사회복지사의 전문적 태도와 실천지식 및 기술을 함양하는 것이다.

한국사회복지교육협의회(2012)는 사회복지 현장실습의 목적을 다음과 같이 일곱 가지로 제시하고 있다.

- 학교에서 배운 사회복지 가치 및 윤리강령 내용, 지식 및 기술을 사회복지 실천 현장의 문제해결 과정을 통해 새로운 실천기술과 기술을 습득한다.
- 실습현장에서 사회복지실천과정을 통해 새로운 실천기술과 기술을 습득한다.
- 지역사회 내 표적집단 및 위기집단의 강점 · 특성 · 자원을 발굴하고 활용할 수 있는 능력을 기른다.
- 사회복지 기관 또는 조직의 행정 및 정책을 이해하고 이를 실천에 적용할 능력을 기른다.
- 실천현장 관련 국가 및 지역의 사회복지정책 및 전달체계를 이해하고 이를 실천에 적용할 능력을 기른다.
- 사회복지전문인력으로서 자신의 적성을 점검하고 자신에 대한 이해를 높이는 과정을 통해 전문적 자기인식과 정체성을 형성한다.
- 사회복지실천 현장 및 분야에 대한 이해도를 높여 실습한 내용을 학문적으로 이해하고 통합하는 능력을 기른다.

한국사회복지사협회(2010)에서는 다음의 구체적인 실습지도 목적을 가지고 실습지도를 수행해야 한다고 명시하고 있다.

- 실천현장의 문제해결 및 서비스 제공 과정에서 사회복지 가치 및 윤리강령의 내용, 지식 및 기술을 적용할 수 있는 능력을 향상한다.
- 클라이언트 체계의 문제 확인, 정보 수집, 사정, 개입계획 및 개입수행 그리고 평가과정을 통해 문제해결에 대한 적합한 지식과 기술을 습득한다.

- 지역사회 내 위험집단 및 표적집단의 특성, 강점 및 자원에 대한 지식을 활용할 수 있는 능력을 배양한다.
- 사회복지시설, 기관 및 조직의 사명, 정책 및 행정에 대해 이해한다.
- 실천현장 관련 국가 및 지역사회(지방자치단체)의 사회복지정책 및 전달체계를 분석하고 실천에 적용할 수 있다.
- 사회복지사로서의 자아인식을 증진시키고 전문직 정체감을 형성한다.
- 클라이언트인 개인, 가족, 집단, 지역사회를 대상으로 실천가로서의 전문적 기술과 능력을 개발한다.

지금까지 살펴본 사회복지 현장실습교육의 목적을 종합하면, 사회복지전문직으로서 갖추어야 할 지식, 기술 그리고 가치를 실습을 통한 실천과정 속에서 통합하여 습득하는 것이라고 할 수 있다. 실습교육은 실습을 통해 사회복지실천현장에서 요구되는 실천적 지식을 습득하고 사회복지사로서 올바른 태도와 전문적인 기술을 학습하는 데 그 목표가 있다. 실습목표의 차원과 수준은 각기 다르지만, 궁극적으로 사회복지실습의 목표는 실습생의 전문직 사회화를 통해 전문능력을 증진시키고 전문직의 속성을 내면화시키는 것이다(양옥경 외, 2007). 사회복지 전공학생들이 학교에서 습득한 사회복지실천지식 · 기술 · 가치를 실천현장의 경험을 통해 통합하고, 사회복지전문가로서 자기성찰을 통한 사회복지실천가로서의 책임과 역할을 인식하도록 하는 것이다. 이러한 실습교육의 목표를 기반으로 학생이 실습을 통하여 습득해야 할 것을 지식의 목표, 전문적 기술개발의 목표, 전문인으로서의 가치적 목표 등 3대 축으로 나누어 학습 목표를 정리하면 다음과 같다(김정진, 2004).

1) 지식의 목표

- 인간과 환경 간의 공식 체계 비공식 체계 간의 상호 관련성을 이해한다.
- 클라이언트에 대한 보다 포괄적이고 실제적인 이해를 갖는다.
- 클라이언트 체계와 다양한 변수(즉, 생물적 · 심리적 · 사회적 특성, 문화 차이 등)와의 상호 관련성을 이해한다.
- 클라이언트 체계에 영향을 미치는 요소들에 대해 이해한다. 예를 들어, 빈

곤, 차별, 연령, 생활방식, 장애, 성(性) 등을 이해한다.

- 생태학적 체계의 영향, 기존의 전달체계의 기능과 역기능, 보다 효과적인 원조를 위해 현재의 클라이언트 체계와 전달체계를 어떻게 변화 · 개선할 수 있을지에 대해 이해한다.
- 이러한 체계에 대한 서비스를 제공하는 기관의 기능과 구조에 대해 이해하고, 효과적으로 개입할 수 있는 직접적인 실천 방법으로 원조 과정의 기본적인 원칙을 이해한다.
- 사회복지실천을 평가하는 방법을 이해한다. 즉, 문제해결 과정, 특정 전문 실천 분야에서 활용하는 개입 방법과 결과에 대해 평가하는 방법을 이해한다.
- 체계적인 관점에서 사회복지사의 역할, 지역사회 내에서의 사회복지기관과의 관계를 이해한다.
- 다양한 사회복지실천 분야에 대한 사회복지 정책 · 행정과의 관계, 역동성을 이해한다.
- 전문 사회복지사로서의 철학, 가치, 목적, 윤리와 실습생 자신의 개인적인 가치와의 관계를 이해한다.
- 인접 학문과 상호 관련성을 이해한다. 이는 학교에서 배운 이론과 실천기술을 통합하는 데 요구된다.

2) 전문적 기술 개발의 목표

- 체계적인 관점으로 핵심 문제를 규정할 수 있어야 한다. 또한 그 문제에 영향을 받거나 포함될 수 있는 관련 문제 혹은 하위 문제들을 확인하고, 문제에 대한 초기사정에 필요한 정보를 획득하는 기술이 필요하다.
- 획득한 정보와 자료를 조직화하고, 환경 요인의 영향을 평가하고, 문제와 관련된 사회정책 및 프로그램들을 평가하는 기술을 개발한다.
- 문제 상황에서 클라이언트의 내적 요인과 대인관계 요인들이 미치는 영향에 대해 인식하고 이를 명확히 할 수 있는 기술을 개발한다.
- 클라이언트가 자신의 문제와 욕구를 인식할 수 있도록 돕는다.
- 클라이언트의 능력과 동기를 파악하고 문제와 관련된 기관 정책, 그 외 다

른 자원들을 이해하고, 이와 연관하여 현실적인 개입 목표와 문제해결 방법을 설정할 수 있도록 한다.

• 문제해결을 위해 타 전문직과 기관의 자원을 활용할 수 있도록 한다. 이때 이들이 클라이언트의 문제해결에 적절히 도움을 줄 수 있도록 이들을 동기화하는 기술이 필요하다.

• 문제해결 과정에서 요구되는 다양한 의사소통 기법을 활용할 수 있어야 한다.

• 지역사회에서 이용 가능한 자원들을 개발하고, 클라이언트의 욕구와 능력에 따라서 자원과 연결할 수 있는 연결자, 중재자로서의 기술을 습득해야 한다. 또한 필요시 클라이언트를 공식 · 비공식으로 타 기관에 의뢰할 수 있어야 한다.

• 종결 과정에 포함되는 사회복지사, 클라이언트, 기관의 과업과 역할을 실행할 수 있어야 한다.

• 업무량을 적절히 관리하고, 사회사업 기록(전문적인 기록)을 유지 · 보관하며, 전문적인 의견이 반영된 보고서를 작성하고, 다른 전문직들과 협조하는 기술을 갖추어야 한다.

• 클라이언트와 원조관계를 맺음에 있어서 의도적으로 실습생 자신을 활용하여 개입의 효과성을 평가할 수 있어야 한다.

• 기관의 구조를 이해하고 적절히 기능하며, 이용 가능한 기관 서비스의 장점과 단점을 인지하여 필요시 서비스 개선 방안을 모색할 수 있어야 한다.

• 거시적인 관점에서 문제를 해결하기 위해 정부의 정책과 서비스를 알아야 한다. 또한 전문직의 가치 기준에 근거하여 이들 정책과 프로그램의 효과를 판단하는 지식을 갖추어야 한다.

• 클라이언트의 가치를 침해하지 않으면서 효과적으로 서비스를 제공하는 기술을 개발한다.

• 여러 가지 이유로 인해 도움을 요청하지 못하는 잠재적인 클라이언트에게 전문적으로 접근할 수 있는 방안을 개발할 필요가 있다.

• 실습생 자신의 업무수행에 있어서 사회복지전문직의 목표와 가치를 적용할 수 있어야 한다.

• 실습생 자신의 역할을 수행할 때 발생하는 장점과 단점, 한계에 대해 평가할 수 있어야 한다.

3) 전문인으로서의 가치적 목표

- 클라이언트의 최선의 이익을 위해 원조하는 태도를 기른다. 이는 실습생 자신의 능력에 적합하면서 클라이언트의 문제해결에 필요한 모든 방법을 동원함을 의미한다.
- 클라이언트에 대한 실습생 자신의 감정과 태도를 인식하고 전문직으로서 책임성 있는 태도를 기른다. 이는 특히 실습생과는 다른 삶의 방식과 배경, 가치를 갖고 있는 클라이언트를 원조하는 데 더 크게 요구된다.
- 거시적인 관점에서 문제를 파악하는 태도가 요구된다. 이러한 태도는 보다 큰 사회체계 수준에서 발생하는 쟁점과 문제들을 평가할 수 있는 태도를 의미한다.
- 사회복지실천의 과학적인 방법을 인식한다. 이는 실천 과정을 평가할 수 있는 방법일 뿐 아니라 이에 대한 중요성을 인식하는 태도를 의미한다.
- 직접 서비스를 제공하는 데 요구되는 지식을 습득하는 책임성 있는 태도를 기른다.
- 동료(타 학교 실습생, 기관 실무자, 슈퍼바이저 등)의 제안에 경청하고 이에 적절히 반응하여 책임 있게 수행하는 태도를 기른다.
- 끊임없이 학습할 수 있는 태도가 요구된다. 이는 전문가로서 성장하는 책임 있는 자세다.

제**2**장
실습교육 모델과 실습교육

1. 현장실습교육 모델

김선희와 조휘일(2000)은 실습교육 모델은 실천과 교육의 연결 강화를 위해 훈련센터 모델, 교육센터 모델, 교수중심 모델, 기관중심 현장교육 모델 등 다양한 형태로 발전되었다고 하였다. 이처럼 현장실습교육은 사회복지 실습교육의 목표를 성취하기 위해서 교육기관과 사회복지실천현장이 협력하여 발전되었으며, 두 가지 모델로 요약할 수 있다. 하나는 교육기관이 중심이 된 교육기관중심 현장교육 모델이고, 다른 하나는 사회복지기관이 중심인 기관중심 현장교육 모델이다.

1) 교육기관중심 현장교육 모델

대학에 소속된 실습지도 교수요원이 사회복지 실습기관에 배치되어 현장에서 훈련하는 모델이다. 실습지도 교수요원은 대부분 기관 실무 경험을 풍부하게 가진 교수요원으로 기관과 협의하에 다수의 학생을 동시에 한 기관에 배치하고 실습교육을 전담한다. 이 모델은 이론과 실천기술의 통합에 효과가 높은 것으로 알려져 있다. 이는 또한 현장실습교육을 위한 실무계획부터 교과과정 계획을 포함시킴으로써 책임성 있는 실습교육을 시킬 수 있는 장점이 있다. 간호대학이나 의과대학의 실습교육 모델이 여기에 해당한다. 대학의 부설 사회복지기관이 있을 경우, 신설 사회복지기관으로서 슈퍼바이저 자원이 부족하여 대학에 슈퍼비전을 의뢰하기를 원하는 기관의 경우, 그리고 대학과 기관에 특별 협약을 맺는 기관의 경우에 도입해 볼 수 있는 모델이다. 예를 들어, 의료사회복지가 도입된 시기인 1980년대 중반 이화여자대학교 사회복지학과에서 실습지도교수를 고려병원(현 강북삼성병원) 정신과에 배치하여 배치된 학교의 실습생에 대한 현장지도를 하게 하였다. 이를 계기로 이후 이 병원에서는 의료사회복지사를 채용하게 되었다. 학교사회복지사의 경우 대학에서 사회복지사를 학교현장에 투입하여 지속적인 슈퍼비전하에 성공적인 업무수행으로 그 역량을 인정받고 정식으로 채용되는 계기가 되었고, 이것이 학교사회복지의 효시가 되었다. 이와 같이 교육기관중심 현장교육 모델은 새로운 영역을 개척할 때, 현장의 전문화를 견인하기 위해 교육기관이 적극적으로 개입할 수 있는 모델이다.

2) 기관중심 현장교육 모델

사회복지기관에서 선임된 슈퍼바이저가 기관의 욕구와 업무 계획에 의해 실습 내용을 선정하고 학교로부터 배치된 학생을 지도하는 모델이며, 우리나라 사회복지 현장실습교육의 주요 모델이다. 이는 사회복지실천현장에서 이루어지는 계획된 의도적인 일련의 경험과정으로서 학생들로 하여금 사회복지실천에 관한 기초적인 이해, 기술 및 태도의 학습으로부터 자율적인 수준의 사회복지실천 능력, 기술 및 태도의 학습으로 발전할 수 있도록 고안된 기관중심의 교육과정이다. 그만큼 현장실습교육에서 기관의 교육적 역할이 막중하다. 브라운과 본(Brown & Bourne, 1996)은 실습을 통해 기관이 미래를 위한 실천가에 대한 투자이며 직원 슈퍼비전을 위한 준비과정이라 하였다. 조휘일(2004)도 장래의 능력 있는 사회복지실천가를 양성해야 하는 사회복지전문직의 요구를 기관이 수용하는 것을 의미한다고 하였다. 이처럼 실습교육에 대한 기관의 책임이 크지만, 동시에 실습교육을 실시하는 기관의 이익도 크다. 서진환(2001)은 사회복지기관은 실습교육을 통해 부족한 인력의 보충, 미래의 사회복지사 양성, 훈련된 잠재적 기관 인력수급 계획 수립, 지역사회 내 기관 상호 의뢰체계 구축에의 기여, 실습지도자의 실천기술 발전 계기 제공 등의 효과를 기대할 수 있다고 하였다.

기관중심 현장교육 모델에서 학생의 실습교육 경험은 학교의 교과과정 계획과 실습교육 목표에 의해서 결정되는 것이 아니라 기관의 상황과 욕구에 의해서 결정된다. 물론 의도적인 교육 경험을 위한 실습 내용의 고안이 아니라 현장의 욕구와 필요에 의한 업무배치가 이루어져 현장성이 높다. 이처럼 사회복지 현장실습은 사회복지시설의 맥락에서 행해지기 때문에 무엇보다도 수행기관의 현장실습과 관련된 의지와 제반 여건이 실습의 질에 중요한 영향을 미친다.

더구나 최근 사회복지학과 및 관련 전공학과는 학부와 대학원뿐 아니라 특수대학원, 전문대학원, 사이버대학교, 전문대학 등에서 양적으로 증가해 왔다. 이러한 양적 증가는 사회복지사가 되기 위한 필수과정인 사회복지 현장실습 대상자 수의 증가를 수반하게 되었다. 이에 따라 사회복지기관들은 다양한 욕구와 목적을 가진 더 많은 실습생을 받아들이고 교육해야 하는 상황이 되고 있다. 실습교육의 경험이 없고 준비도 되지 않은 기관들이 실습현장에 포함되고 있으며, 충실한 실습교육이 아니라 자원봉사와 구분되지 않는 시간 채우기 실습이 이루어지기도 한다. 이러한 환경 변화는 실습기관과 실습생 모두에게 부담과 혼란을 줄 수 있으며, 실습교육의 수준에 대한 문제 또한 제기되고 있다. 이에 한국사회복지사협회에서는 표준화된 실습교육 매뉴얼을 마련하여 실습지도자자격기준 및 실습기관등록제를 시행하고 있다. 또한 한국사회복지사협회는 기관에서의 실습경험을 실습교육목적에 맞게 재통합하도록 하기 이해 교육기관의 역할을 명시하고 있다.

이는 기관중심 현장교육 모델이지만, 현장의 경험을 학습적으로 통합하고 성찰할 수 있도록 교육기관의 역할도 중요함을 의미한다. 즉, 실습기관과 교육기관의 협력적인 역할이 중요함을 알 수 있다. 이에 한국사회복지사협회와 한국사회복지교육협의회의 실습교육 가이드라인을 살펴본다. 한국사회복지사협회의 『표준실습교육매뉴얼(2013)』에서는 교육기관(학교)은 실습교육을 위한 강의, 토의, 슈퍼비전, 기관방문 등을 통해 실습지도를 진행해야 하며, 실습교육 시 실습조교를 배치하여 실습기관 및 실습학생에 대한 연락, 실습상황 검토, 실습 보고서 및 평가서 정리 등의 업무를 처리해야 한다고 규정한다. 구체적으로 학교에서는 다음과 같은 내용의 실습세미나를 통해 실습지도를 하도록 권장한다(한국사회복지사협회, 2013).

• 학생의 실습과정에 관한 강점 및 개선점을 점검한다.

- 현장에서 적용한 사회복지실천의 방법 및 기술을 이론적으로 정리하여 지식과 경험을 통합할 수 있도록 지도한다.
- 실습현장에서 직간접적으로 경험한 사회복지실천과정이 다양한 클라이언트 체계에 미치는 영향에 대해 탐색하도록 지도한다.
- 사회복지조직으로서의 실습기관에 대한 기능과 역할에 대해 이해하도록 토론을 유도한다.
- 실습기관이 속한 지역사회 욕구를 파악한 것을 토대로 실습기관 서비스 간의 연계에 대해 이해하도록 토론을 유도한다.
- 실습내용을 사회복지정책, 사회복지 법규 및 제도와 연계하여 이해하도록 토론을 유도한다.
- 사회복지실천현장에서 직면하는 윤리적 딜레마에 대해 토의한다.
- 사회복지사로서의 전문적 자기인식에 대해 정리한다.
- 실습생이 자신의 실습과정에 대한 평가를 통해 반영적 실천을 경험하도록 지도한다.

한국사회복지교육협의회는 실습교육 강화를 위한 연구(양옥경 외, 2018)를 토대로 교과목 개편 및 실습교육 강화안을 작성하여 정부에 제출하였다. 이를 토대로 2019년 8월에 「사회복지사업법 시행규칙」이 개정되어 2020년 1월 시행되었다. 실습교육강화로 실습시간이 기존의 120시간에서 160시간으로 늘어났다. 실습과 관련한 주요 개정 내용은 다음과 같다.

- 실습이 기관실습과 실습세미나로 구성된다는 점이 법령상에 명시되었고, 실습학점은 기관실습의 점수와 실습세미나 점수를 합산하여 교육기관의 실습세미나 담당교수가 부여한다는 점이 명시되었다.
- 기관실습 실시기관의 요건을 정하여 실습지도자가 2명 이상 상근해야 하는 기관으로 정하였고, 실습생 수는 실습지도자 1명당 5명 이내로 규정되었다.
- 실습세미나 요건도 규정하여 세미나당 학생 30명 이내여야 하고, 회당 2시간 이상의 실습세미나를 총 15회(원격대학의 경우 대면교육 3회 이상 포함) 이상 운영토록 규정되었으며, 실습세미나 지도교수의 자격은 2개 이상 전공학위자로서 3년 이상의 사회복지교육경력 또는 3년 이상의 사회복지실무경

력이 있는 교수로 규정되었다.

• 기관실습 실시기관의 선정 및 취소, 사회복지 현장실습의 내용 및 방법에 대해서는 보건복지부장관의 고시로 정하도록 규정되었다(「사회복지사업법 시행규칙」 제3조 별표 1 제2호 라목).

이외에도 대학은 지역사회의 실습 가능한 사회복지기관과 산학협력관계를 유지하며, 학생의 실습 욕구와 교수의 교육목표를 고려하여 학생이 실습기관 선택을 신중히 고려하도록 지도하는 것이 중요하다. 또한 실습지도를 담당하는 사회복지사에 대한 재교육을 실시하고, 대학 차원에서 학교의 외래교수로서의 지도자의 자격과 권위를 부여하며 도서관의 이용, 실습세미나의 참석, 학교 교과과정 참여 기회의 혜택 등을 부여하여 그 자질과 책임성을 높이는 제도적 보완이 필요하다.

2. 실습교육의 학습 특성

1) 실습지도를 통한 학습

실천현장에서 슈퍼바이저가 즉각적이고 실천적인 피드백을 제공하는 실습지도는 현장 경험에 기초하여 실습학생의 지식, 기술 그리고 자아인식의 확장에 기여하는 학습과정이다. 그러므로 학생은 슈퍼바이저가 제공하는 강화와 피드백이 학습의 중요한 과정임을 인식하고, 실습 슈퍼비전 시간을 생산적으로 활용해야 한다. 슈퍼비전을 통해 알게 된 생각과 제안을 실천하면서 전문가로서의 역할을 점차적으로 보다 명확하게 이해할 수 있다.

2) 과정기록을 통한 학습

학생의 실습기록은 자아인식을 개발할 수 있는 기반을 마련해 줄 뿐 아니라, 슈퍼비전의 근거 자료로서 실천 경험이 학습으로 전환되는 기회를 제공해 주어 기술 개발 및 클라이언트의 이해를 위한 도구로 활용된다. 실습기록이 지루하고 반복되는 시간 소비적 과제로 인식될 수도 있으나 기록 활동이 지닌 학습 가치를 인식하고, 클라이언트와의 상호작용, 실습생의 감정 및 다양한 사고와 이론적 지식을 통합하려는 노력이 드러나도록 명백하고 구체적으로 기록하는 자세가 필요하다.

실습기록은 문제해결의 목적과 방법을 수립하기 위해 수집한 사실 자료들을 활용하여 개념화하는 과정이며, 이를 반복적으로 수행하는 가운데 기록하는 기술과 함께 전문적 판단능력도 지속적으로 향상된다. 그러므로 실습을 할 때 과정기록은 다음의 두 가지 측면에서 교육적으로 매우 중요한 의미를 갖는다.

- 학생이 클라이언트의 활동, 반응, 배경에 대한 인식 그리고 클라이언트와 관계하는 방법에 대한 자아인식을 개발하는 데 도움이 된다.
- 문제해결을 위한 조직적이고 체계적인 접근 방법을 개발하는 준거 틀을 제공하는데, 기록을 하면서 개입과정을 점검하고, 목표에 대한 초점을 유지하는 데 도움이 되기 때문이다.

한편, 전안나(2021)는 사회복지사의 기록은 사회 문제해결을 위한 사회적 책임을 다하고, 전문적이고 효과적 실천을 위해 꼭 필요함을 강조한다. 실습교육을 받기 위해 과정기록은 생각을 발전시키고, 클라이언트의 정보를 종합하고 분석하며, 체계적인 사고와 적절한 서비스 계획 수립을 가능하게 하고 자신의 실천에 대한 성찰할 수 있게 하며, 슈퍼바이저와의 소통과 피드백을 받을 수 있기에 매우 중요한 학습도구다.

3) 전문가나 동료집단을 통한 학습

실습은 동료들과의 집단학습뿐 아니라 직원회의, 부서 내 직원들과 이루어지는 팀 회의와 같은 회합 참여기회를 제공한다. 이러한 참여기회는 다양한 차원에서 학습 경험을 제공한다. 회합에서 요구하는 자료 준비, 의견 발표 및 경청, 다른 동료나 전문가 활동의 참여관찰을 통해 학습이 이루어진다. 또한 회의를 통해서 도출된 아이디어를 통합하고 수용하여 클라이언트와의 실천 상황에 적용할 수 있다. 동료들과 긍정적 관계를 갖고 자신을 확대시켜 아이디어와 사고를 교환함으로써 다른 사람들로부터 배우는 기회를 갖는다.

3. 실습교육의 내용

　미국사회복지교육협의회의 교육과정 지침에서는 일반적인 사회복지실천에 필요한 기본적인 기술, 내용, 지식을 다음과 같이 제안하고 있다. 미국사회복지교육협의회는 사회복지교육의 필수 내용이 구체적인 실천기술이며, 미시적·중간적·거시적 실천기술을 사회적 맥락과 기관의 맥락 속에서 습득할 것을 강조하고 있다. 그러므로 이러한 필수 학습은 기본적으로 강의실에서 이루어지지만, 실습을 통해서만 응용력과 실천력이 향상될 수 있다. 사회복지실습은 학생이 임상적 슈퍼비전을 통하여 이러한 기본 지식을 실천적 지식으로 전환하도록 교육받을 수 있는 가장 좋은 기회다. 슈퍼비전과 사례자문을 통해서만 실습생이 한 인간으로서 개입과정에 영향을 줄 수 있는 다양한 편견과 선입견을 인식하고, 이를 긍정적이고 건설적으로 전환하여 전문적·객관적으로 실천할 수 있는 힘을 키울 수 있기 때문이다. 물론 슈퍼비전 관계가 개방적이고, 진실되며, 지식의 적용과 실천력 향상에 대해 지지적일 때 이러한 학습 효과가 향상된다. 다음에서는 실습교육에서 다루어야 하는 주요 교육 내용에 대하여 살펴본다.[1]

1) 미국사회복지교육협의회 지침

(1) 문제의 정의

　사회복지실천을 위해서는 클라이언트가 가져오는 문제가 무엇인지, 그 문제를 어떤 관점으로 보고 해결 대안을 모색할 것인지가 중요하다. 이는 사회복지사가 어떤 분야의 기관에 있는가에 따라 달라지기 때문에 실습교육을 통한 지식의 적용 훈련이 매우 중요하다. 만약 실천 분야가 정신과 병동, 정신보건 분야라면 『정신질환의 진단 및 통계 편람(DSM-5)』을 사용하여 문제를 진단할 것이며, 만약 분야가 가족과 아동을 돕는 전형적인 사회복지기관이라면 환경 속의 인간

---

1) 이 내용은 매과이어(Maguire, 2007)에서 발췌하여 요약하였다.

(Person In Environment: PIE)체계를 활용하여 사정할 것이다.

한편, 사회복지사가 어떤 이론적 관점을 가지고 있는가에 따라 문제를 정의하는 것이 달라질 수 있다. 행동주의 이론에 기반을 두고 있는 사회복지사는 '문제'를 관찰과 구체적 측정이 가능한 현재적 시점의 행동 용어로 정의하지만, 통찰력중심의 정신분석 이론에 기반을 둔 사회복지사는 동일한 사람의 '문제'를 어린 시절의 학대와 관련된 미해결된 외상의 결과로 정의할 것이다.

또한 문제를 정의하는 데 있어서 클라이언트의 관점과 사회복지사의 관점이 다를 수 있다. 예를 들어, 부부 사이에 학대문제가 있을 때, 여성은 학대를 용납할 수 없는 것으로 인식하기보다는 자기비난으로 받아들이는 경우가 많고, 남성은 아내가 자신의 말을 들어주지 않기 때문에 강압적으로 할 수밖에 없다는 입장을 취한다. 이때 사회복지사는 여성이 학대에 대한 관점을 '학대가 결코 그녀의 잘못이 아니라는 것'으로 인식할 수 있도록 학대관계에서의 '이슈'를 재정의할 필요가 있다고 본다. 그러므로 사회복지사는 개입의 목표를 '여성의 자신감, 독립성, 자존감 향상'과 '남편의 학대 혹은 위협적 행동의 부적절함과 위험성을 인식하게 돕는 것'으로 삼을 것이다.

이처럼 클라이언트가 가져오는 문제는 복잡하고 다차원적일 수 있으며, 이는 사회복지사와 클라이언트가 모두 이해할 수 있는 용어로 명확히 재정의되어 개입 가능한 업무와 성취 가능한 목표로 전환될 수 있어야 한다. 한편, 사회복지사는 클라이언트가 문제해결에 활용할 수 있는 긍정적이고 잠재적인 치료적 강점으로서 자원을 파악하여야 한다. 클라이언트의 역량을 강화시키고 개입의 효과성을 향상시키는 도구로서 이를 적극적으로 활용할 수 있다.

그러므로 실습교육에서 슈퍼바이저는 클라이언트가 가져오는 문제를 실습생이 어떤 관점에서 정의할지, 어떤 이론을 토대로 사정할 것인지에 대한 전문적 훈습의 기회를 제공하여야 한다.

(2) 정보 수집과 사정

사회복지실천에서는 이슈 및 문제와 관련된 사실과 정보를 수집하는 지식과 기술이 요구된다. 자료는 분명하고 객관적일수록 신뢰도가 높으며, 자료의 구성에는 연령, 교육, 수입, 인종 및 민족 배경(다문화사회에서는 중요한 이슈로 부상하고 있음), 직업력, 가족력 및 개인력과 같은 인구학적 배경, 그리고 이슈 및 문제를 촉진, 유지, 동기화 혹은 강화시켰던 사회환경적 요소들이 포함되어야 한다. 이때 일반적으로 가계도, 생태도 등을 활용한다.

예를 들면, 학대문제의 경우 가해부모의 원가족에서의 학대 경험에 관한 상세한 내용을 포함시킬 필요가 있다. 이와 유사하게, 결혼생활의 문제가 있는 경우, 사회복지사는 클라이언트의 어린 시절에 모델이 되었던 부모의 결혼생활에 대해 조사할 필요가 있다. 슈퍼바이저는 실습생이 다양한 정보 수집과 사정을 위한 면담 기술과 분석 기술을 갖출 수 있도록 클라이언트를 할당하고, 이를 수행하는 과정에 대한 피드백과 강화를 통해 현장감 있는 지도를 제공하여야 한다.

(3) 서비스 계획

사회복지실천에서는 클라이언트가 가져온 문제의 해결 및 감소를 위해 클라이언트와 함께 분명한 작업계획과 동의를 수립하는 기술이 필요하다. 이는 개입계획 또는 계약서로 문서화되며, 일반적으로 클라이언트와 사회복지사가 상호동의한 문제의 해결이나 완화에 직접적으로 영향을 미치는 특정 업무와 역할에 서로 동의한다는 내용이 포함되어 있다. 공식적으로 문서화된 계약서에는 문제, 행동계획, 희망하는 목표가 명확하게 나타나 있어야 한다. 이러한 계약서는 행동주의 접근과 과제중심 접근을 할 때 주로 활용된다. 그러므로 기관에 따라 동의된 계약서를 작성하지 않는 곳도 많지만 기본적으로 이와 같은 내용이 포함된 서비스를 계획하는 능력이 요구된다.

하지만 클라이언트와의 첫 만남에서부터 사회복지사는 실천계획을 세우더라도 상황 변화에 따른 개입계획의 변화가 불가피함을 인정하는 유연성이 필요하다. 클라이언트와 사회복지사는 문제 정의, 과업계획, 목표 수립이 초기에 이루어지더라도 과정상 변화가 불가피하며 때에 따라 상당한 수정이 불가피하다는 것을 예측하고 있어야만 한다. 사회복지사는 최우선적으로 클라이언트를 위하여 문제와 목표를 변경하고 개선하는 데 필요한 유연성을 충분히 유지하면서, 분명한 태도를 견지하는 것과 '목표를 추구'하는 것 사이에서 기본적 균형을 유지하도록 도전을 받는다. 이러한 도전의 경험이 실습을 통하여 이루어지는 실천의 기회를 통해 자아인식이 확대되도록 슈퍼비전을 제공해야 한다.

(4) 적절한 행동계획의 선택과 수행

일반주의사회복지접근은 종합적이며 합의된 행동과정을 따른다. 모든 참여자들은 문제에 대한 관점을 공유하고, 성공적인 개선과 종결단계를 성취하기 위한 '최선의' 경로를 취하기 위해서 팀으로 일한다. 그러므로 적절한 행동계획의 선택을 위해 필요한 자원과 부가적인 참여자에 대한 토의 및 다양한 개입전략 논의가 필요하다.

경험이 부족한 사회복지사들이 흔히 부딪치는 문제는 선택한 행동계획에 집착해서 클라이언트를 관여시키지 않거나 합의를 위한 충분한 과정을 거치지 않고 계획을 세우고 시작하는 것이다. 이것은 오히려 치료과정을 지연시키거나 중단하게 되는 결과를 가져오기 쉽다. 사실 클라이언트는 문제해결을 위해 다양한 대안과 자원을 가지고 있는 경우가 많기 때문에 클라이언트가 가진 모든 가능한 체계를 탐색하여야 한다. 만약 클라이언트가 행동계획의 선택과 수행에 적극적이지 않고 정보를 잘 제공하지 않는다면, 클라이언트의 문제가 변화되기를 기대하기는 어렵다.

(5) 컴퓨터를 활용한 효과적 기록 보관과 증거 기반 지식 및 정보 처리 활용 기술

현대의 사회복지사는 컴퓨터를 활용하여 보다 효과적으로 임상기록들을 유지하여, 이를 토대로 심리사회적 문제의 요인과 개입 대안을 개발한다. 사례기록들을 즉시 컴퓨터에 기록·저장하고 정기적으로 정보 처리할 수 있으므로, 사회복지사는 클라이언트의 진행과정에 관련된 자료 분석을 용이하게 할 수 있다. 예를 들어, 사회복지사는 클라이언트의 행동을 분석하여 도표화할 수 있고, 웹에서 도움이 되는 참고문헌을 확인할 수 있다. 지역사회 자원도 컴퓨터 정보 검색을 통해서 쉽게 발견할 수 있어, 자원과 정보들을 활용하여 클라이언트를 도울 수 있다. 이처럼 기록은 증거 기반의 실천에 토대가 되므로 실습을 통하여 기록과 정보 수집 훈련이 될 수 있도록 슈퍼바이저는 기록에 대한 구체적인 피드백과 정보 수집 및 분석 과제를 제공하는 것이 중요하다.

(6) 객관적인 모니터링과 평가 능력

현재 일반사회복지실천은 지속적이고 객관적인 평가와 모니터링을 필요로 한다. 다양한 시간 간격으로 달성되는 구체적인 목표와 일정을 명확히 기록하는 것은 계획 달성을 위해 모니터링 진행과정을 촉진함으로써 도움이 된다. 측정 가능한 구체적인 목표, 과업 및 성과를 강조하는 행동주의적 접근의 측정은 모니터링을 효과적으로 할 수 있게 한다. 이처럼 과학적이고 객관적인 성과를 제시하는 것은 전문가의 책임이기도 하다. 그러므로 실습을 통하여 실천에 대한 평가를 수행하기 위해 체계적인 모니터링과 분석을 할 수 있는 능력이 함양되도록 이를 실습 내용에 포함하는 것이 중요하다.

(7) 다중적 클라이언트 체계에 다양한 의사소통 기술의 적절한 활용

사회복지사는 많은 체계와 상호작용을 한다. 체계란 클라이언트의 사회체계, 이웃, 동료, 정책을 개발하는 정치체계, 사회를 지지해 주는 경제체계이며, 사회복지사는 이러한 체계들의 각기 다른 특성과 클라이언트의 욕구 수준에 따라 어떻게, 언제, 어디서 의사소통해야 하는지를 인식해야 한다. 예를 들어, 사회복지사는 오전에 청소년들을 직접 지도하고, 오후에는 시의원들을 대상으로 로비를 하는 데 시간을 사용할 수 있다. 사회복지사가 상호작용하는 체계는 매우 다양하며, 상이한 의사소통 기술을 요구한다. 하루 동안 사회복지사는 클라이언트 집단을 위한 소식지를 편집하고, 강의실에서 동료들을 가르치며, 새로운 학생들에게 개입 방법에 대해 예를 들어 설명하고, 지역신문 편집자에게 자원 개발을 위한 편지를 쓰기도 해야 한다. 그러므로 실습을 통하여 클라이언트에 대한 직접 개입의 실천을 경험하는 것도 중요하지만 후원자 개발, 옹호 활동과 같은 간접 개입으로 얻는 학습의 경험도 매우 중요하다.

(8) 사회적 · 경제적 정의 향상을 위한 지도력 제공

사회복지사는 효과적인 지도자가 되기 위해서 사회 변화를 분석하고, 자원을 개발하며, 클라이언트를 옹호하는 기술을 필요로 한다. 사회적 · 경제적 정의는 사회복지사가 클라이언트의 삶의 질을 적절하게 개선하기 위해 개입해야 하는 가치 기반이다. 사회복지사에게 개입 기술과 실천지식이 필수적이지만, 동시에 클라이언트를 억압하는 사람, 해를 입히는 사람, 클라이언트의 필요와 문제를 무시하는 사람들에 대해 도전하고 클라이언트를 옹호하는 기술도 가져야 한다. 즉, 사회복지사는 클라이언트의 권리를 보호하여, 클라이언트가 그들 자신 혹은 가족, 지역사회에 영향을 주는 체계와 상호작용할 때 손해를 당하거나 불리한 입장에 놓이지 않도록 클라이언트의 역량을 강화시키는 행동 기술을 가져야 한다. 이는 실습과정을 통하여 클라이언트가 처한 상황과 문제에 대해 인식하고, 문제의 원인과 배경을 이해하기 위한 토론 및 실천 과정의 윤리적 이슈 등에 대한 토의가 슈퍼비전을 통하여 충분히 다루어져야 향상될 수 있다. 그러므로 슈퍼바이저는 실습교육을 위하여 항상 윤리적 이슈에 대한 자기점검을 할 수 있도록 실습생의 윤리적 민감성을 향상시키도록 도전하는 것이 중요하다. 또한 사회정의와 관련하여 관점을 거시적 · 사회적으로 확대할 수 있도록 질문하고 생각해 보게 하는 훈련이 필요하다.

2) 포춘 모델

이시연(2001)과 태화기독교사회복지관(2005)은 일반주의 실천을 위한 실습교육내용에 대하여 포춘(fortune) 모델을 기본으로 다음과 같이 정리하고 있다([그림 2-1] 참조).

(1) 전문적 발달

사회복지의 가치와 윤리에 대한 사명감, 인간의 다양성을 존중하고 다양한 배경의 사람과 일할 수 있는 능력을 기르는 것, 사회적 억압과 차별 그리고 경제적 부정의를 극복하려는 책임감과 사명감, 자기에 대한 객관적 지식과 자신의 강점 및 약점에 대한 자아인식, 자신의 전문적 성장에 대한 책임감, 자신의 수행 효과성을 평가할 수 있는 능력을 포함한다. 이는 미국사회복지교육협의회에서 제안하고 있는 필수 교육 내용과 비교해 볼 때 사회복지실천 대상이 가져오는 문제의 이슈와 정의에 해당하는 근본적인 문제의식의 출발이라고 하겠다. 이를 위해 실습의 내용에는 클라이언트가 가져오는 문제의 본질이 내포하고 있는 윤리적 이슈, 서비스를 제공하는 과정에서의 윤리적 이슈에 대한 토론과 반성적 고찰이 반드시 포함되어야 할 것이다.

(2) 행정적 지식과 기술

조직 상황을 이해하고 조직 내에서 효과적 서비스를 제공하는 데 도움이 되는 지식과 기술, 기관 사명 이해, 기관의 구조 파악, 조직 내에서 기능하는 방법을 학습하는 능력, 기록 유지와 기록 관리에 대한 학습을 포함한다. 일반적으로 사회복지서비스가 기관을 단위로 하여 실천되므로 클라이언트에게 최대한의 서비스를 제공하기 위하여 기관의 효율성을 극대화하고 사회적 · 윤리적 책임을 다할 수 있도록 기관행정이 이루어질 수 있게 하는 것이 기관행정가의 책임이고 기관행정의 목적이다. 그러므로 기관의 직접적인 서비스 제공자인 사회복지사는 기관행정에 대한 이해 그리고 그 구조와 조직을 활용한 서비스 제공 능력을 함양하는 것이 매우 중요하다.

(3) 정책적 지식과 기술

서비스전달체계의 상황 및 기관에 직접 영향을 주는 국가와 지방 사회복지 정책들, 지역의 경제적 · 정치적 · 사회적 · 문화적 구조에 대한 지역사회 지식, 지역사회복지서비스 연계망인 서비스전달체계에 대한 지식을 포함한다. 사회복지의 재원과 자원이 결정되는 과정은 정책 결정의 과정이며, 매우 정치적인 맥락 속에서 이루어진다. 그러므로 사회복지사에게는 이러한 맥락과 과정을 이해하고 활용하여 사회복지의 자원을 개발하는 능력이 요구된다. 특별히 거시적 실천에 관심이 있는 학생들은 이러한 정책 측면의 실습을 위하여 국회, 지역 NGO 등에서 실습할 수 있다. 한편, 거시적 실천에 초점을 둔 조직이 아니더라도 사회복지기관 단위에서 실습을 할 때도 현재 이루어지고 있는 사회복지서비스의 충분성, 서비스 전달과정의 접근성, 형평성, 책임성에 대한 이슈에 관심을 갖고 이를 이해하기 위한 노력이 필요하다.

(4) 기본적 대인관계 기술

다른 사람과 협력하여 일하거나 다른 사람들로부터 협력을 확보하는 데 필요한 기술이며, 기본적 대인관계 및 의사소통 기술, 동료와의 관계 기술을 포함한다.

(5) 클라이언트 체계 개입 기술

개인, 가족 및 치료 집단을 포함하는 클라이언트 체계에 대한 개입으로 문제해결 과정을 포괄적으로 다루는 기술을 포함한다. 인간행동과 다양성에 대한 지식 적용, 클라이언트와의 면접 기술, 클라이언트 체계 사정, 개입계획 및 개입기술, 평가 기술, 종결 기술, 집단개입 기술, 의뢰와 사례관리 기술, 옹호 활동 등을 포함한다.

3) 한국사회복지교육협의회 지침

한국사회복지교육협의회(2005)에서는 실습의 필수 공통 내용과 선택 내용으로 구분하여 설명하고 있다. 즉, 오리엔테이션과 행정 업무를 기본적인 필수 공통 내용으로 하고, 실습생의 욕구와 실습교육기관의 특성에 따라 사례관리, 집단지도, 지역복지, 정책 개발의 4개 영역 중 최소 1개 영역을 선택하여 실습하도록 하고 있다. 그 외 자유 선택으로 개별상담, 가족상담 및 치료, 사회조사, 프로포절(proposal) 작성, 지역 탐방 및 타 기관 방문 등이 포함되어 있다(최원희, 2006에서 재인용).

4) 한국사회복지사협회 지침

한국사회복지사협회에서는 실습교육 내용에 대한 표준안을 마련하고 있다. 최근 한국사회복지교육협의회의 의견 수렴을 거쳐 마련된 실습 표준안은 필수 공통, 필수 선택, 선택 등 세 영역으로 나뉘어 있고 그 안에 다양한 실습 내용을 실시할 수 있도록 구성되었다(〈표 2-2〉 참조).

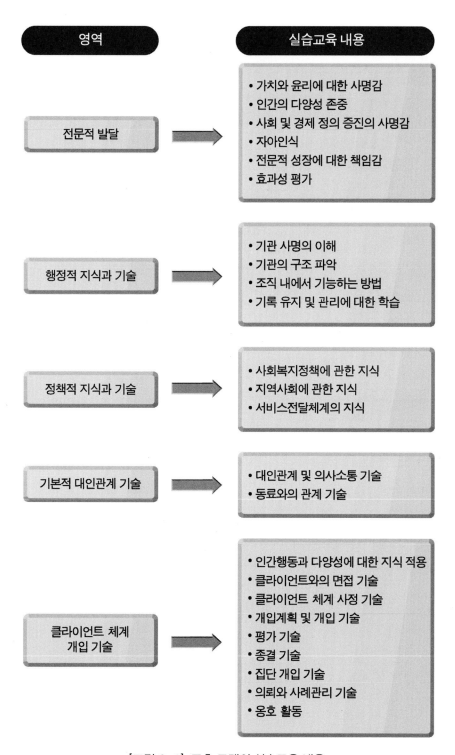

영역	실습교육 내용
전문적 발달	• 가치와 윤리에 대한 사명감 • 인간의 다양성 존중 • 사회 및 경제 정의 증진의 사명감 • 자아인식 • 전문적 성장에 대한 책임감 • 효과성 평가
행정적 지식과 기술	• 기관 사명의 이해 • 기관의 구조 파악 • 조직 내에서 기능하는 방법 • 기록 유지 및 관리에 대한 학습
정책적 지식과 기술	• 사회복지정책에 관한 지식 • 지역사회에 관한 지식 • 서비스전달체계의 지식
기본적 대인관계 기술	• 대인관계 및 의사소통 기술 • 동료와의 관계 기술
클라이언트 체계 개입 기술	• 인간행동과 다양성에 대한 지식 적용 • 클라이언트와의 면접 기술 • 클라이언트 체계 사정 기술 • 개입계획 및 개입 기술 • 평가 기술 • 종결 기술 • 집단 개입 기술 • 의뢰와 사례관리 기술 • 옹호 활동

[그림 2-1] 포춘 모델의 실습교육 내용

〈표 2-2〉 한국사회복지사협회 실습 표준안

구분	실습 내용	과제물
필수 공통	1. 오리엔테이션 　1) 기관 소개 　2) 지역 소개 　3) 대상 집단의 이해 　4) 실습생의 자세와 역할 　5) 실습 일정과 과제 안내	각 내용에 따른 보고서 및 일지 작성 제출
	2. 행정업무 　1) 훈련 목적하의 각종 기안서(공문, 품의, 지출 　　 결의 등) 작성 및 결재 과정 참여 　2) 기관운영과 관련된 규정 검토 　3) 예산서ㆍ결산서 작성 연습	실습 내용에 대한 실습생의 의견서 및 관련 서식 작성 제출
필수 선택 (최소 1개 선택)	3. 사례관리 　1) 사례접수 　2) 사례회의 　3) 자원연결 　4) 개입 　5) 사후관리	각 내용 중 실습 내용에 해당되는 자료와 기록 작성 제출
	4. 집단지도 　1) 소집단지도(집단 역동성중심의 프로그램) 　2) 대집단 프로그램(프로그램 개발과 운영, 캠프, 　　 자원봉사 관리, 노인대학 등)	집단 프로그램 계획서와 집단 지도 및 활동 기록 작성 제출
	5. 지역복지 및 정책개발 　1) 지역사회 조직(지역자원 개발, 주민조직화, 주 　　 민교육, 복지 네트워크 구축 등) 　2) 정책개발 및 평가 　3) 사회행동, 홍보, 옹호 등	과정기록, 계획서 및 평가서 등 작성 제출

〈계속〉

선택	6. 개별상담	사례에 대한 전체 과정기록 3회 이상 작성 제출
	7. 가족상담 및 치료	3대 이상 가계도, 전체 과정기록 1회 이상 작성 제출
	8. 프로포절 작성	해당 단체 양식에 부합하여 1개 이상 작성 제출
	9. 사회조사	설문지 작성, 조사 참여, 코딩과 분석 과정 전체 참여 및 보고서 작성 제출
	10. 타 기관 방문	실습 목적에 맞춰 2개 이하 기관 방문 및 보고서 작성 제출
	11. 지역탐방	지역의 특성과 자원에 대한 사정 및 분석 보고서 작성 제출

※ 필수 공통: 모든 기관이 반드시 실시해야 함
　필수 선택: 3개 내용 중 최소 1개 내용을 선택하여야 함
　선택 내용: 기관의 사정에 따라 최소 1개 이상을 선택하여야 함
출처: 한국사회복지사협회(2010).

4. 실습교육의 일정

1) 교육 여건

학교의 실습담당교수는 학생들의 실습교육에 대한 전반적인 내용을 총괄해야 하므로 한꺼번에 많은 학생을 담당하여 실습교육을 진행할 수는 없다. 따라서 한국사회복지사협회와 한국사회복지교육협의회에서는 교수 1인당 담당하는 실습생을 30명 이하로 규정하고 있다. 학교에서 실시되는 실습 강의는 학생들의 실습에 대한 이론 강의, 실습과정에 대한 이해, 실습 내용에 대한 발표 및 토론, 개별 및 집단 슈퍼비전 및 관련 이론 강의 등이 함께 이루어지므로 가급적 일반 강의실보다는 실습실을 활용하는 것이 바람직하다.

2) 실습교육의 일정과 내용

학교에서 이루어지는 현장실습 교과목은 실습 오리엔테이션, 실습지 선정, 현장실습지 방문 등을 포함하여 강의, 발표, 슈퍼비전 등으로 구성되어 있다. 최근에 각 대학은 실습을 가기 전에 학생들을 교육시키는 '실습 아카데미'를 많이 운영하고 있다.

〈표 2-3〉은 현장실습 I과 II가 필수이며 본인의 희망에 따라서 심화실습 등 총 3회 실습을 할 수 있는 나사렛대학교의 실습 일정을 중심으로 재구성한 것이다. 현장실습이 1회에 그치는 대학이 많이 있으나 점차 실습교육이 강화되어야 한다는 인식을 반영하여 총 3회 실습까지 운영할 수 있는 일정을 제시하였다.

〈표 2-3〉 대학의 실습 일정 및 내용 예시

절차	일정 및 내용			
	현장실습 I , 심화실습		현장실습 II	
	방학 중	학기 중	방학 중	학기 중
실습 OT	4월 초(8시간)		9월 초(8시간)	
실습 사전교육 (아카데미)	6월 8시간		12월 8시간	
실습기관 선정	학부에서 제공하는 실습기관 목록 내에서 선택하도록 하며, 목록에 포함되지 않은 기관일 경우 담당교수의 허락을 받은 후 실습을 신청한다.		본인이 원하는 곳을 선택하여 실습을 신청한다.	
실습기관 선정	실습하고자 하는 기관에 전화를 하여 실습 의사를 밝힌다.			
실습 신청 및 공문 발송	4월 둘째 주~ 5월 셋째 주	7월 첫째 주~ 8월 둘째 주	10월 둘째 주~ 11월 셋째 주	1월 첫째 주~ 2월 둘째 주
실습기관 연락	기관의 OT 날짜와 그 밖의 사항은 기관 사정에 따라 결정되며, 실습생이 개별적으로 연락을 취한다.			
실습 기간	6~8월	9~12월	12~2월	3~6월
중간평가/ 종결평가	기관 일정을 참조한다.			
실습세미나	실습카페에 공지한다.			
실습일지 제출	9월 둘째 주 (2주간)	12월 둘째 주 (2주간)	3월 둘째 주 (2주간)	6월 둘째 주 (2주간)
실습평가서 발송	슈퍼바이저가 학부 사무실로 발송한다.			

출처: 나사렛대학교(2010)에서 발췌하여 수정함.

사회복지 현장실습교육은 「사회복지사업법 시행규칙」 제3조(2019. 8. 12. 개정)에 의해 학기 중의 경우 주당 8시간씩 최소 160시간 이상, 방학 중의 경우 1일 8시간 주 5회 이상 최소 160시간 이상으로 이루어져야 하며, 만일 직장 내 실습의 경우 직장 내 슈퍼바이저를 지정하고 실습 내용에 대한 슈퍼비전을 받아야 한다.

2년제 대학의 경우 실습은 1학년 겨울방학부터 이루어지고, 4년제 대학의 경우 3학년 여름방학부터 이루어진다. 대학원은 학기 중 또는 방학 중 시행되며, 학부생보다 기간 및 내용이 심화된 실습이 이루어진다. 실습을 나가기 전에는 학부생이나 대학원생의 경우 기본 필수 과목을 이수하여야만 실습을 수행할 수 있다. 학생들은 학기 중 실습과 방학 중 실습의 장단점을 고려하여 실습 시기를 결정해야 한다.

학기 중 실습의 장점은 담당교수의 정기적인 실습지도를 받을 수 있다는 점, 15주 동안 클라이언트의 변화를 관찰할 수 있다는 점, 사회복지기관의 6개월간 변화를 볼 수 있다는 점이다. 단점으로는 제한된 요일에 실습이 이루어지기 때문에 전체적인 사회복지사의 업무나 기관을 이해하는 데 한계가 있으며, 직원 및 클라이언트와의 관계 형성에 어려움이 있을 수 있다.

방학 중 실습의 장점은 주 5일 이상의 실습으로 기관 운영 전반을 파악할 수 있으며, 기관 직원 또는 클라이언트와 관계를 형성하는 데 도움이 되며, 사례관리 및 프로그램 진행 등 주요 업무를 수행할 수 있는 점이다. 단점으로는 학교의 실습교육이 매우 제한되며, 계절의 영향이나 기관 행사에 동원되어 교육에 지장을 받을 수 있다는 점이다.

5. 실습교육의 진행단계

각 기관에서의 실습생 모집은 교육기관의 사정에 따라 변동될 수 있으나, 대부분 실습생 모집과 선정, 실습생 수락, 오리엔테이션, 실습지도 및 실습평가 등의 일정으로 진행된다.

실습생 모집은 매 학기 또는 방학 시 필요한 경우 교육기관에 공문을 발송하거나 사회복지 관련 홈페이지에 공지된다. 또한 한국사회복지사협회 홈페이지에도 공지된다.

실습생 선정은 서류전형, 실습생 태도 및 자질 등을 파악할 수 있는 면접 등을 활용하여 선발할 수 있는데, 선정 기준은 실습에 대한 태도, 실습 전 전공이수과 목 정도, 자원봉사 경력 등이 일반적이다.

면접을 통해 실습생이 결정되면 대학은 선정된 실습생이 실습할 사회복지기관 에 실습 의뢰 공문을 발송하고 기관은 실습 수락 공문을 학교로 발송하게 된다.[2]

실습 준비 및 오리엔테이션은 실습행정담당자의 주관하에 실시된다. 슈퍼바 이저는 실습계획에 따라 실습을 진행하고, 중간평가와 종합(종결)평가를 실시하 며, 실습 종료 후 실습평가서를 작성하여 해당 대학에 공문으로 발송한다.

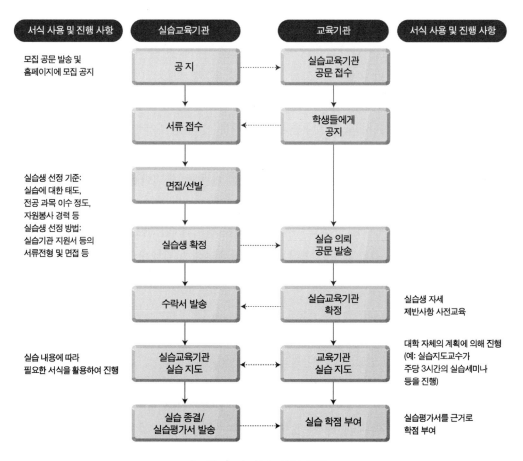

[그림 1-2] 실습 의뢰 경로

출처: 한국사회복지사협회(2010).

---

2) 〈부록 2〉의 서식 1, 서식 7 참조.

제**2**부

사회복지 현장실습을 위한 점검과 준비

제**3**장
예비사회복지사로서 자기 점검

사회복지 현장실습은 예비사회복지사로서 클라이언트를 위해 전문적인 지식
과 기술을 연마하는 과정이다. 또한 현장실습을 통해 클라이언트를 직접 만나기
때문에 많은 준비가 필요하다. 특히 자신이 가지고 있는 사회복지의 가치, 윤리
및 지식, 의사소통 유형 등을 점검하고 역량을 갖추도록 한다.

1. 사회복지 가치와 윤리

여러분은 예비사회복지사로서 사회복지에 대한 가치와 윤리에 대하여 알고
있는가? 알고 있다면, 이에 동의할 수 있는가? 여러분은 클라이언트를 만날 때
사회복지의 가치와 윤리를 충분히 숙지하고 있어야 한다. 왜냐하면 사회복지 가
치와 윤리는 사회복지실천가들이 활동하는 데 기준을 제공하고, 사회복지사의
역할과 개념 형성에 영향을 미치는 중요한 요인이기 때문이다. 그동안 시대적인
배경에 따라 사회복지사의 사회복지실천 가치와 윤리는 변화를 겪어 왔다.

1) 가치

(1) 가치의 개념

가치(value)란 호의·선악 따위의 인간의 감정이나 요구(이기문, 2000)로, 인간을 위하여 바람직하고 선한 것에 대한 가정·선호·믿음이라 할 수 있으며, 엄밀한 의미에서 도덕과 다르다고 할 수 있다. 또한 가치란 다수의 사회구성원에 의해서 좋거나 바람직하다고 여겨지는 것 혹은 개인의 선호도를 나타내는 것으로 사회복지실천에서 사회복지사들이 가져야 하는 믿음이나 신념을 의미한다. 가치는 지식, 기술과 함께 사회복지실천의 3대 중심축의 하나다.

(2) 사회복지 가치의 발전

레머(Remer, 1995)는 사회복지 가치의 발전과정을 [그림 3-1]과 같이 제시하였다.

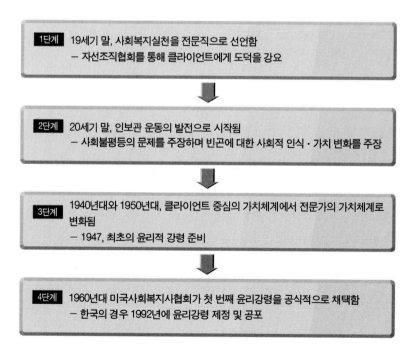

[그림 3-1] 사회복지 가치의 발전과정

출처: Remer(1995)에서 발췌하여 수정함.

(3) 사회복지실천 가치

- **사회복지실천의 본질적 가치**: 인간의 존엄성과 배분적 사회정의다. 인간의 존엄성이란 개개인의 개별적 특성이나 욕구의 차이를 중요시하며, 모든 사람의 잠재능력과 발전 가능성을 확신하고, 자기결정권을 존중하는 것을 말한다.
- **배분적 사회정의의 가치**: 개인의 발전을 위해 최소한의 사회적 자원을 공평하게 배분해 주어야 한다는 신념을 말한다.
- **사회복지의 기본 가치**: 인간의 존엄성, 인간의 자율성, 기회의 균등성, 사회적 책임성(법과 규칙을 준수)이다.

(4) 사회복지실천 가치의 구성체계

사회복지실천 가치는 개인의 가치, 전문직의 가치, 사회적 가치, 사회복지실천 기관의 가치, 클라이언트의 가치 등으로 구성되어 있다. 각각을 살펴보면 다음과 같다.

- **개인의 가치**: 사회복지사가 자신의 성장 배경이나 종교적인 신념 그리고 삶의 활동에 있어 중요하게 지녀 온 가치관을 말한다. 이는 개인이 속한 사회문화적 가치 등에 의해 영향을 받는다.
- **전문직의 가치**: 레머는 전문직의 가치로 개인의 가치와 존엄성, 개인에 대한 존경, 개인의 변화 가능성에 대한 가치, 클라이언트의 자기결정권, 비밀보장과 사생활 보장, 적절한 자원과 서비스 제공, 클라이언트에게 권한 부여, 동등한 기회보장, 비차별성, 다양성의 존중을 들고 있다. 한편, 레비(Levy, 1973)는 사람우선, 결과우선, 수단우선 가치를 전문직의 가치라고 말하고 있다. 사람우선 가치란 클라이언트를 하나의 개별화된 인간으로 보고, 능력을 인정해 주며, 그에 따라 권한을 인정해 주는 가치관을 말한다. 결과우선 가치란 개인의 발전을 위해 사회참여에 대한 기회를 동등하게 제공해야 한다는 사회적 책임에 대한 믿음을 말한다. 수단우선 가치란 존경과 존엄이라는 수단으로 사람을 다루어야 한다고 것이다. 즉, 전문가는 클라이언트를 대할 때 클라이언트가 자기결정의 권리를 행사하도록, 사회변화에 참여하도록,

그리고 독특한 개인으로 인정받을 수 있도록 수단을 강구하여야 한다.
- **사회적 가치**: 사회가 무엇을 중요하게 여기고 무엇에 가치를 두느냐에 따라 일반적으로 전문직의 가치 기준이 결정된다. 사회복지 가치와 윤리는 그 시대의 사회적 가치의 영향을 받기 때문에 전체 사회체계 혹은 적어도 그 체계의 지도층이나 대표 집단에 의해 인정된 가치를 갖는 것이 중요하다.
- **사회복지실천 기관의 가치**: 기관의 활동은 기관의 가치에 의해 영향을 받으며, 기관의 가치는 그 기관에 소속되어 있는 사회복지사 개개인을 통해 전달되기 때문에 사회복지실천에 영향을 미친다.
- **클라이언트의 가치**: 사회복지실천을 할 때 클라이언트의 가치가 중요한 영향을 준다. 클라이언트의 자기결정권이나 자율권은 클라이언트의 가치체계에 기반하고 있다. 클라이언트의 가치는 가족의 가치, 종교적인 가치, 문화적·사회적 가치의 영향을 받고 있다.

2) 윤리

(1) 윤리의 개념

윤리(ethics)란 어떤 행동에 대한 옳고 그름을 나타내는 판단 기준으로서 인간이 마땅히 행하거나 지켜야 할 도리다. 또한 윤리는 무엇이 옳고 그른지를 결정함에 있어 어떤 지침이 되는 원칙을 사람들에게 제시한다. 윤리는 인간의 행동을 통제하거나 규제하는 기준이나 원칙까지 포함하는 개념으로 일반적으로 타인에 대한 책임감에서 우러나오는 인간에 대한 기대를 말한다.

(2) 사회복지 윤리의 출현

1920년대에 사회복지 윤리의 필요성을 절감하고 전문직 윤리강령을 만들려는 시도가 있었고, 1960년대에는 최초의 사회복지사 윤리강령이 사회복지사협회에 의해 채택되었다.

(3) 윤리강령

① 윤리강령의 기능

윤리강령은 사회복지실천현장에서 윤리적 갈등이 생겼을 때 지침과 원칙을 제공하고, 자기규제를 통해 클라이언트를 보호한다. 또한 사회복지전문직의 전문성을 확보하고 외부 통제로부터 전문직을 보호하며 일반 대중에게 사회복지 전문가로서의 기본 업무 및 자세를 알리는 일차적 수단으로 기능한다. 선언적 선서를 통해 사회복지전문가들의 윤리적 민감성을 고양시키고 윤리적으로 무장시키는 기능을 한다.

② 윤리강령의 역사

- 미국
  - 1951년 미국사회복지사협회가 최초로 윤리강령을 채택하였지만 전미사회복지사협회로 통합된 후에 비로소 1960년 최초로 공식적으로 공포됨
  - 1960년대의 윤리강령은 사회복지사의 의무에 대한 나열로서 선언문과 같음
  - 1967년 1차 개정 시 클라이언트에 대한 비차별 조항이 첨가됨
  - 1979년 2차 개정 시 윤리강령의 형태가 6개 영역으로 나뉨. 극히 개인적인 복지중심임을 지적받음
  - 1996년 대폭 수정 후 1997년부터 효력이 발생하기 시작함(현재의 형태)
  - 윤리강령의 목적을 구체화시키고 서비스, 사회정의, 인간 존엄성 및 가치, 인간관계의 중요성, 성실성, 능력의 6대 핵심 가치를 중심으로 윤리의 원칙과 기준을 나눔
- 한국[1]
  - 1992년 한국사회복지사협회에 의해 제정됨
  - 1992년 제정된 윤리강령은 서문과 10개 조항으로 이루어졌으며, 전문가로서의 사회복지사, 클라이언트에 대한 의무, 동료 및 기관과의 관계 등을 포함함.
  - 2001년 대폭 개정됨. 개정의 주요 요지는 헌신성, 전문성 그리고 진보성임

---

1) 〈부록 1〉의 한국사회복지사 윤리강령을 참조하시오.

사회복지사의 기본 윤리는 전문가로서의 자세를 갖는 것, 전문성 개발을 위해 노력하는 것, 경제적 이득보다는 클라이언트의 이익에 민감한 것을 말한다.

3) 사회복지실천에서의 윤리적 딜레마

사회복지사들은 전문적 가치와 윤리기준을 가지고 있음에도 불구하고 실천현장에서 다양한 범주의 윤리적 딜레마를 겪게 된다. 사회복지실천에서의 윤리적 딜레마는 문제 상황에서 서로 상반되는 해결책이 모두 그럴듯하고 완전하지 못할 때 발생하거나, 전문적 윤리기준 중 두 가지가 서로 갈등할 때 일어난다. 즉, 전문적 윤리강령은 윤리적 결정을 내리는 데 지침을 제공하지만, 일반적으로 사회복지사에게 발생하는 특정한 상황에 대한 해답을 제공하지는 않는다.

(1) 사회복지실천현장의 가치 갈등

윤리적 딜레마는 크게 다섯 가지로 나눌 수 있다.

- **가치의 상충**
  - 클라이언트의 자기결정 가치와 인간생활의 보호 가치 사이에서의 갈등
  - 예: 심각한 유전질환을 가진 부모가 자녀를 출산하고자 할 때
- **의무의 상충**
  - 기관과 클라이언트에 대한 의무 사이에서의 갈등
  - 예: 정신적 어려움을 가진 노숙자가 병원에 가지 않고 쉼터에 있고자 할 때
- **클라이언트 체계의 다중성**
  - 클라이언트 체계가 복잡하고 다양할 때, 누구의 이익을 고려하여 어떤 문제에 개입하는가에 따른 갈등
  - 예: 복잡한 문제를 가진 이혼부부의 자녀문제를 다룰 때
- **결과의 모호성**
  - 사회복지사가 내린 윤리적 결정이 모호할 때 발생
  - 예: 해외입양의 성공에 대한 확신이 없을 때 담당자의 갈등
- **힘 내지 권력의 불균형**
  - 사회복지사와 클라이언트의 관계가 권력적으로 평등하지 않다는 사실에

서 발생

- 예: 미성년자나 지적장애를 가진 클라이언트의 자기결정권 포기 여부

(2) 윤리적 의사결정의 과정

사회복지사가 사회복지실천현장에서 경험하게 되는 윤리적 딜레마를 해결하기 위한 정확한 공식은 존재하지 않는다. 그리고 모든 경우에 적용되는 윤리적 원칙이나 기준이 있다는 것도 바람직하지 않다. 그럼에도 불구하고 사회복지사는 경험하는 윤리적 딜레마에 대해 윤리적 결정을 내려야 하고, 이때 윤리적 의사결정의 우선순위와 윤리적 의사결정의 과정은 도움이 된다.

① 윤리적 의사결정의 우선순위(심사원칙)

사회복지사가 윤리적 딜레마에 대해 윤리적 판단을 내릴 때 관련된 법을 지키고 사회복지사 윤리강령의 여러 가지 기준들을 우선적으로는 고려해야 하지만, 관련 법과 지침, 윤리강령으로도 해결되지 않을 때는 윤리적 의사결정을 내릴 수 있도록 윤리적 원칙과 지침을 알고 있어야 한다.

이에 대해 돌고프 외(Dolgoff et al., 2005)는 윤리적 갈등 상황에서 어떤 원칙이나 의무를 우선적으로 적용해야 하는지 결정할 수 있도록 '윤리적 원칙 준거틀(Ethical Principles Screen: EPS)'을 제시하였다. 이 원칙은 순서가 있으므로 여러 가지 원칙이 충돌하는 경우 상위의 원칙을 먼저 적용한다(Dolgoff et al., 2005).

〈원칙 1〉 생명보호의 원칙: 인간의 생명보호는 클라이언트를 비롯한 모든 사람에게 적용된다. 이 원칙은 다른 여러 의무나 원칙에 우선하여 발생한다. 생명의 권리는 다른 어떠한 권리보다 최우선이 되어야 하기 때문이다.

〈원칙 2〉 평등과 불평등의 원칙: 모든 사람을 평등하게 처우해야 하지만 사례의 특성에 따라 다르게 처우될 수도 있다. 예를 들어, 학대받은 아동은 성인과 동등한 위치에 있지 않기 때문에 학대 상황이 비록 생과 사의 심각한 상황이 아니어도 학대하는 성인에 대한 비밀보장과 자율성의 원칙이 아동을 보호하는 의무보다 낮은 순위에 있다.

〈원칙 3〉 자율성과 자유의 원칙: 사회복지사는 개인의 자율성과 독립성, 자유

를 신장시키는 실천적 결정을 해야 한다. 그러나 자유가 비록 매우 중요한 가치라 하여도 자신이나 다른 사람의 생명이 갖는 중요성보다 우선이 될 수는 없다.

〈원칙 4〉 최소손실의 원칙: 사회복지사는 항상 가장 쉽게 회복이 가능하며 손실이 적게 초래될 수 있는 대안을 선택해야 한다.

〈원칙 5〉 삶의 질 향상의 원칙: 사회복지사는 지역사회뿐만 아니라 개인과 모든 사람의 삶의 질을 더욱 향상시키는 기회를 선택해야 한다.

〈원칙 6〉 사생활 보호와 비밀보장의 원칙: 사회복지사는 모든 사람의 사생활 보호 권리를 신장시키는 실천적 결정을 해야 한다. 비밀보장의 원칙이 사회복지실천에서 매우 중요한 부분임에도 불구하고, 일곱 가지 원칙 중 여섯 번째에 위치하는 것은 비밀보장이 본질에서 상대적으로 하위라는 사실을 시사한다.

〈원칙 7〉 진실성과 정보개방의 원칙: 사회복지사는 클라이언트와 다른 사람에게 진실을 말하고, 필요시 모든 관련 정보를 충분히 개방하는 것을 허용하는 실천적 결정을 해야 한다.

② 윤리적 의사결정의 과정

윤리적 딜레마 상황에서 사회복지사의 의사결정은 일련의 단계를 밟아서 체계적으로 접근하는 것이 중요하다. 명확하게 공식화된 일련의 단계를 따름으로써 사회복지사는 윤리적 결정의 질을 향상시킬 수 있다(Reamer, 2002).

〈단계 1〉 윤리적 이슈를 규명한다. 이때 상황에 대한 정보를 수집하고 갈등을 일으키는 사회복지실천의 가치도 분명히 한다.

〈단계 2〉 윤리적 결정에 의해 영향을 받을 가능성이 있는 개인이나 집단, 조직을 규명한다.

〈단계 3〉 실행 가능한 모든 행동방침과 각각의 경우에 포함되는 참여자들, 각 경우의 잠재적 이익과 위험을 잠정적으로 규명한다.

〈단계 4〉 다음의 관련 사항을 고려하여, 각각의 행동방침을 찬성/반대하는 이유와 근거를 철저하게 검토한다.
  - 윤리강령, 법과 규정
  - 사회복지실천 이론과 원칙

－ 개인적 가치, 특히 자신의 가치와 갈등을 일으키는 가치들

〈단계 5〉 동료 또는 전문가와 상담한다.

〈단계 6〉 결정을 내린 후 의사결정 증거 서류를 첨부한다.

(3) 윤리적 딜레마의 예시

① 직접적 실천에서의 윤리적 딜레마(김혜영 외, 2020)

영미 씨는 고등학교를 중퇴한 22세 미혼모로서 2세 된 여아와 함께 A 모자복지시설에 거주하고 있다. 현재 주간에는 아기를 어린이집에 맡기고, 영미 씨는 직업훈련기관에서 미용기술을 배우고 있다.

그러나 영미 씨는 열심히 직업훈련기관에 다니지 않으며, 6시에 어린이집에서 돌아오는 아기를 제대로 돌보지 않은 채 아기를 재운 후 야간외출을 하여 시설의 정문을 닫는 10시에 귀가하곤 한다. 때로는 혼자 살면서 장사하시는 어머니에게 아기를 맡기고 외박을 하여 어머니가 사회복지사에게 어려움을 호소하기도 한다.

영미 씨가 계속 문제행동을 보여 A 모자복지시설의 사회복지사가 정신과의원에 의뢰한 결과 영미 씨는 경증의 우울증과 불안장애를 진단받았다. 그러나 영미 씨는 병원에서 받아 온 약을 잘 복용하지 않고, 의사와의 상담 약속도 잘 지키지 않으며, 시설에서 제공하는 부모교육에도 참석하지 않고 있다.

영미 씨는 계속 직업훈련기관 결석, 아동방임, 프로그램 미참여 등 무책임한 행동을 하며 시설의 규정을 위반하고 있다. 사회복지사와의 상담 시 자녀양육에 대한 부담감을 호소하며 노력하겠다고 하지만 생활태도는 나아지지 않고 있다.

시설의 사회복지사가 영미 씨와 영미 씨의 어머니를 만나 상담을 하는 과정에서 영미 씨의 어머니는 본인도 영미 씨도 아기를 양육할 능력이 없고 아이의 아빠도 없는 상황에서 건강한 양부모에게로 입양이 최선의 선택이라고 강조하였다. 그러나 영미 씨는 아기를 양육하겠다는 주장을 되풀이하고 있다.

② 간접적 실천에서의 윤리적 딜레마(김혜영 외, 2020)

B 장애인종합사회복지관은 서울시에서 지원을 받아 지난 해부터 중증장애인 이동목욕서비스를 제공하고 있다. 이동목욕서비스를 제공하는 지역은 거동이 불편한 중증장애인이 많이 살고 있는 빈곤한 지역이어서 이동목욕서비스에 대

한 욕구가 매우 높은 편이다. 현재는 20명의 중증장애인에게 2주에 한 번씩 이동목욕서비스를 제공하고 있다.

팀에서 내년 사업계획과 예산계획을 수립하면서 이동목욕서비스 예산이 동결되었으므로 한 달에 한 번씩 목욕서비스를 제공하여 서비스 대상을 늘리고, 기존 이동목욕서비스를 받은 장애인은 제외하며, 그동안 서비스를 받지 못했던 중증장애인을 새로 발굴해 40명에게 목욕서비스를 제공하는 것으로 결정하였다.

그러나 내년 사업계획이 알려지자 기존 서비스 대상 중증장애인들은 서비스 수혜를 지속적으로 받고 싶어 하며 오히려 목욕서비스를 더 자주 해 줄 것을 요구하고 있어 담당 사회복지사는 매우 난감한 상황이다.

작업 sheet 1

1. 가치와 윤리의 차이는 무엇인가?

_____

_____

_____

_____

2. 첫 번째 사례에 대해 나는 어떻게 윤리적 결정을 할 것인가?

_____

_____

_____

3. 두 번째 사례에 대해 나는 어떻게 윤리적 결정을 할 것인가?

_____

_____

_____

_____

2. 나의 가치와 윤리

　사회복지 현장실습은 예비사회복지사인 실습생들에게 자신의 진로 방향성을 알 수 있는 중요한 계기가 될 수 있다. 특히 사회복지 영역이 자신의 적성에 맞는지, 또한 직업인으로서 사회복지사가 될 수 있을지를 점검하는 것이다. 따라서 자신의 가치, 삶의 목표를 점검하여 자신의 진로를 생각해 보자.

작업 sheet 2

　자신의 가치를 점검하는 것은 무엇보다 중요하다. 만일 자신의 가치에 대하여 말하기 어렵다면 사회복지학과 선택 동기를 점검해 보자. 그리고 다음의 질문에 대하여 옆의 학생과 함께 의견을 나눠 보자.

1. 나에게 소중한 가치는 무엇인가?

2. 나는 어떠한 가치를 추구하며 살아가고 있는가?

작업 sheet 3

　자신의 윤리적 기준은 엄격한 편인가, 아니면 느슨한 편인가? 스스로 판단하여 생각해 보아야 한다. 만일 생각하기 힘들다면 사회복지사의 윤리적 기준은 어떠해야 한다고 생각하며, 그 기준에 자신은 어느 정도 도달한다고 생각되는지 써 보자.

1. 나의 윤리적 기준은 어느 정도인가?

2. 사회복지사는 어떠한 윤리적 기준을 가지고 있어야 한다고 생각하는가?

_____

_____

※ 사회복지사와 비슷한 윤리적 기준을 요하는 직업을 생각해 보자.

작업 sheet 4

다음에서 제시하는 윤리적 갈등 상황을 읽고, 자신이 사회복지사라면 어떻게 할 것인지를 이야기해 보자.

1. 가치의 상충: 심각한 유전질환을 가진 부모가 자녀를 출산하고자 할 때

_____

_____

2. 의무의 상충: 정신적 어려움을 가진 노숙자가 병원에 가지 않고 쉼터에 있고자 할 때

_____

_____

3. 클라이언트 체계의 다중성: 복잡한 문제를 가진 이혼부부의 자녀문제를 다룰 때

_____

_____

4. 결과의 모호성: 담당 사회복지사로서 해외입양의 성공에 대한 확신이 없는데 해외입양을 시켜야 할 상황일 때

_____

_____

5. 힘 또는 권력의 불균형: 미성년자나 지적장애를 가진 클라이언트의 욕구와 시설의 욕구가 다를 때 클라이언트의 자기결정권의 포기 여부

_____

_____

작업 sheet 5

지금까지 살펴본 사회복지의 가치와 윤리, 자신의 가치와 윤리를 점검하면서 다음 내용을 다짐해 보자.

1. 내가 사회복지를 선택하게 된 동기와 가치를 말해 보자.

_____

_____

2. 어떠한 자세와 각오로 현장실습에 임할 것인가?

_____

_____

사회복지사로서 가치관에 대한 의식을 명확히 하는 것은 매우 중요하다. 가치관에 대한 자기 인식은 다음과 같다.

참조: 가치관에 대한 자기 인식

- 개인의 가치관에는 자신의 태생과 성장 그리고 환경적 요소까지 영향을 끼친다. 또한 그 기준은 깊숙이 내면화되어 있으며, 자신의 감정적 요소가 개입되어 있음을 인식해야 한다.
- 자신이 갖고 있는 편견이 무엇인지 아는 데 최선을 다해야 한다.
- 자기 자신과 스스로의 가치관을 객관적이고도 현실적으로 평가하려고 노력해야 한다.
- 평가에 근거하여 필요한 가치관은 변화하도록 노력하며, 클라이언트와 사회복지사 자신은 모든 생활양식과 태도 그리고 판단에 있어서 크게 다름을 인식해야 한다.
- 사회복지사는 문학, 예술, 음악과 개인의 생활경험을 통해 가능한 한 여러 부류의 사람과 접해 보고 그들의 생활양식, 가치관을 이해하려고 노력해야 한다.

> • 사회복지사는 심리상담, 미술치료, 의사소통 등과 같은 심리적 · 정서적 전문 교육과정을 통해서 먼저 자신을 재발견하여 내면의 가치를 향상시키는 데 주력하여야 한다.

출처: 이상민 외(2021).

3. 사회복지실천과 인권

세계인권선언과 국내법에 의한 정의에 따르면, 인권이란 '인간으로서의 본질적이고 선천적인 권리로서 인간 존엄성과 가치를 인정받고, 인간답게 살아가는 데 필요한 법적으로 보장된 권리'라고 할 수 있다. 인권과 복지가 밀접한 연관이 있음에도 불구하고 오랫동안 인권과 복지는 분리해서 다루어져 왔다. 국가가 사람이 살아가는 데 있어 필요한 최소한의 조건을 제공할 기본적인 책임이 있다는 점에는 동의하는 많은 사람도 복지를 인간의 기본적인 권리로 보는 경우는 많지 않았다. 과거에는 많은 사람이 시민적 · 정치적 권리만 인권의 영역으로 간주하는 경향이 있었기 때문이다. 그러나 시대적 발전에 따라 인권의 개념이 확장되고 인권과 복지의 관계에 대한 인식도 달라졌다. 이에 따라 사회복지 분야에서도 인권에 대한 관심이 상당히 높아졌다(국가인권위원회, 2018).

1) 인권의 3세대 유형화와 사회복지

(1) 제1세대 인권과 사회복지의 관계

인권의 3세대 유형화 중 제1세대 인권인 자유권은 국가가 보장해야 하는 기본권으로 우리나라의 「헌법」, 「국가인권위원회법」 그리고 기타의 법률에서 개인이 보장받을 수 있는 권리로 명기하고 있다. 따라서 사회복지의 정책 및 실천을 통해 보장하는 권리가 아닌 우리나라 국민이라면 기본적으로 국가가 보장해야 하는 기본권이다.

따라서 제1세대 인권과 사회복지와의 직접적 관련성은 다소 약한 편이다. 그

러나 사회적 약자 중 자유권이 침해받는 경우가 많으므로 사회복지사는 클라이
언트의 자유권을 대변하고 옹호하는 옹호활동을 수행한다(평택대학교 다문화가족
센터 편, 2008).

(2) 제2세대 인권과 사회복지의 관계

제2세대 인권(사회권)은 사회복지와 관련성이 가장 높은 편으로 경제적·사회
적·문화적 권리는 사회복지정책과 긴밀하게 연결되어 있다. 사회권은 사람이
사람답게 살며, 개인의 역량을 실현하는 데 필요한 사회적 요건을 규정한 것으
로서 구체적이고 적극적인 국가의 역할을 강조한다. 경제적·사회적·문화적 권
리의 실현을 위해서는 주거와 교육, 의료 등의 시설을 확충하고 사회보장제도와
복지서비스를 제공해야 하므로, 국가 차원에서의 투자가 요구된다는 점에서도
사회복지정책과 맞닿아 있다고 할 수 있다.

경제적·사회적·문화적 권리에 관한 국제규약의 조항들은 사회복지정책이
추구해 온 내용을 명시하고 있다고 할 수 있다. 사회복지 정책의 핵심 영역인 노
동의 권리와 노동조합에 가입할 권리, 사회보장을 받을 권리, 가정과 아동이 보
호를 받을 권리, 적절한 생활수준을 영위할 권리, 건강을 유지할 권리, 교육받을
권리, 문화생활을 영위할 권리 등을 규정하고 있다(국가인권위원회, 2018).

(3) 제3세대 인권(집합적 권리)과 사회복지의 관계

제3세대 인권(집합적 권리)은 개인 차원의 권리가 아닌 집단 차원의 권리로 지
역사회나 국가적 차원에서 또한 세계적으로 함께 참여하여 만들어 나가는 권리
다. 따라서 제3세대 인권의 의무보유자는 개인뿐만 아니라 공적·사적 집단, 국
가, 국제기구 등으로 서로 간의 연대가 강조된다. 이러한 제3세대 인권은 사회
복지실천방법 중 지역사회조직, 국제사회복지실천 등과 관련이 높다고 할 수 있
다. 그러나 제3세대 인권은 아직 제도적으로 확립되지 않은 생성단계에 있는 권
리이며, 보편적으로 승인되었다고 하기에는 이론적·현실적 한계가 존재한다.

2) 인권과 사회복지 관련법

인권을 보장하는 사회복지는 법의 제정과 그 맥을 같이한다. 우리나라 사회복지는 보완적 개념에서 제도적인 개념으로 전환됨에 따라 복지권은 모든 국민에게 부여되는 시민적 권리로 변화하고 있다. 우리나라의 「헌법」 제34조에서는 "모든 국민은 인간다운 생활을 할 권리를 가진다."고 선언하면서 국가는 사회보장과 사회복지의 증진 등을 위한 의무가 있고 국민은 복지권을 가지고 있음을 분명하게 규정하고 있다. 그리고 자원의 공평한 분배에 대한 권리인 「사회권은 사회보장기본법」과 다양한 사회복지 관련법에서 구체화하고 있다. 특히 「사회보장기본법」 제3조에서는 국민의 권리로 사회복지제도를 설명하고 있다.

3) 인권 실천으로서 사회복지

사회복지실천에서 인권 관점이 사회복지사에게 별도의 행동을 요구한다고 생각하는 것은 잘못된 해석이다. 오히려 현재 사회복지사들은 개별상담, 대화기법, 옹호나 지지, 정책개발, 지역개발 등과 관련하여 이미 많은 일을 하고 있으며, 그 자체가 인권과 관련된 업무다. 인권교육은 사회복지사가 다른 방식으로 현재의 업무를 처리하는 것보다 사회복지실천에 인권 개념을 도입하여 사고방식의 전환을 도모하는 것에 초점을 맞추는 것이 타당하고 현실적인 전략이라는 것이다(Jim lfe, 2006).

한편, 인권 전문가로서의 사회복지사는 개인의 권리가 경제발전을 통한 이익과는 바꿀 수 없는 권리라는 개념을 강력하게 지지해야 한다. 인권은 실제로 모든 사회복지분야에 널리 퍼져 있다. 따라서 올바른 사회복지는 인권과 관련된 업무라고 할 수 있다(Jim lfe, 2006).

4) 권리중심의 사회복지실천은 무엇이 다른가

권리중심의 사회복지 관점은 이미 사회복지사들이 하고 있는 많은 것을 포괄한다. 하지만 이 접근 방식은 몇 가지 중요한 차별적인 요소를 가지고 있다. 이러한 차별성은 특히 기존의 욕구중심의 접근과 비교할 때 두드러진다. 권리중심의 접근방식에 따르면, 사회복지 서비스는 욕구의 사정에 따라서 제공되는 것이 아니라 그것이 서비스 수혜자의 권리이기 때문에 제공되는 것이다. 서비스 수혜자의 권리를 정의하는 것은 사회복지사의 역할이 아니라 인권규약, 인권조약, 인권관련 입법, 인권전통 등과 같은 다른 권원에 의해서 이루어진다. 이는 사회복지사가 누가 복지서비스를 받아야 하는지에 관한 도덕적 판단을 해야 할 필요성이 줄어든다는 것을 의미한다. 사람들은 상황이나 여건에 상관없이 인간으로서 그들이 갖는 권리에 기초하여 서비스를 제공받는다. 권리중심의 접근 방식은 욕구중심의 접근과 비교할 때 잠재적으로 서비스 수혜자들에게 더 많은 권한을 갖도록 한다. 그들은 서비스를 요구할 권리를 가지고 있으며 따라서 사회복지사의 욕구 판단에 의존할 필요가 없다. 사회복지사는 사람이나 가족의 욕구가 아닌 권리에 관해 생각함으로써 그들이 가지고 있는 문제나 결함들을 찾아내려고 하기보다는 그들이 가지고 있는 필수적인 인간성에 초점을 맞추게 된다. 권리중심의 관점은 제기되는 이슈가 사람들의 인권이 충분히 보장되지 못하는 데서 비롯된다고 보기 때문에 문제의 원인이 개인에게 있다기보다는 개인의 권리가 보장되지 못하는 체계에 있다고 본다. 권리중심의 관점은 사람들을 있는 그대로 받아들이고, 사람을 변화시키려고 하기보다는 그들의 권리가 보장되도록 노력한다. 하지만 어떤 사람이 다른 사람의 인권을 침해하는 경우에는(예: 폭행, 인종차별, 아동학대 등) 더 이상 인권침해가 발생하지 않도록 하기 위한 일련의 조치를 요구한다(Jim lfe, 2006).

제4장
실습 전 지식 점검

1. 사회복지실천현장

사회복지실천현장은 사회복지실천 분야 또는 서비스의 초점이 되는 문제 영역을 포괄하는 개념으로서 '사회복지실천이 이루어지는 곳'을 의미하며, 클라이언트에게 사회복지서비스를 직간접적으로 제공하는 장(場, setting)을 말한다(정종화 외, 2021).

〈표 4-1〉 사회복지실천현장의 구분

	1차	2차
직접	• 이용시설(지역사회복지관, 지역아동센터 등) • 생활시설(장애인거주시설 등)	• 학교 • 병원 • 동주민센터
간접	• 사회복지협의회 • 사회복지공동모금회 • 사회복지사협회	• 중앙정부 • 지방정부

사회복지실천현장은 기관의 기능 혹은 목적에 따라 1차 현장과 2차 현장으로, 기관의 설립 주체 및 재원 조달 방식에 따라 공공기관과 민간기관으로, 서비스 제공 방식에 따라 행정기관과 서비스 기관으로, 주거서비스 제공 여부에 따라

생활시설과 이용시설로 분류된다. 여기에서는 사회복지실천현장가운데서 대부분의 사회복지실습이 이루어지고 있는 서비스 기관을 중심으로 살펴보고자 한다.

1) 사회복지 서비스 기관

(1) 사회복지관

사회복지관은 지역사회를 기반으로 일정한 시설과 전문인력을 갖추고 지역주민의 참여와 협력을 통하여 지역사회문제를 예방하고 해결하기 위하여 종합적인 복지서비스를 제공하는 시설을 말한다.

사회복지관의 역할과 기능은 모든 사회복지관이 천편일률적인 사업을 시행하는 것이 아니라 사회복지관의 위치, 지역적 특성, 대상별 특성, 복지관의 규모, 담당 인력 등에 의거하여 각 사회복지관이 전문성·효율성·책임성을 최대한 살릴 수 있는 능력의 범위 내에서 사업을 선택적으로 시행하는 것이다.

〈표 4-2〉 사회복지관의 사업 및 내용

기능	사업분야	사업 및 내용
사례 관리 기능	사례 발굴	• 지역 내 보호가 필요한 대상자 및 위기 개입대상자를 발굴하여 개입계획 수립
	사례 개입	• 지역 내 보호가 필요한 대상자 및 위기 개입대상자의 문제와 욕구에 대한 맞춤형 서비스가 제공될 수 있도록 사례개입
	서비스 연계	• 사례개입에 필요한 지역 내 민간 및 공공의 가용자원과 서비스에 대한 정보 제공 및 연계, 의뢰
서비스 제공 기능	가족기능 강화	• 가족관계증진사업: 가족원간의 의사소통을 원활히 하고 각자의 역할을 수행함으로써 이상적인 가족관계를 유지함과 동시에 가족의 능력을 개발·강화하는 사업 • 가족기능보완사업: 사회구조 변화로 부족한 가족기능, 특히 부모의 역할을 보완하기 위하여 주로 아동·청소년을 대상으로 실시되는 사업 • 가정문제해결·치료사업: 문제가 발생한 가족에 대한 진단·치료·사회복귀 지원사업 • 부양가족지원사업: 보호대상 가족을 돌보는 가족원의 부양부담을 줄여 주고 관련 정보를 공유하는 등 부양가족 대상 지원사업 • 다문화가정, 북한이탈주민 등 지역 내 이용자 특성을 반영한 사업

	지역사회 보호	• 급식서비스: 지역사회에 거주하는 요보호 노인이나 결식아동 등을 위한 식사제공 서비스 • 보건의료서비스: 노인, 장애인, 저소득층 등 재가복지사업대상자들을 위한 보건·의료관련 서비스 • 경제적 지원: 경제적으로 어려운 지역사회 주민들을 대상으로 생활에 필요한 현금 및 물품 등을 지원하는 사업 • 일상생활 지원: 독립적인 생활능력이 떨어지는 요보호 대상자들이 시설이 아닌 지역사회에 거주하기 위해서 필요한 기초적인 일상생활 지원서비스 • 정서서비스: 지역사회에 거주하는 독거노인이나 소년·소녀가장 등 부양가족이 없는 요보호 대상자들을 위한 비물질적인 지원 서비스 • 일시보호서비스: 독립적인 생활이 불가능한 노인이나 장애인 또는 일시적인 보호가 필요한 실직자·노숙자 등을 위한 보호서비스 • 재가복지봉사서비스: 가정에서 보호를 요하는 장애인, 노인, 소년·소녀가정, 한부모가족 등 가족기능이 취약한 저소득 소외계층과 국가 유공자, 지역사회 내에서 재가복지봉사서비스를 원하는 사람에게 다양한 서비스 제공
	교육·문화	• 아동·청소년 사회교육: 주거환경이 열악하여 가정에서 학습하기 곤란하거나 경제적 이유 등으로 학원 등 다른 기관의 활용이 어려운 아동·청소년에게 필요한 경우 학습 내용 등에 대하여 지도하거나 각종 기능 교육 • 성인기능교실: 기능 습득을 목적으로 하는 성인사회교육사업 • 노인 여가·문화: 노인을 대상으로 제공되는 각종 사회교육 및 취미교실 운영사업 • 문화복지사업: 일반 주민을 위한 여가·오락 프로그램, 문화 소외집단을 위한 문화 프로그램, 그 밖에 각종 지역문화행사 사업
	자활 지원 등 기타	• 직업기능훈련: 저소득층의 자립능력 배양과 가계소득에 기여할 수 있는 기능훈련을 실시하여 창업 취업을 지원하는 사업 • 취업알선: 직업훈련 이수자 기타 취업 희망자들을 대상으로 취업에 관한 정보제공 및 알선사업 • 직업능력개발: 근로 의욕 및 동기가 낮은 주민의 취업욕구 증대와 재취업을 위한 심리적·사회적 지원 프로그램 실시사업 • 그 밖의 특화사업
지역 조직화 기능	복지 네트워크 구축	• 지역 내 복지기관·시설들과 네트워크를 구축함으로써 복지서비스 공급의 효율성을 제고하고, 사회복지관이 지역복지의 중심으로서의 역할을 강화하는 사업(지역사회연계사업, 지역욕구조사, 실습지도)

주민 조직화	• 주민이 지역사회 문제에 스스로 참여하고 공동체 의식을 갖도록 주민 조직의 육성을 지원하고, 이러한 주민 협력 강화에 필요한 주민의식을 높이기 위한 교육을 실시하는 사업(주민복지증진사업, 주민조직화 사업, 주민교육)
자원 개발 및 관리	• 지역주민의 다양한 욕구 충족 및 문제해결을 위해 필요한 인력, 재원 등을 발굴하여 연계 및 지원하는 사업(자원봉사자 개발 · 관리, 후원자 개발 · 관리)

출처: 보건복지부(2018a).

(2) 노인복지시설

건강하고 안정된 노후생활을 위하여 각종 노인복지서비스를 제공하는 시설을 말한다.

〈표 4-3〉 노인복지시설의 사업 및 내용

종류	시설	사업 및 내용
노인주거 복지시설	양로시설	• 노인을 입소시켜 급식과 그 밖에 일상생활에 필요한 편의를 제공함을 목적으로 하는 시설
	노인공동 생활가정	• 노인에게 가정과 같은 주거 여건과 급식, 그 밖에 일상생활에 필요한 편의를 제공함을 목적으로 하는 시설
	노인복지주택	• 노인에게 주거시설을 임대하여 주거의 편의 · 생활지도 · 상담 및 안전관리 등 일상생활에 필요한 편의를 제공함을 목적으로 하는 시설
노인의료 복지시설	노인요양시설	• 치매 · 중풍 등 노인성질환 등으로 심신에 상당한 장애가 발생하여 도움을 필요로 하는 노인을 입소시켜 급식 · 요양과 그 밖에 일상생활에 필요한 편의를 제공함을 목적으로 하는 시설
	노인요양공동 생활가정	• 치매 · 중풍 등 노인성질환 등으로 심신에 상당한 장애가 발생하여 도움을 필요로 하는 노인에게 가정과 같은 주거 여건과 급식 · 요양, 그 밖에 일상생활에 필요한 편의를 제공함을 목적으로 하는 시설
노인여가 복지시설	노인복지관	• 노인의 교양 · 취미생활 및 사회참여활동 등에 대한 각종 정보와 서비스를 제공하고, 건강증진 및 질병예방과 소득보장 · 재가복지, 그 밖에 노인의 복지증진에 필요한 서비스를 제공함을 목적으로 하는 시설
	경로당	• 지역노인들이 자율적으로 친목도모 · 취미활동 · 공동작업장 운영 및 각종 정보교환과 기타 여가활동을 할 수 있도록 하는 장소를 제공함을 목적으로 하는 시설

	노인교실	• 노인에 대하여 사회활동 참여욕구를 충족시키기 위하여 건전한 취미생활 · 노인건강 유지 · 소득보장 및 기타 일상생활과 관련한 학습 프로그램을 제공함을 목적으로 하는 시설
재가노인 복지시설	방문요양 서비스	• 가정에서 일상생활을 영위하고 있는 노인으로서 신체적 · 정신적 장애로 어려움을 겪고 있는 노인에게 필요한 각종 편의를 제공하여 지역사회 안에서 건전하고 안정된 노후를 영위하도록 하는 서비스
	주 · 야간보호 서비스	• 부득이한 사유로 가족의 보호를 받을 수 없는 심신이 허약한 노인과 장애노인을 주간 또는 야간 동안 보호시설에 입소시켜 필요한 각종 편의를 제공하여 이들의 생활안정과 심신기능의 유지 · 향상을 도모하고, 그 가족의 신체적 · 정신적 부담을 덜어 주기 위한 서비스
	단기보호 서비스	• 부득이한 사유로 가족의 보호를 받을 수 없어 일시적으로 보호가 필요한 심신이 허약한 노인과 장애노인을 보호시설에 단기간 입소시켜 보호함으로써 노인 및 노인가정의 복지증진을 도모하기 위한 서비스
	방문목욕 서비스	• 목욕장비를 갖추고 재가노인을 방문하여 목욕을 제공하는 서비스
노인보호 전문기관	중앙노인 보호전문기관	• 국가는 지역 간의 연계체계를 구축하고 노인학대를 예방하기 위하여 다음의 업무를 담당하는 중앙노인보호전문기관을 설치 · 운영하여야 한다. – 노인인권보호 관련 정책제안 – 노인인권보호를 위한 연구 및 프로그램의 개발 – 노인학대 예방의 홍보, 교육자료의 제작 및 보급 – 노인보호전문사업 관련 실적 취합, 관리 및 대외자료 제공 – 지역노인보호전문기관의 관리 및 업무지원 – 지역노인보호전문기관 상담원의 심화교육 – 관련 기관 협력체계의 구축 및 교류 – 노인학대 분쟁사례 조정을 위한 중앙노인학대사례판정위원회 운영 – 그 밖에 노인의 보호를 위하여 대통령령으로 정하는 사항
	지역노인 보호전문기관	• 학대받는 노인의 발견 · 보호 · 치료 등을 신속히 처리하고 노인학대를 예방하기 위하여 다음의 업무를 담당하는 지역노인보호전문기관을 특별시 · 광역시 · 도 · 특별자치도에 둔다. – 노인학대 신고전화의 운영 및 사례접수 – 노인학대 의심사례에 대한 현장조사 – 피해노인 및 노인학대자에 대한 상담 – 피해노인가족 관련자와 관련 기관에 대한 상담 – 상담 및 서비스 제공에 따른 기록과 보관 – 일반인을 대상으로 한 노인학대 예방교육 – 노인학대행위자를 대상으로 한 재발방지 교육 – 노인학대사례 판정을 위한 지역노인학대사례판정위원회 운영 및 자체 사례회의 운영 – 그 밖에 노인의 보호를 위하여 보건복지부령으로 정하는 사항

노인 일자리 지원기관	• 노인의 능력과 적성에 맞는 일자리지원사업을 전문적 · 체계적으로 수행하기 위한 전담기관(이하 '노인일자리전담기관')은 다음의 기관으로 한다. 　– 노인인력개발기관: 노인일자리개발 · 보급사업, 조사사업, 교육 · 홍보 및 협력사업, 프로그램인증 · 평가사업 등을 지원하는 기관 　– 노인일자리지원기관: 지역사회 등에서 노인일자리의 개발 · 지원, 창업 · 육성 및 노인에 의한 재화의 생산 · 판매 등을 직접 담당하는 기관 　– 노인취업알선기관: 노인에게 취업 상담 및 정보를 제공하거나 노인일자리를 알선하는 기관 • 국가 또는 지방자치단체는 노인일자리전담기관을 설치 · 운영하거나 그 운영의 전부 또는 일부를 법인 · 단체 등에 위탁할 수 있다. • 노인일자리전담기관의 설치 · 운영 또는 위탁에 관하여 필요한 사항은 대통령령으로 정한다. • 노인일자리지원기관의 시설 및 인력에 관한 기준 등은 보건복지부령으로 정한다.
학대피해 노인 전용쉼터	• 국가와 지방자치단체는 노인학대로 인하여 피해를 입은 노인(이하 '학대피해노인')을 일정 기간 보호하고 심신치유 프로그램을 제공하기 위하여 학대피해노인 전용쉼터(이하 '쉼터')를 설치 · 운영할 수 있다. 　– 학대피해노인의 보호와 숙식제공 등의 쉼터생활 지원 　– 학대피해노인의 심리적 안정을 위한 전문심리상담 등 치유프로그램 제공 　– 학대피해노인에게 학대로 인한 신체적 · 정신적 치료를 위한 기본적인 의료비 지원 　– 학대 재발 방지와 원가정 회복을 위하여 노인학대행위자 등에게 전문상담서비스 제공 　– 그 밖에 쉼터에 입소하거나 쉼터를 이용하는 학대피해노인을 위하여 보건복지부령으로 정하는 사항

출처: 「노인복지법」(http://www.law.go.kr).

(3) 장애인복지시설

장애인의 인간다운 삶과 권리보장을 위해 장애인의 의료, 교육, 직업재활, 생활환경 개선 등을 제공하여 장애인의 생활안정에 기여하는 등의 장애인복지서비스를 제공하는 시설을 말한다.

〈표 4-4〉 장애인복지시설의 사업 및 내용

종류	시설	사업 및 내용
장애인 거주시설	장애유형별 생활시설	장애유형이 같거나 또는 유사한 장애를 가진 사람들을 입소 또는 통원하게 하여 그들의 장애유형에 적합한 의료 · 교육 · 직업 · 심리 · 사회 등 재활서비스와 주거서비스를 제공하는 시설
	중증장애인 요양시설	장애의 정도가 심하여 항상 도움이 필요한 사람을 입소하게 하여 상담 · 치료 또는 요양 서비스를 제공하는 시설
	장애영유아 생활시설	6세 미만의 장애영유아를 입소 또는 통원하게 하여 보호함과 동시에 그 재활에 필요한 의료 · 교육 · 심리 · 사회 등 재활서비스를 제공하는 시설
	장애인 단기보호시설	장애인을 일정 기간 보호하여 장애인에게 필요한 재활서비스를 제공하는 시설
	장애인 공동생활가정	스스로 사회적응이 곤란한 장애인들이 장애인 복지전문 인력에 의한 지도와 보호를 받으며 공동으로 생활하는 지역사회 내 소규모 주거시설
장애인 지역사회 재활시설	장애인 복지관	장애인에 대한 각종 상담 및 사회심리 재활시설 · 교육 · 직업 · 의료재활 등 장애인의 지역사회 생활에 필요한 종합적인 재활서비스를 제공하고 장애에 대한 사회적 인식개선사업을 수행하는 시설
	장애인 주간보호시설	장애인을 주간에 일시보호하여 장애인에게 필요한 재활서비스를 제공하는 시설
	장애인체육시설, 장애인수련시설, 장애인심부름센터, 수화통역센터, 점자도서관, 점서 및 녹음서 출판시설	
장애인 직업재활 시설	장애인보호작업장, 장애인근로사업장	
장애인 의료재활 시설	장애인을 입원 또는 통원하게 하여 상담, 진단 · 판정, 치료 등 의료재활서비스를 제공하는 시설/재활병 · 의원	
기타시설	장애인생산품 판매시설 외	

출처: 「장애인복지법」(http://www.law.go.kr).

(4) 아동 · 청소년 복지시설

아동 · 청소년이 건강하고 행복하게 자랄 수 있도록 복지서비스를 제공하는 시설을 말한다.

〈표 4-5〉 아동복지시설의 사업 및 내용

시설	사업 및 내용
아동양육시설	보호대상아동을 입소시켜 보호, 양육 및 취업훈련, 자립지원 서비스 등을 제공하는 것을 목적으로 하는 시설
아동일시보호시설	보호대상아동을 일시보호하고 아동에 대한 향후의 양육대책수립 및 보호조치를 행하는 것을 목적으로 하는 시설
아동보호치료시설	아동에게 보호 및 치료 서비스를 제공하는 다음의 시설 – 불량행위를 하거나 불량행위를 할 우려가 있는 아동으로서 보호자가 없거나 친권자나 후견인이 입소를 신청한 아동 또는 가정법원, 지방법원소년부지원에서 보호위탁된 19세 미만인 사람을 입소시켜 치료와 선도를 통하여 건전한 사회인으로 육성하는 것을 목적으로 하는 시설 – 정서적·행동적 장애로 인하여 어려움을 겪고 있는 아동 또는 학대로 인하여 부모로부터 일시 격리되어 치료받을 필요가 있는 아동을 보호·치료하는 시설
공동생활가정	보호대상아동에게 가정과 같은 주거 여건과 보호·양육·자립지원 서비스를 제공하는 것을 목적으로 하는 시설
자립지원시설	아동복지시설에서 퇴소한 사람에게 취업 준비 기간 또는 취업 후 일정 기간 동안 보호함으로써 자립을 지원하는 것을 목적으로 하는 시설
아동상담소	아동과 그 가족의 문제에 관한 상담, 치료, 예방 및 연구 등을 목적으로 하는 시설
아동전용시설	어린이공원, 어린이놀이터, 아동회관, 체육·연극·영화·과학실험전시 시설, 아동휴게숙박시설, 야영장 등 아동에게 건전한 놀이·오락, 그 밖의 각종 편의를 제공하여 심신의 건강유지와 복지증진에 필요한 서비스를 제공하는 것을 목적으로 하는 시설
지역아동센터	지역사회 아동의 보호·교육, 건전한 놀이와 오락의 제공, 보호자와 지역사회의 연계 등 아동의 건전육성을 위하여 종합적인 아동복지서비스를 제공하는 시설
아동보호전문기관	지방자치단체는 학대받은 아동의 발견, 보호, 치료에 대한 신속처리 및 아동학대예방을 담당하는 아동보호전문기관을 시·도 및 시·군·구에 1개소 이상 두어야 한다. 다만, 시·도지사는 관할 구역의 아동 수 및 지리적 요건을 고려하여 조례로 정하는 바에 따라 둘 이상의 시·군·구를 통합하여 하나의 아동보호전문기관을 설치·운영할 수 있다. – 아동학대 신고접수, 현장조사 및 응급보호 – 피해아동 상담·조사를 위한 진술녹화실 설치·운영 – 피해아동, 피해아동의 가족 및 아동학대행위자를 위한 상담·치료 및 교육 – 아동학대예방 교육 및 홍보 – 피해아동 가정의 사후관리 – 자체사례회의 운영 및 아동학대사례전문위원회의 설치·운영 – 그 밖에 대통령령으로 정하는 아동학대예방사업과 관련된 업무

가정위탁지원 센터	지방자치단체는 보호대상아동에 대한 가정위탁사업을 활성화하기 위하여 시·도 및 시·군·구에 가정위탁지원센터를 둔다. 다만, 시·도지사는 조례로 정하는 바에 따라 둘 이상의 시·군·구를 통합하여 하나의 가정위탁지원센터를 설치·운영할 수 있다. – 가정위탁사업의 홍보 및 가정위탁을 하고자 하는 가정의 발굴 – 가정위탁을 하고자 하는 가정에 대한 조사 및 가정위탁 대상 아동에 대한 상담 – 가정위탁을 하고자 하는 사람과 위탁가정 부모에 대한 교육 – 위탁가정의 사례관리 – 친부모 가정으로의 복귀 지원 – 가정위탁 아동의 자립계획 및 사례 관리 – 관할 구역 내 가정위탁 관련 정보 제공 – 그 밖에 대통령령으로 정하는 가정위탁과 관련된 업무
아동권리 보장원	보건복지부장관은 아동정책에 대한 종합적인 수행과 아동복지 관련 사업의 효과적인 추진을 위하여 필요한 정책의 수립을 지원하고 사업평가 등의 업무를 수행할 수 있도록 아동권리보장원을 설립한다. – 아동정책 수립을 위한 자료 개발 및 정책 분석 – 「아동복지법」 제7조의 기본계획 수립 및 제8조 제2항의 시행계획 평가 지원 – 제10조의 위원회 운영 지원 – 제11조의2의 아동정책영향평가 지원 – 제15조, 제15조의 2, 제15조의 3, 제16조, 제16조의 2의 아동보호서비스에 대한 기술지원 – 아동학대의 예방과 방지를 위한 제22조 제3항 각 호의 업무 – 가정위탁사업 활성화 등을 위한 제48조 제6항 각 호의 업무 – 지역 아동복지사업 및 아동복지시설의 원활한 운영을 위한 지원 – 「입양특례법」에 따른 국내입양 활성화 및 입양 사후관리를 위한 다음 각 호의 업무 · 입양아동·가족정보 및 친가족 찾기에 필요한 통합데이터베이스 운영 · 입양아동의 데이터베이스 구축 및 연계 · 국내외 입양정책 및 서비스에 관한 조사·연구 · 입양 관련 국제협력 업무 – 아동 관련 조사 및 통계 구축 – 아동 관련 교육 및 홍보 – 아동 관련 해외정책 조사 및 사례분석 – 그 밖에 이 법 또는 다른 법령에 따라 보건복지부장관, 국가 또는 지방자치단체로부터 위탁받은 업무

출처: 「아동복지법」(http://www.law.go.kr).

〈표 4-6〉 청소년복지시설의 사업 및 내용

시설	사업 및 내용
한국청소년 상담 복지개발원 (「청소년복지 지원법」 제22조)	• 청소년 상담 및 복지와 관련된 정책의 연구 • 청소년 상담 · 복지 사업의 개발 및 운영 · 지원 • 청소년 상담기법의 개발 및 상담자료의 제작 · 보급 • 청소년 상담 · 복지 인력의 양성 및 교육 • 청소년 상담 · 복지 관련 기관 간의 연계 및 지원 • 지방자치단체 청소년복지지원기관의 청소년 상담 · 복지 관련 사항에 대한 지도 및 지원 • 청소년 가족에 대한 상담 · 교육 • 청소년에 관한 상담 · 복지 정보체계의 구축 · 운영 • 그 밖에 청소년상담원의 목적을 수행하기 위하여 필요한 부수사업
청소년상담 복지센터 (제29조)	〈서울시 청소년상담복지센터 주요 사업〉 • 상담: 개인면접 및 집단상담, 심리검사, 사이버상담, 전화상담(청소년전화 1388) • 긴급구조 및 위기개입: 위기청소년 긴급구조 및 서비스 지원, 일시보호소 운영 • 찾아가는 상담: 청소년동반자 프로그램, 교육적 선도 프로그램, 학교부적응 청소년 지원 프로그램, 찾아가는 부모교육 프로그램 • 자활 프로그램: 성실 두드림존(취약계층 청소년 자립지원 프로그램 운영) • 연계지원서비스 CYS-NET: 지역사회 청소년통합지원체계, 네트워크 운영(서울시 청소년상담실협의회 운영, 실행위원회 운영, 1388 청소년지원단, 학교연계사업 등)
이주배경 청소년지원센터 (제30조)	• 여성가족부장관은 제18조에 따른 이주배경 청소년 지원을 위한 이주배경청소년지 원센터를 설치 · 운영할 수 있다. • 이주배경청소년지원센터의 설치 · 운영 등에 필요한 사항은 대통령령으로 정한다. 〈이주배경청소년지원재단의 주요 기능〉 　- 이주배경 청소년 복지에 관한 종합적 안내, 청소년과 부모 상담 및 교육 　- 이주배경 청소년의 지원을 위한 인력 양성 및 연수 　- 이주배경 청소년에 대한 국민의 올바른 이해를 돕기 위한 사업 　- 이주배경 청소년의 실태에 관한 조사 및 연구 　- 이주배경 청소년의 사회적응을 위한 프로그램 개발 및 보급 등
청소년쉼터	• 가출청소년에 대하여 가정 · 학교 · 사회로 복귀하여 생활할 수 있도록 일정 기간 보호하면서 상담 · 주거 · 학업 · 자립 등을 지원하는 시설
청소년자립 지원관	• 일정 기간 청소년쉼터 또는 청소년회복지원시설의 지원을 받았는데도 가정 · 학교 · 사회로 복귀하여 생활할 수 없는 청소년에게 자립하여 생활할 수 있는 능력과 여건을 갖추도록 지원하는 시설
청소년치료재활 센터	• 학습 · 정서 · 행동상의 장애를 가진 청소년을 대상으로 정상적인 성장과 생활을 할 수 있도록 해당 청소년에게 적합한 치료 · 교육 및 재활을 종합적으로 지원하는 거주형 시설

청소년회복지원 시설	• 「소년법」 제32조 제1항 제1호에 따른 감호 위탁 처분을 받은 청소년에 대하여 보호자를 대신하여 그 청소년을 보호할 수 있는 자가 상담 · 주거 · 학업 · 자립 등 서비스를 제공하는 시설

출처: 「청소년복지 지원법」(http://www.law.go.kr).

(5) 한부모가족 복지시설

한부모가족의 생활안정과 복지증진에 이바지함을 목적으로 한다.

〈표 4-7〉 한부모가족 복지시설의 사업 및 내용

시설	사업 및 내용
모자가족 복지시설	• 기본생활지원: 생계가 어려운 모자가족에게 일정 기간 동안 주거와 생계를 지원 • 공동생활지원: 독립적인 생활이 어려운 모자가족에게 일정 기간 동안 공동생활을 통하여 자립을 준비할 수 있도록 주거 등을 지원 • 자립생활지원: 자립욕구가 강한 모자가족에게 일정 기간 동안 주거를 지원
부자가족 복지시설	• 기본생활지원: 생계가 어려운 부자가족에게 일정 기간 동안 주거와 생계를 지원 • 공동생활지원: 독립적인 생활이 어려운 부자가족에게 일정 기간 동안 공동생활을 통하여 자립을 준비할 수 있도록 주거 등을 지원 • 자립생활지원: 자립욕구가 강한 부자가족에게 일정 기간 동안 주거를 지원
미혼모자가족 복지시설	• 기본생활지원: 미혼 여성의 임신 · 출산 시 안전 분만 및 심신의 건강 회복과 출산 후의 아동의 양육 지원을 위하여 일정 기간 동안 주거와 생계를 지원(「한부모가족 지원법」 제5조에 따른 지원대상자 중 미혼이 아닌 여성의 임신 · 출산 시 안전 분만과 출산 후 양육 지원을 포함한다) • 공동생활지원: 출산 후 해당 아동을 양육하지 아니하는 미혼모 또는 미혼모와 그 출산 아동으로 구성된 미혼모자가족에게 일정 기간 동안 공동생활을 통하여 자립을 준비할 수 있도록 주거 등을 지원
일시지원 복지시설	• 배우자(사실혼 관계에 있는 사람을 포함한다)가 있으나 배우자의 물리적 · 정신적 학대로 아동의 건전한 양육이나 모의 건강에 지장을 초래할 우려가 있을 경우 일시적 또는 일정 기간 동안 모와 아동 또는 모에게 주거와 생계를 지원하는 시설
한부모가족 복지상담소	• 한부모가족에 대한 위기 · 자립 상담 또는 문제해결 지원 등을 목적으로 하는 시설

출처: 「한부모가족지원법」(http://www.law.go.kr).

(6) 정신건강증진시설

정신장애인과 가족의 욕구에 기초하여 정신장애인의 지역사회 생존과 적응에 필요한 다양한 재활과 복지서비스를 개발 · 연결 · 제공하며, 정신장애인의 능력 고취와 기능수준 향상을 통해 사회복귀를 돕기 위해 설립된 시설을 말한다.

〈표 4-8〉 정신건강증진시설의 사업 및 내용

시설	사업 및 내용
정신요양시설 (「정신건강복지법」 제22조)	정신의료기관에서 의뢰된 정신질환자와 만성정신질환자를 입소시켜 요양과 사회복귀 촉진을 위한 훈련을 행하는 시설을 말한다.
정신의료기관 (제19조)	「의료법」에 따른 의료기관 중 제19조 제1항 후단에 따른 기준에 적합하게 설치된 병원 또는 의원 및 병원급 의료기관에 설치된 정신건강의학과를 말한다.
정신건강 복지센터 (제15조)	정신보건서비스의 질적 향상을 위한 노력과 초기 · 중증 정신질환자의 지역사회 정신보건전달체계 및 지지체계 형성, 재활 및 사회적응을 도와 인간적인 삶을 영위할 수 있도록 하고, 소아 · 청소년을 포함한 일반 시민의 정신질환의 예방과 증진을 도모한다. 또한 정신보건센터는 자살예방상담, 정신질환 관리, 우울증 예방, 알코올중독 관리 등을 실시하는 시설이다.
정신재활시설 (제26조)	정신질환자를 정신의료기관에 입원시키거나 정신요양시설에 입소시키지 아니하고 사회복귀 촉진을 위한 훈련을 행하는 시설을 말한다. • 생활시설: 정신질환자등이 생활할 수 있도록 주로 의식주 서비스를 제공하는 시설 • 재활훈련시설: 정신질환자등이 지역사회에서 직업활동과 사회생활을 할 수 있도록 주로 상담 · 교육 · 취업 · 여가 · 문화 · 사회참여 등 각종 재활활동을 지원하는 시설 • 그 밖에 대통령령으로 정하는 시설

출처: 「정신건강증진 및 정신질환자 복지서비스 지원에 관한 법률」(약칭 「정신건강복지법」. 「정신보건법」 이 2017년에 명칭 변경됨)(http://www.law.go.kr).

(7) 노숙인복지시설

노숙인 발생 예방 및 노숙인이 심신장애를 극복하여 정상적인 사회생활로 복귀할 수 있도록 신체적 · 심리적 치료의 재활기능을 담당하고, 실직 노숙인에게 숙식서비스를 제공하여 생활안정 도모, 입소자의 생활을 도와 취업의 기회를 제공하는 시설을 말한다.

〈표 4-9〉 노인복지시설의 사업 및 내용

구분	사업 및 내용
노숙인 복지시설	• 노숙인일시보호시설: 노숙인 등에게 일시보호 및 복지서비스 연계 등을 제공하는 시설 • 노숙인자활시설: 노숙인 등의 자립을 지원하기 위하여 전문적인 직업상담 · 훈련 등의 복지서비스를 제공하는 시설 • 노숙인재활시설: 신체 및 정신장애 등으로 자립이 어려운 노숙인 등에게 치료 및 재활서비스를 제공하는 시설 • 노숙인요양시설: 건강상의 문제 등으로 단기간 내 가정 및 사회복귀가 어려운 노숙인 등에게 요양서비스를 제공하는 시설 • 노숙인급식시설: 제11조에 따른 급식시설 • 노숙인진료시설: 제12조에 따른 진료시설 • 쪽방상담소: 쪽방 밀집지역에서 쪽방거주자에 대한 상담 · 취업지원 · 생계지원, 그 밖의 행정지원 서비스를 제공하는 시설 • 그 밖에 보건복지부령으로 정하는 시설
노숙인 종합지원센터	• 「노숙인복지법」 제10조, 제12조 및 제13조에 따른 주거 · 의료 · 고용 지원을 위한 상담 및 복지서비스 연계 • 제14조에 따른 응급조치 • 복지서비스 이력 관리 • 심리상담 • 그 밖에 보건복지부령으로 정하는 사항

출처: 「노숙인 등의 복지 및 자립지원에 관한 법률」(약칭 「노숙인복지법」)(http://www.law.go.kr).

(8) 여성 및 가족, 다문화 복지시설

여성 및 가족 복지기관은 여성 개개인의 인간다운 삶을 보장하고 조화로운 가족관계를 활성화하고, 가족생활이 지닌 가치를 강화하며, 가족 구성원 개개인의 건전한 인격발달과 사회인으로서의 기능을 수행할 수 없는 개인과 가족을 지원하기 위해 설립된 기관을 말한다.

〈표 4-10〉 여성 및 가족, 다문화 복지시설의 사업 및 내용

시설	사업 및 내용
성매매피해자 등을 위한 지원시설 (「성매매피해자 복지법」 제9조)	• 일반 지원시설: 성매매피해자 등을 대상으로 1년의 범위에서 숙식을 제공하고 자립을 지원하는 시설 • 청소년 지원시설: 19세 미만의 성매매피해자 등을 대상으로 19세가 될 때까지 숙식을 제공하고, 취학 · 교육 등을 통하여 자립을 지원하는 시설 • 외국인 지원시설: 외국인 성매매피해자 등을 대상으로 3개월(「성매매알선 등 행위의 처벌에 관한 법률」 제11조에 해당하는 경우에는 그 해당 기간)의 범위에서 숙식을 제공하고, 귀국을 지원하는 시설 • 자립지원 공동생활시설: 성매매피해자 등을 대상으로 2년의 범위에서 숙박 등의 편의를 제공하고, 자립을 지원하는 시설 〈지원시설의 업무(제11조)〉 • 일반 지원시설은 다음의 업무를 수행한다. 　1. 숙식 제공 　2. 심리적 안정과 피해 회복을 위한 상담 및 치료 　3. 질병치료와 건강관리를 위하여 의료기관에 인도(引渡)하는 등의 의료지원 　4. 수사기관의 조사와 법원의 증인신문(證人訊問)에의 동행 　5. 「법률구조법」 제8조에 따른 대한법률구조공단 등 관계 기관에 필요한 협조와 지원 요청 　6. 자립 · 자활 교육의 실시와 취업정보 제공 　7. 「국민기초생활 보장법」 등 사회보장 관계 법령에 따른 급부(給付)의 수령 지원 　8. 기술교육(위탁교육을 포함한다) 　9. 다른 법률에서 지원시설에 위탁한 사항 　10. 그 밖에 여성가족부령으로 정하는 사항 • 청소년 지원시설은 일반 지원시설의 업무 외에 진학을 위한 교육을 제공하거나 교육기관에 취학을 연계하는 업무를 수행한다. • 외국인 지원시설은 제1~5호 및 제9호의 업무와 귀국을 지원하는 업무를 수행한다. • 자립지원 공동생활시설은 다음의 업무를 수행한다. 　- 숙박 지원 　- 취업 및 창업을 위한 정보 제공 　- 그 밖에 사회 적응을 위하여 필요한 지원으로서 여성가족부령으로 정하는 사항
성매매방지 중앙지원센터 (제19조)	• 국가는 성매매방지활동 및 성매매피해자 등에 대한 지원서비스 전달체계의 효율적인 연계 · 조정 등을 위하여 성매매방지중앙지원센터(이하 '중앙지원센터')를 설치 · 운영할 수 있다. • 중앙지원센터는 다음의 업무를 수행한다. 　- 이 법에 규정된 지원시설 · 자활지원센터 · 상담소(이하 '상담소 등') 간 종합 연계망 구축 　- 성매매피해자 등 구조체계 구축 · 운영 및 성매매피해자등 구조활동의 지원

	– 법률·의료 지원단 운영 및 법률·의료 지원체계 확립 – 성매매피해자 등의 자립·자활 프로그램 개발·보급 – 성매매피해자 등에 대한 지원대책 연구 및 홍보활동 – 성매매 실태조사 및 성매매 방지대책 연구 – 성매매 예방교육프로그램의 개발 – 상담소 등 종사자의 교육 및 상담원 양성, 상담기법의 개발 및 보급 – 그 밖에 여성가족부령으로 정하는 사항 • 중앙지원센터의 운영은 여성가족부령으로 정하는 바에 따라 비영리법인 또는 단체에 위탁할 수 있다. • 그 밖에 중앙지원센터의 조직·운영 및 종사자의 자격기준 등에 관하여 필요한 사항은 대통령령으로 정한다.
성폭력 피해 상담소 (제18조)	– 상담 및 현장 방문 – 지원시설 이용에 관한 고지 및 지원시설에의 인도 또는 연계 – 성매매피해자 등의 구조 – 제11조 일반 지원시설의 제3~5호의 업무 – 성매매 예방을 위한 홍보와 교육 – 다른 법률에서 상담소에 위탁한 사항 – 성매매피해자 등의 보호를 위한 조치로서 여성가족부령으로 정하는 사항
자활지원센터 (제15조)	국가 또는 지방자치단체는 성매매피해자 등의 회복과 자립에 필요한 지원을 제공하기 위하여 자활지원센터를 설치·운영할 수 있다. – 작업장 등의 설치·운영 – 취업 및 기술교육(위탁교육 포함) – 취업 및 창업을 위한 정보의 제공 – 그 밖에 사회 적응을 위하여 필요한 지원으로서 여성가족부령으로 정하는 사항
건강가정지원 센터 (『건강가정 기본법』제3장 건강가정사업 제21~33조)	– 가정에 대한 지원 – 자녀양육 지원의 강화 – 가족단위 복지 증진 – 가족의 건강 증진 – 가족부양의 지원 – 민주적이고 양성평등한 가족관계의 증진 – 가족단위의 시민적 역할 증진 – 가정생활문화의 발전 – 가정의례 – 가정봉사원 – 이혼 예방 및 이혼가정 지원 – 건강가정교육 – 자원봉사활동의 지원 등을 실시

다문화가족지원 센터 (「다문화가족 지원법」 제12조)	− 다문화가족을 위한 교육 · 상담 등 지원사업의 실시 − 결혼이민자 등에 대한 한국어교육 − 다문화가족 지원서비스 정보제공 및 홍보 − 다문화가족 지원 관련 기관 · 단체와의 서비스 연계 − 일자리에 관한 정보제공 및 일자리의 알선 − 다문화가족을 위한 통역 · 번역 지원사업 − 그 밖에 다문화가족 지원을 위하여 필요한 사업

출처: 「성매매방지 및 피해자보호 등에 관한 법률」(약칭 「성매매피해자복지법」), 「건강가정기본법」, 「다문화가족지원법」(http://www.law.go.kr).

(9) 자원봉사 관련기관

자원봉사센터는 자원봉사활동, 개발 · 장려 · 연계 · 협력 등의 사업을 수행하기 위하여 법령과 조례 등에 의하여 설치된 기관 · 법인 · 단체 등을 말한다. 광역시 · 도 및 시 · 군 · 구에서 자원봉사센터가 운영되고 있다.

〈표 4-11〉 자원봉사 관련기관의 사업 및 내용

구분	사업 및 내용
특별시 · 광역시 · 도 자원봉사센터	• 특별시 · 광역시 · 도 지역의 기관 · 단체들과의 상시협력체계 구축 • 자원봉사 관리자 및 지도자의 교육훈련 • 자원봉사 프로그램의 개발 및 보급 • 자원봉사 조사 및 연구 • 자원봉사 정보자료실 운영 • 시 · 군 · 자치구 자원봉사센터 간의 정보 및 사업의 협력 · 조정 · 지원 • 그 밖에 특별시 · 광역시 · 도 지역의 자원봉사 진흥에 기여할 수 있는 사업
시 · 군 · 자치구 자원봉사센터	• 시 · 군 · 자치구 지역의 기관 · 단체들과의 상시협력체계 구축 • 자원봉사자의 모집 및 교육 · 홍보 • 자원봉사 수요기관 및 단체에 자원봉사자 배치 • 자원봉사 프로그램의 개발 · 보급 및 시범운영 • 자원봉사 관련 정보의 수집 및 제공 • 그 밖에 시 · 군 · 자치구 지역의 자원봉사 진흥에 기여할 수 있는 사업

출처: 「자원봉사활동 기본법」(http://www.law.go.kr).

(10) 학교현장

1987년 교육부에서 학교사회사업 시범연구사업을 시작하면서 공식적인 학교사회복지사 활동을 시작했으며, 「사회복지사업법 시행령」(2018. 11. 23.)에 따라 유예기간 종료(2020. 12. 12.) 이후에는 국가자격증 발급이 이루어진다. 현재 학교사회복지사가 학교에 계약직이나 정규직으로 채용되어 활동하거나 지역사회 기관에 소속된 채 학교에 파견되는 형태로 운영되고 있다.

학교사회복지사는 학생과 학생을 둘러싼 환경 중 가장 교육적 주체인 학교와 가정 그리고 지역사회의 관계를 증진시키고 서로 보완·협력할 수 있도록 중재하고 연계하는 방법을 통해 학생의 다양한 욕구를 충족시키는 서비스를 제공한다.

(11) 교정 기관과 시설

교정 기관과 시설은 법무부의 교정국과 보호국 산하의 기관과 시설을 모두 포함해야 한다(최옥채, 1998). 즉, 지방교정청과 교도소 등을 포함하는 교정 기관과 시설, 소년원과 보호관찰소 등의 보호시설로 구분하는 이들 현장은 주요 사회복지실천현장이 되어야 한다.

이들 기관과 시설에서 사회복지사는 범죄자나 비행청소년의 재활 및 사회복귀를 돕고, 범죄의 처벌 대신 사회의 적응을 도움으로써 지역사회의 범죄예방 및 문제해결을 도모하는 역할을 수행할 수 있다. 실천대상은 범죄자 및 비행청소년 피해자 및 그들의 가족, 범죄가 발생한 지역사회 등이며, 1987년 정부에서 교정시설에 전공자를 특별채용한 적이 있으나 아직까지 법제화되지는 않고 있다.

(12) 사회서비스 제공기관

'사회서비스'란 국가·지방자치단체 및 민간부문의 도움이 필요한 모든 국민에게 복지, 보건의료, 교육, 고용, 주거, 문화, 환경 등의 분야에서 인간다운 생활을 보장하고 상담, 재활, 돌봄, 정보의 제공, 관련 시설의 이용, 역량 개발, 사회참여 지원 등을 통하여 국민의 삶의 질이 향상되도록 지원하는 제도로 정의할 수 있다(「사회보장기본법」제3조 제3항). 사회서비스 제공기관은 시·군·구에 일정기준을 충족한 경우 등록을 통해 운영이 가능하다.

여기에서는 지역자율형 사회서비스 투자사업을 중심으로 살펴보고자 한다. 지역사회의 특성을 고려하여 지방자치단체가 개발하고 이를 민간 사회서비스 제공기관이 수행하는 구조이므로 규격화되어 있는 사업은 없다. 단, 보건복지부는 전국적으로 표준모델을 제시하여 보다 활발한 사회서비스 사업이 운용될 수 있도록 하고 있다.

보건복지부(2019b)가 제시한 지역사회서비스 투자사업 표준모델로는 영유아 발달지원서비스, 아동·청소년정서발달지원서비스, 아동·청소년심리지원서비스, 인터넷 과몰입 아동·청소년 치유서비스, 노인맞춤형 운동처방서비스, 장애인·노인을 위한 돌봄여행서비스, 장애인 보조기기 렌탈서비스, 시각장애인 안마서비스, 정신건강 토탈케어서비스, 자살위험군 예방서비스, 아동·청소년 비전형성 지원서비스, 다문화가정 아동 발달지원서비스, 장애인·산모 등 건강취약계층 운동서비스, (비만)아동 건강관리서비스, 성인(청년)심리지원서비스, 보완대체의사소통기기 활용 중재서비스 표준모델, 치매환자 가족을 위한 여행서비스 등이 있다(엄태영, 2020).

(13) 사회적 경제조직

최근 들어 지역사회 안에 사회적 기업이나 마을기업 등의 사회적 경제조직이 급속도로 확대되고 있다. 이러한 사회적 경제조직은 조직 내에 새로운 일자리가 창출됨으로써 지역사회 주민의 경제적 욕구를 충족시켜 주고 있다는 점과 함께 다양한 사회적 문제를 해결하기 위하여 각종 사회서비스나 제품을 생산하고 있다는 점에서 지역사회복지실천차원의 중요한 의의를 지닌다(엄태영, 2020).

① 사회적 기업

사회적 기업의 설치 근거법은 2007년 제정된 「사회적 기업 육성법」이다. 이 법에서 사회적 기업은 취약계층을 대상으로 한 일자리를 마련하거나, 다양한 사회서비스를 제공하는 등의 지역사회 공헌적 활동을 통해 지역사회 주민의 삶의 질을 향상시키는 등의 사회적 목적과 재화 및 서비스를 생산·판매하는 경제적 목적을 구현하는 기업 중 일정 요건을 충족함으로써 인증받은 조직을 의미한다.

② 마을기업

마을기업은 마을 주민의 주도적 참여를 바탕으로 지역사회가 보유한 다양한 자원을 활용한 수익사업으로 지역공동체 정신을 강화하면서 지역주민에게 소득과 일자리를 제공하여 지역사회 발전에 기여하는 기업을 의미하며, 커뮤니티 비즈니스사업을 기원으로 볼 수 있다. 지역주민 5인 이상의 출자를 바탕으로 법인의 형태를 가지고 있어야 하며, 지역주민 참여가 70% 이상이 되어야만 마을기업으로 인증받을 수 있다.

③ 자활기업

자활기업은 「국민기초생활보장법」상에 근로능력을 보유한 저소득계층이 자립자활을 할 수 있도록 자활능력을 배양하고 여기에 필요한 다양한 기능을 습득할 수 있는 지원을 목적으로 설립된 조직을 말한다. 1인 이상의 수급자나 저소득계층이 개인사업체나 조합, 공동사업자 형태로 사업을 운영하고 있으며, 기초생활보장수급자가 1/3 이상이거나 2인 이상의 인원이 일정 정도 이상의 인건비를 배분하고 있을 때 정부로부터 자활기업으로 인증받아 공공기관의 우선구매 혜택이나 작업장 및 사업장을 위한 국공유지 무상임대 등의 다양한 추가지원을 받게 된다.

④ 협동조합

2012년 「협동조합 기본법」이 제정됨에 따라 형성된 다양한 조직을 사회적 경제 개념에서의 협동조합이라고 부른다. 물론 그 이전에 설립된 신용협동조합이나 농업협동조합, 산림조합 등 다양한 협동조합도 있으나, 이러한 형태는 「신용협동조합법」, 「농업협동조합법」, 「산림조합법」 등 특별법상의 협동조합이라고 부르며 다소 넓은 의미의 사회적 경제조직으로 포함할 수 있다.

⑤ 농촌공동체회사

농림축산식품부의 농촌공동체회사 육성사업에 의해 농촌의 자립기반 구축을 목적으로 농촌에 거주하고 있는 농민이 주체가 되어 농촌이 보유하고 있는 다양한 자원을 활용한 지역기업이나 주민주도의 지역 활성화 사업을 농촌공동체회사라고 한다.

2) 최근 실천현장의 흐름과 동향

최근 공공성 강화와 관련된 복지정책이 실행되고 있는 사회복지실천현장의 흐름과 구체적인 동향을 살펴보면 다음과 같다.

(1) 공공 사례관리

지방자치단체 통합사례관리는 2012년 시·군·구에 희망복지지원단이 설치되면서 활성화되었으며, 민관협력 사례관리체계도 실제적으로 마련되었다. 2017년부터는 서울시 찾아가는 동주민센터 사업의 전국 확산으로 '읍·면·동 복지허브화' 사업이 '찾아가는 보건복지서비스'(2017년 8월 국정과제로 확정)로 명칭이 변경되었으며, 읍·면·동 단위의 통합사례관리 사업도 강화되고 있다. 찾아가는 보건복지서비스는 주로 읍·면·동 지역과 권역을 중심으로 다양한 공공과 민간 주체가 협력하여 지역복지를 강화하기 위한 전달체계 개편으로 볼 수 있다(보건복지부, 2017).

찾아가는 복지서비스에서는 읍·면·동에 '찾아가는 복지전담팀'을 설치(팀장 포함 3명 이상)하여 찾아가는 복지상담, 위기가구 통합사례관리, 방문건강관리, 민간자원연계를 활용하고, 특히 복지통(이)장제 및 읍·면·동 단위 지역사회보장협의체 전국 시행·운영, 읍·면·동 주민 자치회와 상호 협력을 강화한 복지사각지대 발굴, 서비스 안내 등 역할 강화를 꾀하고 있다.

(2) 사회서비스원과 커뮤니티케어

지난 10여 년의 사회서비스 정책이 일자리 창출을 위한 서비스 발굴 및 확충, 사회서비스 시장 형성 및 산업화, 사회서비스 품질 제고를 목표로 추진되어 왔다면, 문재인 정부는 사회서비스 공공성 강화와 좋은 일자리 확충을 전면적으로 부각했다는 점에서 차별성을 보인다. 최근 사회서비스 영역에서는 사회서비스원 설립, 사회서비스 일자리 확충, 커뮤니티케어 추진 등이 중점적으로 논의되었다. 2022년 3월 25일에는 사회서비스원 설립 및 운영의 법적 근거가 되는 '사

회서비스 지원 및 사회서비스원 설립 · 운영에 관한 법률(약칭: 「사회서비스원법」)'
이 시행되었다.

    이 법은 사회서비스 지원과 사회서비스원의 설립 · 운영에 관한 사항 등을 정
함으로써 사회서비스의 공공성, 전문성, 투명성 제고 등 사회서비스를 강화하
고, 사회서비스와 사회서비스 관련 일자리의 질을 높여 국민의 복지 증진에 이
바지하는 것을 목적으로 한다.

작업 sheet 1

1. 사회복지사가 활동하고 있는 주요 현장 가운데 1차 실천현장에는 어떠한 것
   이 있는가?

   _____

   _____

2. 복지선진국과 비교하여 우리나라에서 아직 개발되지 않은 사회복지실천현장
   은 어떠한 것들이 있으며, 앞으로의 전망은 어떠한가?

   _____

   _____

3. 본인이 관심 있는 사회복지실천현장은 무엇인가?

   _____

   _____

---

2. 프로그램 개발과 평가

    사회복지 현장실습기관에서 지도를 가장 많이 받는 것 중 한 가지는 프로그램
개발과 평가다. 대부분은 실습 전에 '프로그램 개발과 평가'라는 과목을 수강한
후 현장실습을 하는 경우가 많으나, 각 학교의 사정상 실습 후에 과목을 수강하
는 경우도 있다.

현장실습을 준비하는 학생들이 사회복지 프로그램 개발과 평가에 대한 간단한 이론과 프로그램 사업계획서를 분석할 수 있다면 어느 정도 준비는 되었다고 볼 수 있다.

1) 사회복지 프로그램이란 무엇인가

[그림 4-1] 사회복지 프로그램의 의미

프로그램이란 '목록, 목차, 계획, 체계성 등이 한눈에 보아도 알 수 있게 해 주는 것'을 의미한다(한국학교사회복지사협회부설 교육복지연구소, 2006). 다시 말하면 프로그램은 특정한 목표를 위해 계획된 활동들의 구조화된 집합체라고 할 수 있다. 그러나 사회복지기관에서 말하는 '프로그램'이란 단순한 프로그램의 의미가 아닌 사회복지의 의미가 있어야 한다. 즉, 사회복지 프로그램이란 클라이언트 삶의 질을 향상시키기 위한 목적으로 만들어진 계획된 활동들의 집합체이며 사회복지 구성원의 욕구를 충족시킴과 동시에 사회복지사에게는 성취감과 만족감을 주는 수단이라고 볼 수 있다.

2) 프로그램의 구성 요소

(1) 프로그램 개발의 기본 요소: 목적, 조직, 운영(서비스 기술, 예산, 평가)

대부분의 학생들이 목적과 목표를 혼동하기 쉽다. 목적은 어떤 것을 하는 궁극적인 이유이며, 목표는 행동이나 프로그램이 지향하는 최종의 과업이 될 수 있다. 즉, 목표는 목적의 하위 개념이라고 할 수 있다.

예를 들어, '학교 부적응 학생을 위한 프로그램'을 기획함에 있어서 다음과 같은 목적과 목표를 세울 수 있다.

- 목적: 학교 부적응 학생들의 적응력 향상
  - 목표 1: 개별 개입을 통한 자신의 이해 증진
  - 목표 2: 집단 프로그램을 통한 자아존중감 향상
  - 목표 3: 등하교 도우미를 통한 지각·결석 횟수 감소

여기에서 프로그램을 통해 목표 1, 2, 3을 달성하도록 노력하고, 이 세 가지 목표가 달성되면 궁극적으로 프로그램의 목적이 달성될 수 있다. 사회복지 프로그램은 그 목적이 사회복지의 목적과 일치하여야 한다. 이러한 사회복지 프로그램의 목적이 프로그램 개발의 기본 요소라고 할 때, 이와 함께 프로그램을 운영할수 있는 조직도 있어야 한다. 또한 계획된 프로그램을 운영하기 위한 서비스 제공 역량과 예산 및 평가 능력 등을 함양해야 할 것이다.

(2) 프로그램 개발 시 점검해야 할 7요소

프로그램 개발과 관련하여 일반적으로 고려해야 할 사항은 욕구, 과정, 성과, 효율성의 네 가지로 요약할 수 있다(Posavac & Carey, 1997). 여기에서는 기본적인 요소를 중심으로 점검해야 할 7요소를 제시한다.

- **무엇을 해야 하는가**(What): 종류(분야), 프로그램 구성 내용
- **왜 해야 하는가**(Why): 목적, 주제(표어), 강조점
- **언제 해야 하는가**(When): 예정 일시 및 기간
- **어디서 해야 하는가**(Where): 장소
- **누가 하는가**(Who): 주최, 주관, 후원, 준비위원, 지도 책임자, 강사 등
- **누구를 위해서 하는가**(For Whom): 참가자 대상의 성격과 인원
- **어떻게 해야 하는가**(How): 효율성, 일의 분담과 순서의 세부 내용, 방법, 예산 수립 및 홍보 방법 등

(3) 프로그램 개발과정

체계(system) 접근에 따르면, 프로그램은 투입(input), 전환(throughput), 산출(outputs), 성과(outcomes)로 구성된다. 각 단계에서 해야 할 사항과 고려사항은 다음과 같다.

- 투입단계
  - 이 프로그램으로 인해 누가 이득을 볼 것인가?
  - 필요한 스태프는 누구인가?
  - 필요한 장비, 시설 및 자원은 무엇인가?
- 전환단계
  - 프로그램 기획에서 정의한 클라이언트와 그 문제에 적합한 서비스 종류와 내용 그리고 개입 방법은 무엇인가?
- 산출단계
  - 기대하는 결과를 얻기 위한 최소한의 서비스의 양과 질은 무엇인가?
- 성과단계
  - 기대하는 결과는 얼마만큼 얻을 것인가?
  - 프로그램의 한계상 어쩔 수 없이 얻게 될 결과는 무엇인가?

(4) 프로그램 개발과정에서 고려해야 할 사항

- 가치: 프로그램 참여자가 받아들일 수 있는 가치가 반영되어 있는가?
- 실현 가능성: 프로그램을 실행할 만한 정치적 승인과 경제적 자원이 있는가?
- 준비성: 주관 기관이나 조직이 제안하는 프로그램을 진행할 만한 준비가 되어 있는가?
- 합리성: 객관적 사실에 근거하여 준비되고 있는가?

3) 프로그램 계획서 검토

앞서 살펴본 내용을 바탕으로 다음에서 제시하는 '청소년 대인관계 증진 프로그램: 모두 함께 FRIENES'(조성우 외, 2018) 계획서를 검토해 보자.

(1) 사업의 필요성

① 문제에 대한 설명

2016년 9월 A 지역의 어느 청소년이 학교 친구와의 갈등을 비관하여 자살을 시도한 사건이 발생했다(H신문, 2016. 9. 28.). 이와 관련해서 청소년 대인관계 문제해결을 위해 관할 지방자치단체도 대책 마련을 위해 큰 관심을 보이고 있다 (k일보, 2016. 11. 2.). 본 기관은 지역사회의 청소년들이 경험하는 갈등, 폭력, 회피, 소외 등의 대인관계 어려움을 사회복지 개입이 필요한 중요한 문제로 바라본다. 근거는 다음과 같다.

첫째, 대인관계의 어려움을 호소하는 청소년들의 비율이 높다. A 지역 W 청소년상담센터(2016)에 따르면, 2015년에 실시한 21,550건의 청소년 상담 가운데 '대인관계'에 관한 상담건수가 7,150건으로서 전체 상담에서 1위를 차지하였다. 그 외에 '일탈 및 비행' 관련 상담이 4,088건으로 나타났으며, 이것 역시 대인관계 문제와 직간접적으로 관련되어 있다.

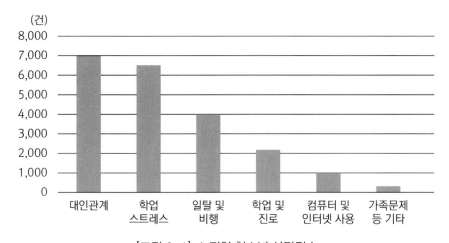

[그림 2-1] A 지역 청소년 상담건수

출처: W 청소년지원센터의 사업보고(2016).

둘째, 대인관계의 어려움은 청소년의 사회적 고립과 낮은 자아존중감에 영향을 미친다. 청소년기는 급격한 신체적·정서적·사회적 발달을 통해 성인기로 이동하는 시기인 동시에 정서적으로 불안하고 사회적으로도 미성숙한 시기이기에 이때 청소년은 많은 문제를 일으킬 수 있다(이정자 외, 2012). 그중에서 또래와 겪는 대인관계 문제는 청소년들에게 높은 수준의 부정적 정서를 가중시킨다(최명구, 신은영, 2003). 대인관계의 어려움은 청소년에게 환경에 대한 부적응과 정서적 문제를 경험시키고 사회적으로 고립시킬 뿐만 아니라 부정적인 신체상과 낮은 자아존중감도 갖게 만든다(안지영, 김종남, 2017).

② 문제의 원인

첫째, 의사소통 기술이 부족하면 대인관계 문제를 경험한다. 많은 청소년이 학교생활에서 대인갈등, 학교폭력 등의 문제를 겪을 때 적절한 대처방법을 알지 못한다. 상황을 이해하고 적절하게 타인과 의사소통하는 능력이 부족하면 대인관계에 문제가 발생한다(전명순, 권일남, 2012).

둘째, 사회적 지지를 얻지 못하며 갖게 되는 고립감은 청소년의 대인관계 발달에 부정적인 영향을 미친다. 안지영과 김종남(2017)의 연구에 따르면, 외톨이 경험은 대인관계 어려움의 주요 원인으로 분석되었다. 자신이 고립되어 있다는 생각이 커질수록 지역사회 청소년의 대인관계 단절은 심해질 것이다.

③ 지역사회 및 클라이언트 욕구

실제 본 기관에서 2016년에 지역 청소년 821명을 대상으로 생활실태 및 욕구조사를 실시한 결과, 응답자의 40.7%가 여가시간을 TV 시청, PC 및 스마트폰 게임을 하며 보낸다고 대답하였다. 이 같은 결과는 지난해 같은 기간에 조사한 내용과 비교해 12% 증가한 결과다. 또한 희망하는 프로그램을 조사한 결과 응답자의 32.4%가 친구들과 함께 참여하는 문화체험과 스포츠 활동을 희망했고, 25.2%는 심리상담 프로그램을 희망하는 것으로 나타났다.

④ 프로그램 가설

A 지역 청소년들이 의사소통 기술을 배울 수 있는 심리상담 프로그램에 참여하고, 사회적 지지를 높일 수 있는 문화체험과 스포츠 활동을 하게 된다면, 또래들과 긍정적인 상호작용을 증진할 수 있고 의사소통도 원활하게 하게 되어 대인관계 문제를 해결할 수 있을 것이다.

> 가설은 '사업의 필요성'을 끝맺는 마지막 문장으로서 독자에게 프로그램의 내용을 한 문장으로 요약해 주는 효과를 발휘한다. 가설은 기획자의 아이디어에서 즉각적으로 도출해서는 안 되며, 앞서 기술된 사회문제, 원인분석, 욕구사정의 내용을 충분히 검토 후에 논리적으로 종합해서 작성해야 하는 수준 높은 문장이다. 가설은 '~한다면, ○○○된다(if/then)'의 구조로 작성해야 목적문과의 중복을 피할 수 있다.

(2) 서비스 대상자

정의	A 지역에 거주하고 있는 만 13~19세의 청소년
인원	30명
특성	• 대인관계의 어려움을 겪으면서 고립된 여가시간을 보내고 있는 청소년 • 빈곤부모의 자녀로서 여가활동에 대한 경제적 부담을 갖고 있는 청소년

(3) 목적과 목표

① 목적

대인관계 문제로 어려움을 겪고 있는 청소년들이 전문적인 상담서비스를 이용하고 친구와 함께 서로 협력하고 어울릴 수 있는 여가 프로그램에 참여해서 사회적 역량을 강화하는 것이다.

② 목표

성과목표 1. 청소년이 전문적인 심리상담을 통하여 대인관계 역량을 강화한다.

산출목표 1. 대인관계 위기 청소년 5명 대상으로 개별심층상담 12회

산출목표 2. 청소년 30명 대상으로 또래상담반 교육 24회

산출목표 3. 청소년 30명 대상으로 대인관계 증진 캠프 2회

성과목표 2. 청소년이 여가 프로그램에 참여하여 사회적 지지를 증가한다.

산출목표 1. 청소년 30명 대상으로 방과 후 문화탐방 동아리 활동 6회

산출목표 2. 청소년 30명 대상으로 스포츠(테마별 미니올림픽) 활동 6회

(4) 사업 내용

① 세부 서비스 내용

성과 목표	세부 서비스명	수행 방법	시행 시기	수행 인원	목표		
					횟수	실인원	연인원
1	청소년 개별 심층상담	대인관계 문제에 관한 개별상담을 실시한다.	3~9월	1명	연 12회 (2주 1회×12건)	5명	60명
	또래상담반	또래상담 지도를 통해 또래 친구들 사이의 다양한 의사소통 방법을 배운다. 배운 것을 활용하여 이야기를 해 보고 아이들의 원활한 의사소통을 돕는다.	3~9월	2명	연 24회 (주 1회×24건)	30명	720명
	대인관계 증진 캠프	또래상담반 수업을 통하여 숙지한 의사소통 기술을 활용할 수 있는 캠프를 실시한다. 캠프 동안의 규칙을 함께 정하고 생활한다.	3~9월	5명	연 2회 (3개월 1회×2건)	30명	60명
2	문화탐방 동아리 활동	문화탐방 장소를 알려 주고 청소년이 2~3명씩 짝을 지어 해당 장소로 함께 이동한다. 문화 경험을 마치고 조별 또는 단체로 어떤 경험을 하였는지, 어떤 느낌이 들었는지 이야기를 나눈다.	3~9월	2명	연 6회 (월 1회×6건)	30명	180명
	테마별 미니올림픽	운동 관련 지식과 함께 운동 방법을 배운다. 자신이 해 보고 싶은 여러 가지 운동을 해 봄으로써 아이들이 가진 놀이 욕구에 다양성을 충족시킨다.	3~9월	2명	연 6회 (월 1회×6건)	30명	180명
계					50회	30명	1,200명

② 담당 인력 구성 및 전문성

이름	직위	투입시간 (단위:1주일)	전문성 자격증/경력(년)/주요 업무
노○○	부장	2시간	• 사회복지사 1급/유아 체육지도사 자격증 • 경력(10년)/프로그램 총괄
김○○	과장	3시간	• 사회복지사 1급/청소년상담사 2급 • 경력(7년)/홍보 담당
박○○	팀장	4시간	• 사회복지사 1급/응급처치 전문가 과정 취득 • 경력(5년) 문화 탐방 동아리 활동
안○○ (담당)	직원	4시간	• 사회복지사 1급/레크리에이션 지도사 1급 • 경력(2년)/테마별 미니 올림픽
이○○	직원	4시간	• 사회복지사 1급/레크리에이션 지도사 1급 • 경력(2년)/대인관계 증진 캠프

③ 진행 일정

내용＼기간	12월	1월	2월	3월	4월	5월	6월	7월	8월	9월	10월	11월	12월
프로그램 홍보	○	○											
참가자 모집 및 대상자 선정		○	○										
청소년 개별심층상담				○	○	○	○	○	○	○			
또래상담반				○	○	○	○	○	○	○			
대인관계 증진 캠프				○	○	○	○	○	○	○			
문화탐방 동아리 활동				○	○	○	○	○	○	○			
테마별 미니 올림픽				○	○	○	○	○	○	○			
결과보고서 제출													○

④ 운영방침

• **전년도 문제의 개선 방향**

문제	전년도 문제	개선 방향
강사의 전문성	전년도 청소년 프로그램에 대한 만족도 조사를 실시한 결과, 강사의 전문성에 대한 만족도 점수가 낮았음	외부 강사에 의존하기보다는 가급적 담당 직원 및 기관 직원이 직접 프로그램을 운영할 예정임
프로그램 운영계획 변경	전년도 과정평가 결과, 기관 사정으로 인해 프로그램 일정이 변경되는 일이 발생해서 참여자들이 불편을 호소했음	프로그램 일정을 재검토한 후 확정했음. 다른 사업과 시간, 장소 등에서 겹치는 일이 발생하지 않도록 주의 깊게 검토함
참여자의 결석	전년도 과정평가 결과, 참여자들이 갑자기 결석을 해서 운영에 어려움이 있었음	매 회기별로 사전에 참여자들에게 출석 안내를 할 예정임

• **홍보 계획**

대상	홍보 방법 및 횟수	활용매체
지역사회 주민	홍보물 제작, 복지관 이용자 전체 문자 및 메일, 본 복지관 홈페이지 복지관 사업 설명회 1회 실시, 아파트 및 인근 중·고교 대상 협조 공문 발송, 복지관 페이스북과 인스타그램 홍보	인터넷, 홍보지, 사업 설명 리플릿, 핸드폰, 가정통신문
타 복지기관	이메일로 사업 소개, 타 복지기관 홈페이지 게시판, 타 복지기관 공고 게시판	리플릿, 인터넷, 홍보지
지방자치단체	협조 공문 발송	홍보지

(5) 예산 및 서비스 단가

(단위: 원)

항목	예산액	산출 근거
개별심층상담	3,250,000	상담전문가: 50,000×60명=3,000,000 심리검사: 50,000×5명=250,000 장소: 복지관
또래상담반	2,160,000	활동비: 3,000×720명=2,160,000 장소: 복지관
대인관계 증진 캠프	3,780,000	장소대여비: 20,000×30명×2회=1,200,000 도구구입비: 3,000×30명×2회=180,000 식재료비: 40,000×30명×2회=2,400,000
문화탐방 동아리 활동	1,080,000	이용료: 6,000(1인 2회)×30명×6회=1,080,000
테마별 미니 올림픽	300,000	간식비: 5,000×30명×6회=900,000 장소: 운동장
계	10,570,000	
서비스 단가	352,333	총 사업비÷실인원

(6) 평가 계획

① 과정평가 계획

번호	평가 방법		
	지표명	자료 수집 방법	자료 수집 시기
1	의사소통의 품질 (참가자와 구두 의사소통에 어려움은 없었는가?)	평가회의	수시
2	인적 자원의 우수성 (역량을 갖춘 직원이 투입되었는가?)	평가회의	수시
3	슈퍼비전 (슈퍼비전 체계가 구축되었는가?)	슈퍼비전 평가도구 (체크리스트)	분기별
4	서비스 과정에 대한 만족 (참여자는 서비스 운영 과정에 만족했는가?)	만족도 조사	연말

② 성과평가 계획

㉠ 성과목표 1에 대한 평가 계획

목표	평가 방법		
	핵심성과지표	자료 수집 및 평가기법	자료 수집 시기
성과목표 1	대인관계 능력	대인관계 변화 척도 단일집단 전후 설계 대응표본 t검증	2018. 6. 30./ 2018. 9. 30.
	자기표현 능력	FGI를 활용한 질적 평가	2018. 6. 30./ 2018. 9. 30.
산출목표 1-1	개별상담 횟수	목표 대비 실적 평가	2018. 3. 1.~ 2018. 9. 30.
산출목표 1-2	또래상담반 활동 횟수	목표 대비 실적 평가	2018. 3. 1.~ 2018. 9. 30.
산출목표 1-3	대인관계 증진 캠프 횟수	목표 대비 실적 평가	2018. 3. 1.~ 2018. 9. 30.

㉡ 성과목표 2에 대한 평가 계획

목표	평가 방법		
	핵심성과지표	자료 수집 및 평가기법	자료 수집 시기
성과목표 2	사회적 지지	사회적 고립감 척도 대응표본 t검증 단일집단 전후설계	2018.6.30./ 2018.9.30.
	또래 친밀감	만족도 조사	2018.9.30.
산출목표 2-1	문화탐방 동아리 활동 횟수	목표 대비 실적 평가	2018.3.1.~ 2018.9.30.
산출목표 2-2	테마별 미니 올림픽 개최 횟수	목표 대비 실적 평가	2018.3.1.~ 2018.9.30.

2. 프로그램 개발과 평가

(7) 세부활동계획서

세부활동계획서

세부서비스명	또래상담반		
회차	2회		
회기명	I message You message		
소요시간	40분	참석인원	30명
장소	프로그램1실	준비물	컴퓨터, PPT 자료, 필기도구
성과목표	전문적인 심리상담을 통하여 청소년의 사회적 의사소통 역량을 강화한다.		
핵심활동	청소년 대인관계 향상을 위한 강의 및 실습		

① 도입 단계(5분)

㉠ 학생들을 오리엔테이션 때 짠 조별(총 5팀)로 모여 앉게 한다.

㉡ 메인 선생님이 수업할 'I message You message' 프로그램에 대해서 간략하게 설명한다.

㉢ 메인 선생님이 'I message You message' 프로그램의 필요성에 대해서 설명한다.

② 전개 단계(30분)

㉠ 메인 선생님이 'I message You message' 프로그램에 대해서 PPT 자료를 보여 주며 학생들에게 자세하게 설명한다.

㉡ 보조 선생님이 'I message You message' 예시를 보여 준다.

㉢ 각 조별로 'I message You message' 프로그램을 실천한다.

㉣ 메인 선생님이 각 조에서 2명씩 뽑는다.

㉤ 각 조에서 뽑은 학생 2명씩 오늘 실천한 내용을 발표해 본다.

③ 종결 단계(5분)

㉠ 오늘 배운 프로그램에 대해서 느낀 점을 발표한다.

㉡ 사용한 교구들을 정리하고 인사하며 마무리한다.

프로그램 개발과 평가는 실습하는 대부분의 복지기관에서 훈련하는 주요항목이다. 특히 각 복지관에서는 사회복지공동모금회나 삼성복지재단 등의 프로그램 공모사업에 응모하여 지원을 받는 것을 매우 중요하게 생각하기 때문에 프로그램 개발과 평가라는 항목을 강조하고 있다. 그럼 다음과 같은 작업을 하도록 하자.

작업 sheet 2

집단 프로그램 개발에는 어떠한 요소를 점검해야 하는지 아는 대로 쓰시오.

※ 사회복지실천기술론, 사회복지 프로그램 개발과 평가의 내용을 검토해 보자.

작업 sheet 3

욕구조사서를 작성해 보시오.

작업 sheet 4

집단 프로그램의 기획, 운영 및 평가에 이르기까지 운영계획서를 작성해 보시오.

3. 사례관리[1]

사례관리는 최근 사회복지 현장에서 많이 사용되는 방법론으로서 사회복지 현장실습에서 학습해야 할 중요한 부분이 되었다. 따라서 사례관리에 대한 기본적인 내용을 숙지하고 있어야 한다.

1) 도입 배경

(1) 탈시설화로 인한 가족책임의 과도와 지역사회보호 기능 강조

1960년대 초 미국은 지적장애인과 정신장애인을 대단위 수용시설에서 퇴소시켜 지역사회로 돌려보내는 탈시설화 정책을 실시하였다. 이때 가족들은 장애를 가진 가족을 직접 돌봐야 하는 책임감이 과도하게 증가되었고, 이들은 종합적인 서비스를 찾게 되었다. 그 결과, 각 기관이나 단체의 경계를 넘는 종합적인 서비스가 요구되었고, 이러한 요구에 의해 사례관리라는 포괄적이고 지속적인 방법론이 대두되었다.

(2) 장기적이고 복잡한 욕구를 가진 클라이언트 증가

지적장애나 정신장애 혹은 신체장애를 가진 사람들과 노인 인구의 증가로 인하여 소득, 주택, 사회화, 재활, 의료 중에서 2개 이상의 서비스를 필요로 하는 클라이언트들이 증가하였고, 다양한 욕구를 가진 클라이언트에게 통합된 서비스를 제공하기 위하여 사례관리 방법론이 대두되었다.

(3) 다양한 서비스체계 통합 연계 필요성 증가

욕구가 다양한 클라이언트의 증가와 다양한 서비스 기관이 출현하면서 서비스체계의 연계성이 요구되었다. 특히 비공식적인 지원체계와 사회적 지원망의 중요성이 부각되면서 공식적이고 전문적인 서비스와 비공식적 지원체계 및 지원망을 조정하는 통합 연계 방법론이 필요하게 되었다.

---

1) 〈부록 2〉의 서식 16, 서식 17, 서식 18 참조.

(4) 서비스 비용 절감의 필요성 증대

1970년대 중반부터 등장한 복지국가의 위기 속에서 나타난 복지다원주의 사상의 등장으로 말미암아 점차 서비스 비용 절감에 대한 인식이 등장하였다. 특히 서비스 간의 중복을 피하고 서비스 비용 대비 효과를 높이는 방안이 요구되는 시대적 상황 속에서 사례관리가 등장하게 되었다.

2) 정의

사례관리는 미시적인 동시에 거시적 접근, 개별 실천과 통합적 실천, 지역사회 실천을 통합한 형태를 지니고 있다. 다양한 학자의 정의를 살펴보면 다음과 같다.

- 레빈과 플레밍(Levin & Fleming, 1984): 정부나 사회복지기관과 같은 서비스체계 차원에서는 클라이언트에 대한 서비스를 조정하는 전략이며, 클라이언트 차원에서는 특정한 서비스를 제공받을 수 있도록 지향하는 과정이다.
- 오스틴(Austin, 1983): 클라이언트에게 다양한 서비스를 전달하는 데 목적을 둔 일련의 연속적으로 관련된 직무들로 구성되어 있는 체계적인 문제해결 과정이다.
- 로버트-드제나로(Robert-DeGennaro, 1987): 사례관리는 특별한 위험 대상 표적인구를 위하여 지역사회복지실천의 노력과 직접적인 서비스 실천인 개별 접근이 혼합되어 있는 실천이다.
- 오코너(O'Conor, 1988): 사회복지실천의 핵심 기술로 사례관리를 정의하고, 사례관리의 개념과 사례관리 체계에 관한 개념 간에 중요한 구별을 하였다.
- 모슬리(Moxley, 1989): 복합적 욕구를 가진 사람들의 기능화와 복지를 위해 공식적·비공식적 지원과 활동의 망을 조직하고 조정하고 유지하는 것이다.
- 미국사회복지사협회(NASW, 1984): 여러 가지 문제와 장애가 있는 클라이언트에게 적합한 형태로 적절한 시기에 필요로 하는 모든 서비스의 보장을 돕는 포괄적 서비스 방법이다.

따라서 사례관리란 다양한 욕구를 가지고 자원 접근과 활용 역량이 부족한 클라이언트에게 사회복지의 미시적/거시적 실천기술을 활용하여 욕구 해결과 주체적 사회적응을 지원하는 포괄적 서비스를 말한다.

3) 목적과 목표

사례관리의 목적은 클라이언트의 욕구 해결과 주체적 사회적응 능력을 향상시키는 것이다. 그리고 목표는 개인의 자원 접근성, 잠재력 강화 등을 목표로 하는 개인의 변화, 자원의 효율적 전달체계 구성 및 전문가 간 협력관계 증진을 목표로 하는 지역사회의 변화, 공식·비공식 자원망의 개발과 보호역량 극대화다.

4) 특성

파편적인 서비스체계를 클라이언트 중심으로 통합하여 효율성을 증진시키며, 비공식 자원체계 개발을 통한 지역보호 능력 향상과 서비스 연속성을 보장하며, 지속적인 평가/점검을 통한 조정(coordination) 기능의 강화, 서비스 전반에 대한 사례관리자와 기관의 권한 및 책임성 부여, 클라이언트와 자원망의 상호작용을 촉진한다.

5) 사례관리의 과정

(1) 초기접수

사례관리를 필요로 하는 이용자를 발견하고 그들의 욕구를 개략적으로 파악하여 적성심사를 거쳐 서비스를 받을 자격이 있는지를 결정하는 단계다. 선별(screening), 초기면접이 이 단계에서 행해진다.

(2) 사정

이용자의 주위 환경을 포함해 그의 상황을 이해하는 집중적이고 체계적인 과정이다. 서비스 적격성 여부, 이용자의 욕구, 능력 및 잠재적 자원 확인, 이용자의 진행과정을 평가하는 방법 등을 구체화하기 위해서 사정이 중요하다. 이때에는 욕구 및 문제 사정과 자원 사정, 장애물 사정 등을 실시한다.

(3) 개입계획(자원 확인 및 목록화)

개입계획 수립은 누가 사례관리 과정에서 사례관리자의 역할을 수행할 것인가, 한 사람의 사례관리와 관련된 사람들은 어떤 사람들인가, 그리고 사정에서 확인된 욕구나 문제의 우선순위는 무엇인가 등의 문제에 대하여 잠정적으로 해답을 내리는 과정이라고 말할 수 있다.

이때에는 상호 간의 목적 수립하기, 우선순위 정하기, 전략 수립하기, 최선의 전략 선택하기, 전략 실행하기 등이 실행된다.

(4) 개입(연결)

이용자가 질 좋은 서비스나 원조를 원활히 받을 수 있도록 실행하는 과정으로 서비스를 선별해서 이를 조정한다. 개입은 크게 두 가지로 나누어 볼 수 있다. 첫째는 사례관리자 자신이 제공하는 직접 서비스가 계획대로 잘 유지되도록 하는 경우이며, 둘째는 외부자원 획득을 통한 간접 서비스 제공으로 타 기관이나 다른 사람에 의해 서비스가 적절히 유지되고 있는지에 대하여 확인하는 것이다.

(5) 점검 및 재사정

서비스가 계획에 따라 전달되고 있는지 검토하고, 이용자의 상태에 따라 계획을 수정하는 단계다. 또한 새로운 개입계획의 수립과 연결에 이르는 이용자 서비스 과정에 대한 계속적인 서비스 평가 단계다. 보통 3개월에 한 번씩 점검이 이루어지며, 재사정 단계를 거쳐 이용자의 욕구가 충족되지 않았을 경우 목표설정과 개입계획으로 돌아가 사례관리의 과정을 반복한다.

이 단계에서는 구체적으로 계획된 서비스의 전달 정도, 서비스와 지원 계획의 목표 성취 정도, 서비스와 사회적 지지의 산출 정도, 이용자의 욕구 변화 점검, 서비스 계획의 변화 여부 검토 등이 이루어진다.

(6) 평가 및 종결, 사후지도

평가단계는 사례관리자에 의해 형성·조정되는 서비스 계획, 구성 요소, 활동 등이 어떤 효과를 나타내었는지를 알아보기 위한 과정이다. 서비스 평가는 연 1회 정도 정기적으로 실시하는 것이 바람직하다. 평가를 거쳐 목표가 달성되었고, 현재의 상태가 계속 유지될 것이 확실하고, 이용자에게 더 이상의 서비스를 제공할 수 없게 될 경우, 서비스를 종결 또는 중단한다. 그러나 사례가 종결되더라도 지속적인 의사소통이 이루어질 수 있도록 통로를 유지하는 것이 중요하다. 종결이 이루어지면 사후지도가 실시된다.

작업 sheet 5

1. 사례관리의 등장 배경과 정의를 설명하시오.

2. 사례관리의 과정을 이야기해 보시오.

다음 사례는 한부모가족 아동의 사례관리(최선희, 정재연, 2020)가 이루어진 전 과정을 기록한 것이다. 주의 깊게 읽고 사례관리 과정을 학습해 보자.

부자 한부모가족 아동의 건강한 성장지원 사례관리

[개요]

이 사례는 한부모가족 아동으로 2009년 지역사회 교육복지전문가에 의해 의뢰된 사례이다. 2009년부터 2012년까지는 복지관 야간 방과 후 교실에서 사례관리를 진행하였고, 2013년부터는 사례관리팀에서 진행하였다. 클라이언트는 한부모 부자가족의 자녀로 아버지, 오빠와 함께 거주하고 있는데, 아버지의 격일 근무로 위생관리가 전혀 되지 않는 상태였다. 초등학교 입학 전 24시간 보육시설에 위탁된 기억으로 또래관계에 취약하였고, 심리적으로 불안한 상태여서, 학교 방과 후 교실을 마치고 저녁 시간에 돌봄이 필요하여 복지관 야간 방과 후 교실에 의뢰된 것이다.

2009년부터 2014년까지 클라이언트의 건강관리, 또래관계 증진, 주거관리와 청결관리, 돌봄과 정서지원을 중심으로 사례관리가 진행되었다.

1. 의뢰 / 발굴 및 초기 상담

초등학교 주간 방과 후 교실 이후 가정에서 돌봄이 되지 않아 지역사회 교육복지전문가가 2009년 복지관의 야간 방과 후 교실에 의뢰하였다.

야간 방과 후 교실 사회복지사는 클라이언트의 배변장애와 사시 외에도 학교와 방과 후 교실에서 진행되는 문화 활동에 참여할 때 낯선 성인에게 과도한 친밀감을 표현하는 등 심리적·정서적으로 불안정하다는 것을 파악하였다. 이외에도 준비물을 챙기지 못하는 모습, 3일 이상 같은 옷을 착용하여 위생관리가 되지 않는 모습, 배변장애로 집단 따돌림을 당하는 등의 복합적 욕구로 사례관리를 진행하게 되었다.

2. 사정 [2009년 4월]

이름	나이	성별	가족유형	경제적 상황
최○○	37세	남	한부모	기초생활수급
최△△	12세	남	한부모	기초생활수급
최□□	10세	여	한부모	기초생활수급

1) 가족상황

클라이언트는 2003년 부모의 이혼 후 아버지가 양육하고 있으며, 어머니는 가족과 연락이 두절된 상태였다. 아버지는 격일 24시간 근무를 하고 있어 집에 없는 날이 많아 매일 오빠가 클라이언트를 깨워 등교시키고 있다. 주 양육자의 양육활동 한계로 위생관리, 식생활 관리 등 클라이언트의 생활관리가 적절히 되고 있지 못한 상황이었다.

[가계도]

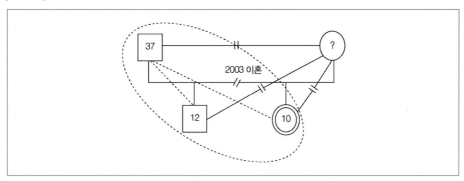

2) 경제상황

클라이언트의 아버지는 조부의 빚 수천만 원을 떠맡게 되어, 경제적인 어려움이 가중되어 이혼에까지 이르게 되었고, 파산신청을 하였다. 클라이언트의 아버지는 판매직으로 근무하고 있으나, 판매량에 따라 급여가 달라지기 때문에 경제적으로 불안정한 상황이다. 현재 국민기초생활수급대상이다.

3) 건강상황

클라이언트는 또래에 비해 체구가 작은 편이었다. 보호자의 격일 근무로 식사 준비에 어려움이 있어 하루 한 끼 이하로 식사를 하고 있었고, 잦은 인스턴트 섭취로 아토피가 심한 상태였다. 심리적 · 정서적으로 불안하여, 긴장되는 상황에서 배변장애를 보이고 있다. 또한 위생관리가 제대로 이루어지지 않았고, 전반적으로 양육과 돌봄이 제대로 이루어지지 않았다.

4) 사회적 관계망

클라이언트 할아버지의 빚으로 아버지와 아버지 형제와의 관계가 좋지 않아 거의 왕래하지 않고 지내고 있다. 아버지가 집에 없는 시간이 많아 아버지의 친구가 집에 자주 와 있는 편이었다. ○○초등학교 방과 후 교실이 끝난 후 저녁에는 복지관 야간 방과 후 교실을 이용하며, 태권도와 영어 학원을 다녔다.

[생태도]

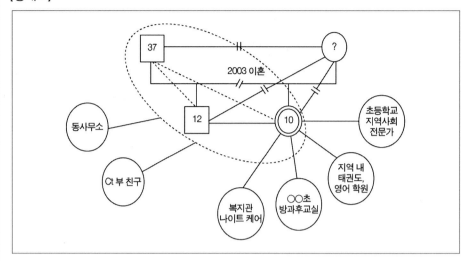

[영역별 사정 내용]

영역	사정 내용(강점 포함)	욕구 여부	정보원
의/식/주	• 부자세대로 아버지가 격일 24시간 일하고 있음 • 식사 준비에 어려움이 있으며, 고른 영양 섭취가 안 되고 있음	• 규칙적인 식사 필요 (4순위)	Ct/ 지역사회 교육복지전문가
비전/진로	• 비전/진로에 대한 생각은 있으나 추상적인 수준임	• 없음	Ct
정서/문화	• 문화 활동은 학교와 학원 등에서 참여하고 있음 • 불안감이 큰 모습이며, 낯선 성인에게도 과도한 친밀감을 나타냄	• 심리적 · 정서적 안정 필요 • 정기적으로 문화활동 및 함께 대화를 나눌 멘토 필요(2순위)	Ct/ 방과 후 교실 교사
능력	• 학습수행 능력이 낮고, 과제 수행 능력이 낮음	• 없음	지역사회 교육복지전문가
환경	• 부친이 집을 비우는 일이 많고, 부친의 동성 친구가 함께 거주하고 있어 양육자의 부재가 문제가 되고 있음	• 방과 후 안전한 돌봄이 필요함 • Ct는 방과 후 피아노를 배우는 것을 원함(1순위)	Ct/ 아버지

학교생활	• 심리·정서 불안으로 배변장애가 있어 학급 친구들과 어울리지 못하는 모습임	• 학급친구들과 원만한 관계 필요(5순위)	지역사회 교육복지전문가
건강	• 배변장애와 사시가 있음	• 병원 진료 및 치료비 (3순위)	Ct/ 지역사회 교육복지전문가/ 담임교사

3. 1차 실행계획(2009~2011년)

욕구	장기목표	단기목표	강점	실행계획
1. 주 양육자 부재로 인한 하교 후 돌봄	안전한 양육환경 구축	• 방과 후 안전한 아동 돌봄	• 방과 후 교실 이용 경험이 있어 적응이 빠름	• 야간 방과 후 교실 주 4회 이상 참여 • ○○재단 특기 적성비 지원으로 피아노 수강
2. 심리·정서 불안 해소	정서적 안정감 형성	• 정서적 지지체계 2개 이상 형성 • 정서적 불안감 감소	• 성들과 관계를 잘 맺음	• 멘토와 정기적인 만남 • 주 1회 상담 진행
3. 건강관리(사시, 배변장애)	사시 및 배변장애 치료	• 사시 치료 • 배변장애 감소	• 병원 진료와 약물치료에 성실하게 참여함	• 병원진료 • 야간 방과 후 교실에서 투약관리 진행

4. 계획 실행과 모니터링

1) 주 양육자 부재로 인한 하교 후 돌봄

① 상담: 복지관 방과 후 교실에 잘 적응하고 있는지와 가정환경은 어떤 상황인지에 대해 모니터링하였다.

② 서비스 제공: 복지관 야간 방과 후 교실 등록 후 오후 9시까지 보육서비스를 제공하였다.

③ 자원연계: 자원연계로 특기적성비를 신청하여 피아노 강습을 받도록 하였다.

2) 심리·정서 불안 해소

① 상담: 아이돌보미, 보육교사, 치료사를 통한 모니터링을 진행하였다.

② 서비스 제공: 멘토링 지원센터를 통해 멘토를 연결하였는데, 멘토를 통해 받는 정서

적 지지가 크고 유대관계가 잘 형성되었다.

3) 건강관리(사시, 배변장애)

① 서비스 제공: 클라이언트의 배변훈련이 잘 진행되지 않아 정서적인 요인으로 생각
하였으나 병원에서 변비로 진단하여 변비 치료를 위한 진료 및 투약관리를 진행하
였다. 투약관리는 야간 방과 후 교실에서 담당교사가 도움을 주었다.

② 자원연계: 클라이언트에게 사시가 있다는 소견이 있어 상담 후 치료받을 수 있는 병
원(인터케어 지원)을 연계하였다. 사시가 심각한 수준이어서 수술이 필요한 상황이
었는데 아버지가 병원에 갈 시간이 없다고 하여 담당 사회복지사가 동행하여 검사
및 수술을 받을 수 있게 하였다.

[서비스 생태도]

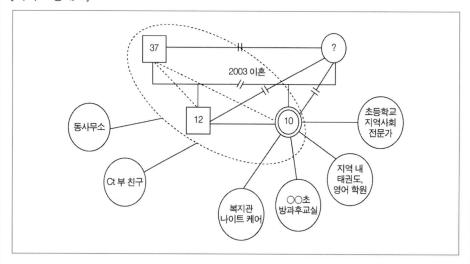

5. 평가(2011년 4월)

1) 방과 후 아동돌봄

자원을 연계하여 피아노 수강을 하고 야간 방과 후 교실에 참여함으로써 오후 9시까
지 돌봄이 이루어질 수 있었다.

2) 정서적 불안감 감소

클라이언트와 멘토가 관계 형성이 잘 되고, 활동이 효과적이고, 심리·정서 지원에
많은 도움이 되었다.

3) 사시 및 배변장애 치료

사시, 배변장애에 대한 문제가 시급하여 수술과 치료를 받을 수 있도록 하여 호전되었다. 사시는 치료되었고, 배변장애는 변비치료를 지속하고 있다.

단기목표	실행 내용	목표 달성	클라이언트 의견	사례관리자 의견
• 방과 후 안전한 아동돌봄	• 야간 방과 후 교실 주 4회 이상 참여 • ○○재단 특기 적성비 지원으로 피아노 수강	8/10	• 야간 방과 후 교실을 마치고 집에 가면 바로 잠자리에 들 수 있고 저녁식사도 꾸준히 먹을 수 있어서 좋음 • 예전부터 피아노를 배우고 싶었는데, 피아노를 배울 수 있어 좋았음	• 야간 방과 후 교실 참여로 하교 시간 이후 Ct의 생활 안전과 규칙적인 석식은 물론 Ct의 욕구에 맞는 피아노 배우기를 제공할 수 있어서 Ct돌봄이 적절하게 이루어졌음
• 정서적 지지 체계 2개 이상 형성 • 정서적 불안감 감소	• 멘토링지원 센터 멘토 연계 • 주 1회 상담	5/10	• 멘토와 재미있는 게임과 문화활동으로 스트레스가 많이 해소되었음 • 멘토에게 걱정과 어려움을 이야기할 수 있어서 좋았음	• Ct의 정서에 긍정적인 영향을 주었음 • Ct는 멘토링 활동을 통해서 스트레스 해소, 문화활동을 할 수 있었으며, 관계 형성이 잘 되었음
• 사시 및 배변장애 치료	• 사시, 배변장애 병원 진료 • 사시 인터케어 지원으로 수술 진행 • 야간 방과 후 교실에서 투약 관리	8/10	• 사시수술로 눈이 다른 사람과 비슷해져서 좋음 • 화장실이 아닌 곳에 실수하는 상황이 많이 줄었음 • 방과 후 교실에서 밥과 약을 꾸준히 먹을 수 있었음	• Ct가 치료에 필요한 약 복용, 의사 조언 등 적극적으로 참여하였음 • 약 복용으로 배변장애가 개선되고 있고, 사시 수술로 치료 완료됨

6. 평가결과: 종결

돌봄, 건강 영역 목표 달성과 멘토링 활동으로 2011년 사례관리 진행을 종결하고 사후관리를 진행하였다. 야간 방과 후 교실에서 지속적으로 야간 보육을 진행하였고, 멘토링 활동을 유지하였다.

7. 재사정(2013년)

2013년도 중학교를 입학하면서 학교생활 부적응으로 학교에서 화장실이 아닌 곳에 실수하는 일이 발생(원인: 긴장할 경우 화장실을 가지 않고 참음)하여 학교적응, 심리적·정서적 안정, 주거관리 등의 필요성이 대두되어 재사정을 진행하였다.

8. 2차 실행계획(2013~2014년)

욕구	장기목표	단기목표	강점	실행계획
1. 학교 적응력 향상	학교 적응력 향상	• 월 3회 이하로 지각 줄이기	• 사례관리자 및 지역사회 교육복지 전문가와의 관계가 좋은 편이며, 상시 연락이 가능함	• 격주 1회 사례관리자와 상담, 분기별 1회 학교 담임교사, 지역사회 교육복지 전문가를 통한 학교생활 모니터링-결석/지각 점검
		• 하루 1회 이상 학교 화장실 이용하기	• 배변장애 치료에 적극 참여함	• 학교 화장실에 가기 어려운 이유 탐색 • 하루에 한 번 이상 학교 화장실 이용하기
2. 심리·정서 불안	정서적 안정감 향상	• 정서적 불안감 감소	• 미술에 소질 있고, 미술을 할 때 마음 편해함	• Ct, 부의 심리검사 • 주 1회 무지개교실 심리치료-결석하지 않고 참여하기
3. 건강	건강한 신체성장	• 청결한 주거환경 유지	• 간혹 클라이언트 스스로 방 정리하는 모습이 관찰됨	• 주 1회 가사지원 • 서비스 및 월 2회 담당자의 주거환경 모니터링
		• 2차 성징에 대처하기	• 사례관리에 적극 참여하여 스스로의 건강과 신체 변화에 관심이 많음	• 2차 성징에 대한 사전교육 진행 • 속옷 구입 • 상담 시 2차 성징의 신체 변화 안내 및 대처에 대한 안내 진행 • 성인 멘토 연계

9. 계획 실행과 모니터링

1) 지각횟수 감소 및 학교 적응

① 상담: 담임교사와 상담하여 학교생활 중 두드러지는 문제는 없지만, 가위와 풀 등 기본적인 준비물을 챙겨 오지 않는다는 상황을 파악하였고, 이에 대해 오빠에게 도움을 요청하였다. 지역사회 교육복지전문가와 학교생활을 모니터링을 공유하였다. 지각이 잦아 오빠가 아침에 깨워 주기로 하고, 클라이언트도 알람을 2개 맞춰서 제시간에 일어날 수 있는 연습을 하였다.

2) 심리 · 정서 불안 감소

① 상담: 상담을 하면서 학교 적응의 어려움을 확인할 수 있었다. 초등학교 저학년 시기에 집단 따돌림을 당한 적이 있어서, 중학교 입학 후 예전의 기억으로 학교 가는 것을 불안해하였다. 학교생활에 잘 적응할 수 있도록 지지와 격려를 하였다.

② 서비스 제공: 무지개교실에서 미술치료를 받으면서 마음에 있는 어려움을 해소하고 대처능력을 향상시킬 수 있도록 하였고, 독서활동 프로그램에 연계하여 독서로 인한 환경인식과 자기인식을 할 수 있도록 도왔다.

③ 자원연계: 정신보건센터에서 클라이언트와 아버지가 심리검사를 받도록 하였다. 결과는 클라이언트의 불안 수준이 매우 높은 것으로 나타나서, 정기적인 심리치료를 받도록 하였고, 아버지에 대해서는 부모상담을 진행하였다.

3) 청결한 주거환경 정리 및 2차 성징에 대한 대처

① 상담: 후원금으로 필요한 옷과 속옷 및 여성용품을 구입하도록 하였고, 모니터링을 하며 2차 성징 변화 및 월경에 대한 대처법을 알려 주었다. 자신의 신체를 청결하게 관리할 수 있는 방법을 알려 주고, 실행에 대한 모니터링을 진행하였다.

② 서비스 제공: 주 1회 가사지원 서비스 제공과 자기 방을 청소할 수 있는 방법을 알려 주어 주거환경이 청결하게 유지될 수 있도록 하였다.

③ 자원연계: 월 2회 과일지원 사업과 부식지원을 연계하였고, 복지관 결연 후원으로 매월 5만 원씩 후원받도록 하였고, 성인 멘토를 연계함으로써 인스턴트를 줄이고 균형적인 영양을 섭취할 수 있도록 하였다.

[서비스 생태도]

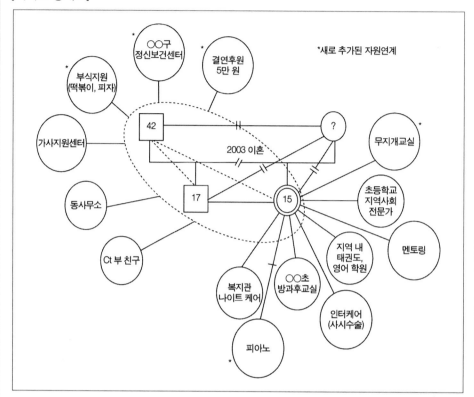

10. 평가(2014년 11월)

1) 지각 줄이기

지각을 줄이기 위해 오빠가 깨워 주고 알람을 맞추는 등의 노력으로 월 10회 이상이 었던 지각 빈도가 월 2~3회로 감소되었다.

2) 하루에 1회 이상 학교 화장실 이용하기

하루에 한 번 이상 학교 화장실을 이용하기 위해 적극 노력하였고, 최근 화장실과 관련하여 실수한 상황이 없었다. 그러나 학교 적응을 위해 지속적인 개입이 필요할 것 으로 보인다.

3) 정서적 불안감 해소

클라이언트와 아버지의 심리검사를 진행하고, 아버지에 대해서는 정신건강증진센 터에서 양육태도에 대한 조언을 진행하였으며, 이에 따라 아버지가 클라이언트의 심

리·정서적 안정을 위해 많은 시간 대화하려고 하는 등 노력하는 모습을 보였다.

미술치료를 20회 이상 꾸준히 진행한 결과, 자신의 의견을 조금씩 이야기하고 웃는 모습도 자주 관찰되고 있다. 클라이언트는 이전보다 두렵고 무서운 것들이 조금은 나아진 것 같다고 이야기하였다.

4) 청결한 주거환경 정리 및 2차 성징 대처하기

클라이언트의 건강한 성장을 위해 환경 및 위생관리를 지원하였으며, 2차 성징에 대한 대처 교육을 하였다. 성인 멘토의 연계로 성인 여성, '엄마'를 경험할 수 있는 기회를 마련하였다.

단기목표	실행 내용	목표 달성	클라이언트 의견	사례관리자 의견
• 월 3회 이하로 지각 줄이기	• 격주 1회 담당자와 상담 • 분기별 1회 학교 담임교사, 지역사회 교육복지전문가를 통한 학교생활 모니터링 • 학교 지각 점검 • 오빠가 아침에 기상을 도와주었음	8/10	• 오빠가 깨워 줘서 학교에 지각을 안 할 수 있었음	• 입학 후 친한 친구를 사귀고, 지각하지 않고 등교하는 등 학교생활에 점차 잘 적응하고 있음
• 하루에 1회 이상 학교 화장실 이용하기	• 학교 화장실에 가기 어려운 이유 탐색 • 하루에 한 번 학교 화장실 이용하기	6/10	• 학교에서 화장실 가는 게 너무 어려웠는데, 한 번씩 가려고 노력하다 보니 예전보다 편안해졌음	• 아직 교내 화장실 이용에 대한 마음이 완전히 편해지지 않았음. 좀 더 연습이 필요할 것으로 보임
• 정서적 불안감 감소	• Ct, 부의 심리 검사 • 주 1회 무지개교실 심리치료 참여(결석하지 않고 참여하기)	8/10	• 미술치료는 그림을 그리는 시간처럼 편안하고 재미있음	• 미술치료에 성실하게 임하고 있으며, 정서적으로 도움이 되는 것으로 보임
• 청결한 주거환경 유지	• 주 1회 가사지원 • 월 1회 주거 환경 점검	7/10	• 집안이 깨끗해진 것 같아 좋음. 그렇지만 가끔씩 청소가 귀찮을 때가 있음	• 주 1회 가사지원으로 청결은 어느 정도 유지되고 있으나 방 정리는 좀 더 연습을 요함
• 2차 성징에 대처하기	• 필요한 속옷 구입 • 상담 시 2차 성징의 신체 변화 안내 • 월경 등 신체 변화 대처에 대한 교육 진행 • 성인 멘토 연계	8/10	• 처음에는 선생님과 속옷이나 여성용품 사는 것이 쑥스러웠는데, 나중에는 선생님께서 알려 주신 것들이 많은 도움이 되었음	• Ct는 처음 자기 몸의 변화에 당혹스러워했으나 담당자의 안내에 따라 월경, 속옷 구입 등 적극 대처하였음 • 성인 멘토를 연계하여 일부분 엄마 역할을 해주었음

11. 총평 및 향후 계획(2015년)

클라이언트는 배변장애로 학교나 다른 곳에서 배변실수를 하는 일이 잦았다. 게다가 사시도 있다 보니 아이들에게 왕따를 당하거나 놀림을 받는 일이 발생하여 이에 대한 병원치료와 수술을 병행하였고, 방과 후에 안전한 돌봄과 자신의 신체 청결과 주거 청결을 위한 교육과 서비스 지원을 지속하였다. 클라이언트는 방과 후 복지관에서 야간까지 돌봄을 받고 있고 청결에 대한 인지도 향상되었으며, 무엇보다 사시를 완치하고 배변장애도 완화되다 보니 조금씩 자신감도 생겼다. 그러나 중학교 입학 이후, 학교부적응과 심리적 불안이 지속적으로 야기되었고, 사례관리를 다시 시작하여 클라이언트의 성장에 따른 지원을 하게 되었다.

향후에는 클라이언트가 스스로 자기관리와 주거관리를 하고, 학교생활에 잘 적응할 수 있도록 모니터링하면서 미술을 잘하는 강점에 초점을 맞추어 비전 · 진로를 집중적으로 사례관리를 진행할 예정이다.

출처: 최선희 외(2020).

4. 집단대상 개입활동

사회복지실천에서 집단이란 서로 상호작용하는 2~3명 이상의 사람이 동일한 집단에 소속되어 있다는 집단의식과 공통의 관심사가 있으며, 성원들의 욕구충족이나 문제해결을 위한 목표를 달성하고자 참여하는 모임을 말한다.

1) 집단역동

집단역동은 집단과정, 즉 집단 내에서 함께 활동하는 개인들 간의 상호작용에 의해 발생되는 힘으로 집단과 성원들에게 강력한 영향을 미친다.

집단역동은 집단 내에서 발생하는 집단행동에 대한 설명을 가능하게 하고, 동시에 집단역동을 응용하여 원하는 방향의 집단행동을 증가시키는 데 활용할 수 있다. 집단역동을 효과적으로 이용한다면 전체 집단과 성원들에게 긍정적인 결과를 가져올 수 있다(Northen, 1969).

따라서 집단대상실천에서 사회복지사는 집단의 역동을 이해하고 이를 활용할 수 있어야 한다. 집단역동에 영향을 미치는 구성 요소는 다음과 같다.

(1) 의사소통

집단성원들 간의 상호작용은 주로 언어적 의사소통과 비언어적 의사소통으로 이루어진다. 집단에 개입하는 사회복지사는 상호작용 유형을 이해하기 위해서 성원들 간의 의사소통이 어떻게 이루어지고 있는지를 알아야 한다. 의사소통이 일부 성원들에 국한하거나, 혹은 리더를 중심으로 이루어진다면 의사소통장애로 인한 집단 내 갈등이 높아질 수 있다. 효과적 의사소통 통로는 모든 성원들 간에 원활한 상호작용이 이루어지는 집단중심적 형태다. 의사소통이 효과적일 때 집단이 기대하였던 목표달성을 하기 수월해진다.

(2) 정서적 유대

집단성원들의 서로에 대한 긍정적·부정적 감정의 힘에 의해 정서적 유대가 형성된다. 집단성원들은 비슷한 흥미와 관심사, 가치, 이념 등을 가지고 있을 때 긍정적인 정서적 유대가 생겨난다. 성원들 간의 부정적 감정은 정서적 유대를 감소시키고 상호작용도 줄어들게 만든다. 정서적 유대는 성원들이 집단에 대한 소속감을 갖게 한다.

(3) 하위집단

하위집단의 형성은 집단과정의 자연스러운 현상이므로 수용되어야 한다. 그러나 하위집단의 지나친 결속은 전체 집단으로부터 스스로 분리시켜 나가게 만듦으로써 전체 집단의 존속에 위기를 초래할 수 있다. 따라서 사회복지사는 하위집단의 지나친 결속이 전체로서의 집단기능을 방해하지 않도록 필요한 개입을 해야 한다.

(4) 집단규범과 역할

집단규범은 집단이 발달함에 따라 명확해지고, 집단 내에서의 행동을 통제하고 안정시키는 기능을 한다. 따라서 명확한 집단규범의 설정은 집단목표를 성취하는 데 도움을 준다.

역할은 집단 내의 개별 성원의 기능에 대한 공통적인 기대다(김종옥, 권중돈, 1993). 역할은 성원들이 어떤 상황에서 어떻게 행동해야 하는지를 규정한다. 역할에 의해 성원들은 자신이 수행해야 하는 구체적인 과제나 기능과 관련된 행동을 하게 된다.

(5) 지위

집단에서의 지위는 개인적 매력, 전문적 지식, 집단에 대한 책임감과 헌신 등의 요소에 의해 결정된다. 지위가 높은 성원은 집단을 위해 더 많은 봉사를 하고, 집단규범에 순응하여 자신의 지위를 공고히 하고자 한다.

(6) 집단응집력

집단응집력은 집단성원들이 공통의 관심사를 가지고 있다고 여기고, 집단에 참여할 가치가 있다고 판단하여 집단에 대해 매력을 느끼는 것을 말한다. 집단응집력은 집단의 목적달성에 영향을 주는 중요한 요소다.

얄롬(Yalom, 1975)은 치료집단에서의 강한 응집력은 성원의 자존감을 향상시키고, 타인의 말을 경청하면서 감정을 자유롭게 표현하며, 현실검증을 보다 정확하게 하고, 타인의 평가를 자신의 성장·발전을 위해 활용하도록 만드는 경향이 있다고 하였다(김종옥, 권중돈, 1993).

2) 집단발달

집단발달은 집단과정에서 나타나는 집단 및 성원들의 변화하는 역동에 의해 일련의 단계로 구분될 수 있다. 집단은 처음에 개인들의 단순한 집합체로 시작하지만, 시간이 지남에 따라 성원들의 상호작용에서 비롯된 집단구조나 집단문화가 형성되는 것과 같은 변화를 맞이한다. 이러한 변화과정에서 서로 구분되는 현상들이 나타나는 정도에 따라 발달단계를 나눌 수 있다. 성원들 간의 친밀감을 기준으로 하여 회원가입 단계, 권력 및 통제 단계, 친밀단계, 변별화 단계, 이별단계로 구분한다.

(1) 회원가입 단계

사회복지사는 집단진행 과정에 대한 기본 사항을 성원들에게 알려 줌으로써 참여를 준비시켜야 한다. 즉, 집단 프로그램을 통해 달성해야 할 목적, 집단과정에서 지켜야 할 규범, 성원들의 역할 등에 대해 말해 두는 것이 좋다. 또한 아직 성원들끼리 친숙하지 못하므로 친밀감을 높일 수 있는 활동을 진행하는 것이 필요하다.

(2) 권력 및 통제 단계

집단 내에서 지지와 보상을 받기 위해 하위집단을 만들게 되고, 지위의 상하

관계가 형성된다. 집단은 개인들 혹은 하위집단들 간의 갈등, 집단과정 및 활동에 대한 불평, 리더십에 대한 도전과 같은 문제에 봉착하게 된다. 이 단계에서 성원들이 집단을 탈퇴하는 경우가 많은데, 특히 고립된 성원이나 불만이 많은 성원은 이탈하기 쉽다.

사회복지사는 집단성원들이 서로 의견이 맞지 않는 것에 대해 적대감을 갖지 않도록 돕고, 상호 존중과 이해를 하도록 격려해야 한다. 사회복지사 자신이 모든 성원들의 의견을 존중하는 것을 보여 줌으로써 역할모델이 될 수 있다.

(3) 친밀단계

성원들 사이의 갈등이 줄어들고 상호 의존적 욕구만족을 추구하는 현상이 나타나는 단계다. 집단 공동체 의식이 높아지고, 집단 목적을 달성하려는 동기도 강해진다. 성원들이 자신의 삶을 고찰하고 변화시키고자 노력하는 가운데 집단 경험의 중요성에 대한 인식이 증가한다. 집단에 대한 신뢰감이 깊어짐에 따라 자신의 감정과 문제를 자발적으로 노출시키며 집단의 의견을 구하게 된다.

(4) 변별화 단계

성원들은 서로의 개별적 차이를 수용하기 때문에 반대 의견을 억압하기보다 토론을 통해 합의점을 이끌어 낼 수 있다.

집단을 이끄는 사회복지사는 성원들의 피드백 과정을 바람직한 방향으로 촉진할 필요가 있다. 성원들로 하여금 어떤 문제행동이나 장점에 대해 비심판적인 방식으로 구체적인 피드백을 주어야 한다.

(5) 이별단계

집단 목적이 성취되는 단계로 성원들은 각자의 사회적 · 정서적 · 직업적 욕구를 충족시켜 줄 수 있는 새로운 자원들을 찾아 집단을 떠나는 단계다. 집단사회복지사는 평가와 종결을 미리 준비해야 한다. 즉, 집단과정에서 성취한 과업을 숙고하고, 새롭게 배운 것을 돌이켜 보면서 집단에 대한 피드백을 주고받는다. 평가를 통해 성원들이 성취감을 갖도록 하고, 다른 사회적 상황에서도 집단에서 배운 기술을 활용하도록 계획한다.

3) 집단개입의 구조

집단개입의 구조는 집단의 크기, 집단개방 여부, 기간 및 횟수 등으로 집단과정에 중요한 영향을 미치는 요소다.

(1) 집단의 규모

일반적으로 집단은 4~10명의 구성원을 선호한다. 그러나 집단 크기는 집단의 목적에 따라 차이가 날 수 있다. 교육집단, 레크리에이션 집단은 10명 이상도 무방하지만, 치료집단은 5~6명 정도가 적당할 수 있다.

(2) 개방집단과 폐쇄집단

집단이 진행되는 과정 중에 언제든지 새로운 성원이 참여할 수 있는지 여부에 따라 개방집단과 폐쇄집단으로 구분된다. 사회복지사는 집단의 종류와 목적, 기관의 사정을 고려하여 집단의 개방 여부를 융통성 있게 결정하여야 한다.

(3) 기간 및 빈도

집단의 지속기간은 클라이언트의 상황, 기관의 여건, 집단의 목적에 의해 결정된다. 집단모임은 일반적으로 일주일에 한 번씩, 1회당 평균시간은 1시간 30분~3시간 정도다.

4) 집단개입의 기술

사회복지사가 집단에 개입할 때 개인수준에서 사용하는 면담기술을 공통적으로 활용할 수 있다. 이 기술들은 경청과 관찰, 공감, 지지, 나−메시지 전달(I-message), 직면, 역할극 등 다양하다. 집단에서 필요한 주요한 몇 가지 기술을 살펴보면 다음과 같다.

(1) 갈등해결 기술

고든(Gordon, 1970)은 갈등에 대한 문제해결 접근의 여섯 가지 단계를 제시하였다.

- 1단계: 상대편 각각의 욕구를 확인하고 정의하기
- 2단계: 가능한 대안적 해결방안을 강구하기
- 3단계: 대안적 해결책을 평가하기
- 4단계: 수용 가능한 최선의 해결책을 결정하기
- 5단계: 해결책을 실행하는 방법 찾기
- 6단계: 실행한 것을 평가하기

이 접근의 장점은 양측 모두 자신들의 욕구를 충족하면서도 동시에 집단 조화와 문제해결 결속력을 증진시킬 수 있다는 것이다(Zastrow, 2007).

(2) 응집력 향상 기술

집단성원 개개인이 스스로를 가치 있고 능력 있는 존재라고 믿게 되면, 집단성원은 집단에 보다 적극적으로 참여하게 된다. 사회복지사는 집단성원들이 기대하는 바를 명확히 하고 그들의 기대와 집단의 목적을 일치시키도록 하며, 집단성원들이 자신의 욕구를 집단 내에서 충족할 방법들을 파악할 수 있도록 돕는다(김정진, 임은희, 권진숙, 2007).

(3) 상호작용 지도 기술

집단의 의사소통에 초점을 유지함과 동시에 사회복지사는 집단 상호작용을 특정한 방향으로 이끌어 갈 수 있다. 특정 성원의 의사소통을 차단하고, 다른 성원의 의사소통을 격려하거나, 성원과 성원 간의 의사소통을 연결함으로써 집단의 상호작용 유형을 이끌어 갈 수 있다(김종옥, 권중돈, 1993).

(4) 지도력 배분 기술

로즈(Rose, 1988)에 따르면, 지도자는 궁극적으로 집단이 성숙해짐에 따라 구성원들에게 지도력을 점차적으로 배분하고, 집단의 일에 계속해서 관심을 갖도록 함으로써 그 자신은 한발 물러서는 것이 필요하다.

5. 지역사회대상 개입활동

최근 사회복지 영역 중에서 가장 큰 변화가 일어나고 관심을 받는 분야가 지역사회복지실천이다. 지역사회실천은 사회복지사가 지역사회 수준에 개입하여 지역사회에 존재하는 각종 제도에 영향을 주고 지역사회의 문제를 예방하고 해결하고자 하는 일체의 사회적 노력을 의미하며, 이러한 사회복지사에게 요구되는 중요한 역할은 지역주민 스스로가 상호 협동하는 노력에 의해 지역사회문제를 해결할 수 있도록 돕는 것이다. 즉, 지역사회 수준의 실천은 지역에 속한 주민들이 자신들의 사회적 기능 향상을 위해 필요한 의식개혁, 환경개선, 지역사회조직화 등을 자발적 · 주체적 · 협력적으로 해 나갈 수 있도록 사회복지사가 안내자, 조력자, 조정자, 운동가, 전문가 등의 역할을 수행하는 것을 말한다. 이러한 활동을 수행하기 위해서 사회복지사는 지역사회 주민들의 성향을 파악하고, 지역사회의 문제 또는 욕구를 파악하여 지역사회 주민들의 욕구충족에 필요한 자원들을 확인하고 발굴하여야 한다.

지역사회조직을 위해 사회복지사는 지역사회와 공통사업을 추진하기도 하고, 지역사회 주민들이 서로 모여 조직화될 수 있는 장소 및 기회를 제공하기도 한다. 지역사회 내에서 바자회를 열어 지역사회에 존재하는 다양한 자원을 동원하고 배분하는 과정에서 지역주민의 유대감을 조성하고 공동체 의식을 강화시키는 활동이 여기에 해당된다(이종복 외, 2012).

지역사회복지실천에는 지역사회보호활동과 지역사회조직활동이 혼합되어 있다. 지역사회보호활동은 가족의 기능이 약화되어 노인, 장애인, 소년 · 소녀가장 등의 보호가 절실히 요구되는 가운데 이들을 시설보호가 아닌 지역사회가 중심이 되어 결식을 예방하고, 경제적 · 정서적인 안정을 도모하는 것이다. 예를 들면, 급식지원서비스, 보건의료서비스, 경제적 지원서비스, 일상생활지원서비스, 정서지원서비스 등이 있다.

지역사회조직활동은 지역사회의 문제를 해결하기 위하여 주민의 협력 아래 계획을 세우고 거기에 지역사회의 자원을 서로 연결하고, 조정하는 과정을 총괄하는 사회복지사의 활동이다. 예를 들면, 주민조직 강화 및 교육, 복지 네트워크 구축, 주민복지증진사업, 자원봉사관리사업, 사회조사 및 직원교육 등이 있다.

1) 지역사회복지실천기술

지역사회복지실천기술은 개인, 가족, 집단, 조직 등과는 차별화되는 지역사회를 대상으로 하는 사회복지사의 역량을 의미한다. 따라서 여기에는 일반적인 사회복지실천기술을 기본으로 하되, 지역사회라는 독특한 맥락에서의 기술적 역량이 효과적으로 동원되어야 한다.

(1) 대인관계 기술과 문화적으로 민감한 의사소통

지역사회에 개입하는 사회복지사는 사회행동이나 지역사회 개발 과정에서 자원봉사자를 발굴하고 지역사회 지도자, 지역의 주요 의사결정자들과의 관계를 개발하거나, 집단활동을 촉진하기 위해 훌륭한 대인관계 기술을 가지고 있어야 한다. 그리고 참여자와 지속 가능한 관계를 유지하고 이를 위해 관여해야 한다(Hardina, 2012).

지역사회복지실천에서는 문화적으로 민감한 의사소통의 기술 또한 중요하다(김용석 외, 2013). 사회복지사들이 말하기와 경청하기에서 흔히 범하는 실수는 클라이언트나 그 가족에 대한 면담의 문화적 의미를 고려하지 않는 것이다. 그런데 개인 각각의 성별, 계급, 민족, 성적 지향, 종교 등은 여러 지역사회와 문화에 걸쳐 소속되어 있는 것이라 말할 수 있다. 따라서 사회복지사는 다양한 지역사회를 대상으로 문화적으로 민감하게 의사소통해야 하는 것이 점점 더 중요해지고 있다.

우리나라의 경우, 1990년대 후반 이후 이주노동자와 결혼이민자, 탈북자 등이 꾸준히 증가되어 왔다. 따라서 사회복지사는 다양한 국적과 생애경험이 다른 사람들의 증가에 대응하여, 이들 지역사회 및 문화권의 사람들과 언어적·비언어적인 의사소통을 할 수 있어야 한다. 다양한 배경의 사람들에게 진솔하고 겸손하게 다가간다면 대부분의 사람은 자신들의 지역사회와 문화에 대해 즐거운 마음으로 기꺼이 알려 줄 것이다.

또한 사회복지사가 문화적으로 민감한 의사소통을 하기 위해서는 구체적 실천에서 제공하는 서비스와 전문적인 역할에 직접적으로 관련되는 문화의 다양한 측면에 대해 뚜렷이 인지하고 있어야 한다.

(2) 연계

지역사회 내 다양한 문제를 공동으로 대응하고 해결하기 위해 지역사회 자원을 동원하고 의사소통을 원활히 하기 위해 연계기술이 필요하다. 지역사회복지실천에서 연계는 클라이언트에게 초점을 두고 서비스를 어떻게 전달할 것인지 모색되어야 한다. 즉, 클라이언트가 필요로 하는 서비스들이 효과적으로 연계될 수 있도록 하는 것과 같은 서비스의 연계성과 통합성을 제고하는 노력이 필요하다.

지역사회의 자원을 연결하고 클라이언트의 욕구를 해결하고자 하는 사례관리가 강조되면서 연계기술이 더욱 중요해지고 있다. 클라이언트를 위한 서비스 간 연계 유형을 설명한 베일리(Bayley, 1989)는 네트워크의 의미가 세 단계 발전과정으로 구성됨을 강조한다. 첫 번째 단계는 특정한 경우에 일시적으로 발생하는 네트워크이고, 두 번째 단계는 지역에 있는 여러 분야의 각 조직 직원들 간에 정기적 연락을 취하는 형태로 유지되는 네트워크이며, 세 번째 단계는 지역에 있는 여러 분야에서 각 조직의 직원들이 하나의 팀을 만들고 함께 서비스를 제공하는 수준에서의 네트워크다(김혜영 외, 2020).

이러한 네트워크는 지역사회복지실천 과정에서 가장 많이 사용되고 실제 실천현장에서도 빈번히 적용되는 기술이다. 하지만 어떠한 방식으로 네트워크가 구현되는지와 지역사회복지실천가가 네트워킹을 수행할 때 고려해야 할 부분에 대해서는 인식이 다소 부족하다.

네트워크란 서로 의존적인 사회 행위자들 간에 다양한 물질적·비물질적 자원이 연결된 상태와 이를 둘러싼 환경, 행위자들 간의 관례가 지속적으로 유지되는 형태를 말한다(Trevillion, 1999). 즉, 네트워크가 만들어지기 위해서는 우선

다양한 사회적 행위자가 독립적으로 존재하지 못하고 다른 행위자에게 의존해야
한다는 점과 이들과의 관계를 통해서 물질적·비물질적 자원이 교환된다는 점이
중요하다. 그리고 관계가 일단 형성된 후에도 지속되어야만 네트워크라고 볼 수
있으며, 만약 중단되는 경우는 더 이상 네트워크라고 할 수 없다(엄태영, 2020).

참조: 네크워크의 유용성

- **작은 조직의 한계 극복:** 네트워크는 한 조직이 단독으로 획득하기 어려운 자
원이나 정보 획득에 도움을 줄 수 있다. 실제로 사회복지조직은 영리조직에
비해 규모에 있어 영세한 경우가 많기 때문에 이 네트워크를 형성하고 함께
자원을 발굴하는 과정을 쉽게 접할 수 있다. 해마다 겨울이면 지역사회에서
는 저소득층을 위한 난방비, 김장 등의 자원개발을 위해 다양한 조직이 네트
워크를 형성하고 함께 노력하는 것이 이와 관련한 대표적인 사례다. 작은 조
직은 네크워크 형성을 통해서 규모의 한계점을 극복할 수 있다.
- **조직의 위험부담 분산:** 사회복지영역의 문제는 점점 복잡해지고 새로운 것이
많이 나타나고 있다. 이에 대응하기 위해 하나의 작은 조직이 관련 사업을
독자적으로 수행하기에는 많은 부담이 있는 것이 사실이다. 여러 조직이 네
트워크를 형성하고 함께 사업을 수행하면 하나의 조직이 감당해야 하는 어
려움을 분산시킬 수 있다.
- **경쟁력 강화:** 작은 규모의 조직들은 큰 규모의 조직에 비해 다양한 영역에서
경쟁력이 낮을 수밖에 없다. 따라서 작은 조직들이 네트워크를 통해 상대적
으로 규모를 키움으로써 이전보다 훨씬 경쟁력을 높일 수 있다.
- **환경 변화에 적응:** 다양한 관련 네트워크 형성을 통해 적응할 수 있는 능력을
키우는 것이 필요하다. 무엇보다도 네트워크에 참여하는 조직들은 많은 정
보를 공유하고 미래의 변화에 함께 대응할 수 있게 된다. 특히 필요한 역량
을 발견하고 충족하기 위해 공동의 노력을 기울이게 된다.
- **규모의 경제 실현:** 네트워크 참여 조직들 간의 다양한 업무공유 과정에서 서
비스 제공 비용을 감소시킬 수 있어 보다 높은 효율성이 기대된다.

출처: 엄태영(2020).

(3) 자원개발/동원

자원개발/동원 기술은 지역사회문제의 성격에 상관없이 모든 지역사회복지실천활동에서 필수적으로 요구되는 기술이다. 자원은 사회복지실천에서 클라이언트의 변화나 그들의 생활을 향상시키는 데 유용하게 사용할 수 있는 인력, 조직, 물질, 정보 등으로 이루어진다(최옥채, 2005).

• 인적 자원: 지역사회복지실천에서 주요한 인적 자원은 지역토착지도자, 사회복지조직을 이용하는 소집단지도자, 주변 공공지도자(동사무소, 파출소, 아파트 관리사무소, 병원, 보건소, 학교, 교회 등), 잠재적 참여 인물(자원봉사자) 등을 들 수 있다(서울복지재단, 2005). 인적 자원을 동원하는 기술로는 기존 조직의 지도자와 접촉하는 방법, 지역주민들을 개별적으로 접촉하여 동참하도록 권유하는 방법, 사회경제적 인맥을 통해 접촉하는 방법 등이 있다.
• 물적 자원: 물적 자원은 사회복지사의 사업제안서(프로포절) 제출, 모금 또는 후원 등을 통해 동원할 수 있다. 현금 및 물품을 효과적으로 확보하기 위해서는 마케팅 전략이 필요하다. 모금방법으로는 미디어 모금, DM(Direct Mail), 이벤트를 통한 모금 등이 있다(김범수, 2006).

6. 다문화 사회복지실천

문화적 요소를 고려하지 않은 사회복지실천은 윤리적 요소를 고려하지 않은 사회복지실천에 비유될 수 있다. 다문화 사회복지실천이란 '사람들 사이에 존재하는 다양성과 차이점을 존중하고 원조관계에서 작용하는 문화적 요소를 인식하는 사회복지실천'이라고 할 수 있다(최명민 외, 2009).

다문화 사회복지실천이 가장 발달한 나라 중 하나인 미국에서도 이와 관련된 이슈에 집중적인 관심을 기울이기 시작한 역사는 길지 않다. 1970년대에 이르러서야 미국 사회복지교육협의회에서 인종적 소수집단에 대한 개념과 이슈가 공식적으로 언급되기 시작하였으며, 이를 교육 내용 및 제도에 포함시키려는 시도를 하게 되었다. 최근 우리 사회의 문화적·인종적 다양성의 증가 현상이 나타나기 전까지 우리나라의 사회복지계에서 문화적 요소는 간과되어 왔다고 해도 과언이 아니며, 아직까지 우리 사회복지계에서 다문화 이슈는 새로운 관심사로 다루어지는 수준에 머무르고 있다.

1) 다문화 사회복지실천의 관점 및 태도

(1) 문화적 다양성에 대한 다양한 관점

사회복지사가 문화적 이슈를 바라보는 관점과 그 기반을 형성하고 있는 패러다임은 매우 중요하다. 이는 무엇을 어떻게 바라보느냐에 따라서 전혀 다른 접근이 이루어지기 때문이다. 우리 사회에는 다양한 관점이 공존하며 논쟁의 대상이 되고 있다. 한쪽에서 이주외국인을 친구, 가족, 이웃으로 받아들이고 더불어 살아가는 방안을 모색하는 동안 또 다른 한쪽에서는 이들을 우리 사회의 문제 집단이나 정치 · 경제 · 사회 · 정책의 실패에 의한 산물로 바라보며 이런 상황 이전의 과거로 되돌리려는 시도를 하기도 한다. 이러한 현상을 어떤 시각에서 바라보아야 하는가 하는 문제는 곧 다문화 사회복지실천의 정체성과 관련된다(최명민 외, 2009).

(2) 사회복지실천의 패러다임 전환

① 가치

문화를 절대적인 기준으로 판단하는 태도는 문화적 상대주의로 전환되어야 하며, 단일민족으로서의 자긍심을 열린 사회의 성숙함으로 발전되어야 한다. 그리고 다문화, 다인종의 맥락에 존재하는 사람의 경우 다인종적 · 다문화적 의식을 갖는 것이 정체성 형성에 이롭다는 견해가 허용되어야 한다. 예를 들어, 혼혈인 경우, 부모 양쪽의 삶과 역사를 포괄함으로써 더 많은 힘을 얻게 될 것이다.

② 이론

어려운 상황을 극복하기 위하여 새로운 희망을 찾아 삶의 도전을 선택한 이주민을 돕는 데에는 일차적으로 '강점중심'의 접근이 더 적합하다. 예를 들어, 그들의 강점과 자원에 초점을 두고 인간으로서 누려야 할 마땅한 권리와 권한을 강화하며 자조 능력을 최대화하는 '임파워먼트 접근', 여러 가지 어려움과 역경 속에서도 개인, 가족, 지역사회의 잠재력과 적응력을 활용하여 균형을 유지하면서 한 단계 더 나은 삶을 지향해 가도록 돕는 '탄력성 접근', 소수민족 집단에 속한 사람의 경우 권한 부족과 사회적 차별에 의해 자기개념이 영향을 받을 수 있음을 인정하고 이러한 이슈들을 실천 개입 과정에 포함시켜서 새로운 이야기를 창조하도록 함으로써 자존감 향상과 임파워먼트를 도모하는 '구성주의 접근' 등이 여기에 해당한다(최명민 외, 2009).

③ 기술

기술적으로 다문화 사회복지실천의 모든 과정에서 문화적 민감성을 유지하는 것이 중요하다. 문화적 민감성이란 문화적 이슈의 포함여부와 이슈의 우선순위를 지각할 수 있는 능력으로서 문화 및 인종에 대한 차별의 역사, 민족적 정체성, 문화공동체, 미시적 · 거시적 변화 등에 대한 이해와 더불어 각 실천단계에 대한 지식을 요구한다.

다문화 사회복지실천에서는 문제의 원인을 개인에게서 찾고 이를 치료해 가는 기술보다는 미시와 거시를 아우르는 관점을 실천에 적용하는 기술을 요하는 것이다. 이를 위해서 사회복지사는 인종 및 문화 등과 관련된 자기인식 기술을 필요로 한다.

2) 다문화 사회복지실천의 핵심 요소

(1) 문화적 유능성

문화적으로 유능한 사회복지실천을 위해서 사회복지사는 상황 속에서 배운다는 자세로 지속적으로 배우고자 노력해야 하며, 이러한 배움이 일직선상에서 순서에 따라 이루어지는 것이 아니므로 열린 마음과 융통성을 가지고 여유 있게 임하라고 조언하고 있다. 또한 문화적 유능성은 처음부터 클라이언트의 문화와 관련된 지식을 완벽하게 갖추고 있는 능력을 의미하는 것이 아니라, 관점과 개입방법 등에 있어서 문화적 적절성을 갖추고자 의식하며 노력하는 것이 중요하다는 것이다.

딜러(Diller, 2007)는 이와 유사하게 문화적 유능성을 갖춘 실천가는 자신의 문화적 가치와 편견을 인식하고, 클라이언트의 세계관을 이해하며, 그에 따라 적절한 개입 계획을 활용할 수 있다고 하였다.

- 자기인식 측면: 자신의 문화적 배경과 태도 등을 살피고, 이런 것들이 실천 과정에 영향을 줄 수 있다는 사실을 인식하며, 이와 관련된 지속적인 지도와 훈련을 받아야 한다.
- 클라이언트의 세계관을 이해하는 측면: 다른 문화적 배경을 가진 클라이언트에 대해 어떤 편견이나 선입견을 갖지 않도록 노력하고, 클라이언트가 속한 집단에 대한 정보와 지식을 습득하며, 소수집단을 위한 개입 전략을 익혀야 한다고 하였다.
- 개입 전략 측면: 클라이언트의 관점과 언어 및 이에 근거한 설명을 존중하고, 소수자가 서비스 과정에서 받는 차별이나 어려움에 민감하게 반응하며, 그들과의 소통과 제도적 변화에 힘써야 한다(Diller, 2007).

(2) 다문화 클라이언트와의 관계 형성

사회복지사가 자신과 다른 인종적 배경을 가지고 있거나 피부색이 다른 사람들과 진정한 관계를 형성하는 것이 쉬운 일만은 아니다. 즉, 차별적이고 부당한 상황에 저항하거나 타협하거나 또는 포기하면서 생존해 온 이들과 관계를 형성하는 과업에는 더 세심하고 사려 깊은 접근이 요구된다. 문화적으로 민감하고 숙련과 경험을 갖춘 실천가는 인종적으로 다른 클라이언트와도 효과적으로 일을 해 나갈 수 있다.

사회복지사가 아닌 클라이언트 입장에서 자신의 사회복지사가 인종적 차이를 배려하고, 좋은 의도를 가지고 있으며, 이해심이 많다고 느낄 수 있어야만 한다. 사회복지사의 친절하고 관심 어린 태도와 감정이입적 이해가 클라이언트에게 전달될 때 클라이언트는 보다 편안하게 자신을 개방할 수 있다. 만약 클라이언트의 문화에 대한 지식이나 경험이 부족하다면 그를 만나기 전에 미리조사 연구나 자료 등을 살펴보는 등 준비가 필요하다(최명민 외, 2009).

(3) 문화 간 의사소통

문화적 배경이 다른 사람 간에는 일반적인 의사소통의 과정에 비해 고려해야 할 사항이 더 많다. 라크로아(Lacroix, 2003)는 언어가 통하지 않는 문제뿐 아니라 사회문화적 차이가 원활한 의사소통을 저해하는 요인이 될 수 있다고 하였다.

특히 언어가 통하지 않는 경우에 의존해야 하는 통역자와 관련하여 사생활과 비밀 보장의 문제가 있을 수 있다. 예를 들어, 클라이언트는 자신의 문제나 이야기가 통역자를 통해 외부인에게 새어 나갈 것에 대한 두려움을 가질 수 있다. 그러나 기관은 언어 사용이 자유롭지 못한 클라이언트를 위해 통역 서비스를 제공하는 것이 더 성공적이라고 하였다. 또한 신체적 언어는 문화에 따라서 매우 다른 의미를 가지고 있기 때문에 섣부른 해석은 혼란을 가져올 수 있다. 따라서 사회복지사는 비언어적 의사소통에 유의해야 하며, 언어적 의사소통의 경우에도 그 의미를 확실히 해야 할 필요가 있다.

7. 자료 수집 기술

자료 수집은 클라이언트와 클라이언트가 가진 문제를 이해하기 위하여 필요한 사실을 모으는 과정으로, 수집한 자료를 바탕으로 클라이언트를 사정(assessment)한다. 자료 수집은 개입 가능성을 판단하고, 클라이언트의 문제를 파악하고, 개입에 도움이 되는 자료를 마련하며, 나아가 클라이언트의 강점과 잠재적 역량을 이해하는 데 매우 중요한 지속적 과정이다.

자료 수집 내용은 객관적인 자료나 정보, 클라이언트의 주관적인 사실에 관한 인식의 파악을 포함하는 것이다.

1) 자료 수집 방법

(1) 면접

면접은 생각과 느낌이 교환되는 가운데 개인들 사이에서 언어적·비언어적인 의사소통을 포함한 목적지향적인 대화를 말한다. 이러한 면접은 크게 정보를 얻기 위한 면접, 사정을 위한 면접, 치료를 위한 면접 등으로 구분할 수 있다.

(2) 관찰

관찰은 비언어적인 형태의 자료를 수집할 때 유용한 방법이다. 어떤 경우에는 비언어적 행동이 클라이언트의 감정과 사고를 보다 더 정확하게 전달하기도 한다. 또한 클라이언트와 그의 삶에 중요한 다른 사람과의 상호작용을 직접 관찰함으로써 문제에 대한 실마리를 발견하게 된다.

(3) 검사

클라이언트의 심리상태는 지능, 동기화, 대처행동의 유형, 자아개념, 불안이나 우울의 정도 등을 표준화된 심리검사를 통해 파악할 수 있다.

2) 자료 수집의 정보 출처 및 특성

클라이언트의 자료는 보통 클라이언트가 작성한 양식, 클라이언트와의 면담, 비언어적 행동에 대한 직접적 관찰, 상호작용에 대한 직접적 관찰, 심리검사 및 사정도구, 클라이언트의 자기 모니터링 등이 있다(양옥경 외, 2005).

또한 클라이언트 외에 가족, 이웃, 친구, 친척, 학교, 종교기관 등으로부터 얻는 정보가 때로는 클라이언트로부터 얻지 못한 유용한 정보가 되기도 한다. 사회복지사는 이러한 정보를 얻기 위해 필요한 정보의 정확한 출처를 파악할 수 있어야 한다.

특히 클라이언트와의 직접적인 상호작용을 통한 사회복지사의 개인적 경험 또한 중요한 자료 출처원이 된다. 클라이언트가 사회복지사와 직접적으로 상호작용하는 패턴은 그가 다른 사람과 어떻게 상호작용하는지에 대한 실마리를 제공한다. 따라서 직접적인 상호작용은 클라이언트의 문제행동에 대한 중요한 정보를 제공할 수도 있다. 평소 클라이언트의 대인관계 패턴과 의사소통 유형, 숨겨진 내면의 감정, 중요한 타인과의 관계에 대한 정보 등을 수집할 수 있으며, 클라이언트가 질문에 적대적인 반응을 보이는지 의존적인지 또는 합리적으로 말하고 있는지 등에 대한 사회복지사의 직감이 유용할 수 있는데, 이는 사회복지사가 받은 클라이언트에 대한 인상과 느낌이 클라이언트를 대하는 다른 사람들에게서도 유사할 수 있기 때문이다.

3) 나의 정보 수집 기술

예비사회복지사로서 클라이언트 체계를 사정하기 위해서는 먼저 자신의 정보 수집 기술에 대한 점검을 할 필요가 있다. 자신의 정보 수집 기술 중에서도 가장 중요한 것은 의사소통 기술과 정보를 인식하는 기능인데 이를 알아보기 위해서 간단한 작업을 하도록 하자.

작업 후 자신이 어떠한 정보에는 민감하고 또한 어떠한 정보에는 둔감한지 파악할 수 있어야 하며 이러한 자신의 장점과 단점을 보완하기 위한 방법을 고려할 수 있도록 한다.

작업 sheet 6

　　2인 1조로 짝을 지은 후 1명이 다른 1명에게 최근 자신에게 일어난 상황 중 가장 기억에 남는 사건을 설명해 보자(약 5분). 설명이 끝난 후 상대방이 그 이야기를 다시 설명해 보자. 처음 설명과 재설명에 차이가 있는가? 있다면 그 차이는 무엇인가?

　　
　　
　　
　　
　　

※ 대부분의 사람은 자신이 관심을 가지고 있는 정보만을 수집하는 경향이 있다. 따라서 자신이 수집하지 못한 영역에 대해서도 관심을 갖도록 노력하자.

작업 sheet 7

1. 자신이 주로 사용하는 정보 수집 방식은 무엇인가?

_____

_____

2. 자신의 정보 수집 방식의 장점은 무엇인가?

_____

_____

3. 자신의 정보 수집의 단점은 무엇인가?

_____

_____

작업 sheet 8

1. 사회복지 분야에서 클라이언트를 사정하는 도구에 대하여 설명하시오.

_____

_____

2. 이 도구들 중에서 자신이 작성해 보았거나 자신이 잘 사용할 수 있는 도구에 대하여 설명하시오. 만일 자신이 작성해 본 도구가 없다면 자신부터 먼저 사정하고 분석하시오.

_____

_____

_____

※ 가계도, 에니어그램 및 MBTI 등 각종 심리검사 도구 등을 활용할 수 있도록 한다.

제**5**장
실습기관 선정 전후 준비

1. 실습 분야 및 기관 선정에 관한 유용한 팁

현장실습 분야를 선정하는 것은 중요한 결정이다. 학교마다 차이는 있지만 현장실습의 기회가 1회인 경우가 대부분이기 때문이다. 필자는 개인적으로 현장실습이 2회 정도는 되어야 한다고 생각한다. 1회는 종합사회복지관의 실습을 통해 우리나라 사회복지에 대한 전반적인 이해를 도모하고, 나머지 1회는 각자 자신이 관심을 갖는 노인, 아동·청소년, 여성, 장애인 등 분야별 복지 영역의 전문 지식과 기술을 익혀야 사회복지 전반에 대한 이해가 높아지기 때문이다. 또한 실습은 취업으로 연결될 수도 있기 때문에 최종 실습에 신중해야 한다. 다음은 실습 분야 및 기관을 선정할 때 유용한 몇 가지 사항이다.

참조: 실습기관으로 부적합한 요인

실습지도자 및 기관 직원들의 능력과는 상관없이 실습기관으로 부적합한 몇 가지 조건이 있다.

• 직원들의 이직률이 높은 기관에서는 이로 인해 야기되는 도덕적 문제가 발생할 수 있다. 이직의 원인은 열악한 작업조건, 비효율적인 슈퍼비전 및 행정력, 과도한 업무 부담 또는 전문직원의 부적절한 활용 등이다.

- 직원 실습지도자 혹은 상급행정가가 없는 기관은 슈퍼비전의 부재로 혼란을 야기할 수 있으며, 능력 있는 실습지도자라 하더라도 실습생들에게 최선을 다할 수 없게 만든다.
- 기관 부서의 직원이 부족한 기관에 학생을 배정해서는 안 된다. 이러한 환경에서 학생들은 실습지도자의 시간 부족으로 슈퍼비전을 받는 데 어려움이 있거나 학생을 업무수행을 도와줄 임시의 일손으로 사용하고자 한다면 이득도 없이 비공식적인 고용자가 되어 실습생에게 수반되는 권리를 보장받지 못한다.
- 실습지도자를 위한 훈련과정, 세미나, 다양한 분야의 학회활동에 직원들의 참석을 지속적으로 거부하는 기관이 실습생 배정을 원하는 경우에 대학은 이를 거절하여야 한다. 훈련받지 않은 실습지도자는 다른 실습기관에서 사용되고 있는 전문적 접근과 불일치한 실습경험을 제공할 것이다.

출처: 박용권(2009).

1) 나의 실습 목적은 무엇인가

먼저, 자신의 실습 목적을 점검해 보자. 실습의 목적에 따라 실습 분야 및 기관의 선정이 크게 달라질 수 있기 때문이다.

작업 sheet 1

1. 나의 실습 목적은 무엇인가?

2. 나의 목적에 적합한 실습기관을 찾아보자.

※ 실습 목적을 솔직하게 나누어야 한다. 실습 목적에 따라 기관 선정이 달라질 수 있기 때문이다.

참조: 실습 기관 선택 시 스스로에게 물어볼 수 있는 질문

- 내가 관심을 갖는 클라이언트 체계(개인, 가족, 집단, 지역사회, 조직 등)는 무엇인가?
- 내가 관심을 갖는 클라이언트의 유형(아동, 노인, 미혼모 등)은 무엇인가?
- 내가 관심을 갖는 클라이언트의 문제유형(노숙, 정신건강, 아동학대와 방임, 문제청소년 등)은 무엇인가?
- 내가 선호하는 실천현장의 유형(대학, 지역사회정신건강센터, 지역사회복지관, 지역사회운동단체, 시민운동단체 등)은 무엇인가?
- 내가 실습경험의 결과로 얻기를 원하는 기술은 무엇인가?
- 내가 졸업 후에 종사하겠다고 생각해 본 영역은 무엇인가?

출처: Berg-Weger et al. (2007), p. 7.

2) 실습기관 선정을 위한 지침을 알자

(1) 훌륭한 예비사회복지사가 목표라면 힘들고 명성이 높은 곳으로 가자

이런 학생들은 실습교육에 대하여 어느 정도 교육 강도가 높고 명성이 있는 기관을 선정하는 것이 좋다. 교육 강도가 높으면서도 학생들 사이에서 명성이 있다는 것은 그만큼 실습교육이 체계적으로 구성되어 있고, 학생들이 노력하는 만큼 많이 배울 수 있기 때문이다. 단순한 실습교육뿐만 아니라 기관에서 근무하는 역량 있는 사회복지사들과의 인맥이나 그들의 삶과 생활 속에서 사회복지의 많은 부분을 학습할 수 있다는 장점이 있다. 무엇보다도 기관에서는 바쁜 업무 중에서도 학생들을 위한 교육 일정을 확보해 주고 실질적인 교육관리가 이루어지기 때문에 힘든 과정이기는 하지만 나름대로 도전하라고 권하고 싶다.

(2) 만족스러운 실습을 좌우하는 것은 실습교육에 관심을 가진 실습기관의 선택과 책임감과 능력 있는 실습지도자를 만나는 것이다

실습기관을 선택할 때에는 기관의 실습 프로그램과 자신이 경험하고 싶은 분야의 프로그램의 유무를 확인하는 것이 중요하다. 가장 염두에 두어야 할 것은,

실습기관의 선택이 단지 실습 교과목 이수만을 위해 시간을 보낼 장소가 아닌 자신의 진로를 시험해 보는 가장 값진 경험을 할 수 있는 시간이 되기 위한 중요한 요소라는 것이다(오수경, 박병금, 최은희, 2012).

(3) 사회복지에 대한 생각이 유동적이거나 아직 관심 분야가 확정되지 않았다면 가까운 종합사회복지관으로 가자

사회복지에 대한 확고한 신념이 아직 없거나 사회복지는 하고 싶은데 특정한 분야를 정하지 못한 학생들에게는 일단 종합사회복지관을 추천한다. 종합사회복지관은 다양한 대상에게 사회복지서비스를 제공하기 때문에 종합사회복지관에서의 실습을 통해 사회복지에 대한 전반적인 이해와 관심을 높일 수 있다.

(4) 사회복지 분야로 나갈 생각이 전혀 없다면 사회복지 행정 기관이나 노력봉사활동이 필요한 곳으로 가자

개인의 사정에 따라 사회복지분야로 진출할 상황이 아니거나 다른 영역으로 진출하기로 한 학생들에게는 사회복지 행정기관이나 사회복지실천현장에서 체험과 참여를 통해 실습교육이 이루어지는 곳으로 실습기관을 추천한다. 이들에게는 사회복지의 실천 기회가 이번이 마지막일 수 있는 확률이 높기 때문에 마지막 기회를 사회복지의 행정체계를 파악하거나 대상자들과 함께 호흡할 수 있는 경험을 갖는 것도 의미가 있기 때문이다.

(5) 학생들이 평소 자원봉사를 하고 있는 기관이나 직장체험을 하고 있는 기관을 활용하도록 하자

이 경우는 기관에 대한 사전정보를 얻기 용이하고, 직원들과 좋은 관계를 맺고 있다면 실습 가능성은 물론 실습교육의 효과도 더욱 높아질 수 있다(오수경, 박병금, 최은희, 2012). 따라서 가능하다면 실습 전 자원봉사활동을 하는 등 평소 적극적인 태도를 가지는 것도 필요하다. 많은 경우 자원봉사활동 경험이 있는 학생에게 가장 우선적으로 실습의 기회를 주기도 한다.

3) 사회복지의 기본을 알도록 하자

자신의 실습 분야를 고려하여 실습기관을 결정해야 한다. 물론 의료, 정신 보건, 학교 등과 같이 특별한 과정을 요구하는 분야라면 그들의 분야가 우선 고려되어야 하겠다. 그러나 자신의 경험에 비추어 볼 때 종합사회복지관의 경험이 바탕이 된다면 어느 분야에 가서도 큰 도움이 된다고 말하고 싶다. 먼저, 종합사회복지관에서 실습을 한 후 자신이 필요한 곳에서 2차 실습을 하는 것이 가장 좋으나, 학교에서 실습이 1회만 제공된다면 자원봉사활동을 통해서라도 종합사회복지관의 특성을 파악하는 것이 중요하다. 학생들 중에는 특별한 분야를 원하는 사람이 있다. 예를 들어, 군사회복지나 산업사회복지, 교정사회복지 등 특수한 분야의 실습을 원하는 학생이 있지만 현실적으로 이러한 실습지는 그 숫자가 매우 적고, 실습의 기회가 제공된다 하여도 교육여건이 충분하지 못하기 때문에 학습이 제대로 이루어지지 않을 수 있다. 따라서 실습을 통해 사회복지의 기본 사항을 알게 되면 다른 분야에서 일할 때에도 큰 도움이 될 수 있음을 기억하자.

작업 sheet 2

자신의 관심 영역을 생각해 보고, 그곳에서 현실적으로 실습이 가능한지 생각해 보자.

1. 나의 관심 영역은 어디인가?

2. 해당 관심 분야에서 현실적으로 실습이 가능한가?

3. 현재의 상황을 고려하여 나에게는 어떤 실습기관이 유리한지 생각해 보자.

4) 실습기관을 3순위로 압축하자

실습기관을 고려할 때 자신의 목표, 관심 영역, 현실적인 조건, 교통 및 시기 등을 고려한다. 이러한 사항을 고려한다고 할지라도 자신이 심사숙고한 실습기관에 자신이 선정될 확률도 그다지 높지 않다. 따라서 실습기관을 최소한 3순위로 정하고 시간을 두어 차례차례 실습 지원을 해 두는 것이 좋다.

5) 선배 및 동료의 실습 보고서를 확인하자

실습기관은 한정되어 있고 학생들은 계속 실습기관을 모색하기 때문에 동일한 실습기관에서 실습을 한 선배나 동료가 있다. 이들은 학교에 실습 보고서를 제출하게 되어 있으며, 이 보고서에는 각종 실습의 내용과 과제 등이 포함되어 있다. 실습기관을 선정할 때에 자신이 희망하는 기관을 선정한 후, 학과사무실에 보관된 해당 실습 보고서를 참고하여 3순위 기관을 결정하자. 이때에는 슈퍼비전이 잘 이루어진, 분량이 많은 실습 보고서를 참고하라. 슈퍼비전이 잘 이루어졌다는 것은 해당 슈퍼바이저와의 상호작용이 어떠했는가를 볼 수 있으며, 보고서의 양이 많다는 것은 그만큼 관련 자료의 제공과 검색이 활발했다는 것임을 나타내는 것이기 때문이다.

6) 해당 실습기관에서 실습한 학생에게 문의하자

보고서만 봐서는 이해가 잘 되지 않는 부분이 있고, 궁금한 사항도 있다. 따라서 가능하다면 보고서를 작성한 학생에게 연락을 하여 궁금한 사항이나 관련 자료에 대한 질의응답, 해당 기관의 분위기 및 교육 중점 사항 등에 대하여 질문하는 것이 필요하다.

2. 실습기관 지원서 작성하기

이렇게 심사숙고하여 실습기관이 3순위로 정해졌다면 이젠 구체적인 준비를 해야 한다. 특히 실습 지원서와 자기소개서 작성에 많은 노력을 기울여야 할 것이다.

1) 실습 지원서 작성 요령

(1) 사진

3개월 이내에 촬영한 것으로 단정하고 밝은 인상을 주는 사진으로 붙인, 특히 머리 모양에 신경을 써서 깔끔하고 단정한 인상을 줄 수 있도록 한다. 일명 '사자머리' 등과 같은 연출된 헤어스타일보다는 단정한 스타일을 갖추도록 하며, 렌즈에 색이 들어가 있는 안경은 쓰지 않는다. 사진을 스테이플러로 고정하지 말아야 하며, 스냅사진이나 스티커 사진 역시 금물이다.

(2) 학력사항

일반적으로 고등학교 입학부터 군경력을 포함하여 연대순으로 작성한다. 그러나 최종 학력이 지원 부서와 밀접한 관련이 있을 경우에는 최종 학력부터 역순으로 작성해도 무방하다.

(3) 경력사항

지원 업무와 관련된 경력을 최근 것부터 기재한다. 기간과 기관명 등도 명확히 적는다. 관련된 사항에 아르바이트 경력도 포함시키는 것이 좋다. 사회복지학 전공자들의 경우 자원봉사 경력이 비교적 많은데, 기간을 명시하고 담당자와 봉사 총 시간을 함께 기재하는 것이 좋다.

(4) 자격사항

지원 업무에 가장 필요한 자격증을 먼저 쓴다. 특히 MOS나 워드프로세서 자격증 등 행정업무 관련 자격증을 빠짐없이 기록하도록 한다. 현재 자격증이 없다면 지금부터라도 반드시 자격증을 취득해야 한다.

(5) 어학시험

자신이 추측하는 어학 능력을 적는 것이 아니라 공인된 어학시험 점수를 적는 것이다. 졸업할 때까지 어느 정도의 TOEIC, TOEFL, REPS, JPT 등 공인된 어학시험 점수를 확보해 두어야 한다.

2) 자기소개서 작성 요령[1)]

(1) 성장과정

성장과정은 현재 자신의 이미지를 나타내야 한다. '저는' '나는'과 같은 상투적인 문장으로 시작하는 것보다는 자신의 가치관이나 진로에 도움이 되었던 일화를 부연 설명하는 것이 바람직하다. 성장과정에서는 가정의 분위기, 중요한 사건과 그 사건이 자신에게 주는 의미, 특히 어려운 상황에 대하여 어떠한 의미를 부여하는지를 소개하는 것이 좋다.

(2) 성격의 장단점

성격에 대하여 기술할 때는 단편적으로 장점과 단점을 이야기하는 것보다는 일화로 설명하는 것이 좋다. 특히 성격의 장점을 이야기할 때에 '적극적이다' '성실하다' '긍정적이다' '책임감이 강하다' 등과 같은 추상적인 표현은 별다른 인상을 주지 못한다. 따라서 일화나 자신의 성격에 맞는 사자성어나 속담 등을 활용하여 표현하는 것이 좋겠다. 그리고 단점에 대하여 기술을 하지 않는 경우도 많은데, 자신의 단점을 보다 적극적으로 밝히는 것이 좋다. 즉, 장점에 대하여 세 가지 정도를 언급한다면, 단점에 대하여 한 가지를 말하면서 그 단점이 가진 긍정적인 측면을 부각하고 긍정적인 면으로 만들기 위한 노력을 밝혀 준다면 더 좋다.

---

1) 내용은 나사렛대학교 종합인력개발센터(2008)의 자료를 수정 · 보완하였다.

🌀 **모범 문장**

　　주위의 친구들은 제 성격에 대하여 '어떤 어려움이 있어도 한번 마음 먹은 일은 꼭 해내는 친구'라고 평가합니다. 그리고 누구를 만나든지 저와 함께하는 시간을 편안하고 재미있게 보냈으면 하는 게 제 마음입니다. 아주 가끔은 너무 친근해지고 싶은 이 성격 때문에 상대방에게 오히려 부담을 주어 곤란한 경우가 있지만, 그런 경험을 통해서 더욱 세련된 제 성격을 만들기 위해 노력하고 있습니다.

(3) 학창생활

　　학창생활은 주로 초·중·고등학교 때의 생활을 간략히 기록한다. 주로 임원의 경력이나 학생회 활동 및 연합봉사활동과 수상경력 등을 기록한다. 고등학교 때의 자원봉사 경험과 그 결과 현재의 사회복지학을 전공한 동기에 대하여 밝히는 것이 필요하다. 그리고 대학생 때의 경험을 주로 하여 기록한다. 대학 때에는 학업, 전공 관련 활동, 동아리 및 취미, 봉사활동 등 주로 경력과 관련된 사건을 중심으로 다양하게 기록한다.

🌀 **모범문장**

　　화장품 판매 아르바이트를 할 때 '어떻게 하면 고객의 관심을 끌어서 실제로 팔 수 있을까?'를 항상 생각하였습니다. 오랜 생각과 경험 끝에 '고객이 원하는 것'과 '고객에게 가장 잘 어울리는 것'의 장점을 재빨리 찾아내 권하는 것이 매출 신장에 도움이 된다는 것을 알게 되었습니다.

(4) 실습기관의 지원 동기

　　기관의 입장에서 지원 동기는 실제적인 관심사가 되므로 자기소개서의 핵심적인 평가 항목이 된다. 다른 항목에서 유능한 인재로 판명되었다고 하여도 이 질문에서 확고한 모습을 보여 주지 못한다면 결정적인 신뢰감을 얻을 수 없다. 전체 구성은 실습기관의 지원 동기를 세 가지 정도로 구성하는데, 지원 기관에 관심을 갖게 된 계기에 대하여, 기관의 인상적인 특징에 대하여 그리고 자신이 기관에서 실습을 할 경우에 배울 것 등을 명확하게 제시하는 것이 좋다.

🕐 **모범문장**

　제가 ○○종합사회복지관을 실습기관으로 선택한 이유는, 첫째, 학교사회복지나 청소년복지로 특화된 사업을 하고 있기 때문입니다. 저는 청소년복지에 많은 관심이 있습니다. 귀 기관에서 학교사회복지를 비롯한 많은 청소년복지에 대한 것을 배우고 싶습니다. 둘째, 실습교육이 훌륭하다는 명성이 있었기 때문입니다. 저의 담당교수님이신 ○○○ 교수님께서도 학교사회복지에 관심이 있는 저에게 ○○종합사회복지관을 추천해 주셨습니다. 셋째, 기회가 된다면 청소년 프로그램에 대해 가르침을 받고 싶기 때문입니다. 저는 귀 기관에서 실습을 하면서 청소년을 대상으로 하는 프로그램을 많이 접해 보고 싶고, 청소년에 대한 많은 것을 배우고 싶습니다. 청소년과 관련된 봉사활동 같은 것을 해 본 적이 없기 때문에 많이 부족하겠지만 열심히 많은 것을 배우고 싶어서 선택하게 되었습니다.

(5) 앞으로의 포부

　앞으로의 포부에서는 추상적인 표현을 금한다. 일단 이 기관에서 실습을 할 경우 자신은 어떠한 목표에 도달할 것으로 예상되며 어떠한 발전을 할 것인지에 대해 구체적인 항목과 목적을 말하는 것이 좋으며, 끝으로 지관에서 자랑스러워할 만한 실습생이 되고 싶다는 표현을 쓰는 것이 좋겠다.

🕐 **모범문장**

　사회에 나가면 모든 것이 '1'에서부터 시작합니다. '천 리 길도 한 걸음부터'라는 겸허한 마음을 가지고 열심히 배워 인간관계전문가, 사회복지전문가, 사례관리전문가, 프로그램기획전문가 등 유능한 사회복지사가 되겠습니다. 그래서 귀 복지관이 자랑할 수 있는 실습생이 되고자 최선을 다하겠습니다. 감사합니다.

실습신청서 예시

실습신청서[2]

20○○학년도 1학기

성명	○○○	학번	200702010	지도교수명	○○○
주소	○○시 ○○동 ○○아파트 ○○동 ○○○				
전화번호	○○○-○○○○-○○○○				
주민등록번호	○○○○○○-○○○○○○○	성별	남( ) 여(○)	연령	만 20세
학교명	○○○대학교	학과명	사회복지학과		
실습기수	없음	전실습지			
실습 희망 분야	가정강화사업	희망 이유	청소년복지에 많은 관심을 가지고 있음		
자원봉사기관	○○복지회관	자원봉사 활동 내용	• 사랑+희망 아동 멘토링(1년) • 지역아동센터 '옹기종기' 보조교사(30일) (슈퍼바이저-김○○ 사회복지사)		
기타					
실습 기간	방학 중(○)　　학기 중( )				

기간과 시간을 명시한다.

누구로부터 자원봉사자 교육을 받았는지를 밝힌다.

상기와 같이 본인은 귀 기관의 실습생으로서 적극적인 학습 태도를 가지고 실습에 참여하고자 하오니 수락하여 주시기 바랍니다.

20○○년 ○월 ○일

신청인 ○○○ (인)

---

2) 〈부록 2〉의 서식 2 참조.

실습생 프로파일 예시

실습생 프로파일[3]

1. 인적사항

(사진)	성명	○○○	성별	여	생년월일	
	소속					
	현주소					
	전화번호					
	E-mail					

2. 이수 전공과목

교과목명	이수완료	현재이수	교과목명	이수완료	현재이수	교과목명	이수완료	현재이수
사회복지개론	○		사회복지정책론	○		사회복지실천론	○	
인간행동과 사회환경	○		사회복지조사론		○	사회복지실천기술론	○	
지역사회복지론			사회복지법제			사회복지행정론		○
사회복지 현장실습1			※ 상기 10교과목은 사회복지사 자격시험 필수교과로, 5과목 이상 이수해야 실습 신청이 가능함.					
성과 인간			청소년심리			산업복지론		
사회심리학			의료사회사업론			재가노인복지		
아동복지론			프로그램개발과 평가		○	학대와 방임		○
가족과 사회복지			사회보장론	○		장애와 인권		
가족복지론			교정복지론			노인사례관리		
학교사회사업론		○	여성복지론			정신보건사회복지론		○
사회문제론			사회복지지도감독론			장애인복지론		
노인복지론	○		사회복지윤리와 철학			청소년육성법규와 행정		
정신건강론	○		치매와 케어			자원봉사론		
사회복지자료분석론			사회복지 현장실습2			상담지도		
사회사업영강			사회복지세미나			청소년상담		
청소년복지론	○		사회복지실천특강			사회복지실천기법실제		
청소년문화론			노인여가프로그램기법			사회복지발달사		

---

3) 〈부록 2〉 서식 3 참조.

3. 경력

구분 (실습, 자원봉사, 직장체험 등)	기관	기간	내용
자원봉사	○○복지회관	2008.7.1. ~ 2008.8.31.	옹기종기교실, 결혼이민자학교 보조교사 (슈퍼바이저-김○○ 사회복지사 선생님)
아르바이트	○○복지회관	2008.12.1. ~ 2008.12.31.	사무보조 등 아르바이트 (슈퍼바이저-김○○ 사회복지사 선생님)
자원봉사	○○○노인 복지회관	2008.9.24. ~ 2008.12.3.	컴퓨터 작업과 프로그램 이용자 관리(슈퍼바이저- 이○○ 사회복지사 선생님)
자원봉사	○○복지회관	2007.6.1. ~ 2008.6.31.	사랑+희망 아동멘토링 (슈퍼바이저-김○○ 사회복지사 선생님)

> ☞ 경력은 실습, 자원봉사, 직장체험, 아르바이트 순으로 기록하는 것이 좋다. 또한 기간에는 총 이수 시간을 기록하는 것이 좋다(예: 총 30시간). 또한 내용에는 자신이 참여한 프로그램 명과 슈퍼바이저를 실명으로 적는 것이 바람직하다.

4. 사회복지를 전공하게 된 동기

저는 고등학생 시절에 '인터렉트'라는 봉사동아리에 가입하였습니다. 제가 사회복지학과에 진학하게 된 것도 그때의 영향입니다. 동아리 사람들과 함께 봉사활동을 하면서 뿌듯함을 느끼고 즐거움을 느끼게 되어 저의 진로를 쉽게 결정할 수 있었습니다. 봉사활동 중 가장 기억에 남는 봉사활동은 부천에 있는 한 양로원에서의 두 달간의 봉사활동입니다. 그때의 특별한 경험은 저에게 큰 영향을 주었고, 그 봉사활동을 통해서 더불어 함께 살아가는 기쁨을 느꼈습니다. 또한 저는 '사회복지사'의 일을 하고 있는 주변 분들을 보면서 '내가 가진 가치관과도 일치한다.'는 생각이 들었습니다. 그러므로 저는 봉사활동으로 그치지 않고 전문적으로 배우고 싶은 생각에 사회복지학과를 전공해야겠다고 생각했습니다. 또한 저는 사회복지적인 윤리, 가치나 철학을 배우고 싶어서 ○○대학교 사회복지학과에 진학하게 되었습니다.

> ☞ 비교적 잘 정리하였다. 고등학생 때 봉사 동아리에 가입하면서 그때 느꼈던 감정과 사건들 그리고 자신의 가치관, 전문인으로 가고 싶다는 자신의 생각 등을 구체적으로 잘 정리하였다.

5. 실습기관 선택 이유

제가 ○○종합사회복지관을 실습기관으로 선택한 이유는, 첫째, 학교사회복지나 청소년복지로 특화된 사업을 하고 있기 때문입니다. 저는 청소년복지에 많은 관심이 있습니다. 귀 기관에서 학교사회복지를 비롯한 많은 청소년복지에 대한 것을 배우고 싶습니다. 둘째, 실습교육이 훌륭하다는 명성이 있기 때문입니다. 저의 담당교수님이신 ○○○ 교수님께서도 학교사회복지에 관심이 있는 저에게 ○○종합사회복지관을 추천해 주셨습니다. 셋째, 기회가 된다면 청소년에 대한 프로그램에 대해 가르침을 받고 싶기 때문입니다. 저는 귀 기관에서 실습을 하면서 청소년을 대상으로 하는 프로그램을 많이 접해 보고 싶고, 청소년에 대한 많은 것을 배우고 싶습니다. 청소년과 관련된 봉사활동 같은 것을 해 본 적이 없기 때문에 많이 부족하겠지만 열심히 많은 것을 배우고 싶어서 선택하게 되었습니다.

> 📁 비교적 잘 정리하였다. 실습기관의 선택 이유 세 가지를 먼저 말하고 부연 설명을 하였다. 세 가지 이유 모두 중복되지 않는 중요한 이유이며, 실습생이 기관에 대하여 충분히 알아보았다는 느낌을 전달하기에 충분하였다.

6. 실습 희망 분야 및 역할

저는 학교사회복지에 대해 배우고 싶습니다. 학교사회복지론 수업을 들었지만 수업에서 그치지 않고 현장에서 직접 청소년들을 만나 보고 청소년들을 위한 프로그램도 실시해 보고 싶습니다. 또한 종합사회복지관에서 실습을 함으로써 사회복지관의 전달체계에 대해서 배우고 싶습니다. 봉사활동을 할 때는 배우지 못했던 것들을 실습을 통해서 배우고 싶습니다. 또한 사회복지에서 가장 중요한 사례관리를 배우고 싶습니다. 이론으로만 배웠던 사례관리를 현장에서 배우고 싶습니다.

> 📁 세 가지를 구체적으로 잘 제시하였다. 비교적 잘 제시하였지만, 첫째, 둘째, 셋째 등 서수를 첨가하였다면 한눈에 쉽게 파악되었을 것이다.

7. 실습을 통해서 성취하고자 하는 목표

우선 첫 번째로, 저는 이론과 지식을 겸비하고 싶습니다. 사회복지적인 가치와 윤리철학을 머리로만 아는 것이 아니라 실습을 통해서 확실히 저의 것으로 만들고 싶습니다. 두 번째로는, 현장에서 청소년들을 직접 만나 보고 싶습니다. 청소년들을 많이 접해 보지 못했기 때문에 청소년들을 만나서 그들과 좀 더 친밀해지고 싶습니다. 세 번째로, 대인관계 능력을 향상시키고 싶습니다. 실습기관에 계시는 사회복지사 선생님들과 친밀하게 지내고, 많은 청소년과 접해 청소년들과 가까워지는 법을 습득하고, 실습기관에 오는 실습생들과도 함께 어울려 지내며 대인관계 능력을 향상시키고 싶습니다. 저는 이 세 가지의 목표를 달성하기 위해 많은 노력을 기울일 것이고, 이 목표를 모두 이루게 된다면 ○○종합사회복지관에서도 자랑스러워할 실습생이 될 것입니다.

> 📁 목표 제시가 비교적 잘 이루어졌다. 다만 첫 번째, 두 번째 등이 아닌 첫째, 둘째 등이라는 표현이 맞는 표현이다. 왜냐하면 실습목표는 꼭 순차적으로 이루어지는 것이 아니기 때문이다.

3. 면접 준비하기

　면접은 정해진 시간 안에, 제한된 질문으로, 자신을 최대한 보여 주는 일련의 자기 PR 시간이다. 따라서 면접장에 들어서는 순간부터 나오는 순간까지 최선을 다해야 한다.

1) 복장

(1) 남성 복장

　남성 양복은 짙은 감색이나 브라운 계열, 검정색 줄무늬가 보일 듯 말 듯한 정장이 좋다. 너무 밝거나 옅은 색은 좋지 않아 보일 수 있으니 주의한다. 세로 줄무늬는 줄과 줄 사이의 폭이 넓지 않아야 하며, 상의는 더블 버튼을 피하는 것이 좋다. 하체가 마른 사람은 바지 폭을 너무 좁게 하지 말고 넉넉하게 입는 것이 좋다. 셔츠는 흰색 또는 양복보다 밝은 색이 무난하다. 넥타이는 정장과 같은 색이 섞인 줄무늬 단색이나 물방울무늬가 적당하고, 좁은 타이는 금물이다. 양말은 구두와 같은 색으로 신되, 구두는 보통 검은색을 선택하여 단정해 보이도록 한다.

(2) 여성 복장

　차분한 회색, 갈색, 검은색이나 화사한 베이지색 등의 무릎길이 스커트 또는 원피스가 무난하다. 옷 전체에 들어가는 색상을 세 가지 이내로 줄이는 것이 좋으며, 특히 재킷과 치마의 색상이 대조적인 것은 피해야 한다. 어깨가 강조된 스타일은 좋지 않고 너무 꼭 끼거나 여유가 많은 옷은 금물이다. 스타킹은 색이나 무늬가 들어가지 않은 살색이 적당하다.

　블라우스는 정장에 어울리는 무난한 것으로 입되, 체격이 큰 사람은 단순한 디자인의 블라우스를 입고 큰 단추는 피해야 한다. 허리가 긴 경우는 넓은 벨트를 눈에 띄게 할 수도 있다. 과다 노출은 금물이다.

　구두는 단순한 디자인의 검은색을 선택하고, 재질은 가죽이나 세무 등이 무난하며, 굽은 보통 5~7cm면 된다. 샌들이나 슬리퍼는 금물이다. 귀고리는 달랑거리지 않는 것을 선택하고, 부착형 큐빅이나 작은 진주가 적당하다. 목걸이는 한 줄로 되어 목선에 닿는 짧은 것이 바람직하다. 반지는 중지나 약지에 하나 정도가 무난하지만 착용하지 않는 것이 바람직하다.

2) 기본 태도

(1) 일단 웃자

면접이란 상대방에게 자신의 좋은 이미지를 최대한 보여 주는 것이다. 면접관과 지원자 중에서 누가 웃어야 할까? 당연히 지원자다. 그러나 이러한 당연한 원리를 무시하고 웃지 않는 지원자가 상당히 많다. 웃는 것도 훈련을 해야 한다. 거울을 보고 웃으면서 말하는 연습을 해 보자.

(2) 타인이 대답할 때도 잘 경청하자

면접에 임하면 문을 열고 들어가는 순간부터 나오는 순간까지가 모두 면접과정이다. 따라서 자신이 답변하지 않는 경우라도 주의 깊게 경청하며 타인의 이야기에 고개를 끄덕이는 적극적인 자세를 취하라. 이러한 자세는 보기에도 좋을 뿐 아니라 상대편의 의견을 묻는 돌발질문에도 잘 대처할 수 있다.

(3) 묻는 질문에 정확히 대답하자

의외로 간단하지만 쉽게 되지 않는 일이다. 지원자들은 면접을 할 때 긴장하여 평소의 모습을 잃게 된다. 대표적 사례로 얼굴이 굳어지거나 질문에 대해 엉뚱한 대답을 하게 되는 경우인데 이는 매우 심각한 감점의 요소가 된다. 예를 들어, "이름이 뭐예요?"라고 묻는 질문에 "열여덟 살입니다."라고 대답해 보자. 얼마나 어처구니없는 상황이 될 것인가 짐작할 수 있다.

질문을 기억하여 정확하게 대답하기 위해 가장 좋은 조언은 복명복창(復命復唱)을 하는 것이다. 이것은 질문에 대하여 다시 한번 자신이 말하면서 엉뚱한 대답을 하는 상황을 어느 정도는 예방할 수 있다. 예를 들어, "우리 복지관에 왜 지원하시게 되었죠? 이유를 말해 보세요."라고 질문하면, "네! 귀 복지관에 지원하게 된 동기에 대하여 말씀드리겠습니다!" 라고 질문을 다시 한번 말하는 것이다.

(4) 결론을 먼저 말하자

면접은 제한된 시간이 있다. 따라서 충분한 시간이 주어지지 않는 경우가 많고, 이렇게 짧은 시간조차도 함께 면접하는 다른 사람과 나누어 가져야 한다. 따라서 효과적으로 면접을 하기 위해서는 일단 결론을 말하고 결론에 대한 자신의 의견을 설명하는 것이 효과적이다. 예를 들어, "우리 복지관에서 배우고 싶은 것이 있으면 말해 보세요."라고 할 경우, "네! 귀 복지관에서 배우고 싶은 사항에 대하여 말씀드리겠습니다. 저는 귀 기관의 사회복지 정신, 사회복지사 선생님의 열정 그리고 훌륭한 프로그램의 운영 등 이 세 가지를 꼭 배우고 싶습니다. 왜냐하면……."이라고 할 수 있다.

(5) 주어진 기회를 놓치지 말자

짧은 시간 내에 물어보는 질문으로 면접의 당락이 결정된다. 면접관 한 사람이 수십 명의 응시자를 대하기 때문에 보통 강하게 어필하지 않으면 별로 기억에 남지 않는다. 따라서 정해진 질문이 다 끝나고 "마지막으로 하고 싶은 말이 있는 사람 해 보라."는 질문에 자신의 인상을 깊게 남길 말을 준비하라. 기회는 주어지는 것이 아니라 준비된 사람에게 찾아오는 선물이기 때문이다. 이런 때를 대비하여 자신만의 표어를 만들어 두는 것이 중요하다. 아무리 주어진 시간이 짧아도 자신의 마음을 전달할 수 있는 최후의 답변을 마련해야 한다.

(6) 기관과 관련된 자신의 가치를 알리자

면접 때 이력서에 기입한 자신의 경력을 되풀이하는 것은 현명하지 못한 태도다. 만약 면접자가 "당신은 어떠한 사람인가?"라고 묻는다면, 이력서에 나타난 경력을 암기하여 답하기보다는 이를 종합하여 기관에 이런 도움을 줄 수 있는 가치를 지니고 있다고 답하는 것이 좋다. 예를 들어, 다음과 같이 말할 수 있다. "저는 학창시절 광고학 수업은 모두 최고 점수를 받았고, 광고 동아리에서 왕성한 활동을 한 만큼 홍보에는 천부적인 감각을 지니고 있다고 생각합니다. A상사의 신생 브랜드 ○○의 홍보를 위해 제가 꼭 필요한 사람이라고 생각하여 지원하였습니다." "저는 최근 중국 시장에 진출하려는 이 회사의 의도에 맞는 사람입니다. 지난 2년간 중국 어학연수와 현지 기업에서 아르바이트를 한 경력이면 충분히 회사에 기여할 수 있을 것이라고 말씀드리고 싶습니다."라고 말할 수 있다.

(7) 그 일에 대한 열정을 드러내자

지나치게 당당하면 조직 속에서 어울리지 못할 것이라는 느낌을 줄 수 있고, 소극적이면 자신감이 없어 보인다는 느낌을 줄 수 있다. 가장 좋은 방법은 그 일에 대한 열정을 보여 주는 것이다. 면접관의 대부분은 현재의 능력도 중요하지만 교육적 잠재력을 더 중요하게 보기 때문이다.

(8) 기관에 대한 정보를 수집하자

누울 자리를 보고 다리를 뻗으라는 말이 있다. 지원기관에 대한 사전조사는 면접관에게 좋은 인상을 줄 수 있다. 각 기관의 홍보실이나 홈페이지를 통해 최근 동향을 알아볼 수 있으며, 기관에서 실시하고 있는 각종 프로그램이나 공모사업에 대한 정보를 수집하여 면접에 활용하라.

(9) 예상 질문을 만들자

질문을 예상하여 준비하는 것도 면접 준비에 필수사항이다. 예상 질문은 사회복지와 관련된 시사적인 것을 반드시 준비하고, 실습생으로서의 각오와 노력을 묻는 질문이 주류를 이룰 것이다. 따라서 면접 일주일 전의 신문을 정독해야 하며, 그 밖에도 지역사회복지관과 지역사회와의 유기적인 협력 방안, 사회복지기관과 사회복지학과가 있는 대학과의 연계 협력 방안, 자원봉사와 실습과의 차이, 실습생으로서의 각오와 어떠한 노력을 할지 등 구체적인 질문을 만들어 갈 수 있도록 하자.

참조: 학생들이 어려워할 수 있는 면접 예상 질문

- 특정 인구집단, 기관, 실습지도자와 일하는 데 관심을 갖는 이유는 무엇인가?
- 이수한 과목들 중에서 사회복지실천 세팅, 업무와 관련이 있을 수 있는 과목은 무엇이라고 생각하는가?
- 사회복지실천의 기술과 지식에 관한 당신의 강점과 약점은 무엇인가?
- 전문적 업무 습관 중 당신의 강점과 약점은 무엇인가?
- 평생직 목표는 무엇인가?
- 이 실습의 목표는 무엇인가?
- 이 실습이 당신의 장기 목표를 달성하도록 도움을 줄 수 있는 방법은 무엇인가?
- 최선의 학습을 할 수 있게 하는 슈퍼비전 유형은 무엇인가?
- 본인의 학습에 가장 효과적인 방법은(타인을 보고 본받는 것, 타인들이 업무에 대해 말하는 것을 듣는 것, 실수를 통해서 배우는 것 등) 무엇인가?
- 다른 실습 지원자들이 갖고 있는 것과 다른 당신의 경험, 관심, 기술은 무엇인가?
- 사회복지를 어떻게 전공하게 되었는가?
- 우리 기관의 실습생으로 자질을 갖추었다고 생각하는가?
- 당신 자신을 표현한다면 어떻게 표현하겠는가?
- 당신이 가진 재능은 무엇인가?
- 앞으로 5년이나 10년 후 당신의 계획은 무엇인가?
- 당신이 현재 가지고 있는 기술은 무엇인가?
- 우리가 학생을 실습생으로 받아들여야 하는 이유는 뭐라고 생각하는가?
- 우리 기관에서 실습하는 과정에서 당신이 가장 어려울 것 같은 문제는 무엇인가?

출처: Berg-Weger et al. (2000), p. xxvi; Royse et al. (2007), p. 39.

작업 sheet 3

면접에 대하여 다음과 같이 준비해 보자.

1. 나의 면접 복장은 어떠한가?

2. 나의 태도는 어떠한가?

3. 예상되는 면접 질문을 작성하고 대답해 보자.

※ 가장 좋은 준비는 복장을 갖추고 가족이나 친구들 앞에서 모의면접을 하는 것이다. 이것이 여의치 않다면 전신거울을 보면서 자신의 모습을 동영상으로 녹화하여 분석하고 연습하자.

4. 실습기관 선정 후 준비사항

1) 실습기관에 선정되고 난 후 해야 할 일

이러한 노력을 통해 실습기관에 선정되었다. 그렇다면 실습이 이루어지는 시점까지 무엇을 해야 할까? 실습기관에 선정되고 난 후에도 다음과 같은 일을 해야 한다.

(1) 실습 담당자에게 인사하기

일단 실습이 결정되면 실습기관을 다시 한번 방문하는 것이 좋다. 연락을 해 주었던 담당 사회복지사에게 감사를 표하고 실습교육이 이루어지기 전에 사전 준비에 대한 조언과 자료 추천을 받는 것이 필요하다.

기관에서 소개한 자료를 중심으로 자료를 확보 및 구입하고, 나름대로 궁금하고 의문이 가는 사항에 대하여는 실습 노트를 만들어 기록해 두는 것이 필요하다.

(2) 기관 방문 후 대형 서점에서 추천 도서와 관련 도서 읽기

추천 도서 및 관련 도서를 읽자. 추천 도서만 읽게 되면 그 책에서 말하는 내용만을 알게 되지만, 관련 주제 책을 읽게 될 경우에는 다른 차원의 논의와 관점을 알게 된다. 따라서 실습기관을 방문한 후에는 꼭 대형 서점을 들러 추천 도서와 관련 도서를 읽자.

(3) 주변 편의시설 확인하기

실습이 시작되면 주변 시설을 확인할 수 있는 기회가 충분히 제공되지 않는다. 따라서 인터넷으로 지도 검색을 하여 실습기관의 주변 시설을 알아보고, 기관 방문 후에 확인하는 것도 필요하다. 특히 타 지역으로 실습을 가게 되는 경우에는 임시 숙소와 생활 편의시설 등을 사전에 확인해 보자.

(4) 선배들의 기록과 과제 확인하기

실습기관을 선정할 때에도 해당 기관의 관련 문헌을 물론 검색하였지만 실습이 결정된 후에는 보다 면밀하게 실습기록과 과제를 확인하면 좋다. 특히 실습일지에 기록된 내용과 슈퍼바이저의 슈퍼비전 사항, 중간평가 보고서, 최종평가 보고서 등이 있기 때문에 작성된 실습보고서는 면밀하게 검토해야 한다.

(5) 관련 정책 검색하기

실습기관이 정해지면 해당 복지 영역의 서비스전달체계와 관련 정책을 검색할 필요가 있다. 종합사회복지관이라면 설립의 근거, 운영에 대한 지침, 보건복지부의 관련 정책, 지방자치단체의 주민생활지원에 대한 내용 등 관련 법과 정책을 살펴보아야 한다. 노인복지, 장애인복지 등의 경우에도 중앙과 지방에서 나타나는 정책사업의 장단점과 서비스 전달체계를 살펴보아야 한다.

2) 실습기관에서 지켜야 할 예절

(1) 실습도 사회생활이다

조직체에서의 생활경험이 없는 실습생에게는 실습기관에서의 모든 일이 처음부터 끝까지 좌충우돌 시행착오의 연속일 것이다. 따라서 현재 가장 많은 신입사원들이 실수를 범하는 일의 예를 들어 사회생활에 도움을 주고자 한다.

① 말과 행동이 일치되어야 한다

부하가 다리를 멋대로 벌린 채 서서 "이것을 좀 봐 주십시오."라며 상사에게 한 손으로 서류를 들이민다면 곤란한 일이다. 경어를 사용할 때는 태도도 그것과 같이 하지 않으면 의미가 없다.

② 회의 시 성숙한 태도로 임한다

회의할 때 손으로 턱을 괴는 행동, 멍하니 앉아 있는 행동, 머리카락을 만지작거리는 행동, 계속 발밑을 보거나 책상 밑에서 손장난을 하면서 지루함을 몸으로 드러내는 행동을 해서는 안 된다. 또한 톡톡 책상을 두드리거나 서류를 거칠게 넘기는 등 초조함이 드러나는 행동도 삼간다.

③ 칼이나 가위 등을 건넬 때 주의한다

칼이나 가위 등은 위험한 끝부분을 쥐고 건네는 것이 상식이다. 그러나 펜만은 펜 끝을 쥐고 건네지 않는다. 서류는 상대가 바로 읽을 수 있는 방향으로 건넨다. 즉, 상대가 보기 쉽고 사용하기 쉽도록 주는 것이 포인트다. 그리고 어떤 물건도 던져서 주지 않는다.

④ 물건을 빌렸다면 반드시 돌려주어야 한다

아무리 친한 사이라도 빌린 물건을 즉시 돌려주지 않으면 그다지 기분이 좋지 않다. 이런 버릇은 즉시 고쳐야 한다. 지우개 하나일지라도 반드시 돌려주어야 한다.

⑤ 잡담이나 뒷담화는 장소를 가려서 한다

화장실이 기관 내에서 숨을 돌릴 수 있는 치외법권의 공간이란 생각은 틀린 것이다. 내부 인사뿐만 아니라 외부 손님들도 화장실을 사용한다는 사실을 잊어서는 안 된다.

⑥ 명함은 지갑에서 꺼내야 한다

요즘 대학생들은 자신들만의 명함을 제작하는 경우가 많이 있다. 자신의 명함을 주고받을 때에는 자기 쪽에서 먼저 건네야 한다. 똑바로 서서 가볍게 예를 취하고 안주머니에서 명함을 꺼낸다. 상대방의 명함은 양손으로 공손히 받아 이름과 직함을 확인하고 잠시 테이블 위에 놓아 이름 등을 외운 다음 잘 보관한다.

⑦ 상의는 연장자의 양해나 권고가 있어야 탈의하는 것이 좋다

접대나 회의 등에서는 격식을 갖추는 것이 중요하다. 상의 탈의 등과 같은 행동은 연장자의 권유가 있고 나서 해야 한다.

⑧ 전화예절을 지킨다

실습 기간 중에 전화를 받을 일은 많지 않을 것이다. 그러나 어쩔 수 없이 전화를 받게 되는 경우에는 예의를 갖추고 전화를 받도록 하자. 먼저, 전화벨이 울리면 세 번 이내에 받을 수 있도록 하며, "안녕하세요? ○○복지관 실습생 ○○○입니다. 무엇을 도와드릴까요?"라고 먼저 말하는 것이 일반적이다. 이후 담당자와의 통화를 원하면 "잠시만 기다리시면 ○○ 담당자와 연결해 드리도록 하겠습니다."라고 말하고 내선연결을 하면 되고, 담당자가 부재중이라면 "죄송합니다. 프로그램 중이라 잠시 부재중입니다. 전달하실 내용이 있으면 메모를 남겨드리겠습니다."라고 말한 뒤 메모를 남겨 전달하도록 하자. 이때 전화를 건 사람의 이름, 직책, 기관, 내용, 연락번호 등을 꼼꼼히 기록한 후에 책임지고 담당자에게 메모를 전달하도록 한다. 전화 응대는 그 기관의 이미지라는 것을 명심해야 한다.

⑨ 휴대전화/인터넷 예절을 지킨다

휴대전화와 컴퓨터는 업무적으로도 많이 사용되는 기기로 최근 직장 예절에서 매우 중요시되고 있다. 개인 휴대전화는 진동이나 무음 모드로 해 두는 것이 좋고, 근무 중 업무와 상관없는 인터넷사이트(쇼핑, 증권, 웹툰, 검색 사이트 등) 접속이나 메신저를 이용한 채팅은 금물이다. 특히 실습생의 경우 자신의 개별 컴퓨터나 책상이 없어 기관 직원들의 컴퓨터를 주로 사용하게 되는데, 자신의 아이디로 로그인했을 때는 반드시 로그아웃해야 하며, 직원이 작업하던 프로그램 및 윈도우 화면을 함부로 닫지 않는 것이 좋다.

(2) 실습기관에서 가져야 할 태도

① 꾸지람을 잘 소화하여 긍정적 기회로 삼는다

슈퍼바이저는 훈계할 때 실습생이 울먹이면 '뭐야? 사회생활 제대로 할 수 있겠어?'라는 생각에 더 몰아붙일 수도 있다. 슈퍼바이저는 부하에게 잘못이 있으면 그것을 지적하여 고쳐 나가도록 해야 할 책임과 의무가 있다. 그러므로 슈퍼바이지인 실습생은 아무리 듣기 거북한 말이라도 잘 들어야 하는 것이 당연하다. 질책을 받을 때는 상대의 얼굴이나 눈을 보면서 긍정적인 태도로 들어야 한다. '지금은 일단 질책을 받고 나서 태풍이 잠잠해질 때까지 기다리자.'는 식의 소극적인 태도를 보인다면 슈퍼바이저는 이것을 민감하게 알아차릴 것이다. 슈퍼바이저의 입장에서는 '나의 질책이 효과가 있었군. 저 친구도 이제부터는 주의하겠지.' 하는 생각이 들지 않는다면 뭔가 찜찜할 것이다. 실습생은 질책을 받은 뒤에는 "앞으로 주의하겠습니다." 하고 인사를 한 뒤 조용히 물러 나온다. 실습생으로서 겸손한 태도를 배우는 것이 중요하다.

② 성의와 배려를 보인다

사회복지기관의 규율은 특별히 종이에 쓰여 있는 것이 아니다. 또 그 기관만의 관례 같은 것이 있는 경우는 특히 까다롭다. 많은 사람이 일하는 조직 속에서 일하는 이상 지켜야 할 최소한의 규율이 있다. 그것은 성의와 남을 배려할 줄 아는 마음으로 사람을 대할 때 최소한의 에티켓이기 때문이다.

③ 금전관계는 깔끔하게 한다

경우에 따라서 돈을 빌리지 않으면 안 될 사정이 생길 수도 있다. 그러나 될 수 있는 한 기관 내에서 개인적으로 돈을 빌리고 빌려 주는 일은 삼간다. 빌려 주는 쪽은 상대가 친한 사람일수록 거절하기 곤란하고 일이 꼬이는 경우 빚 독촉을 하기도 어렵다. 또한 빌리는 쪽도 미안하다는 생각 때문에 비굴해지기 쉽고 감정상의 응어리가 남게 된다. 건전한 인간관계를 유지하고 싶다면 금전관계를 맺지 않아야 한다.

④ 거절할 땐 정중히 거절한다

슈퍼바이저가 실습생에게 뭔가를 부탁할 때가 있다. 물론 공식적으로 교육과 업무와 관련되거나 개인적으로 본인이 수락할 수 있는 경우는 별다른 문제가 없겠지만 그렇지 못한 경우는 큰 부담으로 작용할 수 있다. 이럴 때는 자신의 상황을 설명하고 정중하게 거절하는 것도 중요한 사회기술이다. 물론 거절할 때에는 상대방에게 미안하고, 마치 자신이 능력이 없어서 부탁을 들어주지 못한다는 생각이 들기도 하겠지만, 덜컥 부탁을 들어준다고 말하고서 자신의 할 일도 못하고 후회하는 것보다는 훨씬 낫다. 일단 슈퍼바이저가 부탁할 때에는 개인적인 부탁을 들어줄 수 없다는 말보다는 자신의 상황이 감당할 수 없음을 이해해 달라고 말하는 것이 더 정중한 표현이다.

3) 보고와 전달을 하는 법

(1) 좋지 않은 보고일수록 빨리 한다

슈퍼바이저가 기뻐할 만한 보고는 빨리 하지만 찜찜한 표정을 대해야 하는 보고는 나중에 하고 싶어지는 것이 인간의 마음이다. 그러나 '우선 지금은 피했다가 나중에 어떻게 해 보자.'라고 생각했다가는 돌이킬 수 없는 일을 만드는 경우가 많다. 실수를 했을 때나 나쁜 일일수록 보고를 빨리 하는 것이 철칙이다. 보고의 시기가 늦어질수록 해결이 어려워진다. 또한 서두를 길게 말하거나 이유를 대면 좋지 않다. 결론을 먼저 말하고 솔직하게 사과를 하거나 이유를 설명하는 것이 좋다.

(2) 작은 의사소통이라도 정확하게 한다

아무리 작은 연락이라도 '즉각적으로, 상세히, 그때그때' 하는 것이 좋다. '일부러 전화할 필요 없이 내일 만나 전하자.' '다음 주에 모아서 전하면 된다.'는 식의 생각은 상대방의 상황을 고려하지 않은 생각이다. 아무리 나쁜 뜻이 없었다고 해도 업무 연락상의 실수는 서로의 믿음에 금이 가게 만든다. 팩스로 들어온 결재 문서를 자신의 업무가 바빠서 책상 위의 잡동사니에 끼워 놓은 채 잊어버리는 경우도 있다. 자신이 처리할 수 없는 것에 대해서는 받은 즉시 다른 사람에게 부탁하는 등 부서 간의 횡적 연락을 중요하게 생각해야 한다. 기관에서 일어나는 문제나 불화의 원인을 분석해 보면 뜻밖에 업무 연락의 실수 때문인 것이 많다.

(3) 슈퍼바이저에게 의논을 요청한다

슈퍼바이저에게 의논할 일이 있어 갔더니 슈퍼바이저가 신경질적인 어조로 "그러니까 자네가 말하려는 요점이 뭔가?"라며 질책만 당해서 더는 의논하고 싶지 않다고 하소연하는 실습생도 있다.

아무리 같은 회사 사람이라고 해도 서로가 업무로 바쁠 수 있다. 그러므로 "의논드릴 일이 있는데, 시간을 내 주시겠습니까?"라고 미리 허락을 받아 두는 것이 필요하다. 슈퍼바이저는 "그래, 지금은 괜찮네만." "그럼 점심시간에 듣기로 하지." 등과 같이 자기 형편을 고려하여 좋은 시간을 정할 것이다.

상대가 의논에 잘 응해 주지 않을 때는 그를 비난하기보다는 우선 자신의 행동이나 말에 문제가 없었는가를 확인해 보아야 한다. 효과적인 의사소통을 위해 업무상의 실수를 보고할 때는 서론이나 이유보다는 결론부터 말한다. 보고 연락에는 주관적 판단이나 억측을 하지 않는다. 객관적 사실을 먼저 얘기하고 상대방이 어떻게 생각하는지를 묻고 나서 자기 나름의 견해를 말한다. 상대의 형편을 생각해 "지금 얘기해도 좋습니까?"라는 식으로 배려한다. 보고는 우선 자신의 직속상사에게 먼저 해야 한다. 과장이 자리에 없다고 부장에게 먼저 보고하면 곤란하다. 각자의 선임자 입장을 무시하면 사내에서 의사소통이 조화를 이루지 못하게 된다. 그리고 그날의 사항은 그날 처리하는 것이 철칙이다. '나중에 하자.'는 태도는 실패의 첫걸음이다.

(4) 건의는 체계를 지켜서 건의한다

회사의 경우를 예로 들어 보자. 신입사원 A는 영업부 내의 업무 방법에 아무래도 잘못이 있는 것 같아 사장에게 직접 건의했다. 사장은 "그럼 자네의 생각을 이번 회의에서 말해 보게."라고 말했다. 드디어 해냈다고 의기양양하던 것도 잠깐, 부서의 상사는 "나를 거치지 않고 그런 일을 건의하다니 어떻게 된 거야?"라며 마구 화를 냈다. 회의에서는 그의 의견에 찬성해 주는 사람이 많았지만, 결국 영업부에서는 바늘방석에 앉은 것 같은 나날을 보내고 있다.

이 예는 회사의 경우에만 통용되는 것은 아니다. 앞서 언급했듯이, 사회복지 기관도 조직체제가 존재하는 기관이다. 따라서 건의는 체계를 지켜서 하자.

(5) 사적 관계와 공적 관계를 구분한다

실습을 하다 보면 슈퍼바이저와 실습생에게 개인적인 감정이 생길 수 있다. 또한 동료 실습생과도 개인적인 감정이 생길 수도 있다. 이러한 개인적인 감정은 충분히 생겨날 수 있는 자연스러운 현상이지만, 실습 기간 중에 나타난다면 여러 가지로 많은 어려움이 있다. 공식적인 실습 수업 중에 사적인 감정이 개입하여 주변에 피해를 주거나, 주변의 시선은 아랑곳하지 않고 사적 관계를 공적 관계에 적용하는 등의 행동을 한다면 실습교육을 정상적으로 마칠 수 없게 된다. 따라서 실습기관 중에는 공적인 관계를 유지하고 사적인 관계는 실습이 끝나고 나서 유지하는 것이 바람직하다.

참조: 실습을 최대한 활용하는 방안

- **학문적 환경과 현실 세계가 다르다는 것을 인정하라.** 대학에서는 아는 것에 초점을 두지만, 실습에서는 행하는 것에 초점을 둔다. 실습에서는 아는 것을 가지고 무엇을 하며, 아는 것을 특정 상황에 어떻게 연결시키느냐에 초점을 둔다. 또한 실습에서는 알아야 하는 것을 미리 할 수 없는 경우가 많은데, 이 것은 마치 인생은 시험이 먼저이고, 교육은 다음이라는 말의 의미를 상기시킨다. 따라서 실습이 성공적이려면 실습경험이 대학의 수업과 연결되어 있기는 하지만 매우 다르다는 것을 인정하는 것이다.

- **학생임을 기억하라.** 실습생은 배우는 학생임을 잊지 말아야 한다. 그 이유는 학생이라는 신분이 이미 모든 것을 알고 있어야 한다는 느낌에서 해방시켜 줄 수 있기 때문이다. 카시오우와 라이스(Kasiow & Rice, 1986)는 초기 훈련단계에서 슈퍼바이저들이 그들의 전문적 정체성의 불완전성은 물론 업무수행을 위해 축적해 온 최소 등급의 기술까지를 반영하는 자신감 상실과 양가 감정으로 어떻게 자주 고통을 받고 있는가를 설명했다. 이와 같은 훈련단계에서 오는 압력을 줄이는 한 가지 방법은 실습생이 자기의 한정된 지식이나 기술에 대해 솔직해지는 것이다. 실습생의 실습목표는 실습생 자신이 얼마나 똑똑하고 능숙한가를 보여 줌으로써 모두를 감동시키는 것이 아니라 얼마나 잘 배워 가느냐다. 실습생들은 가끔 바보스럽거나 무식하게 보이는 것이 두려워서 하는 일들을 가장하려고 한다. 실습생은 배울 필요가 있는 것들이 얼마나 많은지에 대해 솔직해져야 한다.

- **무지를 최대한 활용하라.** 많은 학생이 자신의 무지에 대해 솔직해지면 약점이 있다는 느낌을 줄 것이라고 두려워하지만 무지가 장점이 될 수도 있다. 가치 있는 학습과 성장은 약점이 있을 때 가능하다. 약점은 무력이나 무능과는 다르다. 실습생에게 모든 것을 아는 것을 기대하지 않기 때문에 그는 다른 사람들이 묻기를 두려워하는 질문을 제기할 수도 있으며, 그 세팅에서 일하는 사람들이 수십 년간 감지하지 못했던 문제들을 볼 수도 있다. 졸업을 하고 나서 전문가의 역할을 수행하게 되면 그때는 모르는 것을 모른다고 하기가 어려워질 것이다.

- **학습 끝머리와 가까운 데에서 일하라(벼랑 끝까지 가 보기).** 현재의 지식이나 기술 수준을 막 넘어서는 시점을 말한다. 모르는 것을 인정하는 것이 첫 번째 단계라면 어떤 위험을 감수하려고 하고, 자신을 연장하려고 하는 것은 핵심적인 두 번째 단계이다. 기술 개발을 위해 실습생은 시험을 해 보아야 하며, 성공과 실패 모두를 통해 배워야 한다. 실습 중 실습생은 바로 학습 끝머리에 있을 수 있다. 이때 실습생은 편안한 느낌을 갖게 되는데, 실습생이 너무 편안한 느낌을 갖게 되면 어떤 식으로든 활동 범위를 늘리는 것에 대해 실습지도자와 의논해야 한다. 발전시킬 필요가 있는 지식이나 기술영역이 있다면 다소 불편한 느낌을 가질 수 있는데, 이 불편과 압력은 발전을 위해 수용할 필요가 있다. 자신의 학습 끝머리에 대해 익숙해지고 편안해지면 또 하나의 새로운 학습이 이루어진 것이다.
- **무엇인가를 알고 있음을 기억하라.** 실습은 실습생에게 대학에서 배운 정보를 통합할 기회를 준다. 실습은 실습생이 공부한 것을 재검토할 귀중한 기회를 제공할 수 있다. 실습생은 자신의 지식을 통합하는 것이 중요하다. 실습생은 실습을 시작할 때 대학에서 최근에 배운 과목의 내용을 쉽게 잊어버리는 경향이 있는데, 이런 실수를 해서는 안 된다. '인간행동' 과목을 수강하였다면 여러 다른 연령대의 사람들과 일할 때 배운 것을 참조하라. 그렇게 하면 실습생의 지식이 강화되고, 이론과 현실을 비교할 기회가 된다. 이것은 아는 것에 그치는 것이 아니라 아는 것을 가지고 할 수 있는 일에 초점을 두는 것이다.

출처: Baird (2008), pp. 20-22에서 재인용.

제**3**부
사회복지 현장실습의 실제

제6장
준비단계

사회복지 현장실습은 학자에 따라 단계와 내용에 차이가 있다. 주요하게 거론되는 학자들을 중심으로 실습지도의 단계를 살펴보면 〈표 6-1〉과 같다. 그러나 이 책에서는 사회복지 현장실습이 이루어지는 단계를 준비단계, 실행단계(초기, 중간), 평가 및 종결 단계로 구분하여 설명하고자 한다.

〈표 6-1〉 실습지도의 단계와 내용 종합

단계	김선희, 조휘일	김경희	박미정 외
준비단계	• 기관과 학교와의 정보교환과 배치를 위한 면접 • 실습배치교육(오리엔테이션) • 실습과 교육, 슈퍼비전에 관련된 정책과 규칙 마련 • 슈퍼바이저의 자세와 역할 준비, 교수와의 협동적인 관계 수립 • 실습생에 대한 교육적 사정과 실습 초기 불안 처리	• 슈퍼바이저와 실습생의 첫 접촉 시기로서 각각의 역할을 명료화하고 함께 토론하고 공유하는 수평적 관계를 수립 • 실습의 목적과 기대를 나누고 설명 • 클라이언트에 대한 긴장과 불안감 다루기 • 기관 양식에 의거한 실습 기록 지도 • 실습평가 항목에 대한 의사 소통 • 실습오리엔테이션 실시	• 학생 슈퍼비전에 대한 문헌 검토, 세미나 참석, 동료들과의 토론 등으로 슈퍼바이저로의 전환을 준비 • 기관에서 제공할 수 있는 학습기회들에 대해서 결정 • 실습생이 담당할 사례의 선별 및 할당 작업 • 학생과의 실습 목적 및 서로의 역할과 책임에 대한 명확화 • 학생에 대한 정보를 입수하여 교육적 진단을 내리고 학습계약을 맺음

〈계속〉

초기단계	• 실습생과 슈퍼바이저와의 관계 형성 • 실습 슈퍼비전의 회합 실시 • 실습생과 클라이언트의 접촉을 위한 준비 지도 • 실습 슈퍼비전 목적 설정		
중간단계	• 실습 슈퍼비전의 교육적인 활동 • 레코딩을 통한 교육 • 보조교육	• 정기적 슈퍼비전 • 사례회의 • 다양한 기록 유형을 통한 사례분석 • 실천과정과 실습생의 자아인식 확대 • 인간관계 기술 향상 • 실습목표 성취 분석과 목표 수정 • 실습에 필요한 자원 동원과 활용 • 중간평가회 실시	• 실습지도의 다양한 방법을 익히고 사용 • 기록에 대한 지도 • 행정적·교육적·지지적 영역의 슈퍼비전 제공
평가 및 종결 단계	• 실습의 평가 실시, 실습평가 기준 및 지침 마련 • 실습평가를 위한 준비회의, 실습평가 회합	• 종결을 위한 제반 준비와 종결 기록 • 실습평가 • 실습평가회, 실습 보고회 • 실습생과의 관계의 종결 • 실습평가서의 작성과 발송 • 실습지도 평가회	• 평가 시작 전 평가 목적에 대한 설명 • 학생들의 업무와 학습에 초점을 두고 평가 • 평가서 작성 • 학생들의 실습지도에 대한 피드백을 수렴 • 학생과 슈퍼바이저 간의 관계 종결

출처: 한국학교사회복지사협회(2005), p. 41.

1. 준비단계의 목표

먼저, 준비단계는 실습기관이 확정된 시점에서부터 시작된다. 이 단계에서는 오리엔테이션을 시작으로 본격적인 실습을 준비한다.

준비단계에서는 실습을 지도할 슈퍼바이저가 확정되고 실습에 필요한 각종 행정 사항을 확인하게 된다. 또한 기관 슈퍼바이저 및 동료 실습생과의 관계 형성, 실습기관과 실습에 대한 이해, 자신의 실습 목표 확인 등이 이루어지고, 실습기관과 실습계약도 맺어야 한다.

〈표 6-2〉 성공적인 준비단계의 전략

- 자신의 준비 정도를 점검하고 보완하라.
- 실습 관련 양식을 모아 바인더를 만들라.
- 동료 실습생 및 슈퍼바이저와의 관계를 형성하는 오리엔테이션 및 MT에 참여하라.
- 실습기관과 실습계약서를 작성하라.
- 실습과정을 학교와 담당교수에게 알리라.
- 실습일정을 숙지하라.
- 이론과 실천의 연계를 위한 노력을 하라.
- 기타 준비사항을 고려하라.

2. 준비단계의 세부지침

1) 자신의 준비 정도를 점검하고 보완하라

사회복지 현장실습을 위해 준비하였던 것들에 대하여 다시 한번 점검하고 보완하자. 특히 자신의 장단점을 분석하고, 단점을 장점화하는 노력을 한다. 사회복지 현장실습을 위한 준비과정을 충실히 하였다면 간단한 점검과정만을 거치게 될 것이다.

작업 sheet 1

당신은 실습생으로서 준비가 되어 있는가? 다음을 점검해 보자.

1. 자신의 장점과 단점은 무엇인가?

———————————————————————————

———————————————————————————

———————————————————————————

2. 자신의 단점으로 인해 예상되는 어려움은 무엇인가?

———————————————————————————

———————————————————————————

———————————————————————————

3. 예상되는 어려움을 어떻게 극복할 것인가?

———————————————————————————

———————————————————————————

———————————————————————————

※ 반드시 자신의 장단점을 분석하고, 단점을 보완하기 위한 방법을 갖추고 실습에 임해야 한다.

2) 실습 관련 양식을 모아 바인더를 만들라

실습을 실시하면서 작성해야 하는 양식들이 있다. 이러한 양식들은 한국사회 복지사협회와 한국사회복지교육협의회에서 권고하는 표준안이다. 따라서 실습 생이 작성해야 할 양식에 대하여 미리 검토하고 작성을 준비하기 위해 자신만의 바인더를 마련해야 한다. 실습의 각종 일지 및 과제, 기관에서 나누어 주는 교육 자료 등도 함께 묶을 수 있도록 두꺼운 바인더를 준비한다. 이렇게 바인더로 정 리한다면 실습 후 학교에 제출하는 보고서 작성에 많은 도움이 된다.

실습에 필요한 양식은 〈표 6-3〉과 같다(각 양식은 〈부록 2〉 참조).

〈표 6-3〉 실습에 필요한 양식

• 오리엔테이션 안내 자료	• 실습계획서
• 실습생 프로파일	• 슈퍼바이저 프로파일
• 서약서	• 실습생 출근부
• 실습계약서	• 실습일지
• 기관 분석 보고서 양식	• 지역사회 분석 보고서 양식
• 중간 및 종결 평가서	• 슈퍼바이저 평가서

3) 동료 실습생 및 슈퍼바이저와의 관계를 형성하는 오리엔테이션 및 MT에 참여하라

일반적으로 각 기관에서는 실습이 시작되기 2주 전에 실습생을 대상으로 오리엔테이션을 진행한다. 주로 학생들에게 실습과정 전반에 대해 안내하며, 직면하게 될 문제점과 어려움들, 실습생들에 대한 기관의 기대, 적절한 행동 지침 등에 대하여 충분히 알리고 교육한다. 오리엔테이션에서 철저한 교육이 이루어질수록 실습생들의 현장 적응력이 향상되고 적응 기간은 단축된다.

실습생은 오리엔테이션에서 언급된 내용을 기록하고 그 내용에 주의한다. 주로 다루어지는 내용은 실습에 대한 전반적 이해, 실습생의 역할과 자세, 실습생 소개, 슈퍼바이저와의 만남 및 지도자 소개, 기관(학교)에 대한 전반적 이해, 실습기관 견학, 기본 교육 등이다. 오리엔테이션 기간 중 실습생 대표를 정하게 한다면 적극적으로 손을 들고 자신이 하겠다고 하면 좋다. 실습생 대표가 되면 실습생 대표로서의 자신감과 책임감뿐만 아니라 다양한 경험을 할 수 있는 기회가 많기 때문이다. 그리고 오리엔테이션에서 슈퍼바이저를 공식적으로 소개하는 시간을 갖게 되는데, 슈퍼바이저 소개를 잘 듣고 궁금한 사항에 대해 질문한다. 그리고 실습생이 지켜야 할 사항에 대하여 유의사항을 충분히 숙지하여 성실하게 지킬 수 있도록 노력해야 한다.

참조: 기관 오리엔테이션의 일반적 지침

- 대학 당국과 실습 기대, 사전 주의사항, 기회 등에 대해 요구되는 합의사항 완결
- 전체 부서 순회와 핵심 직원 소개
- 이용 가능한 사무실 공간 소개
- 사무실 공간 사용규칙 명시
- 기관 절차에 대한 정보(스케줄, 출근부, 주차, 휴식 장소 및 시간, 신분증, 자격증, 병가나 휴가, 클라이언트/사례정보 관리)
- 비품 위치에 관한 정보(전화, 팩스, 컴퓨터)와 학생의 비품 사용에 대한 지침 및 사용법(암호와 코드 포함)
- 이메일, 우편함, 전화통신, 정규 모임을 포함하는 의사소통 체계에 관한 정보
- 접촉할 직원 확인과 실습생으로서 관계를 맺을 때 그 직원의 역할 확인
- 실습 관련 비용의 상황에 관한 정책 정보(예: 실습 관련 출장에서 생기는 개인 자동차의 유류비)
- 클라이언트를 포함하는 근무시간 외 긴급 상황에 대한 책임에 관한 정보
- 안전 정보
- 기관 내 클라이언트와 지역사회에서 가정방문 시 따라야 할 절차

출처: Berg-Weger et al. (2000), p. 13.

　　오리엔테이션을 마치고 실습생으로서 성실하게 교육에 임하겠다는 서약서를 작성해야 한다. 다음은 사회복지 현장실습생이 지켜야 할 사항이다.

참조: 실습생이 지켜야 할 사항

우리는 사회복지 실습생으로서 사회복지사 윤리강령과 다음 사항을 준수한다.

1. 실습의 목적과 중요성을 충분히 이해하고 실습계약 사항을 이행하기 위하여 최선의 자세로 실습에 임한다.
2. 실습은 대학에서 학습한 이론을 구체적으로 적용하는 과정임을 인식하여 이에 최선을 다한다.

3. 실습교육기관의 구성원이라는 생각으로 타 구성원과 협력하며 친화적인 태도를 취한다.

4. 기관의 정책을 이해하고 수용하며 실습과정에서 준수하도록 한다.

5. 근무 시간은 기관의 규정에 준하며, 직원과 동일한 자세로 근무 시간에 임하도록 한다.

6. 실습 시작 최소 10분 전에 출근하여 출근을 확인하며, 업무에 관계된 사항을 사전에 준비하도록 한다.

7. 결근, 조퇴, 지각 등 근태와 관련된 사항은 반드시 슈퍼바이저에게 사전에 보고하여 허락을 받도록 한다.

8. 슈퍼바이저의 지시뿐 아니라 타 직원의 지도를 잘 이행함으로써 실습효과를 최대화하도록 한다.

9. 직무에 강한 책임감과 열의를 갖고 적극적으로 임하며, 타인에게 책임을 전가하거나 태만하게 행동하지 않는다.

10. 실습으로 인하여 알게 된 클라이언트의 사적인 정보를 교육적 목적(대학실습지도 등) 외에는 절대 발설하지 않으며, 교육적 목적이라 하더라도 가명을 사용하여 비밀보장의 원칙을 지켜야 한다. 실습 종료 후, 실습 관련 내용을 학회지 등에 게재하고자 할 때는 반드시 슈퍼바이저와 상의하여 허락을 받아야 한다.

11. 슈퍼바이저의 지도 혹은 타 실습생의 실습을 견학, 관찰할 경우 배우는 자세로 진지한 태도를 취한다.

12. 기관의 직원, 클라이언트 등에 대해 예의를 지킨다.

13. 복장, 소지품은 실습기관의 특성과 상황에 맞게 취하되, 가능하면 화려한 것을 피하고 검소하며 단정한 것을 착용하도록 한다.

14. 안전사고에 만반을 기하도록 하며, 안전사고와 관련된 기관의 규정을 사전에 숙지하여 그에 준해 처리하도록 한다.

15. 실습일지를 비롯한 각종 실습기록은 사실에 근거하여 정확하고 구체적으로 정리하여 실습 시 슈퍼바이저와 실습지도교수의 강평을 받는다.

16. 과제에 관하여 연구하고, 그 결과물에 대해 슈퍼바이저의 강평을 받는다.

17. 실습 과정 중 어떤 경우라도 사례금 등의 금품을 절대 주거나 받지 않는다.

18. 과제물은 정해진 기일에 제출하고 출근 전에 작성을 마친다.

19. 기관의 명칭을 사적으로 활용하지 않으며, 실습생의 신분을 지킨다.

20. 기관을 대표한다는 자세로 실습교육기관의 직원들과 동일한 업무 태도와 자세를 취한다.

작업 sheet 2

1. 실습생들이 실습 오리엔테이션 때 반드시 확인해야 할 사항이 있다면 무엇이
   라고 생각하는가?

   _____

   _____

2. 슈퍼바이저와 관계 형성을 할 때 가장 중요한 것은 무엇이라고 생각하는가?
   그리고 관계 형성을 위해 나는 무엇을 어떻게 할 것인가?

   _____

   _____

3. 슈퍼바이저 및 실습생과의 관계 형성에 예상되는 어려움은 무엇인가? 만일
   그런 일이 일어난다면 어떻게 대처해야 하는가?

   _____

   _____

4) 실습기관과 실습계약서를 작성하라

다음을 읽고 실습계약서[1]를 작성해 보자.

(1) 실습계약의 정의

실습계약이란 주어진 시간 내에 학생이 무엇을 어떻게 공부할 것인가를 구체
화하기 위해 학생과 슈퍼바이저에 의해 작성되는 하나의 공식적 문서를 말한다.
이러한 실습계약서는 학습 프로그램의 개별화, 실습교육 참여당사자의 역할과
규범이 명확화되는 장점을 가지고 있다. 주의해야 할 것은 계약이라는 점이다.
계약은 쌍방이 제공하는 하나의 수준을 설정하고 이에 대하여 쌍방이 합의할 때
이루어진다. 따라서 학생들과 슈퍼바이저와의 협의를 통한 계약서 작성이 중요
하다.

---

1) 〈부록 2〉의 서식 12, 서식 13 참조.

(2) 실습계약의 기능

실습계약은 학생이 '실습을 통해 무엇을 학습할 수 있기를 바라는가?'를 명확하게 해 주고, 적절한 실습부서 배정을 가능하게 한다. 또한 기관, 슈퍼바이저, 실습생 그리고 학교 등 모든 실습교육 구성 체계로부터 명확한 책임감과 사명감을 이끌어 낼 수 있다. 그리고 실습교육을 위한 책임과 사명의 공식화는 실습교육의 목표 달성에 대한 오해나 목표 달성 실패의 가능성을 감소시킬 수 있으며, 실습지에서 실습 진행 과정에 동의하지 못하거나 불만족을 느끼는 상황이 발생하면 평가할 수 있는 근거가 되는 기능을 갖는다.

(3) 실습계약의 이점

실습계약의 이점은 다음과 같다.

- 학생들이 자신의 목표가 무엇인지 알 수 있다.
- 계획적인 시간 배정과 학습동기가 증대된다.
- 정기적인 의사소통과 피드백을 가질 수 있다.
- 계약이 끝나면 감정과 만족감이 향상됨을 느낄 수 있다.
- 교육 내용, 교육 자료, 교육 방법 그리고 경험의 선택이 용이해진다.
- 학생들의 노력에 대한 평가, 교수나 슈퍼바이저의 교육에 대한 효과성 평가를 위한 기반이 구체적으로 설정된다.

(4) 실습계약서 작성 시 고려사항

실습계약서를 작성할 때 다음의 사항을 고려한다.

- **구체성**: 학습 목표를 구체적으로 작성한다.
- **업무수행 실적**: 완수해야 할 활동, 의무사항, 과제 또는 책임 소재를 명시한다.
- **참여**: 실습 관련 당사자들의 참여 정도를 명시한다.
- **현실성**: 실습 시간과 기간, 기관의 교육 자원 제한 등에 대해 현실성 있게 명시한다.
- **측정 가능성**: 실습의 결과를 측정 가능한 형태로 규정하여 명시한다.

실습계약서

실습생명	○○○	소속 학교	○○○대학교
실습기관	○○종합사회복지관	기관 주소 전화번호	서울시 ○○구 ○○동 ☎ 02-○○○-○○○○
슈퍼바이저	최○○ 과장	실습지도교수	○○○ 교수
실습 기간	20○○년 7월 2일 ~ 7월 30일	총 실습일	총 20일
학교 실습세미나	20○○년 2학기 중 격주 목요일 16:00~18:25	실습 cafe 주소	http://cafe.daum.net/ ○○○○○○

1. 실습의 목표

1) 사회복지사로서의 전문적 발달을 위한 목표

(1) 사회복지사의 역할과 전문적 태도 발달에 대한 목표
  ① 사회복지전문직에 대한 실무 경험을 획득한다.
  ② 나에게 맞는 사회복지 분야를 찾는다.
  ③ 사회경험을 통한 책임감 있는 행동 및 직장 예절, 대인관계 기술을 습득한다.

(2) 사회복지사의 윤리적 실천 원칙과 가치에 대한 목표
  ① 시간 약속을 엄수한다(지각, 결석하지 않기).
  ② 배우는 자세로 충고와 조언을 민감하게 수용하고 반영한다.
  ③ 역동적인 사회복지사의 관점을 유지하기 위하여 사회복지와 관련된 도서를 1권 이상 읽는다.
  ④ 사회복지사의 전문적인 시각을 가지기 위해 주 3회 이상 사회문제 및 관련 사이트를 검색한다.

2) 실습기관 업무수행과 관련된 목표(실습기관 오리엔테이션을 통해 알게 된 실습 내용을 기초로 작성한다.)

(1) 기관의 구조와 행정 이해에 관련된 목표
  ① 기관 분석 보고서를 작성하여 기관의 특성·조직·구성·입지 조건

및 지역적 특성을 파악하고 그에 따른 기관의 주요 사업을 살펴본다.

② 실무 경험 전에 각 사업과 관련된 이론학습 과제를 철저히 수행한다.

③ 이론과 현장 간의 차이에 대해 이해·수용한다.

(2) 대상 클라이언트 체계에 대한 이해와 개입 기술 발달에 대한 목표

① 초기면접 전 클라이언트의 정보를 수집·숙지하여 질문과 상담 내용을 준비한다.

② 초기면접 후 한 번에 그치지 않고 지속적으로 추가사정을 함으로써 새로운 정보를 수집할 수 있도록 노력한다.

③ 사전에 아동, 성인, 노인 등 대상자에 대한 정보를 수집하여 특성을 이해하고 실무 내용을 계획·준비하여 서비스를 제공할 수 있도록 한다.

(3) 실습기관이 속한 지역사회와 기관의 역할 이해에 대한 목표

① 해당 지역사회 내에 다른 복지관이 있는지 알아보고 사업 내용 및 제공되는 서비스, 이용자 수, 활용도 등을 비교하여 본다.

② 복지관이 지역사회 내에서 연계를 맺고 있는 기관 및 자원들을 살펴보고 연계기관 목록을 작성하여 본다.

(4) 업무수행에 필요한 지식발달에 대한 목표

① 사회복지사업법 및 관련 법률, 시행령을 학습한다.

② 지역주민의 욕구 이해를 위해 현재의 사회문제와 이슈가 무엇인지 파악한다.

3) 실습수행에 따른 대인관계와 관련된 목표

(1) 슈퍼바이저와의 관계

① 항상 배우려는 자세로 슈퍼바이저의 지도를 적극적인 자세로 따른다.

② 실습 중 발생하는 갈등에 대해서는 상담을 요청하고, 효율적이고 효과성 있는 학습의 장이 될 수 있도록 성실한 자세로 임한다.

③ 많은 조언을 구하고 적극적인 질문 태도와 기록하는 자세를 갖는다.

(2) 슈퍼바이저 외 직원들과의 관계

① 항상 미소로 먼저 반갑게 인사한다.

② 현장의 소리와 이야기를 경험하고 배울 수 있도록 모든 직원 선생님께 적극적으로 질문하고, 필요시 업무를 도와드린다.

(3) 동료 실습생과의 관계

① 정보를 공유하고, 실무 경험을 함께 토론하면서 긍정적인 관계를 유지한다.

② 힘들고 어려운 상황 속에서 서로 지지하고 협력한다.

③ 실습 완료 후에도 지속적으로 관계를 유지하도록 한다.

(4) 지도교수와의 관계

① 학교 실습세미나 또는 면담 등을 통해 실습에서의 어려운 사항 및 궁금한 사항을 질문하여 원활한 실습 활동을 할 수 있도록 한다.

② 과제를 철저히 수행하고, 실습 과목에 대한 공지사항을 날마다 확인한다.

2. 목표 수행을 위한 사전준비 계획

① 기관 방문을 통한 사전조사 실시, 기관 분석 보고서를 작성한다.

② 실습 오리엔테이션 후 기관의 지침과 규정을 확인하고, 실습 일정 · 내용 및 유의사항 등을 숙지한다.

③ 자신만의 실습목표를 설정하고 목표 달성표를 만들어 관리한다.

3. 목표 수행을 위한 구체적 실행방안 및 성취 정도 평가 방법

① 실습일지를 통해 다음 날의 세부 목표를 세우고, 오늘의 목표 성취 정도에 대해 스스로 평가하고 앞으로 노력하고 고쳐야 할 부분을 점검한다.

② 매일 그날의 실습 세부목표를 세우고 잘 된 부분은 ○, 보통은 △, 반성 및 고쳐야 부분은 ×로 표시하며, 날마다 체크하여 관리한다.

③ 매 조회/종례 시간을 활용하여 슈퍼비전을 받는다.

④ 주 1회 0~10의 척도를 통해 스스로 한 주간 실습에 대해 평가하고, 앞으로 실습에 반영하여야 할 부분들을 슈퍼비전과 개인적인 고찰을 통해 채울 수 있도록 노력한다.

⑤ 중간평가/종결평가를 통해 목표 달성에 대하여 각각 계량화하여 평가한다.

4. 기관 오리엔테이션을 통해 알게 된 주의사항과 업무지침

① 실습 중에는 직장인다운 단정한 용모를 유지하도록 한다.

② 맡은 업무에 책임감을 가지고 시간 약속을 철저히 지킨다.

③ 30분 전에는 출근하여 일지 · 과제물 확인 및 하루 업무 준비를 한다.

5. 슈퍼비전 유형과 평가의 일정

유형	일정	평가	일정
개별슈퍼비전	매일 일일평가 시간	중간평가	7월 13일
집단슈퍼비전	매일 일일평가 시간	종결평가	7월 30일

* 담당 슈퍼바이저 부재 시(휴가, 출장, 긴급업무수행 등) 대리 슈퍼바이저명: 부재 없었음.

6. 학생, 슈퍼바이저, 실습지도교수의 합의에 의해 추가된 사항

① 실습일지 및 양식은 기관의 양식을 그대로 사용한다.

② 아동·청소년 캠프를 2회 모두 참석하며, 16일(월)에 대체 휴무를 하고, 28일(토)에 캠프를 참여한다.

사회복지 현장실습은 사회복지사로서의 전문성 향상과 실천적 지식의 습득을 위하여 계획된 핵심 교과다. 이 교과의 학점 평정은 사회사업 대학교육협의회에서 공통으로 제시한 평가양식(첨부)에 의해 슈퍼바이저가 평가하며 전체 평정에 60% 반영된다. 이러한 실습의 중요성에 기초하여 실습생은 상기 학습 목표를 성취하기 위하여 자발적이고 적극적인 노력을 기울이며, 슈퍼바이저는 계획된 실습 일정(첨부)에 의해 상기된 바와 같이 현장지도를 수행하고, 지도교수는 학생과 기관 간의 조정과 중재를 통해 학생의 학습 목표 성취를 돕는다.

20○○년 ○○월 ○○일

실습생: ○ ○ ○ (인)

슈퍼바이저: ○ ○ ○ (인)

실습지도교수: ○ ○ ○ (인)

작업 sheet 3

예시로 제시한 실습계약서를 보면서 보충해야 할 곳을 이야기해 보자.

- 대체적으로 잘 기록된 계약서다.
- 구체성 보완: 실습의 목표를 좀 더 구체적으로 제시해야 한다.
- 측정지표 제시: 목표 달성을 위한 기준과 양식을 표로 제시하였으면 더 좋았을 것이다.
- 가장 중요한 실습 목표와 그에 따른 측정 요소 및 방법 등이 상호 밀접하게 연계되는 것 그리고 이를 한눈에 알아볼 수 있는 측정표를 제시한다면 좋겠다.

다음은 누리(NURI)사업으로 해외 실습을 다녀온 학생의 실습계약서 중 일부다. 실습계약서는 5개 영역에 세부 목표와 구체적인 성취 전략 그리고 평가 방법을 제시하였고, 달성 여부에 따라 점수를 기입하였다. 측정은 세부 목표에 가중치를 고려하여 총점이 100점이 될 수 있도록 하였다. 이처럼 실습계약서를 잘 작성해 두면 중간평가나 최종평가에 중요한 기준이 되어 정확한 평가를 할 수 있게 된다.

핵심 내용에 근거한 실습목표 작성 예

핵심 내용에 근거한 실습 목표

목표	세부 목표 (항목당 1~3개 정도/ 전체 10~12개)	성취 전략 (구체적인 실행 방법, 과제 등)	평가 (평가 방법)	점수
1. 전문적 발달 (20점)	• 사회복지사의 역할과 전문적 태도를 몸에 익힌다. • 사회복지사가 갖추어야 할 자질과 지식에 대하여 이해하고, 관련 전문지식에 대한 임파워먼트를 강화한다.	• 미국의 사회복지사의 역할에 대해 인터넷을 통해 조사해 본다. • 기관 방문 시 미국의 사회복지사의 역할에 대해 질문하고 직접 눈으로 관찰한다. • 기관 방문 시 질문과 슈퍼바이저를 통해 사회복지사로서 특별히 갖추어야 할 자질과 지식에 대해 안다.	• 미국 사회복지사의 역할에 대해 이해하고 깨달았는가?(10점) • 사회복지사로서 갖추어야 할 자질과 지식에 대해 알았는가? (10점)	15
2. 행정적 측면 (15점)	• 일지를 미루지 않고 꼬박꼬박 쓰겠다. • 기한 안에 과제를 달성하겠다.	• 일지는 매일 쓰도록 노력한다. • 피곤하더라도 과제를 미루지 않고 미리 하는 습관을 기른다.	• 미루지 않고 일지 쓰기 (8점) • 기한 내에 과제 제출(7점)	12
3. 지역 사회, 정책적 측면 (15점)	• 캘리포니아주의 사회복지관련법을 익힌다. • 캘리포니아주의 지역사회 현황을 안다.	• 사전에 캘리포니아주에 대해 조사해서 공부한다. • 책이나 인터넷, 논문 등을 통해 미국 사회의 사회복지정책에 관한 정보를 미리 얻는다.	• 실습이 끝난 후 캘리포니아주의 사회복지관련법을 세 가지 이상 말할 수 있는가?(7점) • 캘리포니아주의 지역사회 현황에 대해 자신감 있게 3분 이상 설명할 수 있는가?(8점)	12

목표	세부 목표 (항목당 1~3개 정도/ 전체 10~12개)	성취 전략 (구체적인 실행 방법, 과제 등)	평가 (평가 방법)	점수
4. 기본적 대인 관계 (20점)	• 기관 선생님들과 긍정적 관계를 형성한다. • 실습 동료생들과 친밀한 관계를 형성한다.	• 만나면 밝게 인사를 한다. • 실습생 13명과 하루에 한 번 이상 대화한다.	• 항상 밝고 긍정적인 태도를 유지했는가? (10점) • 실습생 동료들과 실습 일정 이후에도 연락을 취하는가?(10점)	18
5. 클라이언트 개입 기술 (15점)	• 기관의 대상 클라이언트 개입 기술에 관해 살펴본다. • 미국과 한국의 주요 개입 기술을 익히고 비교·분석할 수 있다.	• 미국 국민의 특성에 맞는 클라이언트 개입 기술에 대해 미리 알아본다. • 한국에서 주로 사용하는 개입 기술을 찾아보고 미국의 개입 기술과 비교해 본다.	• 기관의 대상 클라이언트 개입 기술을 세 가지 이상 말할 수 있는가?(8점) • 미국과 한국의 주요 개입 기술을 정리해서 설명할 수 있는가? (7점)	12
6. 기타 (15점)	• 기본적인 영어회화를 할 수 있다. • 팀장의 역할을 충실히 이행한다. • 진로 방향을 결정한다.	• 영어회화 책으로 하루에 열 문장씩 연습해 본다. • 팀원들에게 연락을 자주 하도록 하고, 잘 준비될 수 있도록 체계적으로 충실히 실행한다. • 실습 일정 동안 기관방문과 강의를 통해 여러 분야의 사회복지를 접하고 나에게 맞는 분야가 어디인지 곰곰이 생각해 본다.	• 외국인과 대화를 나누고, 강의를 잘 이해할 수 있었는가?(5점) • 실습 일정에 맞는 팀원들의 역할수행이 잘 이루어졌는가?(5점) • 진로의 방향을 잡았는가? (5점)	12
총 100점	총 점수			81점

5) 실습과정을 학교와 담당교수에게 알려라

　실습은 학교가 현장교육을 위해 실무 기관에 학생들의 교육을 의뢰함을 말한다. 따라서 실습기관에서 있었던 일에 대하여 일주일에 한두 번씩은 메일 및 카페를 통해 담당교수에게 알려야 한다. 그래야 담당교수가 실습기관에 방문할 때 기관장과 슈퍼바이저에게 학생에 대한 중요한 정보를 나눌 수 있기 때문이다. 담당교수에게 자신의 실습 과정을 보고할 때에는 실습일지를 첨부하는 것도 도움이 된다. 담당교수와의 유기적 연계와 의사소통을 통해 자신을 기억나는 학생으로, 실습기관 방문을 가고픈 학생으로 만들어라. 또 담당교수에게 문자나 메일로 실습 상황을 보고하면서 실습지 기관방문을 독려하도록 하자. 담당교수가 실습지 기관방문을 할 때에 관련 상황을 충분히 이해한다면 실습생에게 많은 도움을 줄 수 있을 것이다.

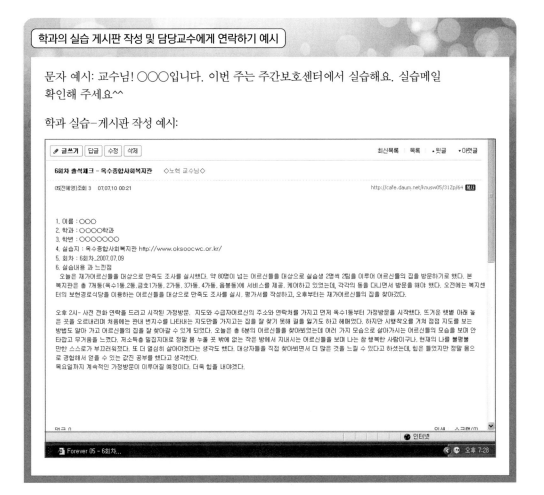

6) 실습일정을 숙지하라

실습기관은 전체 실습교육 일정을 정리하여 실습일정표[2]를 제공하는데, 실습생은 이를 숙지하여야 한다. 실습일정의 숙지는 자신의 개인적인 시간 관리 및 학습 준비를 용이하게 할 수 있으며, 예측이 가능한 일정을 준비함으로써 학습의 질이 향상될 수 있는 장점이 있다. 간혹 실습기관에서 실습일정을 제시하지 않는 기관도 있는데, 이럴 때 실습생은 실습일정을 정식으로 요구하도록 하자.

실습일정표 예시

☞ • 간략한 느낌을 적어 두면 최종평가서 작성에 도움이 된다.
• 시행 및 변경 여부도 메모해 두면 도움이 된다.

20○○년도 여름방학 실습일정표

날짜	시간	내용	담당자	비고
1회차 7/2 (월)	09:00~09:30	관장님 인사 말씀	관장	
	09:40~10:30	실습 일정 및 내용 설명	최○○	
	10:40~11:30	직장인의 예절	최○○	
	11:40~12:30	사회복지 현장에서의 사회복지사의 자세	부관장	
	12:30~13:30	점심식사		
	13:40~14:30	사회복지관의 역사적 배경	최○○	
	14:40~15:30	지역사회복지관에 대한 이해	최○○	
	15:40~16:30	가족복지사업(총괄) 소개(1)	김○○	
	16:40~17:30	가족복지사업(총괄) 소개(2)	유○○	
	17:30~18:00	일일 슈퍼비전 및 평가	최○○	

〈계속〉

---

2) 〈부록 2〉의 서식 5 참조.

날짜	시간	내용	담당자	비고
2회차 7/3 (화)	09:00~09:30	조회 및 일지 점검	최○○	
	09:40~10:30	가족복지사업 소개(3)	박○○	
	10:40~11:30	가족복지사업 소개(4)	이○○	
	11:40~12:30	장애인복지 및 방과 후 교실 사업 소개	한○○	
	12:30~13:30	점심식사		
	13:40~17:20	실무 참여-○○방과 후 교실	한○○	
	17:30~18:00	일일 슈퍼비전 및 평가	최○○	
3회차 7/4 (수)	09:00~09:30	조회 및 일지 점검	최○○	
	09:40~10:30	사회복지관 재무·회계의 이해	오○○	
	10:40~11:30	사회복지 전산 프로그램 활용 실습	모○○	
	11:40~12:30	초등학교 사회사업 및 ○○방과 후 교실 사업 소개	강○○	
	12:30~13:30	점심식사		
	13:40~17:20	실무 참여-○○방과 후 교실	강○○	
	17:30~18:00	일일 슈퍼비전 및 평가	최○○	
4회차 7/5 (목)	09:00~09:30	조회 및 일지 점검	최○○	
	09:40~10:30	MBTI 검사	조○○	
	10:40~11:30	행정 실무	김○○	
	11:40~12:30	○○아카데미 소개	정○○	
	12:30~13:30	점심식사		
	13:40~17:20	실무 참여-○○아카데미	정○○	조○○/ 김○○
	17:30~18:00	일일 슈퍼비전 및 평가	최○○	
5회차 7/6 (금)	09:00~09:30	조회 및 일지 점검	최○○	
	09:40~10:30	MBTI 검사 해석	조○○	
	10:40~12:30	○○상담센터 사업 소개 및 업무 지원	김○○	
	12:30~13:30	점심식사		
	13:40~14:30	센터 및 재가복지사업(총괄) 소개(1)	구○○	
	14:40~16:30	재가복지사업 소개(2)	이○○	
	16:40~17:20	○○방과 후 교실 사업 소개	문○○	
	17:30~18:00	일일 슈퍼비전 및 평가	최○○	

〈계속〉

날짜	시간	내용	담당자	비고
6회차 7/9 (월)	09:00~09:30	조회 및 일지 점검	최○○	
	09:40~10:00	가정방문 시 주의할 점과 면접 방법 및 내용	구○○	
	10:10~12:30	○○경로식당 만족도 조사	구○○	
	12:30~13:30	점심식사		
	13:30~14:30	재가대상자 가정방문 사전 연락	구○○	
	14:40~17:20	지역 라운딩 및 재가대상자 가 정방문 및 조사	구○○	
	17:30~18:00	일일 슈퍼비전 및 평가	구○○	
7회차 7/10 (화)	09:00~09:30	조회 및 일지 점검	최○○	
	09:40~12:30	재가대상자 가정방문 및 조사	구○○	상담일지/ 조사서 작성
	12:30~13:30	점심시간		
	13:40~17:20	재가대상자 가정방문 및 조사	구○○	상담일지/ 조사서 작성
	17:30~18:00	일일 슈퍼비전 및 평가	구○○	
8회차 7/11 (수)	09:00~09:30	조회 및 일지 점검	최○○	
	09:40~12:30	재가대상자 가정방문 및 조사	구○○	상담일지/ 조사서 작성
	12:30~13:30	점심시간		
	13:40~17:20	재가대상자 가정방문 및 조사	구○○	상담일지/ 조사서 작성
	17:30~18:00	일일 슈퍼비전 및 평가	구○○	
9회차 7/12 (목)	09:00~09:30	조회 및 일지 점검	최○○	
	09:40~12:30	재가대상자 가정방문 및 조사	구○○	상담일지/ 조사서 작성
	12:30~13:30	점심시간		
	13:40~17:20	재가대상자 가정방문 및 조사	구○○	상담일지/ 조사서 작성
	17:30~18:00	일일 슈퍼비전 및 평가	구○○	

〈계속〉

날짜	시간	내용	담당자	비고
10회차 7/13 (금)	09:00~09:30	조회 및 일지 점검	최○○	
	09:40~10:30	지역복지사업(총괄) 소개	최○○	
	10:40~11:30	지역복지사업 소개(2)	조○○	
	11:40~12:30	지역복지사업 소개(3)	오○○	
	12:30~13:30	점심시간		
	13:40~14:10	여름방학 아동캠프 설명	한○○	
	14:20~16:00	재가 프로그램 평가 개발	최○○	
	16:10~17:30	청소년 자원봉사캠프 설명	김○○	
	17:30~18:00	일일 슈퍼비전 및 평가	최○○	
11회차 7/18 (수)	09:00~09:30	조회 및 일지 점검	최○○	
	09:40~12:00	○○주간보호센터 사업 소개 및 실무 참여	양○○	
	12:00~13:00	점심시간		
	13:00~17:30	실무 참여-○○노인주간보호센터	양○○	
	17:30~18:00	일일 슈퍼비전 및 평가	최○○	
12회차 7/19 (목)	09:00~09:30	조회 및 일지 점검	최○○	
	09:30~10:30	아동캠프 준비	이○○	
	11:00~12:30	한국 사회정책의 패러다임 전환 및 사회현안 문제 발표/토론/분석/주제 선정	최○○	
	12:30~13:30	점심시간		
	13:40~17:30	청소년 자원봉사캠프 계획 및 준비	김○○	
		여름방학 아동캠프 계획 및 준비	이○○	
	17:30~18:00	일일 슈퍼비전 및 평가	최○○	
13회차 7/20 (금)	09:00~09:30	조회 및 일지 점검	최○○	
	09:40~12:30	프로그램 계획서 작성	최○○	
	12:30~13:30	점심시간		
	13:40~17:30	청소년 자원봉사캠프 계획 및 준비	김○○	
		여름방학 아동캠프 계획 및 준비	이○○	
	17:30~18:00	일일 슈퍼비전 및 평가	최○○	
14회차 7/23 (월)	09:00~09:30	조회 및 일지 점검	최○○	
	09:40~12:30	프로그램 계획서 검토 및 수정	최○○	
	12:30~13:30	점심시간		
	13:40~17:30	청소년 자원봉사캠프 계획 및 준비	김○○	
		여름방학 아동캠프 계획 및 준비	이○○	
	17:30~18:00	일일 슈퍼비전 및 평가	최○○	

〈계속〉

날짜	시간	내용	담당자	비고
15회차 7/24 (화)	09:00~18:00	여름방학 아동캠프 참여	이○○ 김○○ 박○○ 문○○ 강○○	
16회차 7/25 (수)	09:00~18:00	여름방학 아동캠프 참여	이○○ 김○○ 박○○ 문○○ 강○○	
17회차 7/26 (목)	09:00~09:30	조회 및 일지 점검	최○○	
	09:40~11:30	여름방학 아동캠프 정리 및 평가	이○○	
		청소년 자원봉사캠프 계획 및 준비	김○○	
	11:40~12:30	프로그램 계획서 제2차 검토 및 수정	최○○	
	12:30~13:30	점심시간		
	13:30~17:30	청소년 자원봉사캠프 준비	최○○	
	17:30~18:00	일일 슈퍼비전 및 평가	최○○	
18회차 7/27 (금)	09:00~18:00	청소년 자원봉사캠프 참여	김○○ 최○○ 조○○	
19회차 7/28 (토)	09:00~18:00	청소년 자원봉사캠프 참여	김○○ 최○○ 조○○	
20회차 7/30 (월)	09:00~09:30	조회 및 일지 점검	최○○	
	09:40~10:30	청소년 자원봉사캠프 정리 및 평가	김○○	
	10:40~12:00	프로그램 계획서 발표(1)	최○○	
	12:00~13:30	점심식사 및 마무리		
	13:30~15:00	프로그램 계획서 발표(2)	최○○	
	15:00~16:00	간담회 및 종결평가 관장님 말씀		실습 소감문

〈계속〉

〈제출 과제 및 제출일〉

연번	과제명	제출일
1	지역사회복지관이란?(개념 정의, 목적, 배경, 역사, 기능, 역할 등)	7/2(월)
2	사회복지 현장에서의 사회복지사의 자세	
3	아동 및 청소년 방과 후 교실의 기능 및 역할	7/3(화)
4	재가복지사업의 중요성 및 내용	7/6(금)
5	사례관리의 이해 및 방법	
6	프로그램의 개발과 평가	7/12(목)
7	재가 대상자 사례관리 계획서	
8	주간보호센터의 기능 및 역할	7/13(금)
9	관심 분야의 사회 현안 문제 자료 조사 및 분석 내용	7/18(수)
10	아동 및 청소년 캠프의 기능 및 실제	
11	선정 사회문제 해결을 위한 프로그램 계획서(1차)	7/23(월)
12	프로그램 계획서(2차)	7/26(수)
13	프로그램 계획서(최종)	7/30(월)

7) 이론과 실천의 연계를 위한 노력을 하라

사회복지 현장실습의 일차적 목적은 실습생의 교육이므로 실습과제의 수행을 통하여 이론과 기술의 습득과 같은 학습경험을 극대화할 수 있도록 해야 한다 (서진환, 2001). 따라서 실습과제를 수행하기 위해 실습생은 이미 학교에서 배웠던 이론적 지식을 활용하기 위해 준비해야 한다.

8) 기타 준비사항을 고려하라

기타 실습생이 배워야 할 기술과 지침, 슈퍼바이저의 학습 중요 영역들, 실습에 임하는 실습생의 자세 등에 대하여 숙지하면 실습에 도움이 될 것이다. 다음에서 제시하는 내용을 충분히 숙지하고 활용하도록 노력하자.

- 윤리적 결정 기술: 윤리강령
- 비판적 사고 기술: 사회환경적 맥락 안에서 개인, 가족, 조직, 지역사회를 이해하여 실천에 적용할 수 있는 실천이론 적용 능력
- 시간관리 기술: 계획된 일정 지키기, 시간 내에 업무량의 달성, 일정의 조정
- 자아인식 기술: 자기분석, 자기성찰, 장애 극복, 업무 적응
- 사회적 기술과 대인관계 기술: 돕는 관계 형성 및 유지, 전문적 경계 유지
- 의사소통 기술: 의사소통에 용이한 언어 사용 능력, 클라이언트 및 동료와의 의사소통을 받아들이고 평가하는 능력, 전문가의 지침과 규정에 따라 의사소통하는 능력

슈퍼바이저는 다음의 일곱 가지 영역을 중심으로 실습생을 교육한다(한국학교사회복지사협회, 2005).

- 프로그램 개발과 평가
- 사례관리
- 사회복지기록
- 실습생 자기이해
- 개별상담, 집단실천
- 분야론
- 지역실천 등

제**7**장
초기단계

사회복지 현장실습 초기단계에는 실습생에 대한 교육적 사정과 기본 교육이 이루어진다. 교육적 사정은 실습생이 제출한 개인적인 정보 외에 개별 면담을 통해 실습생의 이전 경험, 지식 정도, 관심사, 학습동기 등을 조사하며 이를 바탕으로 실습계약을 맺는 과정이다. 기본 교육은 대체로 기관의 행정적인 측면과 지역사회에 관한 내용이 강조되고 있다(김선희, 조휘일, 2000; 이시연, 2001). 또한 초기단계에서는 실습 업무의 할당이 이루어지며, 기본적인 교육과 훈련을 통해 본격적인 실습 업무의 기초를 다진다.

실습생에게 기관에 대한 이해는 자신이 경험하였던 자원봉사 경험에 근거하거나 다른 사람들에게 들었던 간접적 정보가 대부분이다. 그러므로 초기단계에는 교육적인 정보 이외에 기본적인 사회생활에 대한 학습이 많이 이루어져야 한다. 또한 최근 변화하는 복지제도와 정책에 대하여도 학습이 이루어져야 한다. 특히 빈곤에 대한 이해, 빈곤지역의 환경과 지역사회의 구성원에 대한 이해가 필요하다. 이를 바탕으로 한 지역사회의 조사와 자원에 대한 사정 역시 초기단계에서 이루어져야 할 중요한 내용이다.

1. 관계 형성

실습생은 조직생활을 해 본 경험이 매우 적기 때문에 관계 형성이 어려울 수 있다. 특히 처음 만난 동료 실습생, 기관의 사회복지사들 그리고 클라이언트 등 실습 과정 중에 많은 사람을 만나게 되는데 이때 가장 중요한 임무는 관계 형성이다. 그중에서도 동료 실습생과의 관계 형성, 기관의 사회복지사와의 관계 형성, 클라이언트와의 관계 형성을 고려해 보자.

> 그러나 아쉬웠던 부분도 있다. 우선 나에 대한 아쉬웠던 점은 슈퍼바이저와 조금 더 친밀한 관계를 맺지 못했다는 것이다. 슈퍼바이저를 조금 더 편하게 생각하고 다가갔어야 하는데 그렇게 하지 못하고 나를 지도감독하는 선생님으로밖에 생각을 못해서 라포 형성이 잘 되지 않은 점들이 아쉬웠다. 그리고 슈퍼바이저에게 아쉬웠던 점은 슈퍼비전을 잘해 준 것은 너무 고맙지만, 그 과정에서 슈퍼바이저와 실습생과의 관계가 너무 수직적이 되지 않았나 하는 생각이 든다.
> 　　　　　　　　　　　　　　　　　　　　　　－실습생의 최종보고서 중에서－

1) 클라이언트와 관계 형성하기

실습생이 클라이언트와 만날 수 있는 기회는 매우 제한된다. 그러나 이렇게 제한된 기회라도 만일 클라이언트를 만날 수 있게 된다면 이들과의 관계 형성은 매우 중요하다. 이때 관계 형성을 좋게 하는 비에스텍(Biestek)의 관계 7대 원칙을 기억하면 도움이 될 것이다. 클라이언트와의 관계가 잘 형성된다면 실습이 끝나더라도 기꺼이 자원봉사로 연계될 수 있을 것이다. 그러나 본인이 통제하지 못할 정도로 관계가 깊어져서는 안 되므로 적절한 거리감을 유지하는 것이 중요하다.

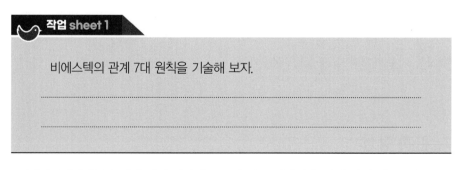

작업 sheet 1

비에스텍의 관계 7대 원칙을 기술해 보자.

＿＿＿＿＿＿＿＿＿＿＿＿＿＿＿＿＿＿＿＿＿＿＿＿＿＿＿＿＿＿＿＿

＿＿＿＿＿＿＿＿＿＿＿＿＿＿＿＿＿＿＿＿＿＿＿＿＿＿＿＿＿＿＿＿

※ '사회복지실천론' 중에서 관계 형성에 도움이 되는 원칙이다. 다시 한번 찾아보자. 보통 '개, 의, 통, 수, 미, 자, 비'로 앞 자만 외우는 경우가 많다.

작업 sheet 2

　　클라이언트와 관계가 좋지 않을 경우의 문제와 너무 좋을 경우의 문제를 생각해 보자.

――――――――――――――――――――――――――――――――――――――

――――――――――――――――――――――――――――――――――――――

※ 실습 중 가장 많이 경험하는 것은 '관계'와 관련된 내용이다. 좋지 않았을 때나 좋았을 때를 거론한 후 이를 객관적으로 분석해 보자.

2) 기관 사회복지사들과의 관계 형성

　　실습생은 기관의 사회복지사들과 관계를 형성해야 한다. 왜냐하면 사회복지 분야에서 언제라도 다시 만날 수 있기 때문이다. 그러나 실습생이라는 한계 때문에 슈퍼바이저 이외에 다른 사회복지사를 쉽게 만날 수 없다. 그렇다고 3주 이상 기관에서 실습을 하였는데 자신의 존재감을 나타내지도 못한 상태로 종결한다면 자신에게 손실이 된다. 그렇다면 기관 사회복지사들과 어떻게 관계 형성을 하는 것이 좋을까?

참조: 실습지도자 및 직원들과 사이좋게 지낼 수 있는 지침

- 방금 배운 전문용어를 가지고 기관 직원들을 감동시키려고 하지 않는다.
- 필기로 의사소통을 할 때 문법과 철자에 주의해야 하며, 읽기 쉽게 쓰려고 노력한다.
- 처음에 주어지는 어떠한 지시도 신중하게 듣고 필요하다면 필기를 한다. 이미 받은 정보를 물어보기 위해 몇 번이나 실습지도자를 다시 찾아가는 일을 하지 않는다. 그러나 자신이 맡은 일을 완수하기 위해 그 이상의 지시나 정보가 필요하다면, 부정확하게 과제를 마치는 것보다 도움을 요청하는 것이 책임성이 있는 행동임을 잊지 않는다.
- 실습지도자에게 맡을 업무에 대해 까다롭게 군다는 인상을 주지 않는다.
- 충분한 일이 주어지지 않는다면 추가 업무를 요구한다.

- 어떤 일에 대한 책임이 주어지면 수행한다.
- 시간을 지키고 약속을 지킨다.
- 빌린 것을 돌려준다.
- 다른 사람들에게 쓰레기를 치우게 하지 않는다.
- 기관 내에 성격 충돌이나 인사 문제가 있다면 관여하려고 하지 않는다.
- 기관 종사자들의 결함에 대한 기관의 가십이나 토론은 피한다.
- 기관 내에서 동료와 심각한 문제가 있다면 가능한 한 빨리 실습담당교수와 의논한다.
- 윤리강령에 따라 행동할 것이며, 비윤리적 행동을 하지 않는다.
- 긍정적 태도를 유지한다. 기관이 이상적 이미지에 맞지 않더라도 배울 것이 많을 수 있으므로 다음에는 다른 곳으로 실습을 나가야겠다고 결정하더라도 소극적 태도를 보이지 않는다.

출처: Royse et al. (2008), p. 201.

작업 sheet 3

기관 사회복지사들과의 관계 형성이 중요한 이유에 대하여 기술해 보자.

작업 sheet 4

기관 사회복지사들과 관계를 형성할 수 있는 방법에 대하여 기술해 보자.

----

3) 동료 실습생과의 관계 형성

일반적으로 기관에서는 같은 학교 학생을 2명 이상 실습생으로 선발하지 않는다. 왜냐하면 2명 이상 같은 학교에서 실습생을 선발하면 그들만의 관계가 강하게 형성되어 다른 실습생과의 관계 형성이 어렵게 되기 때문이다. 동료 실습생들과의 관계 형성은 사회에 나가기 전 동료들과의 협력과 협의를 함에 있어 중요한 요소가 된다.

작업 sheet 5

동료 실습생과의 관계 형성이 중요한 이유에 대하여 기술해 보자.

_____

_____

※ 대부분의 학생에게는 실습이 첫 번째 사회생활 경험이 될 수 있다. 동료들과의 관계 형성을 직장인들의 관계 형성에 비교해 보자.

작업 sheet 6

동료 실습생과의 관계를 형성할 수 있는 방법에 대하여 기술해 보자.

_____

_____

※ 자신만의 방법을 개발해 보자. 관계 형성을 위해 방법을 개발하는 것은 훌륭한 자기계발이라고 볼 수 있다.

2. 실습생의 교육적 사정 및 실습계약서의 확정과 실습 업무 할당

사회복지 현장실습은 교육과 실질적인 업무수행이라는 두 가지 영역을 포함하고 있다. 실습생에 대한 교육적 사정과 이를 통한 실습계약의 확정은 실습 업무 할당과 상호 관련된 초기단계에서의 주요 과업이다. 실습계약은 실습 기간 동안 실습생과 슈퍼바이저가 함께 작성하는 공식 문서로, 실습에 관련된 주요 학습 내용을 명확히 제시하고 실습교육의 효과성 평가를 위한 근거를 설정한다. 즉, 주어진 시간 내에 무엇을 어떻게 교육할 것인가를 구체화하는 실습생과 슈퍼바이저와의 공동 작업이며, 실습 내용을 개별화하고 각자의 역할과 규범을 명확히 설정한 문서다. 실습생에 대한 교육적 사정에 대한 내용은 앞서 준비단계에서 다루었기 때문에 여기에서는 실습계약서에 대한 슈퍼비전과 실습 업무 할당에 대하여 살펴본다.

1) 실습계약서의 확정

실습계약서를 작성할 때 다음의 사항을 고려한다.

실습계약서 확정 시 고려사항
• 구체성: 학습 목표가 구체적으로 측정 가능하도록 명시되어 있는가?
• 업무수행 실적: 완수해야 할 활동, 의무사항, 과제 또는 책임 소재 등이 명시되어 있는가?
• 참여: 실습 관련 당사자들의 참여 정도가 명시되어 있는가?
• 현실성: 실습 시간과 기간, 기관의 교육적 자원 제한 등이 명시되어 있는가?
• 관찰 가능성: 실습 결과를 측정 가능한 형태로 규정하고 있는가?

작업 sheet 7

준비단계에서 자신이 작성한 실습계약서를 함께 검토해 보고 보완할 점을 찾아보자.

2) 실습생 업무 할당

실습생에게 주어지는 업무에는 서류철 및 각종 서식 정리, 전화 받기 등 비교적 간단한 업무를 비롯하여 개별 사례관리와 집단 프로그램의 운영 및 관리 등 보다 전문적인 기술이 요구되는 업무에 이르기까지 다양한 영역이 포함된다. 〈표 7-1〉은 종합사회복지관의 업무를 주요 사업 내용으로 제시하며 실습생이 할 수 있는 일에 대하여 정리한 것이다. 실습생으로서 어떤 업무를 감당할 수 있는지, 만일 슈퍼바이저라면 실습생에게 어떤 업무를 부여할 것인지에 대하여 살펴보자.

〈표 7-1〉 종합사회복지관의 업무와 실습생의 업무

사업	사업 내용	실습생이 하는 일
가족기능 강화사업	가족종합상담	실무 관련 사회복지이론 교육
	가족심리검사	실무 관련 사회복지이론 교육
	학교사회사업	실무 관련 사회복지이론 교육, 학생상담, 학생 대상 1회성 프로그램 진행
	계발활동지원사업	실무 관련 사회복지이론 교육, 자원봉사자 활동
	문화복지사업	캠프 행사 시 레크리에이션 프로그램 계획 및 진행, 진행 또는 자원봉사자 활동
	징계 청소년 지원사업	캠프 등에서 멘토(조장)로 활동, 레크 또는 심성 프로그램 계획 및 진행, 진행 또는 자원봉사자 활동
	연화아동상담센터	이론교육, 아동 교재 및 참고서 학습 지도, 놀이지도
가족기능 강화사업	놀이치료사 양성교육	실습생이 원할 경우 교육참여 가능(이론 및 실습 교육)
	상담 실습	
	장애인복지	이론교육, 자원봉사자로 활동
	장애청소년 학습단위 프로그램	이론교육, 프로그램 진행 시 자원봉사자로 활동
	방과 후 교실, 방과 후 아카데미	이론교육, 아동 교재 및 참고서 학습 지도, 놀이지도, 방학 중 캠프 동행 진행 및 자원봉사자 활동
교육문화 사업	아동교육문화사업	피아노교실, 컴퓨터교실, 포토샵반, 미술교실 등 프로그램에 필요한 자료 제작 및 준비, 프로그램 진행 시 도우미

〈계속〉

성인교육문화사업	에어로빅, 찌개와 밑반찬, 미술, 천연비누 만들기 등 프로그램에 필요한 자료 제작 및 준비, 프로그램 진행 시 도우미
노인교육문화사업	장구, 가요, 포크댄스, 맷돌체조, 요가 등 프로그램에 필요한 자료 제작 및 준비, 프로그램 진행 시 도우미
보리수향북카페(기관에서 주민 및 기관 이용자들에게 제공하는 작은 도서관 겸 인터넷을 사용할 수 있는 북카페)	환경미화, 정리 및 청소 등

종합사회복지관 업무(주요 사업 내용을 중심으로)		
사업별	사업 내용	실습생이 하는 일
지역사회 조직사업	후원자 개발 및 관리사업, 후원모금함 및 저금통, 후원물품 개발 및 관리사업, 모금행사사업, 자원봉사자관리육성 및 관리사업, 샘물봉사단운영사업, 나눔의 빵 봉사단 운영사업, 사회봉사운영사업, 청소년자원봉사지도사업, 복지네트워크구축사업, 직원교육사업, 주민조직화사업, 지역주민교육사업, 주민동아리활동지원사업, 지역사회조사사업, 지역사회행사, 운영위원회, 시설제공사업, 사회복지실습지도사업, 사회복지프로그램공모사업, 홍보 및 출판사업, 자활지원사업, 근로의욕고취지원사업, 산재근로자지원사업, 노인일자리지원사업 실시, 건강지원사업, 공덕경로식당운영사업, 이미용서비스제공사업, 근로자위탁교육사업 실시 등	이론 교육 및 지역사회 조직을 위한 아이디어회의, 새로운 사업기획, 기존의 사업 진행 및 도우미
지역사회 보호사업 (재가복지)	후원자 개발 및 관리사업, 정서지원사업, 보건의료서비스, 생활지원사업, 간병지원사업, 무료(보현)경로식당운영, 도시락지원사업, 밑반찬지원사업, 후원지원사업, 결식아동지원사업, 풍물동아리, 복사모(7개 동 사회담당 공무원 및 가정방문 간호사들과의 정기적인 모임), 무료한글교실/무료이미용 사업실시, 저소득층 일자리 지원사업(야간보호교실), 노인돌보미바우처사업 실시	설문지 조사, 통계 내기, 노인상담(초기면접 시의 초가상담), 사례관리 계획 세우기, 도시락 배달 등

작업 sheet 8

〈표 7-1〉의 종합사회복지관의 업무 내용 중 빠진 부분을 기록해 보자.

작업 sheet 9

당신이 슈퍼바이저라면 실습생에게 어떤 업무를 할당하겠는가? 그 이유는 무엇인가?

작업 sheet 10

1. 자신이 희망하는 업무는 무엇인가?

2. 업무 할당 시에 자신에게 적합한 업무 할당을 위해 무엇을 할 수 있는가?

3. 각종 행정 서식 기록 방법[1)]

실습은 각종 행정 문서를 작성하고, 그 문서를 통해 타인 및 관련 부서에게 전달하는 행정을 하는 것이다. 각 기관에서 통용되는 각종 서류는 기관에서 학습

---

1) 이 내용은 나사렛대학교 사회복지학부 (2008) 중 성준모 교수의 원고를 수정 · 보완한 것이다.

하기로 하고, 여기에서는 실습교육에서 활용될 수 있는 주요 양식에 대하여 살펴보고자 한다.

1) 실습기록의 목적

실습기록의 목적은 크게 다음의 일곱 가지로 나타낼 수 있다.

- 사회복지실천에 대한 자료화
- 실천 활동에 대한 점검
- 서비스의 의뢰나 교체로 인한 사례의 중단으로부터 지속성 유지
- 슈퍼비전을 활성화하는 자료
- 전문가들끼리의 효율적인 의사소통
- 연구 자료 혹은 행정 자료로 활용
- 클라이언트의 알 권리에 대한 정보 제공 및 공유

2) 기록의 종류

사회복지 현장실습에서의 기록은 크게 과정기록, 이야기체 기록, 문제중심 기록 그리고 요약기록으로 나눌 수 있다. 각 기록 방법의 특징은 다음과 같다.

(1) 과정기록

- 클라이언트가 실제로 했던 말을 정확하게 상기할 수 있도록 그대로 기록한다.
- 사회복지사와 클라이언트의 의사소통을 있는 그대로 기록한다.
- 사회복지 실습이나 교육 방법으로 유용하다.
- 시간이 많이 들고 불완전하여 왜곡된 정보를 제공할 수도 있다.

(2) 이야기체 기록

- 클라이언트나 면담 상황, 제공하는 서비스에 대해 이야기하듯 서술한다.
- 사회복지사가 중요하다고 판단되는 것을 기록하므로 융통성이 있다.
- 기록 내용이 기록자의 재량에 많이 의존하여 면담 내용을 지나치게 단순화

하고 초점이 불명확하다.
• 정보 복구 시 어려움이 있으며, 많은 시간이 걸린다.

(3) 문제중심 기록

• 문제를 중심으로 문제 영역을 규정 및 사정하고 목록화하며, 문제해결에 대한 계획을 세우고 진행되는 내용을 기록
• 타 전문직과 함께 일하는 현장에서 효과적이고 전체보다는 부분에 치중하며, 환경과의 상호작용 관점이 결여되어 있다.
  – 예: SOAP[Subjective information(주관적 정보), Objective information(객관적 정보), Assessment(사정), Plan(계획)] 기록

(4) 요약 기록

• 시간의 경과에 따라 정보의 변화 내용을 요약하여 기록
• 사회복지기관이나 상담 장면에서 많이 활용
• 장기간의 사례에 유용

3) 적절한 기록

• 사정, 개입, 평가의 기초가 되는 클라이언트와 상황에 대한 정보를 포함함
• 각 단계별 목적과 목표, 과정 등을 포함함
• 사실과 견해를 구분함
• 구조화함
• 정확함
• 간결, 구체화, 논리성, 사실에 의거함
• 전문가적 윤리를 따름
• 수용된 이론을 바탕으로 하여 작성함
• 클라이언트를 배제하지 않음

4) 적절치 않은 기록

• 정보가 너무 많거나 적음

- 조직화가 안 됨
- 지나치게 단순화하여 근거나 설명 등이 부족함
- 사실에 의거하지 않고 주관이나 선입견, 추론 등이 많음
- 불필요하고 의미 없는 내용이 많음
- 클라이언트를 비난하거나 기록자중심의 견해가 많이 들어감
- 행동의 주체나 객체 등이 불분명하여 혼동을 줄 수 있음

5) 실습일지[2] 작성

(1) 실습일지 작성의 목적

- 자신의 활동에 대해 분석하고 평가하여 앞으로의 실습 내용을 보완하고자 하는 것이다.
- 실습목표 달성을 위해 앞으로 해야 할 구체적인 노력이 무엇인지를 알 수 있다.
- 슈퍼바이저가 실습활동을 점검하고 시의 적절한 슈퍼비전을 주는 근거가 된다.
- 실습 내용뿐만 아니라 기관이나 사업에 대해 분석하고 평가하여 기관 운영에도 간접적으로 기여할 수 있다.

(2) 실습일지 작성 방법

① 일과표
  - 일과표를 실습 내용과 분리하여 작성한다.
  - 일과표 작성 시 시간 표기를 일관성 있게 한다(예: 09:00 또는 오전 9시).
  - 실습일정을 시간에 따라 간단히 요약하고, 관련 자료는 바인더에 첨부한다.

② 실습 내용
  - 실습 내용은 일정에 따라 구체적이고 사실적으로 업무를 기록한다.
  - 사실을 중심으로 기록하고, 자신의 느낌, 추측, 평가 등은 소감란에 기록한다.

---

2) 〈부록 2〉의 서식 14 참조.

- 클라이언트와 실습생과의 교류 내용과 과정은 과정기록 형식을 취한다.
- 첨부 자료(교육 내용, 연구 자료 등)가 있으면 일지에는 간단히 기록하고 실습일지 뒤나 바인더에 첨부하도록 한다.
- 가능한 한 전문용어를 사용하며, 단어 선택에 유의한다(아이들 → 클라이언트, ○○언니가 ⇨ 동료 실습생 ○○가, 나/저는 ⇨ 본 실습생은).
- 일지 작성 시 클라이언트의 비밀보장을 위해 정보 표기에 주의를 기울인다.
- 슈퍼바이저의 슈퍼비전 내용을 구체적으로 기록한다.
- 실습생 개인이 개발한 실습일지 내용 기록 틀을 만들어 사용한다.
- 속어나 약어 등은 사용하지 않는다.

③ 실습생의 의견
- 자신이 실습을 수행하면서 느낀 점이나 의문점에 대해 제시하되 제목과 틀을 만들어서 사용한다(예: 제목-클라이언트와의 관계 형성의 어려움, 내용-클라이언트가 본 실습생에게 욕을 하고 때리려고 할 때 아무 반응도 보일 수 없어 무력감을 느꼈다. 같은 상황이 반복될 경우 전문가로서 어떻게 대처해야 하는지 궁금하다).
- 자신의 실습 경험을 통해 배운 점과 느낀 점을 구체적으로 서술한다.
- 윤리적 딜레마와 관련된 이슈는 반드시 의견란에 기록하여 슈퍼비전을 받는다.
- 기관이나 슈퍼바이저에 대한 건의나 불만사항은 중립적이고 공손한 문체로 기록한다(예: 슈퍼바이저가 바쁘다는 이유로 실습생들을 방치해서 제대로 된 슈퍼비전을 받지 못해 속상했다(×)).
- 실습생 자신의 실습 내용 중 중요한 개입 내용에 대해서는 반드시 기록하고 전문적인 지식을 바탕으로 이를 평가한 내용을 기록한다.
- 자신의 실습 경험에 대해 부정적인 측면보다는 긍정적인 측면, 즉 앞으로 성장할 수 있는 가능성 등이 드러나도록 기록한다[예: 오늘도 늦잠을 자서 또 지각을 했다. 너무 죄송하고 면목이 없다(×). 아동들이 동료 실습생들과만 친하고 나를 다 싫어하는 것을 보니 사회복지사가 되는 것을 포기하는 것이 낫겠다(×)].

다음에 제시한 실습일지 예시를 살펴보자.

실습일지 예시

실습일지

결재	담당	과장	부관장	관장

실습일자	20〇〇년 7월 6일	실습 담당자	최〇〇 과장
성명	전〇〇	학교/학년	〇〇〇대학교/3

실습 일정		
시간	내용	담당자
09:00~09:30	조회 및 일지 점검	최〇〇
09:40~10:30	MBTI 검사 해석	조〇〇
10:40~12:30	〇〇상담센터 사업 소개 및 업무 지원	김〇〇
13:40~14:30	센터 및 재가복지사업(총괄) 소개(1)	구〇〇
14:40~16:30	재가복지사업 소개(2)	이〇〇
16:40~17:20	〇〇방과 후 교실 사업 소개	문〇〇
17:30~18:00	일일 슈퍼비전 및 평가	최〇〇

📁 구체적인 점수로 말하는 것도 좋을 듯하다. MBTI 검사에 대한 자신의 느낌도 중요하지만 클라이언트의 입장을 고려하는 것도 필요하겠다. 검사하면서 클라이언트가 가질 수 있는 초조함. 검사결과에 대한 불안감 등등. 클라이언트를 도와주는 방법에 대한 고민도 해 볼 필요가 있겠다. 그리고 점수는 좋은 성적이 아니라는 사실을 다시 한번 생각하자.

📁 '10:40' 등으로 시간을 명시하는 것도 좋을 듯하다.

📁 과정을 설명하는 문장이 너무 길다.

📁 클라이언트 입장에서의 생각을 제시한 점이 좋다.

실습 소감

오늘은 어제 했던 MBTI 검사의 결과를 해석했다. 나는 이번에도 ISTJ로 나왔는데 예전보다도 점수가 높게 나와서 점점 스스로에게 자신감을 가지고 자아를 성취하는 듯해 뿌듯했다. 나는 이번까지 총 5번의 검사를 했는데, 점수가 거의 0점에 가깝게 나와서 선호도가 낮고 중립적인…… 애매모호한 상태였다. 자신을 찾으라는 상담선생님의 말씀에 나름대로 노력했는데 이번 검사 결과가 나에겐 기분 좋은 성적과도 같이 느껴졌다. 검사가 끝난 후, 〇〇상담센터에 올라가서 사업 소개를 듣고 각종 상담치료실을 라운딩했는데 미술, 인지, 놀이, 언어 등 다양한 상담치료 프로그램을 활용하고 있었고, 치료실도 총 5개로 다양하게 준비가 되어 있었다. 처음엔 치료실의 크기가 작은 게 아닌가 생각했었는데 상담 시 아동 1명만이 들어간다고 했다. 이런 치료실 시스템을 구비하는 것도 많은 비용이 들었을 텐데 저렴한 비용으로 이런 서비스를 제공하는 것이 지역주민에게는 정말 좋은 기회라는 생각이 들었다. 그리고 지역주민에게도 종합복지관은 다양한 서비스가 한곳에 어우러져 편리하고, 복지

실습 소감	관의 사회복지사들에게도 다양한 업무를 경험하고 배울 수 있는 터전이라는 생각이 들었다. 오후에는 ○○복지센터에 가서 재가복지봉사센터 및 ○○방과 후 교실의 사업 소개를 들었다. 다음 주 목요일까지 이곳에서 재가복지에 대한 공부를 하고 직접 가정방문 및 욕구조사 등을 실시하는데 세미정장을 벗고 운동화를 신고 발로 뛰면서 실무 경험을 하게 되었다. 내가 처음 각오하고 왔던 업무를 해 본다는 생각에 각오를 새로이 하게 되었다. ○○복지센터가 자리 잡은 ○○동은 저소득 밀집 지역인데, 광장히 경사가 가파르고 높은 계단과 빼곡히 높은 곳에 자리하고 있는 주택들을 보면서 이 지역의 분위기를 느낄 수 있었다. 이곳의 사업 소개를 들으면서 공동모금회에 프로포잘로 신청하여 진행하고 있는 사업들에 대한 소개를 들었는데 저소득층 일자리지원 사업 및 야간 보호교실 사업과 결식아동 석식 제공 사업이었다. 여기서 진행 중인 ○○방과 후 교실의 연장선으로 10명의 아이에게 야간 보호를 실시할 뿐만 아니라 야간보호를 위해 이 시간에 근무할 교사를 저소득층에서 뽑아 일자리를 지원하는 일거양득의 사업 내용을 보면서 정말 아이디어가 좋고 필요에 의해 뽑힐 수밖에는 없는 프로그램이 아니었나 싶었다. 또 그에 따라서 필요한 결식아동 석식 제공 사업도 함께 진행하고 있었는데, 현장에서 사업계획을 세우고 욕구에 따른 새로운 프로그램을 만들고, 예산을 확보하는 일이 정말 중요하고 어려운 일임을 새삼 다시 깨달았다. 그리고 나도 저렇게 좋은 아이디어의 사업을 구상하고 프로그램을 짜 보면 좋겠다는 자극을 받는 시간이었다. 오늘은 이론 교육 때문에 방과 후 아이들을 직접 만나 보지는 못했지만 아직 남은 기회가 있어 아쉬움을 접었다. 다음 주부터 어르신들을 직접 만나면서 실무를 경험하게 된다. 벌써 이렇게 한 주가 지났는데, 다음 주는 가족복지를 끝내고 이제까지와 완전히 다른 재가노인복지라는 새로운 부분이기 때문에 또 다른 기대가 된다. 최선을 다해서 많은 것을 배울 수 있도록 노력해야겠다.
슈퍼비전 기타사항	상담 업무와 관련하여 본인 및 타인에 대한 이해의 기회로 삼음. 지금까지의 사업들에 대한 이해와 앞으로의 사업들에 대한 이해를 바탕으로 독창적이고 필요한 새로운 사업을 구상해 보도록 함.
	○○○ 종합사회복지관

☞ 종합사회복지관에 대한 새로운 느낌이다. 이를 동료 실습생과 슈퍼바이저와 함께 나누는 것이 필요하다.

☞ 시간을 기록하면 더 명확하겠다.

☞ 실습생의 소감이 잘 표현되었다. 그러나 표현에는 주의해야 하겠다. '뽑히는' 것이 아니라 '선정되는' 것이다.

☞ 전반적으로 실습일지는 하루 일과를, 첫째, 시간의 흐름에 따라 업무와 느낌 정리, 둘째, 금일 자신이 느낀 소감에 대한 의미 정리, 셋째, 익일에 대한 일정 소개와 학습에 대한 기대를 정리하는 것 세 가지 영역으로 기록되는 것이 무난하다. 이 내용은 문단의 정리, 구어체적 표현의 조절, 과정에 대한 간략한 설명, 자신의 소감에 대한 의미 발견 등이 보완되면 좋은 실습일지의 예가 될 수 있다.

6) 초기면접기록지, 상담기록지, 사례관리기록지 작성

초기면접기록지와 상담기록지, 사례관리기록지 등의 기록은 다음과 같이 작성한다.

첫째, 초기면접지는 인적 사항, 가족 상황, 주거 상황, 욕구 상황, 경제 및 건강 상태 등 클라이언트에 대한 개괄적인 정보를 파악할 수 있어야 한다. 여기에 담긴 정보를 바탕으로 사회복지사의 전문적 견해가 제시되어야 한다. 이러한 초기면접기록지를 통해 상담이 이루어진다.

둘째, 상담기록 핵심은 클라이언트에 대한 깊은 이해를 도모하고 심리·사회·환경적인 상호작용 안에서 클라이언트가 어떠한 상태에 있는지를 파악하는 것이 중요하다. 따라서 상담기록지에서는 클라이언트가 바라보는 세상에 대한 인식과 환경에 대한 이해 상태를 알아보고 클라이언트의 강점과 문제해결 방안을 모색하는 것이 중요하다.

셋째, 사례관리는 클라이언트의 문제해결을 위해 다양한 자원을 연계할 수 있도록 하는 것이 중요하다. 따라서 사례관리기록지는 사회복지서비스의 통합적인 실시 계획이기 때문에 구체적이고 자세히 기록하여야 한다.

다음에 제시한 초기면접기록지와 사례관리기록지 예시를 살펴보자.

참조: 초기면접기록지

초기면접기록지

결재	담당	대리	팀장	관장

상담일: 20○○년 ○○월 ○○일　　　　　　　　　　　　　상담자: 전 ○○

인적사항							
	성명	박○○ (남/여)	종교	기독교	학력		무
	생년월일	1931. 04. 16 (만 76세)	주민등록번호	310416-○○○○○○○			
	현주소	서울시 성동구 금호2동 2가	전화번호	02)1234-5678			
	비상연락처	성명 김○○ 관계 셋째 딸	전화번호	032)333-8888			
	보호구분	수급권/조건부수급권/비수급권	책정년도 2004	직업	무직		
	Intake 경위	지관 대상자 발굴/동사무소 의뢰/타 기관 의뢰/전년도 대상자/기타(　)					

가정사항	
가족 형편 때문에 어린 나이에 나이 차이가 많이 나는 남편과 강제결혼을 하게 되었다고 함. 13년 전 사망한 남편과는 15살 차이가 났으며, 결혼 후 서울 종로 거리에서 이태원시장까지 걸어 다니면서 장사를 했다고 함. 이것이 (액세서리) 잘 팔려서 종로4가에 '덕신사'라는 가게를 차림. 그러던 중 갑자기 남편이 쓰러져(중풍) 병원비 등으로 가게/집을 모두 팔고 형편이 어려워짐. 83년부터 아이들을 혼자 키웠는데 4명 모두 고등학교를 졸업했고, 공부를 잘했다고 함. 84년도에는 남편의 간병으로 고생해서 1년을 쉬고, 85년부터 주방 일을 시작, 자녀들을 일본에 유학을 보냈다고 함. 2000년 갑자기 눈이 보이지 않았는데 백내장이었음. 수술 후 회복했으나 2005년 7월 급성녹내장으로 현재 시력이 많이 떨어져 시각장애 5급인 상태임. 현재 부양자인 자녀들 중 세 딸은 모두 결혼하여 다른 지역에 떨어져 살고 있으며, 간혹 20~30만 원씩 돈을 보내지만 형편이 넉넉지 않아 별 도움이 안 된다고 함. 둘째 딸은 행방불명 중이라고 함. 막내인 아들 역시 일본에 있는데 연락이 되지 않는다고 함. 그래서 현재 부양자 부재에 따른 독거노인으로 수급자 채택이 되어 있음.	가족사항 · 가계도

가족사항	성명	관계	연령	동거	전화
	김○○	딸	56	비동거	-
	김○○	딸	54	비동거	-
	김○○	딸	51	비동거	032)333-8888
	김○○	아들	47	비동거	

가계도

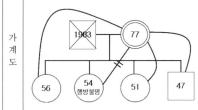

주거상태			
소유 구분	자가/전세/월세/임대APT/자녀집/친척집/기타 (보증금 150만 원, 월세 25만 원)		
난방	연탄/기름/도시가스/기타(　)	방 사용 수 1 개	부엌 입식/재래식
			화장실 단독/공동
가전제품	냉장고/세탁기/전기밥솥/선풍기/TV/기타(전화기, 미니선풍기)	위생 청결/보통/불결	
		채광 양호/불량	

경제상태						
월수입	공적부조	지원금액	300,000원	기타	교통수당 월 18,000원	총월수입액
	사적부조	지원내역(정기/비정기)			원	318,000원
		후원자 (개인/단체)	-	기타	기타 내역:	
월지출	보증금	1,500,000원	월세 250,000원	저축(유 · 무)	월	총월지출액
	부채 (유 · 무)	원	기타	□공과금 원 □식비 원 □난방비 원 □기타 원		늑 400,000원
				기타 내역:		

건강상태	질병	유/무	질병종류	중풍/당뇨/고혈압/저혈압/치매/호흡기질환/요통/관절염/신경통/디스크/근육통/청력장애/천식/빈혈/시력장애/피부병/기타( )
	장애	유/무	등록	5급 미등록 사유:
	장애유형			지체장애/청각장애/언어장애/시각장애/정신지체/기타(5급 2006.11.20. 취득) ▶ 건강상황: 현재는 시각장애 5급으로 혼자 보행은 하지만 안경을 반드시 써야 하고 잘 보지 못함. 허리가 아파서 걷는 데 어려움이 있다고 호소함(무릎은 양호한 편).
	보장구	유/무	종류	휠체어/안경/보청기/목발/의수·족/틀니/기타(지팡이 사용)
	약물치료	유/무	약물 종류/병명(상태)	안과, 장애를 가진 눈 때문에 정기적으로 약을 먹음
	의료기관명		아산병원 위치	

식생활	식사횟수	1일2회	아침/점심/저녁 반찬 준비	본인/주위 지원(복지관도시락)
	▶ 식생활 상황: 아침 겸 점심을 먹고 저녁을 먹는 식으로 거의 하루 두 끼를 먹으며 반찬은 거의 하지 않고 복지관에서 도시락 지원받는 것으로 식사해결을 한다고 함.			

일상생활	대화	가능/어려움/불능	식사	가능/어려움/불능	▶ 일상생활 상황: 일이 없기 때문에 주로 집에 있고, 집에 있어도 그냥 쉬지 않고 공원산책, 빨래, 바느질 등 계속 몸을 움직인다고 함.
	용변	가능/어려움/불능	착/탈의	가능/어려움/불능	
	보행	가능/어려움/불능	기타		

이용욕구	가정주치의	가정봉사원	학습지원	치과진료	결연후원	무료급식	여가지원	도시락	기타

가정주치의	가정봉사원	학습지원	치과진료	결연후원	무료급식	여가지원	도시락	기타
					○		○	생활비가 적자로, 20만원 정도만 더 지원되기를 바람.
가정간호사	차량지원	차량지원	안경지원	물품지원	이미용	상담	밑반찬	
		○ 병원이동 시	○ 돋보기	○ 선풍기				

서비스 필요 여부	필요하다/필요없다/무응답/거부

▶욕구 현황: 눈이 잘 보이지 않아 일을 할 수 없어 어려워하고 있음. 월세 25만 원이 매우 부담이 되고 현재 수도요금이 20만 원 밀려 곧 단수가 될 거라고 함. 약 20만 원 정도 더 생활비지원이 되기를 바라고 있고, 병원에 갈 때 혼자 이동이 불편해 도우미가 있기를 바라며, 돋보기 안경이 필요하다고 함.

사회복지사 사정	서비스대상 판정	우선대상자/차선대상자/불필요
	자녀가 넷 있으나 딸들과는 서로 연락이 안 되고, 각 딸들이 형편도 어려워 대상자에게 금전적 도움이나 부양을 제대로 하지 못하고 있음. 아들은 일본에 있고 가끔 한국에 오는데 연락이 안 된다고 하며, 둘째 딸은 행방불명이라고 함(15년째). 그러나 아들이 가끔 집에 있는 것을 전화연락으로 알 수 있었음. 꼭 필요한 안경(돋보기)은 지급이 필요하다고 판단되며, 생활비는 현재 보조금에서 더 지원하기보다 가능한 일자리를 알선하여 대상자가 소득을 늘게 하는 것이 필요하다고 판단됨.	

▶ 지역사회연계망

① 동사무소: 생활비 보조
② 보건소: 의료적 지원(약, 도우미 등)
③ ○○복지센터: 도시락 지원

－이상 －

▶ 약도

▶ 교통편

작업 sheet 11

1. 초기면접지 작성의 목적이 무엇인가?

2. 이 기록을 보면서 잘 된 점과 보충해야 할 점에 대하여 알아보자.

참조: 사례관리 계획표 및 상담기록

사례관리 계획표

클라이언트 성명: 홍길동   작성일자: 20○○. ○○. ○○.

	문제 1	문제 2	문제 3
문제 및 욕구	• 학교 부적응: 학급에 친구가 없으며, 교사나 친구들과의 사이에서 일어나는 일들에 지나치게 민감하게 반응함. • 문제행동: 흉기 소지.	• 정서적 불안감: 자신의 과거(자살 소동, 집단따돌림 피해 등)에 대해 누구든 알게 되는 것을 원하지 않으며, 친구들이 자신이 굉장히 힘도 세고, 더 이상 당하고만 있지 않는 사람이라는 것을 알기 원함.	• 가족 간 불화: 동거 중인 어머니와 관계가 소원하며, 여동생과는 매우 갈등관계에 있음. 어머니가 직장생활을 하므로 만날 시간(대화 시간)도 거의 아침식사 시간밖에 없음.

〈계속〉

목표	일반 목표	학교 적응력을 향상 시킨다.	정서적으로 안정감 을 찾는다.	가족 내의 긍정적인 역동을 끌어낸다.

	하위
	목표
		• 친구를 사귄다.
		• 대화하는 방법을
		  배운다.
		• 미래에 대한 구체적
		  인 목표를 세운다.
			• 정기적으로 신경
			  정신과 상담을 받
			  는다.
			• 개별상담 서비스를
			  제공한다.
				• 모에 대한 개별상
				  담 서비스를 제공
				  한다.
				• 가족상담 서비스를
				  제공한다.

기대
효과
		• 학교를 다니는 의미
		  를 찾는다.
		• 교우관계가 원만해
		  진다.
			• 자신에 대해 긍정적인
			  이미지를 형성한다.
			• 자신감을 향상시킨다.
				가족과 의사소통을 원
				활하게 할 수 있다.

서비스 내용	제공자	제공 개시	제공 횟수	우선순위	비용
정서적 지원	학교사회복지실	6.16.	주 1회	1	
	K정신보건센터	7.19.	월 2회 (격주)	2	약물치료 시 유료
정서적 지원	K정신보건센터	미정	미정	3	

상담기록

상담일자	상담 내용	비고
6. 16. (방과 후)	눈물 보임. 상담에 대해 거부하였으나, 무언가 달라 질 거라는 기대에 대하여 목표를 세우고 상담계약을 맺음.	라포 형성, 심리적 안정, 상담 계약
		상담자 ○○○
6. 17. (2교시) 1차	가족력: 유치원 때부터 부모님 갈등. "지겹도록 싸웠 다"고 표현. 초등학교 때 부가 출장 간다고 나갔는데, 그것이 별거의 시작이었음. 현재 동생(여)이 중2인데, 동생이 대학 진학할 때쯤이면 이혼하실 것 같음. 동 생이 "꼬치꼬치 캐묻고 억지부리고 우기는 걸 보면 하 는 짓이 아빠와 꼭 닮았다"고 함. 어머니와 동거하지 만 대화가 많지 않음.	라포 형성, 심리적 안정

〈계속〉

상담일자	상담 내용	비고
	학교: 중학교 1, 2학년 때는 사는 게 아니었음. 힘든 부분을 아무에게도 얘기하지 못했음. 한번은 선생님이랑 상담을 하는데, "너 같은 애는 정말 처음"이라면서 중간에 나가 버림. 자신이 얘길 하는데, 한쪽 눈은 믿지 않으며, 조롱하는 듯한 느낌을 받았음. 옥상에서 투신하려고 자살 소동을 벌여 학교가 발칵 뒤집혔었음. 고등학교는 중학교 때 친구나 아는 사람이 없어서, 그리고 무언가 달라질 거라는 기대를 하고, 송파공고를 선택함. 애들이 "미친 개 같다. 미친 것 같다"라고 했음. 나한테 해를 가하는 것은 아니지만, 아이들이 자신의 과거(자살시도 같은)를 알고 와서 얘기할 때는 너무 속상하고, 알고 있는 애들을 찍어서 말리고 싶다고 함. 칼을 소지하게 된 원인이기도 함.	상담자 ○○○

4. 실습기관[3]에 대한 이해

실습은 짧은 기간 동안 이루어지며 정해진 계획에 의해 이루어지기 때문에 실습기관에 대한 사전지식 없이는 효과적인 실습을 기대하기 어렵다. 실습 분야와 기관에 대한 이해를 위해 기관과 관련기관들에 대한 소식지 등 홈페이지를 살펴보는 것도 좋은 방법이다. 사회복지정책과 행정, 서비스의 전체적인 구조를 이해하는 것도 필요하다. 가령 실습기관이 지역아동센터라면 중앙부처와 지방자치단체의 담당 부서, 그리고 타 센터나 협회 등 전반적인 구조와 흐름을 미리 파악하는 것도 필요하다(오수경 외, 2012).

초기단계에서 실습기관에 대한 조사서를 작성하도록 한다. 초기단계에서 살펴보는 기관 조사의 보고서 양식은 한국사회복지사협회에서 제공한 양식을 기초로 재편성하였다.

---

3) 〈부록 2〉의 서식 15 참조.

기관조사서

기관명칭	이웃과 함께하는 − ○○종합사회복지관		
주소	서울특별시 ○○구 ○○동 123−4 http://www.abcdefgh.co.kr	전화	Tel. 02)1234−5678 Fax. 02)1234−5678
슈퍼바이저	최○○ 과장	실습 시간	4주(09:00∼18:00)

1. 물리적 환경

1) 기관의 입지

본 기관은 1998년 서울특별시 ○○구에서 설립하고 사회복지법인 ○○○ 사회복지재단 ○○○에서 위탁 운영하는 전문 사회복지기관으로 가족기능강화사업, 지역사회보호사업, 지역사회조직사업, ○○노인주간보호센터 운영 등 지역주민의 복지 향상을 위한 다양한 복지사업을 실시하고 있다.

2) 시설현황

본 기관은 대지 1,010m²(306평), 연건평 3,091m²(937평)으로 가형에 속하며, 지하 1층 지상 6층으로 되어 있다.

지하	관리실/주차장/기계실
1층	부설 ○○ 어린이집(식당/교사실/유아교육실 1, 2, 3, 4, 5)
2층	사무실/관장실/회의실/○○노인주간보호센터/물리치료실/북카페/○○경로식당
3층	상담실/놀이치료실 1, 2, 3/부모상담실 1, 2/집단상담실/언어치료실/미술치료실/인지치료실/심리검사실/컴퓨터실/음악교실/○○방과 후 교실/○○방과 후 교실
4층	미용교실/요리교실/제빵교실/에어로빅실/프로그램실 1, 2/○○ 방과 후 아카데미(푸른반, 하늘반)
5층	대강당
6층	방과 후 아카데미 사무실, 상담실/프로그램실/자료실

2. 기관의 역사

1) 연혁: 1996년 9월 건물 착공, 1998년 2월 25일 ○○종합사회복지관, 재가 복지봉사센터, ○○어린이집 인가, 3월 26일 개관하였다.

1996년 9월	건물 착공
1997년 9월	○○종합사회복지관 제1차 재위탁 운영약정 체결
1998년 2월	건물 완공, ○○ 어린이집 개원
3월	○○종합사회복지관 개관
4월	○○경로식당 개소
5월	○○노인주간보호센터 개소
7월	○○방과 후 교실 개소
10월	○○ 희망의 집 개소
1999년 1월	○○동 분소 위탁 운영
2월	○○방과 후 교실 개소
9월	자활의 집 개소
2000년 3월	장애아동 방과 후 교실(자람교실) 개소
9월	○○종합사회복지관 제2차 재위탁 운영약정 체결
2003년 9월	○○종합사회복지관 제3차 재위탁 운영약정 체결
2006년 9월	○○종합사회복지관 제4차 재위탁 운영약정 체결
2007년 3월	○○청소년 아카데미 개소, 가정봉사원 파견 설치

2) 운영법인: ○○○재단 , 시설장: ○○○
3) 설립 당시의 기본 사업: 종합사회복지관, 재가복지센터, ○○어린이집
4) 기관 설립 및 사업의 법적 근거: 「사회복지사업법」 및 「시행규칙」, 「공익 법인설립에 관한 법률」 등에 근거한다.
5) 기관의 법적 지위: 민간 사회복지 주체로서 사회복지사업을 목적으로 하는 비영리 공익법인이다. '사회복지법인-재단법인-지원법인'

3. 기관의 목적/사명

1) 관훈

- 연기: 이웃과의 소중한 만남과 모심
- 자비: 이웃의 기쁨과 슬픔을 나눔
- 보시: 이웃에게 아낌없이 베풀고 도움

2) 미션(운영 목적 사명)

부처의 자비구세 보살정신으로 현실 사회를 극락정토화하는 사회복지

3) 비전(미래 발전 계획)

- Our: 우리는 불타정신을 기본으로 복지사의 사명을 구현한다.
- Kind: 준비된 친절로써 이웃에 모심과 나눔의 복지를 실현한다.
- Specialist: 복지전문가로서 가정과 지역문제 예방과 해결에 최선을 다한다.
- Organization: 지역사회 조직화로 어우러짐의 통합복지를 실천한다.
- OK!!: 우리 ○○복지관은 앞의 O.K.S.O가 항상 실현되는 OK! 복지 전당이다.

4) 궁극적인 목표

- 목표 1: 불교적 선교복지의 사명을 수행, 지역사회복지실천사업 수행
- 목표 2: 지역사회 주민들의 삶의 질 향상과 건강한 복지사회 조성 및 사회 일반의 이익에 공여

5) 구체적인 목표

- 목표 1: 지역사회의 저소득층을 포함해 열악한 환경의 지역주민들에게 대상별로 경제적·문화적·사회적 복지서비스를 제공함으로써 기본적인 욕구 충족 및 삶의 질을 향상시킨다.
- 목표 2: 열악한 환경에 노출되어 있는 아동·청소년들에게 학습 지원 및 다양한 문화 경험을 제공하여 건강한 사회인으로 성장하도록 발달을 도모한다.
- 목표 3: 지역주민들이 가진 욕구를 적극 반영하고, 지역사회의 인프라(인근 학교, 대학생, 자모회, 주민 봉사단, 기타 기관 등)를 활용하여 지역사회주민들에게 다양하고 폭넓은 복지서비스를 제공한다.

4. 기관의 구조

1) 전체 직원 수, 사회복지사 수: 총 31명(사회복지사 13명)

2) 조직 및 업무분장

구분	계	기본 사업											
		관장	부관장	과장	팀장	사회복지사	생활지도원	물리치료사	상담원	총무	회계	안전관리인	조리사
인원	31	1	1	4	4	13	1	1	1	1	1	1	2

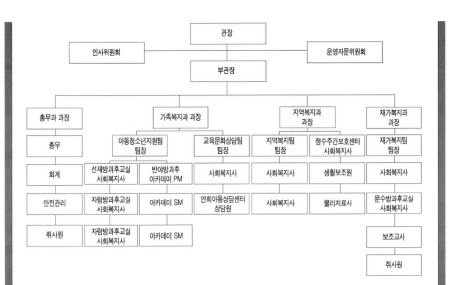

3) 자원봉사 활용 유무 및 내용: 자원봉사자 육성 및 관리 사업 업무 실시
- 샘물봉사단운영사업: 인근 학교와 연계하여 가족 단위의 봉사활동 실시
- 나눔의 빵 봉사단 운영사업: 제빵을 통한 자원봉사 및 빵 판매수익을 통한 후원
- 사회봉사운영사업: 보호관찰소 위탁을 받아 사회봉사 명령자의 봉사활동 실시 및 관리
- 청소년자원봉사지도사업: 방학을 이용한 자원봉사 캠프 및 학급 단위의 자원봉사 활동지도
- 복지네트워크구축사업: 자비복지회, 성동정신보건복지위원회, 지역사회복지협의체, 주민자치위원회, 지역 네트워크 등을 통한 지역사회 복지네트워크 구축 및 활성화
- 주민조직화사업: 주민 역량 강화, 주민 통합, 지역사회복지 인프라 구축, 지역사회조직 연대 등의 사업 실시
- 지역주민교육사업: 지역주민의 교양 함양 및 정보 제공을 위한 교육 실시
- 주민동아리활동지원사업: 지역주민의 다양한 욕구 충족을 위한 동아리 구성 및 활동 지원
- 기타 지역사회행사, 운영위원회 운영, 시설 제공 사업 실시 등

4) 모금 유무 및 모금방법
- 후원 종류: 결연, 기금, 물품 후원 등

- 후원 방법: 방문접수, CMS 자동이체, 온라인 입금
- 홈페이지 및 기관의 정기 소식지 발간, 홍보물 제작, 언론매체, 자료집 발간 등으로 홍보 활동을 하고 있으며, 연말정산 시 세금공제 등의 후원자 혜택을 두고 있다.

5. 기관의 사업 내용 및 프로그램

1) 주요 사업 내용

(1) 가족기능강화사업

가족해체 예방, 빈곤층 및 취약가정으로의 전락 예방, 빈곤과 사회문제 악순환 예방 차원의 가족결속력 강화와 사회적응 능력을 배양하여 지역사회 내 건강한 가족으로 성장·발달할 수 있도록 한다.

- 가족종합상담: 가족구성원 간의 원활한 의사소통을 통한 가족관계 증진을 위한 가족문제 상담, 법률 지식 및 정보 제공을 통해 법률 문제의 어려움 해소를 위한 법률상담 실시
- 가족심리검사: 자기 자신에 대한 이해를 높이고, 부모-자녀의 정서적 유대를 위해 토요일(휴일)을 이용해 검사, 해석으로 나누어 진행하며, 초등 상급학년 및 중 1학년을 대상으로 진로적성검사를 실시하며 적절한 진로상담이 될 수 있게 함.
- 학교사회사업: 학교사회사업실 운영, 전문가양성교육, 학급 단위 프로그램 진행, 교사모임
- 계발활동지원사업: 초등학교·중학교 지원사업
- 문화복지사업: 어린이날 행사, 아동·청소년 캠프, 송년잔치
- 징계청소년지원사업: 보리수나무(사회봉사명령을 받은 중·고등학교 청소년들을 대상으로 봉사활동과 학교 적응력 향상을 위한 집단활동 프로그램 및 전문 상담 실시), 바로서기교실(보호관찰소에서 수강교육 명령을 받은 청소년들을 대상으로 봉사활동 및 집단활동 프로그램 실시)
- ○○아동상담센터: 발달장애 및 정서적 문제를 안고 있는 아동에게 적절한 치료 서비스를 제공하기 위해 저렴한 비용으로 상담치료 기회를 갖게 함으로써 조기진단 및 치료 개입을 통해 건강한 성인으로 성장, 발달할 수 있도록 심리검사, 집단심리검사, 접수상담, 성인상담, 놀이, 인지학습, 언어 및 미술 치료 및 집단활동 프로그램 운영, 실시

- 놀이치료사 양성교육: 상담 전문인력 양성을 위한 이론교육 18회, 실습교육 20회 및 슈퍼비전을 실시하여 전문가적 자질을 향상시키고, 저소득가정 자녀의 상담치료 기회를 제공하기 위해 무료 상담 연계 실시
- 상담 실습: 예비상담사로서의 자질 향상과 실무 경험 제공을 위해 상담치료 및 프로그램 지도와 슈퍼비전 실시
- 장애인복지: 장애 관련 정보 제공 및 올바른 교수법 교육을 통해 장애자녀를 가진 부모의 올바른 자녀양육 기법을 습득하고 긍정적 자조모임 형성을 통해 장애자녀 양육에 따른 심리적 스트레스를 해소시키고자 장애자녀 부모교육 실시
- 장애청소년 학습 단위 프로그램: 고등학교 특수학급에 재학 중인 장애청소년의 여가활동을 통한 정서 환기 및 사회성 향상을 위해 인근 고등학교와 연계하여 제과제빵 기술 교육을 학급별 매주 1회 실시
- ○○(일반아동)·○○(정신지체/발달장애 아동) 방과 후 교실, ○○(일반)청소년 방과 후 아카데미 운영
  - ○○방과 후 교실: 학교 수업이 끝난 후 돌보아 줄 성인이 없는 아동을 위하여 가정의 역할을 보완하고자 하는 서비스로, 아동에게 학교의 정규 교육 시간 이후 정서적으로 안정된 환경에 접할 수 있게 충분한 기회를 제공하는 프로그램이다.
    ▷ 대상: 초등학교 1~4학년
    ▷ 교육비: 수급권 가정, 한부모가정−무료, 저소득가정, 실직가정−감면, 일반아동−월 60,000원
    ▷ 운영 시간: 월~금(학기 중: 12:30~19:00/방학 중: 09:00~19:00)
  - ○○방과 후 교실: 한부모가정 및 수급권자, 조손세대 가정의 아동들이 많이 거주하고 있는 ○○동의 저소득 및 수급권 대상 아동에게 ○○복지센터에서 실시하고 있다.
    ▷ 대상: 초등학교 1~4학년
    ▷ 교육비: 수급권 가정, 한부모가정−무료, 저소득가정, 실직가정−감면, 일반아동−월 79,000원
    ▷ 운영 시간: 월~금(학기 중: 12:30~18:00/방학 중: 09:00~18:00)
  - ○○방과 후 교실: 지역 내 특수학교 및 일반학교의 특수학급에 재학 중인 장애아동에게 방과 후 적절한 보호 및 교육을 실시하여 지역사회 내에서 적절히 적응할 수 있도록 한다.

▷ 대상: 특수학교·일반 초등학교의 특수학급 1~4학년(만 7~10세) 지적장애, 정서·행동장애, 자폐아동 15명(선착순 접수)(수급권 대상 아동, 저소득가정, 일반가정 아동, 시각·청각장애, 중증의 지체장애 아동 제외)

▷ 보육료: 수급권 가정, 한부모가정-무료; 저소득가정, 실직가정-월 40,000원; 일반아동 월 80,000원(학기 중)

▷ 운영 시간: 월~금 오후 1:30~6:30(5시 30분 송영 서비스)-최대 2년 이용

(2) 교육문화사업

아동·청소년 유해환경에 대한 예방적 대안문화 창조와 인성교육, 성인과 노인의 재사회화를 목적으로 각종 교육문화 프로그램을 사회복지서비스와 통합하여 무료나 실비로 제공함으로써 평생교육의 기반을 확충하고 문화결핍을 예방하여 지역주민의 삶의 질 향상을 도모한다.

- 아동교육문화사업: 피아노교실, 컴퓨터교실, 포토샵반, 미술교실, 뮤지컬영어, 동화랑 스피치랑, 수리영재주산교실, 유아체육교실, 교과체험교실, 한문급수반, 한문예절교실, 현장학습
- 성인교육문화사업: 피아노, 컴퓨터, 에어로빅, 찌개와 밑반찬, 미술, 천연비누 & 화장품, 신나는 가요세상, 논술지도자 양성 과정, 예쁜 손 글씨
- 노인교육문화사업: 장구, 가요, 포크댄스, 맷돌체조, 요가, 스포츠댄스, 영어, 서예, 덩더쿵체조, 사물놀이, 컴퓨터, 입학식, 졸업식, 야유회 등을 통해 어르신 여가활동 기회 제공과 심신의 건강 도모
- 보리수향북카페: 올바른 독서문화 창출 및 정서 함양 도모를 위해 도서 대여 및 인터넷 사용 등 지역주민에게 정보 제공 및 문화공간 마련

(3) 지역사회조직사업

지역주민의 참여와 책임의식을 강화하며, 지역주민의 욕구 조사를 바탕으로 각종 복지자원(주민대표, 자원봉사자, 시민운동가, 후원자, 지역복지협의체 등)을 개발하고 조직화하여 의도적·계획적으로 지역사회 문제를 예방·치료하여 모두가 더불어 잘 사는 지역사회로서의 발전을 촉진한다.

→ 후원자 개발 및 관리사업, 후원모금함 및 저금통, 후원물품 개발

및 관리사업, 모금행사사업, 자원봉사자 관리 육성 및 관리사업, 샘물봉사단운영사업, 나눔의 빵 봉사단 운영사업, 사회봉사운영사업, 청소년자원봉사지도사업, 복지네트워크 구축사업, 직원교육사업, 주민조직화사업, 지역주민교육사업, 주민동아리활동지원사업, 지역사회조사사업, 지역사회행사, 운영위원회, 시설제공사업, 사회복지실습지도사업, 사회복지프로그램공모사업, 홍보 및 출판사업, 자활지원사업, 근로의욕고취지원사업, 산재근로자지원사업, 노인일자리지원사업 실시, 건강지원사업, 공덕경로식당운영사업, 이미용서비스제공사업, 근로자위탁교육사업 실시

(4) 지역사회보호사업(재가복지사업)

가정에서 보호를 요하는 노인, 장애인, 소년·소녀가장, 한부모가정 등 가족 기능이 취약한 저소득 소외계층과, 지역사회 내에서 재가서비스를 필요로 하는 계층에게 지역사회자원을 활용하여 대상자관리, 정서지원, 보건의료지원, 생활지원, 간병지원, 보현경로식당 운영, 도시락지원, 밑반찬지원, 후원지원, 결식아동지원, 풍물동아리, 복사모, 기타사업(무료한글교실, 무료이미용), 저소득층일자리지원사업(야간보호교실) 등의 서비스 제공을 통해 삶의 질 향상을 도모하고 건강한 생활을 유지할 수 있도록 한다.

→ 후원자 개발 및 관리사업, 정서지원사업, 보건의료서비스, 생활지원사업, 간병지원사업, 무료(보현)경로식당운영, 도시락지원사업, 밑반찬지원사업, 후원지원사업, 결식아동지원사업, 풍물동아리, 복사모(7개동 사회담당 공무원 및 가정방문 간호사들과의 정기적인 모임), 무료한글교실/무료이미용사업, 저소득층 일자리 지원사업(야간보호교실), 노인돌보미바우처사업 실시

2) 실습 사업 내용 및 프로그램

(1) 내용: 실무 관련 사회복지 이론교육, 사회복지관의 이해, 복지행정실무, 사례관리, 사회복지 프로그램 개발, 실무 참여

(2) 프로그램: 실습일정표 참고

3) 공모사업 연혁

연도	지원기관	사업명
2001년	사회복지공동모금회	외국인 노동자의 한국사회적응(능)력 향상을 위한 지역사회 연계 프로그램
	보건복지부	노숙인들의 자긍심 강화를 위한 정신건강증진 프로그램
2002년	사회복지공동모금회	저소득 한부모가정 아동의 건전한 성장을 위한 지역사회 연계 프로그램 '한마음 가족교실'(1차)
2002년	LG 사회복지공동모금회	사랑의 집 고치기
2003년	LG 사회복지공동모금회	사랑의 집 고치기
2003년	사회복지공동모금회	저소득 한부모가정 아동의 건전한 성장을 위한 지역사회 연계 프로그램 '한마음 가족교실'(2차)
2003년	한국산업인력공단 동부지방 사무소	단기 취업교육 '가사도우미 과정'
2003년 7월	사회복지공동모금회	장애 아동 및 청소년의 정서치료 및 사회적응 능력 향상을 위한 훈련 프로그램 '행복한 세상 속으로' (1차)
2003년 8월	서울시사회복지관협회	결식아동 보호 프로그램 사업 '결식아동 지킴이 교실'
2003년 9월	사회복지공동모금회	노인 이동 차량 지원
2003년 10월	재단법인 서울여성	여대생 자원활동 동아리 우수 프로그램 공모
2004년 1월	모니카 복지재단	사례관리 지원
2004년 7월	사회복지공동모금회	장애 아동 및 청소년의 정서치료 및 사회적응능력 향상을 위한 훈련 프로그램 '행복한 세상 속으로' (2차)
2004년 9월	KT&G 복지재단	대학생 우수 봉사동아리 발굴 및 지원사업
2004년 11월	성동장애인복지관	장애청소년 직업기능 훈련을 통한 자활 프로그램

〈계속〉

연도	지원기관	사업명
2005년 5월	성동문화원	저소득가정 아동 및 어르신 행사지원
	성동문화원	복권기금지원사업 '저소득층 아동과 장애 아동이 함께하는 벌·새·꽃·돌 자연탐사 캠프'
2005년 8월	한국타이어복지재단	'동그라미 빨래방' 지원사업
		암환자 가족을 위한 희망샘 기금 프로그램 선정
	홍명보장학재단	2005년 홍명보장학재단 저소득 계층 '소망우체통' 사업 선정
2005년 9월	사회복지공동모금회	지역 내 청소년들이 학교폭력근절을 위한 예방 및 치료 사후관리 '학교종이 땡땡땡'
2006년 7월	성동문화원	'별·새·꽃·돌 자연탐사 캠프'
2006년 12월	사회복지공동모금회	저소득층 일자리 지원사업 'NIGHT CARE PROGRAM'
2007년 4월	서울특별시 복지건 강국 노인복지과	2007 노인일자리사업 '60! 70! 웰빙밥상 사업'
2007년 6월	한국청소년진흥센터	반야청소년 방과 후 아카데미 '북카페 지원사업'
2007년 7월	한국청소년진흥센터	반야청소년 방과 후 아카데미 '독서지원 프로그램'

6. 기관의 재정

2007년 기준 예산서   (단위: 천 원)

세입		세출	
과목	예산액	과목	예산액
총계	1,547,813	총계	1,547,814
사업수입	393,660	인건비	594,763
보조금	813,001	업무추진비	31,250
전입금	40,000	운영비	109,100
후원금	242,482	재산조성비	77,166
잡수익	3,195	사업비	730,800
이월금	55,475	잡지출	1,000
−	−	반환금	1,735
−	−	예비비	2,000

재정 지원 형태(100%): 사업수익(25%) + 보조금(55%) + 후원금(16%) + 기타(4%)

7. 지역의 특성

본 복지관은 ○○1 · 2동, ○○1 · 2 · 3 · 4가동, ○○동 등 총 7개 동을 관할하고 있다.

○○구의 총 면적은 16.84km²로 서울시의 2.78%를 차지하고 있으며, 인구 32만 명이 더불어 살아가는 특색 있는 지역으로 자리 잡고 있다. 또한 준공업 및 중소기업이 밀집된 공장지대 및 자동차중고매매시장이 있는 자동차 유통중심지이기도 하며, ○○ 지역은 주택개발촉진지역으로 불량주택 재개발사업과 주거환경개선사업이 한창 진행 중인 지역적 특성을 지니고 있다.

1) 지리적 특성

○○구는 서울의 동북쪽에 위치하며 수리적으로 37°31'~37°34', 동경 127°00'~127°04'상에 위치하고 있다. 동서 간 6.02km, 남북 간 5.14km 연장거리로, 총 면적 16.843km²(서울시의 2.78%)에 인구 32만 여 명이 더불어 살아가는 서울의 특색 있는 지역으로 자리 잡고 있으며, 경제적으로 중상류층과 저소득층이 산재해 있는 다양한 계층과 문화가 산재해 있는 특성을 가지고 있다.

2) 인구학적 특성

2000년 기준 ○○구 총인구는 342,508명으로 남녀의 비율이 남자가 51%, 여자가 49%로 거의 비슷한 추이를 나타내며, 세대당 인구는 3명으로 핵가족 구조를 나타내고 있다. 또한 65세 이상 노인이 19,155명으로 전년도보다 비율이 지속적으로 늘고 있으며, 상공업 지역이 근접하여 외국인의 비율 또한 1997년 1,411명에서 1,718명으로 계속적으로 증가하고 있는 상황이다. 아파트 재건축지역으로 인구가 밀집된 지역에는 주택, 상업, 체육시설이 가장 많이 존재하고 있으며, 사회복지 관련 기관 및 단체는 신생 출현 중이다.

3) 지역사회 특성

지하철 2, 3, 5, 7호선 및 국철이 통과하는 ○○구는 강남지역과 강북지역을 잇는 도심의 관문 역할을 하고 있다. 또한 ○○○역을 중심으로 남부지역인 ○○ 1, 2동은 서울에서는 드문 준공업 지역으로 중소기업이 밀집되어(약 1,350개 공장 산재) 구민들의 고용기회를 넓혀 주고 있으며, ○○천과 ○○천이 유입되는 ○○ 지역은 교통과 상업의 중심지로 날로 발전을 거듭하고 있다. 또한 서부 지역인 ○○ 지역은 주택개발촉진지역으로 구획 정리, 재개발 사업이 추진 중에 있다.

8. 서비스의 문제점

다양한 문화 프로그램이 대상자별로 많이 실시되는 점이 무척 좋았고, 무엇보다 해당 지역주민들의 욕구와 참여도가 높아서 서비스의 질도 높고 좋았다. 문제점이라기보다 개선점을 생각해 보았을 때, ○○주간보호센터의 경우 시설적인 면에서 취약해 어르신들을 대상으로 프로그램을 진행하기에 협소하여서 따로 독립되거나 보완되어야 할 필요가 있다고 생각한다. 현재는 이러한 문제 때문에 건강한 어르신들을 위주로 대상자를 선정하였지만, 이제 장기수발보험제도에 따라 요보호노인까지 대상으로 선정해야 할 때 어려움이 따를 것으로 예상된다.

또한 재가복지센터에서 담당하는 업무 중 사례관리에 따른 대상자 방문 시에 지리적으로 골목이 매우 많고 집을 찾기 어려운 경우가 많아 담당자가 아니고서는 방문 업무를 대신하기에 시간과 노력이 더 많이 드는 어려움이 있었다. 이에 대상자 집을 표시할 수 있는 스티커를 제작하여 붙이거나 대상자의 집 주소록에 자세한 약도와 설명을 추가하여 관리하는 것도 좋은 방법이라 생각한다.

9. 실습기관에 대한 실습생의 전반적인 견해

1) 기관 입지 및 시설

본 복지관의 입지는 인근에 수급자 및 저소득층이 집중되어 있지만 도로 하나를 경계로 중상층의 아파트 단지와 저소득층 아파트 단지가 나란히 있어 지역주민 간의 격차에 따른 여러 문제점들이 발생하고 있다. 기관은 지하철역에서 도보로 10분 정도 소요되는 위치에 있고 초등학교 및 중학교에 가까이 있어 접근성은 좋은 편이지만 총 7개의 동을 관할하고 있어 ○○동의 주민들에게는 접근성이 그다지 좋은 편만은 아니다. 재가복지센터는 ○○2동 수급 대상자가 밀집해 있는 곳에 따로 있고 가정봉사원파견사업 실시 등으로 이용되고 있어 접근성이 매우 좋은 편이다. 복지관 내에 방과 후 교실이 있고, 주간보호센터 및 아동상담센터, 컴퓨터실, 치료실, 문화센터가 모두 있어 이용하기에 편리하고, 또 이용하는 주민들이 다양한 프로그램과 사람들을 만남으로써 교육적으로 도움을 받으며 치매노인이나 장애아동에 대한 긍정적인 인식을 가질 수 있도록 한다.

2) 자원 활용

국가에서 주는 보조금 외에도 재단법인에 따른 지원금이 있어서 대상자들에게 좀 더 다양하고 질 높은 서비스를 제공하며, 복지관 직원들의 급여, 복리후생이나 처우도 좋은 편이다. 지역주민의 욕구 및 참여도가 높아 아동, 노인, 여성 등 많은 봉사단체를 조직하여 관리하고 있으며 인근 대학교의 봉사단과 연계하고 있어 자원 활용도가 매우 높은 편이다. 또한 각 담당자들의 프로포절 작성으로 공동모금회 등 다양한 곳에서 새로운 사업에 대한 예산을 유치하고, 관할 7개 동의 동사무소와 연계하여 담당자들 간의 교류를 위한 모임을 만들고 기타 지역사회 내의 다양한 기관과의 제휴, 연계망을 구축하여 자원 활용을 하고 있다.

3) 슈퍼바이저

현장의 사회복지사로서 이론의 중요성과 그에 맞는 행함을 강조하고, 그리고 사회의 전반적인 흐름을 볼 수 있는 시각을 키워 주고 사회복지사로서의 마인드를 키울 수 있도록 지도하였다. 4주 동안 복지관 내의 모든 업무를 경험해 볼 수 있도록 실습 일정을 세세하게 계획하고 그에 맞게 정확하게 진행되었다. 각 사업 담당자들에게 사업 설명과 지도를 받을 수 있도록 하였고, 매일 조회와 종례시간을 통해 함께 생각을 나누고 슈퍼비전을 받았다. 현 사회문제 바라보기, 기안문 작성요령, 프로포절 작성 요령 등 최대한 많은 것을 주고자 한 슈퍼바이저의 열정에 미치지 못한 것이 아쉬움으로 남으며, 앞으로도 멘토로서 계속 많은 도움을 구하고 싶다.

5. 집단 프로그램의 운영[4]

1) 프로그램 설정과정

• 대상에 맞는 목표와 프로그램을 기획한다.
• 연중 지속적으로 운영되는 프로그램을 운영할 경우 분기별로 프로그램을 기획하여 운영하는 것이 필요하다.
• 프로그램의 효과를 극대화하기 위해 일상생활에서 클라이언트의 긍정적 변화가 유지·확장되도록 진행자는 점검, 격려 및 촉진한다.

2) 집단 프로그램 운영과정

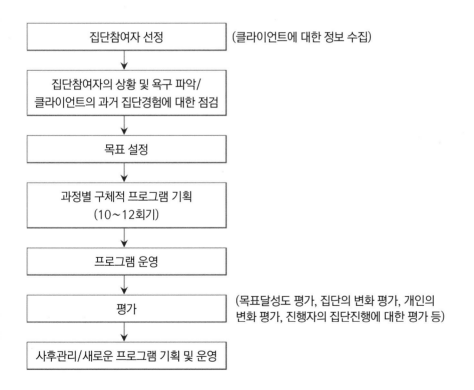

집단참여자 선정　(클라이언트에 대한 정보 수집)

집단참여자의 상황 및 욕구 파악/
클라이언트의 과거 집단경험에 대한 점검

목표 설정

과정별 구체적 프로그램 기획
(10~12회기)

프로그램 운영

평가　(목표달성도 평가, 집단의 변화 평가, 개인의
변화 평가, 진행자의 집단진행에 대한 평가 등)

사후관리/새로운 프로그램 기획 및 운영

---

4) 이 내용은 이경아, 서홍란(2011: 185-188)에서 발췌하여 수정한 것이다.

3) 매 회기 집단 프로그램 진행 시 실천과정

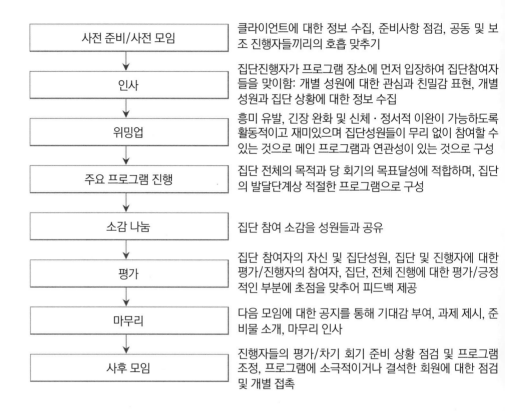

사전 준비/사전 모임	클라이언트에 대한 정보 수집, 준비사항 점검, 공동 및 보조 진행자들끼리의 호흡 맞추기
인사	집단진행자가 프로그램 장소에 먼저 입장하여 집단참여자들을 맞이함: 개별 성원에 대한 관심과 친밀감 표현, 개별 성원과 집단 상황에 대한 정보 수집
위밍업	흥미 유발, 긴장 완화 및 신체·정서적 이완이 가능하도록 활동적이고 재미있으며 집단성원들이 무리 없이 참여할 수 있는 것으로 메인 프로그램과 연관성이 있는 것으로 구성
주요 프로그램 진행	집단 전체의 목적과 당 회기의 목표달성에 적합하며, 집단의 발달단계상 적절한 프로그램으로 구성
소감 나눔	집단 참여 소감을 성원들과 공유
평가	집단 참여자의 자신 및 집단성원, 집단 및 진행자에 대한 평가/진행자의 참여자, 집단, 전체 진행에 대한 평가/긍정적인 부분에 초점을 맞추어 피드백 제공
마무리	다음 모임에 대한 공지를 통해 기대감 부여, 과제 제시, 준비물 소개, 마무리 인사
사후 모임	진행자들의 평가/차기 회기 준비 상황 점검 및 프로그램 조정, 프로그램에 소극적이거나 결석한 회원에 대한 점검 및 개별 접촉

(1) 모임을 시작할 때

• 지난 모임 이후 성원들이 성취한 사항, 삶의 변화 등을 서로 자유롭게 나누도록 한다.

• 성원들이 서로 관심을 가질 수 있도록 진행자는 격려한다.

• 모임에서 혹시 개인적으로 이야기하고 싶거나 다루고 싶은 것이 무엇인지 말할 기회를 준다.

• 지난 모임에 나오지 않았던 성원을 위해 다른 성원이 지난 모임에 대해 정리하여 이야기해 주도록 한다.

(2) 모임 중에

• 진행자가 중요한 역할모델임을 잊지 않는다. 긍정적이고 적극적인 자세, 개

별 성원에 대한 배려와 관심, 적극적인 피드백을 진행자 스스로 수행하는
것이 필요하다.

- 진행자가 일방적으로 이야기하거나 성원들의 언행에 대해 지적, 지시, 무시
  등 부정적인 반응을 언어적·비언어적으로 하여 성원들이 위축되지 않도록
  점검한다.
- 성원들이 고르게 참여할 수 있도록 격려하고, 성원들의 자기개방에 다른 성
  원들이 반응을 보일 수 있도록, 활발한 교류가 일어날 수 있도록 진행자는
  촉진자 역할을 한다.
- 지난 회기에 비해 적극적으로 참여하는 성원에 대해서는 즉각적으로 긍정
  적인 피드백을 한다.
- 진행자는 자신이 준비한 프로그램을 완성하는 데 집착하기보다는 지금-여
  기의 상황에 따라 탄력적이고 융통성 있게 프로그램을 운영한다.
- 집단 진행에 있어 말의 내용보다는 과정을 중시한다.
- 피드백을 할 경우 긍정적인 피드백 위주로 하고, 긍정적 피드백을 부정적
  피드백보다 먼저 할 수 있도록 집단성원들을 격려한다.
- 진행자와 성원들은 모두 자신의 역할과 책임을 분명히 해야 한다. 리더십은
  집단성원이 공유해야 하며, 집단 생산성(문제해결 능력)과 응집력은 모든 성
  원이 집단에 공헌할 때 더욱 강화된다.
- 집단규칙이 준수될 수 있도록 한다.
- 경쟁을 조장하지 말고 협력을 촉진한다.
- 지나치게 몸을 부딪치거나 다칠 위험이 있는 프로그램은 피한다.
- 프로그램 수행에 적절한 장소를 확보하는 것이 필요하다.

(3) 모임을 마칠 때

- 오늘 집단활동이 어떠했는지 성원들이 자유롭게 느낌을 나눌 수 있도록 한
  다. 진행자는 집단성원들이 이야기를 경청하고, 진행자가 먼저 집단활동에
  대해서 평가하거나 의미를 이야기하는 것은 가급적 삼간다.
- 집단 경험을 통해 성원들이 배운 것(성장한 부분)을 서로 나누고, 집단성원들
  이 배운 것을 실생활에서 적용하도록 격려한다.

- 다음 모임에서 집단성원들이 다루길 원하는 주제나 원하는 활동이 있는지 파악한다.
- 다음 모임에 대해 공지한다.
- 과제가 있다면 과제를 분명히 제시하고 다음 모임까지 과제를 달성하도록 성원을 격려한다.

6. 지역사회의 복지욕구조사 및 자원분석[5]

1) 지역사회의 복지욕구조사

실습생들은 어떤 사회복지기관에서 실습을 하게 되든지 그 지역사회에 대한 정확한 이해가 이루어져야 한다. 즉, 사회복지사는 지역사회에 대한 중요성을 인식하고 지역사회를 파악하는 과정에서부터 사회복지사로서의 역할과 책임을 다할 수 있게 된다.

(1) 복지욕구조사 과정 시 고려사항

지역사회 복지욕구조사는 지역사회와 관련한 문제를 포괄해야 하고 다양한 조사방법을 적용하기 때문에 조사과정에서 몇 가지 고려해야 할 사항이 있다(오정수, 류진석, 2008).

첫째, 조사과정에서 활용 가능한 자료의 상황에 대해 파악해야 한다. 둘째, 현재 지역사회 내의 다양한 제도 및 서비스가 지역사회의 문제나 욕구를 어느 정도 포괄하고 있는지를 확인해야 한다. 셋째, 복지욕구조사는 공식적이고 체계적인 자료 수집 과정이 요구되고 조사분석 과정에서는 다양한 관점을 견지할 필요가 있다. 넷째, 실제 욕구조사 과정에서는 조사 기간과 조사과정에서 필요한 자원, 그리고 실제 조사에 활용할 질문들을 적절히 고려해야 한다.

구체적인 복지욕구조사 질문 내용을 살펴보면 〈표 7-1〉과 같다.

---

5) 〈부록 2〉의 서식 30, 서식 31, 서식 32, 서식 33, 서식 34 참조.

〈표 7-1〉 복지욕구조사 질문 내용

관점	질문 내용
지역사회	• 개인과 집단이 현재 어떠한 문제를 경험하고 있는가? • 그 문제가 현재 어떻게 처리되고 있는가? • 문제해결을 위해 지역사회 주민과 공공기관, 정부가 어떠한 행동을 취하고 있는가? • 문제해결을 위해 지역사회 기관은 어떤 행동을 취하고 있는가?
서비스 욕구	• 사회문제해결을 위해 지역사회에서 어떠한 서비스가 제공되고 있는가? • 문제해결을 위하여 어떠한 서비스가 필요하다고 느끼는가? • 문제해결을 위해 지역주민이 이용할 수 있는 서비스가 존재하고 있는가? • 서비스를 받지 못하는 지역주민이 있는가? • 어떠한 서비스가 추가적으로 제공되어야 하는가?
서비스 제공자	• 지역주민에게 필요한 서비스의 형태는 무엇인가? • 현재 지역사회조직을 통해 제공되는 서비스는 무엇인가? • 서비스가 지역주민 욕구를 충족할 만큼 적절한가? • 서비스에 대한 지역주민들의 접근성이 좋은가? • 서비스를 받지 못하는 지역주민들이 있는가? • 어떻게 서비스가 조직 간에 조정되는가?
지역사회 자원	• 지역주민들에게 필요한 자원은 무엇인가? • 지역 내 주요 조직, 시설은 어떠한 것이 있는가? 이 조직과 시설이 지역사회자원으로 활용가능한가? • 지역조직 간에 연계되고 있는 것은 무엇이고, 이것들이 주민조직화 과정에 어떻게 활용되고 있는가? • 지역의 건축물 등이 지역조직을 위해서 활용될 수 있는가? • 지역조직을 위해 활용할 수 있는 지역사회 외부의 자원은 어떠한 것이 있는가?

출처: Harlina (2002): 오정수, 류진석(2008)에서 재인용.

(2) 복지욕구조사를 위한 자료 수집 방법

복지욕구조사를 위한 자료 수집의 방법은 질적 접근 방법과 양적 접근 방법으로 구분된다. 질적 접근 방법으로는 공식적, 비공식적 인터뷰와 민속학적 방법, 지역사회 포럼이나 공청회, 초점집단 인터뷰, 델파이기법 등이 있으며, 양적 접근 방법으로는 서베이, 모니터링, 사회지표분석 등이 있다.

특히 서베이(인지된 욕구 파악)는 지역사회의 복지욕구조사를 위해 설문지를 작성하여 우편이나 이메일, 직접 면접조사를 통하여 자료를 수집하는 것으로 가장 보편적으로 활용되는 방식이다. 조사자가 질문 항목을 선정해야 하기 때문에 다소 자의적일 수 있다는 한계는 있지만, 응답 내용을 표준화할 수 있고 지역 간, 인구집단 간 응답내용을 비교분석할 수 있다는 장점이 있다. 따라서 설문 문항을 구성할 때 현장조사를 통해 보다 현실적인 내용이 담겨야 하고, 인구집단별 또는 지역사회문제별 세분화된 설문 작성이 필요하다(엄태영, 2020).

한편, 사회지표분석은 기존에 수집된 다양한 자료를 통해 지역사회문제나 복지욕구를 분석하는 방법이다. 통계청의 각종 자료와 기초, 광역지방자치단체의 통계자료, 다양한 사회복지기관이 수집한 자료를 이차자료로 활용하여 분석하게 된다. 최근 들어 인터넷을 활용한 각종 사회지표 자료 수집이 용이해서 접근성이 높지만 지역사회단위에서 활용 가능한 자료가 없어 분석 자체가 어려울 가능성도 있다(엄태영, 2020).

또한 사례조사법(표현된 욕구 파악)은 현재 서비스를 제공하고 있는 기관들에서 정보를 획득하는 방법으로, 클라이언트의 수와 특성, 서비스 성격과 분포, 서비스 활용의 특성, 서비스 전달체계의 적합성과 충분성, 미충족된 욕구에 대한 추정, 비서비스 지역 등에 관한 정보 획득에 유용하다.

이외에 서비스 이용자료 조사로서, 서비스 조직이 클라이언트에 관해 축적해 놓은 데이터를 활용하는 것으로 이 방법의 장점은 저렴한 비용으로 자료를 얻을 수 있다는 것이다. 또한 지역사회 주민들의 욕구와 서비스 경향 간의 관계를 분석하는 데도 유용하게 쓰일 수 있지만, 클라이언트 정보에 대한 기밀 보호성 때문에 외부 기관이 이러한 자료들에 접근하는 것이 쉽지 않고, 서비스 이용 자료들은 대개 경영 통제와 책임성 등의 목적으로 만들어지기에 욕구사정의 목적으로 활용하기는 힘든 경우가 많다.

〈표 7-2〉 자료 수집 방법의 예시

구분	내용
직접 관찰법	• 욕구를 특정집단을 대상으로 직접조사 　－ 서베이 조사방법　　　　　　　－ 델파이 기법 　－ 관찰법　　　　　　　　　　　－ 직접경험방법 　－ 지역사회공청회　　　　　　　－ 대화와 집단토의 　－ 체크리스트　　　　　　　　　－ 테스트
사례조사법	• 관계를 맺고 있는 제3자들을 접촉하여 조사하는 방법 　－ 프로그램 운영자 및 서비스 제공자 조사방법 　－ 주요 정보제공자 조사방법 　－ 결정적 사건 분석방법 　－ 직무분석 　－ 서비스 이용 통계치 활용 방법
간접자료 조사법	• 기존의 기록이나 지표 또는 자료를 활용 　－ 행정자료 조사방법　　　　　　－ 이차적 자료 분석방법 　－ 비활동 자료 분석방법　　　　　－ 사회지표 분석방법

출처: 임정문, 나직균, 박용권(2013).

2) 자원분석

지역사회복지욕구조사의 과정에서 지역 자원의 종류와 활용 가능 정도를 파악하는 것이 필요하다.

(1) 자원의 유형

인적 자원분석은 자원봉사자나 법률, 의료 등의 전문가, 그 외 지역사회 주민 등이 여기에 해당된다. 물적 자원분석은 다양한 재원 또는 물품 등을 지원할 수 있는 각종 지원재단과 후원자 등을 사전에 파악하여 필요한 시기에 물적 자원을 동원할 수 있도록 한다.

조직분석에는 공공조직으로는 경찰서, 소방서, 행정 관련 기관 등이 해당되고, 민간조직은 기업이나 교육기관, 사회복지 관련 기관이 속하며, 지역사회에서 활동 중인 지역주민조직 또한 중요한 조직자원으로 볼 수 있겠다.

정보분석에는 현재 이슈가 되고 있는 지역사회 문제를 해결하기 위한 또는 지역주민 욕구충족에 필요한 각종 서비스, 관련 법률이나 제도 등이 포함된다.

(2) 자원분석방법

자원을 분석하기 위해서는 다양한 방법을 활용할 수 있으나 지역사회복지실천가는 평소 자신의 생활 속에서 자원을 파악하여 정리해 놓을 필요가 있다. 자원분석은 가깝게는 지역 신문부터 고급 정보에 이르기까지 자원이 산재해 있기 때문이다.

자원보유자나 자원보유조직에 대해서는 지금 당장 자원화할 수 있는 내용뿐만 아니라 향후 자원이 될 수 있는 영역까지 상세히 파악하는 것이 필요하며, 항목을 규정하고 목록화하는 것이 유용하다. 특히 지역사회 내 자원이 존재하는 경우 지도 위에 표시한 자원지도도 활용될 수 있다(엄태영, 2020).

지역자원 매핑(mapping)은 자원에 대한 정보를 쉽게 볼 수 있도록 시각화하는 과정이다. 이러한 매핑과정은 지역의 현황을 한눈에 볼 수 있게 해 줄 뿐만 아니라 시각화된 자원 자료를 토대로 자원 활용계획 수립에 보다 실질적인 도움을 주게 된다. 또한 최근 들어 공간 매핑을 할 수 있는 각종 웹 서비스들이 활발하게 개발되었기 때문에 이를 활용하게 되면 쉽게 자원 매핑이 가능할 수 있다.

(3) 자원분석 과정

대체로 자원분석의 과정은 자원조사 항목 선정, 자료조사, 현장조사, 자원목록표 작성, 지역자원 매핑의 과정을 거치게 된다(성북신나협동조합, 2014).

〈표 7-3〉 복지지원 표준분류표

대분류	중분류	대분류	중분류
일자리	• 직업 상담 및 알선 • 직업능력개발 및 직업교육 • 자활 및 일자리사업 • 창업지원 • 직업유지 및 자립지원 • 구직 관련 비용지원	보호 및 돌봄, 요양	• 장기시설보호 • 단기시설보호 • 주야간보호 • 간병 및 돌봄서비스 • 장제서비스 • 돌봄, 요양 관련 비용지원

〈계속〉

주거	• 주거환경개선 • 거처 마련 및 이주 지원 • 주거 관련 비용 지원	보육 및 교육	• 양육상담 및 부모교육 • 보육 및 양육 지원 • 특기적성지원 • 진로지도 및 상담 • 장애교육, 특수교육 • 평생교육 • 보육 및 교육 관련 비용 지원
일상생활	• 가사 지원 • 식사 지원 • 활동 지원 • 위생 지원 • 생활용품 지원 • 일상생활 관련 비용 지원 • 복합 지원	문화 및 여가	• 공연, 전시관람 지원 • 체육활동 지원 • 체험 및 여행 지원 • 취미활동 지원 • 문화여가 관련 비용 지원
신체건강 및 보건의료	• 질병예방 및 건강관리 • 검진, 진단 및 치료 • 재활치료 • 산전 후 관리 • 의약품, 의약외품 및 보호장구 지원 • 보건의료 관련 비용 지원	안전 및 권익보장	• 안전 및 인권 교육 • 학대 및 폭력 피해자 지원 • 법률 및 재무 상담 • 법률지원 관련 비용 지원
정신건강 및 심리정서	• 정신건강교육 • 심리검사 및 진단 • 정신 및 심리 상담 • 정서발달 및 치유 지원 • 정신질환자 치료 및 사회복귀 지원 • 정신건강 관련 비용 지원		

출처: 엄태영(2020).

작업 sheet 12

지역사회복지를 위해 꼭 필요한 지역사회 기관은 무엇이고 그 협력방안은 무엇인가? (지역사회 조사를 나가기 전 착안 사항으로 제시한 후 조사 후에 모여 학습한다.)

지역사회복지 실현을 위해 협력 가능한 지역사회 기관을 조사하여 협력방안을 논의해 본다. 이때 궁금한 사항이 있다면 슈퍼바이저에게 물어보도록 하자. 슈퍼바이저는 지역사회에 대해 완전히 이해하고 있으며, 실습생을 지도할 수 있을 정도의 정보와 지식을 갖추고 있기 때문이다.

작업 sheet 13

기관을 중심으로 지역사회 자원 지도를 그려 보자. 이때 중요한 사항은 실습하는 사회복지기관을 중심에 두어야 하며, 큰길을 중심으로 공공 기관 및 유명 상호를 표시한다.

7. 실습 중 발생하는 어려움과 대처방법

실습과정 중에 발생하는 문제 상황은 실습생, 실습기관, 대학의 특성에 따라 매우 다양하게 나타날 수 있으며, 실습생의 학습 경험을 방해하기도 하고 문제의 해결에 따라서는 값진 학습 경험이 되기도 한다(박용권, 2009).

1) 지각, 결석, 질병 및 약속 불이행

실습 중 지각이나 결석은 결코 있어서는 안 될 실습생의 수칙 중의 하나이나 부득이한 사정(질병, 사고 등)으로 인하여 결석이나 지각을 하게 될 때 가장 먼저 기관의 실습지도자에게 연락하고 통화하기 힘들 때에는 반드시 메모를 남겨 놓아야 한다. 시간의 엄수와 철저한 약속 이행은 실습생의 태도를 평가하는 데 있어 매우 중요한 요소다.

2) 적절한 실습지도의 부재

실습지도를 위한 최소한의 시간도 부족한 것이 사회복지기관의 현실이지만, 장기간 동안 적절한 실습지도를 위한 시간이 주어지지 않을 때 실습생은 실습지도를 정당한 권리로 요구해야 하며, 실습기관에서는 이를 수용하려는 노력을 기울여야 한다(김영호 외, 2004).

3) 클라이언트에게 실습생임을 알리는 문제

클라이언트에게 실습생의 신분임을 알리는 문제는 윤리적인 성격을 가진 이슈로 각 기관에서 규정이나 명확한 지침을 제시하지 않을 경우 실습생이 갈등 상황에 처할 수 있다. 기관의 규칙이나 특성상 실습생 신분임을 노출하지 않아야 할 때 실습지도자는 이러한 문제를 실습생과 충분히 논의하여 실습생이 갖게 될 갈등을 다루어 주어야 한다.

4) 클라이언트가 실습생의 역량에 대해 의문을 가지는 경우

클라이언트가 '어떻게 당신처럼 어린 사람이 나를 도울 수 있는가? 나는 당신 엄마와 같은 연배다.'라고 생각하거나 직접 말하기도 한다. 이런 상황에서 사용할 수 있는 대응방법은 다음과 같다. 첫째, 클라이언트가 실제 상황을 언급하면 이것이 사실임을 인정하는 것이다. 예를 들어, "예, 제가 더 어리지요." 또는 "예, 저는 아직 학생입니다."와 같이 말할 수 있다. 이런 발언은 명백한 사실을 인정함으로써 방어적으로 보이는 것을 막을 수 있다. 둘째, 클라이언트에게 질문으로 반응할 수 있다. 예를 들어, "제가 실습생인 것이 부담이 되시나 보군요?"라고 질문할 수 있다. 셋째, 자신이 가지고 있는 역량을 보여 줄 수 있다. 예를 들어, "저는 대학에서 사회복지를 전공하고 이런 문제를 가진 클라이언트를 돕는 훈련을 여러 해 동안 받아 왔습니다. 저에게 도움을 드릴 수 있는 기회를 주시면 감사하겠습니다."라고 말할 수 있다(박용권, 2009). 넷째, 관계 형성 기술을 적용하여 따뜻함, 감정이입, 진솔함 등을 보여 주고 전문가처럼 행동한다면 역량에 대한 클라이언트의 의구심을 멈출 수 있을 것이다(Sheafor & Horejsi, 1998).

5) 실습생의 개인적인 정보를 클라이언트에게 알려 주는 문제

클라이언트가 실습생에게 개인적인 질문을 할 수도 있는데, 이러한 경우에는 먼저 클라이언트의 질문 의도에 대해 생각해 보아야 한다. 단순한 호기심의 표현으로 여겨질 때 실습생 자신의 사생활 침해라는 느낌 없이 이러한 정보를 클라이언트에게 알려 주고 싶다면 경우에 따라서 알려 주어도 무방하다. 그러나 이러한 경우에도 가능하면 짧게 직선적으로 질문에 답해 주는 것이 좋다. 또한 정확한 주소나 개인 연락처는 알려 주지 않도록 한다. 종결된 클라이언트와 사적인 연락을 주고받는 것도 바람직하지 못하다.

6) 자살 위험이 있는 클라이언트를 만났을 때

클라이언트가 직간접적으로 자살에 대한 생각을 암시하는 말을 하여 자살을 시도할 위험이 있다고 판단되었을 때 실습생의 첫 반응은 먼저 클라이언트가 자살을 심각하게 고려하고 있는지 직접적으로 묻는 것이다.

클라이언트가 자살계획을 시인하거나 시인하지 않더라도 자살의 위험이 심각하다고 판단되면 조속히 정신과 입원을 고려할 필요가 있다. 이를 클라이언트가 거절한다면 기관의 실습지도자, 클라이언트의 보호자, 경우에 따라서는 경찰에게 이를 보고하는 것이 기관의 정책임을 알린다. 이러한 위급 상황에서는 비밀보장의 원칙이 유보될 수 있다(박용권, 2009).

7) 폭력 위험이 있는 클라이언트를 만났을 때

극도로 화를 내고 잠재적으로 폭력적인 사람과 상호작용을 할 때 실습생은 다른 사람과 먼저 상의하지 않고 위험해 보이는 상황으로 뛰어들지 않으며, 위험한 상황으로 발전할 수 있는 가정방문을 할 때에는 항상 기관에 방문 일정을 알리고 간다. 실습생은 기관의 안전 수칙, 개인 위기 처리 절차 등을 잘 알고 있어야 하며, 자신과 클라이언트를 보호하기 위해 책임 있는 결정을 내릴 수 있도록 배워야 한다.

8) 클라이언트의 문제나 상황이 악화되었을 때

클라이언트 스스로 선택한 행동에 대하여 실습생은 지나치게 우울해하지 않도록 하며, 자신의 개입을 실패로 여기고 자책하지 않는 태도가 필요하다. 실습지도자가 이러한 문제를 충분히 다루어 주고, 실습생은 솔직하게 자신의 감정을 털어놓아야 지지를 받을 수 있을 것이다.

9) 실습기관에서의 실수

실습생이 업무수행상 중요한 실수를 하게 되었다면 이를 비밀로 하지 말고 즉시 실습지도자와 상의하여 해결방법을 찾도록 해야 할 것이다.

제8장
중간단계

사회복지 현상실습 중간단계에서 이루어지는 실습의 과제는 크게 일곱 가지로 나눌 수 있다. 김선희와 조휘일(2000)은 실습 슈퍼비전의 교육적인 활동, 특히 레코딩을 통한 교육, 보조교육 등을 강조하고 있다. 김경희(2001)는 정기적 슈퍼비전, 사례회의, 다양한 기록 유형을 통한 사례분석, 실천 과정과 실습생의 자아인식 확대, 인간관계 기술 향상, 실습 목표 성취 분석과 목표 수정, 실습에 필요한 자원 동원과 활용, 중간평가회 실시 등을 강조하고 있다.

이러한 연구들을 바탕으로 중간단계에서는 담당 실습 업무 점검, 정기적 슈퍼비전 제공, 중간평가를 통한 실습 목표 성취도 확인 및 수정, 보충교육을 실시하는 것, 기록에 대한 자문을 받는 것, 슈퍼비전을 받는 것, 사례회의에 참여하는 것을 주요 과제로 제시하고자 한다.

1. 업무 점검

실습생은 실습과정 중간단계에서 자신에게 배당된 업무에 대하여 확인하고 점검받아야 한다. 점검사항은 주로 자신에게 주어진 업무 할당의 적절성, 업무수행의 효율성, 업무수행 정도 등이다. 주로 실습생에게 할당되는 업무는 비공식적 클라이언트 관리, 실습기관의 서류철 및 각종 서식 정리 등 비교적 간단한 업무를 비롯하여 집단 프로그램 기획 및 운영, 사례관리 등이다.

그러나 실습생들에게 할당된 업무는 그들의 기대와 다를 수 있고 또한 실습생의 특성과 역량에 따라 할당된 업무의 수행에 차이가 있을 수 있으므로 이를 고려한 업무 점검이 이루어져야 한다.

작업 sheet 1

나에게 부여된 업무에 대하여 기본 사항을 점검해 보도록 하자.

1. 현재 나에게 부여된 업무는 내가 처리하기에 적절한 업무인가?

_____

_____

2. 나에게 배당된 업무에 대하여 만족하는가?

_____

_____

3. 내가 현재의 업무를 수행하는 데 어려움은 무엇인가?

_____

_____

---

2. 정기적 슈퍼비전

실습생은 정기적 슈퍼비전을 받아야 한다. 그러나 기관의 사정과 상황에 따라 정기적 슈퍼비전이 불가능할 수도 있고, 슈퍼바이저의 상황에 따라 슈퍼비전이 이루어지지 않을 수도 있다. 기관 입장에서 생각해 본다면 각종 행사나 프로그램으로 인하여 슈퍼비전을 줄 수 없는 상황을 충분히 이해할 수 있다. 그러나 실습생의 입장에서 생각해 본다면 슈퍼비전이 제대로 이루어지고 있지 않다는 사실은 심각하게 고려되어 대안을 모색해야 할 상황이다. 왜냐하면 실습생 입장에서는 일생에 단 한 번이 될 수도 있는 실습 기간 동안 슈퍼비전을 제대로 받지 못한다면 전문적인 사회복지사가 될 수 없기 때문이다. 따라서 실습생은 정기적인 슈퍼비전을 제공받아야 하며, 이를 위해 실습계약서에는 제공 형식과 일자가 명

시되어야 한다. 그럼에도 불구하고 실습 슈퍼비전이 제공되지 않는다면 다양한
방법을 통해 슈퍼비전이 이루어질 수 있도록 슈퍼바이저와 함께 논의해야 한다.

작업 sheet 2

　　슈퍼바이저가 정기적인 슈퍼비전을 줄 수 없다면 어떻게 대처해야 할지 생각
해 보자.

1. 가장 바람직한 대처 방법과 그 이유는 무엇인가?

　　_____

　　_____

2. 가장 바람직하지 못한 대처 방법과 그 이유는 무엇인가?

　　_____

　　_____

3. 내가 바람직한 대처 방법을 취하기 위해 노력해야 할 것은 무엇인가?

　　_____

　　_____

3. 중간평가[1]

　　실습의 중간 시기에 실습 전반에 관한 실습 중간평가회를 공식적으로 실시한
다. 슈퍼바이저는 실습생들이 실습 중간평가서를 작성하도록 지도하며, 슈퍼바
이저와 실습생 모두 함께 평가서를 발표하고 상호 피드백을 나눈다. 중간평가
시 실습생의 목표 달성 정도를 점검하며 이미 달성된 목표가 있는 경우, 새로운
목표를 선정할 수 있다. 중간평가 시에 보완이 필요하거나 교육 및 학습이 더 필
요한 영역에 대해서는 슈퍼바이저와 조율을 통해 방향을 조정하거나 교육을 보
충한다.

---

1) 〈부록 2〉의 서식 35 참조.

참조: 실습평가서 작성 요령

- 실습 초기에 수립했던 목표 및 계획에 기초하여 성취한 학습효과를 구체적이고 객관적으로 작성해야 하며, 실습생 자신의 느낌에 따라 주관적으로 장황하게 기술하지 않도록 한다.
- 평가서의 세부항목에 따라 자신이 수행한 역할과 과업을 제시한 뒤, 이를 평가하고 종결 시까지 노력해야 하는 부분을 구체적으로 제시한다.
- 실습 내용 및 역할의 요약에는 자신이 수행한 실습 내용과 역할을 명료하고 구체적으로 기록하며, 일정한 틀(행정업무, 집단 프로그램, 사례관리 등)을 사용하면 도움이 된다.
- 이후의 실습기간 동안에 학습하고 경험해 보고 싶은 내용들을 솔직하게 기록한다.
- 실습생으로서의 실습에 임한 자세를 솔직하게 기술하고 그동안의 노력에 대하여 반성해 본다.
- 실습기간 중 어려웠던 점을 솔직하게 적고 기관 및 슈퍼바이저에게 건의할 사항은 근거를 제시하면서 논리적으로 타당한 점에 대해 최대한 공손하게 표현하도록 한다.
- 평가 양식은 기관의 양식을 따르고, 별도 기관 양식이 없는 경우는 학교의 평가서 양식을 사용하도록 한다.

실습 보고서 예시

실습보고서(중간평가서)

실습생명	○○○	기관명	종합사회복지관
실습 기간	20○○. 07. 02 ~ 07. 30.	슈퍼바이저	○○○ 과장
중간평가일	20○○. 07. 13.	실습지도교수	○○○ 교수

1. 실습 내용

1) 이론 교육 내용

오리엔테이션 및 실습계약서 작성을 시작으로 실습을 시작하였다.

(1) 1주차

직장인이 가져야 할 예절과 사회복지사로서 가져야 할 자세와 태도를 배움으로써 실습생들 간 각오를 다졌으며, 사회복지관의 역사 및 지역사회복지관에 대한 이해를 시작으로 본 복지관의 사업 소개가 시작되었다. 가족복지사업에 대한 내용을 각 담당자별로 총 4시간으로 나누어 세밀하고 깊이 있게 전달해 주었다. 그리고 사회복지기관의 재무·회계에 대한 이해를 위해 예산 및 행정 업무를 가르쳐 주었다. 본래 사회복지 전산프로그램(SPSS)까지 사용해 볼 계획이었으나 시간이 부족하고 컴퓨터 사용이 여의치 않아 해 보지 못한 것이 아쉽다. 그리고 본 기관에서 운영하는 4개의 방과 후 교실에서 각각의 실무 경험을 위해서 아동의 특성 및 방과 후 교실 및 아카데미에 대한 이론교육을 받았다.

또한 MBTI 검사를 통해 내가 생각하는 나의 강점과 약점, 타인이 바라보는 나의 강점과 약점 등에 대해 실습생들과 함께 토론함으로써 클라이언트를 만나 관계를 형성하고 서비스를 제공하기에 앞서 나 자신을 되돌아보고 스스로 알아 가는 시간을 가졌다.

(2) 2주차

○○ 1동에 위치한 복지관과 조금 떨어진 ○○ 2동에 자리한 ○○재가복지센터에서 실습을 하였다. 재가복지사업에 대한 소개를 받고, 저소득층 아동을 대상으로 야간돌봄까지 하는 방과 후 교실에 대해 소개받았다. 그리고 가정방문 및 욕구 조사, 초기면접을 위한 사례관리에 대한 이해 및 방법과 가정방문 시 주의할 점 등에 대한 교육을 받았다.

2) 실천 내용

  (1) 1주차

  실습 2일차까지는 실천적인 내용보다 실무 경험 전의 이론교육을 통해 자세와 태도를 바르게 하고, 사회복지사로서의 마인드를 가질 수 있도록 지도해 주었다. 3일차부터 가족복지사업에 따른 방과 후 교실에 참여하여 아동들을 함께 지도하였다. 발달장애아동들이 있는 자람 방과 후 교실에서는 함께 시간을 보내며 놀이를 해 주고, 아주 간단한 학습 지도를 해 주었으며, 일반아동들이 있는 선재 방과 후 교실 및 고학년들을 대상으로 하는 반야아카데미에서는 책 읽기부터 수학 및 한자 등 문제지 풀이를 도왔다.

  (2) 2주차

  재가대상자(노인)를 직접 가정방문하여 경로식당 이용에 대한 욕구조사를 실시하였으며, 2명씩 2팀으로 조를 나누어 팀당 5명의 대상자를 초기면접하였다. 가정방문 전에 사전 연락을 하고, 주소를 보면서 집을 찾아 직접 클라이언트들을 만나 면접을 하면서 사회복지 현장에 대한 실제적인 분위기와 실태를 알 수 있었다.

3) 과제물과 수행 정도(보고서 뒷부분에 과제물 결과를 첨부함)

  (1) 지역사회복지관에 대한 개념정의, 목적, 배경, 역사, 기능, 역할 정리

  (2) 지역사회복지관의 이해를 위한 「사회복지사업법」 숙지 및 정리

  (3) 사회복지 현장에서의 사회복지사의 자세에 대한 정리

  (4) 아동 및 청소년 방과 후 교실의 기능 및 역할 정리

  (5) 재가복지사업의 중요성 및 기능, 역할 등 내용 정리

  (6) 사례관리에 따른 초기면접기록지 작성

☞ 이하에 제시된 %는 주관적인 내용을 중심으로 기록되었다. 퍼센트(%)란 기준이 100이라는 수치다. 그러나 다음에 제시된 %는 기준이 없이 단순히 주관적인 느낌으로 구성되어 있는 듯하다. 만일 실습계약이 잘 이루어졌다면 실습계약서상의 항목과 기준을 가지고 중간 점검을 실시하였을 것이다. 아마도 이 실습생과 기관은 실습계약서를 충분히 합의하여 작성하지 않았던 것으로 생각된다.

2. 실습 목표와 목표 달성 여부

자신의 목표를 서술하고 목표의 달성 정도를 계량화하여 기술한다.

1) 사회복지사로서의 전문적 발달을 위한 목표

  (1) 사회복지사의 역할과 전문적 태도 발달에 대한 목표

   • 사회복지전문직에 대한 실무 경험을 획득한다(70%).

   • 나에게 맞는 사회복지 분야를 찾는다(50%).

- 사회경험을 통한 책임감 있는 행동 및 직장예절, 대인관계 기술을 습득한다(95%).

(2) 사회복지사의 윤리적 실천 원칙과 가치에 대한 목표

- 시간 약속을 엄수한다(지각, 결석하지 않기)(100%).
- 배우는 자세로 충고와 조언에 민감하게 수용하고 반영한다(80%).
- 역동적인 사회복지사의 관점을 유지하기 위하여 사회복지와 관련된 도서를 1권 이상 읽는다(30%).
- 사회복지사의 전문적인 시각을 가지기 위해 주 3회 이상 사회문제 및 관련 사이트를 검색한다(70%).

2) 실습기관 업무수행과 관련된 목표(실습기관 오리엔테이션을 통해 알게 된 실습 내용을 기초로 작성)

(1) 기관의 구조와 행정 이해와 관련된 목표

- 기관분석보고서를 작성하여 기관의 특성·조직·구성·입지조건 및 지역적 특성을 파악하고 그에 따른 기관의 주요 사업을 살펴본다 (80%).
- 실무 경험 전에 각 사업과 관련된 이론 학습 과제를 철저히 수행한 다(90%).
- 이론과 현장 간의 차이에 대해 이해·수용한다(85%).

(2) 대상 클라이언트 체계에 대한 이해와 개입 기술 발달에 대한 목표

- 초기면접 전 클라이언트의 정보를 수집하고 숙지하여 질문과 상담 내용을 준비한다(90%).
- 초기면접 후 한 번에 그치지 않고 지속적으로 추가사정을 함으로써 새로운 정보를 수집할 수 있도록 노력한다(40%).
- 아동, 성인, 노인 등 사전에 대상자에 대한 정보를 수집하여 특성을 이해하고 실무내용을 계획·준비하여 서비스를 제공할 수 있도록 한 다(80%).

(3) 실습기관이 속한 지역사회와 기관의 역할 이해에 대한 목표

- 해당 지역사회 내에 다른 복지관이 있는지 알아보고 사업 내용 및 제공되는 서비스, 이용자 수, 활용도 등을 비교하여 본다(50%).
- 복지관이 지역사회 내에서 연계를 맺고 있는 기관 및 자원들을 살펴 보고 연계기관 목록을 작성하여 본다(65%).

(4) 업무수행에 필요한 지식발달에 대한 목표
  • 「사회복지사업법」 및 관련 법률, 시행령을 학습한다(50%).
  • 지역주민의 욕구 이해를 위한 현 사회문제와 이슈가 무엇인지 파악한다(50%).

3) 실습 수행에 따른 대인관계와 관련된 목표

  (1) 슈퍼바이저와의 관계
  • 항상 배우려는 자세로 슈퍼바이저의 지도를 적극적인 자세로 따른다(85%).
  • 실습 중 발생하는 갈등은 상담을 요청하고, 효율적이고 효과성 있는 학습의 장이 될 수 있도록 성실한 자세로 임한다(80%).
  • 많은 조언을 구하고 적극적인 질문 태도와 기록하는 자세를 갖는다(90%).

  (2) 슈퍼바이저 외 직원들과의 관계
  • 항상 미소로 먼저 반갑게 인사한다(85%).
  • 현장의 소리와 이야기를 경험하고 배울 수 있도록 모든 직원 선생님께 적극적으로 질문하고, 필요시 업무를 도와드린다(70%).

  (3) 동료 실습생과의 관계
  • 정보를 공유하고, 실무 경험을 함께 토론하면서 긍정적인 관계를 유지한다(95%).
  • 힘들고 어려운 상황 속에서 서로 지지하고 협력한다(95%).

  (4) 지도교수와의 관계
  • 학교 실습세미나 · 면담 등을 통해 실습에서의 어려운 사항 및 궁금한 사항을 질문하여 원활한 실습 활동을 할 수 있도록 한다(30%).
  • 과제를 철저히 수행하고, 실습 과목에 대한 공지사항을 날마다 확인한다(95%).

3. 중간평가 이후 실습계획과 목표 달성 방법

앞으로의 목표 달성 정도에 대해 계량화한다. 그 후 매일 목표에 대한 세부 목표를 세우고 달성 여부를 파악하며, 부족한 부분을 다음 실습일에서 채울 수 있도록 한다.

4. 자기평가

1) 실습 전 준비

사이트를 통해 기관에 대한 전반적인 이해를 하고, 실습생으로서 어떤 업무를 하게 될지 예상하고 그에 따른 용어 및 행동, 기술을 익히기 위해 서적 및 자료를 숙지하였다.

2) 실습 시

(1) 실습 태도

항상 밝고 적극적인 태도를 유지하고자 노력했으며, 천안에서 통근함에도 단 한 번도 지각 및 결석을 하지 않았다. 항상 손에 필기도구를 가지고 기록하고자 했으며, 매 교육 시간마다 질문을 3개 이상 하자는 목표를 세우고 적극적으로 질문하고 교육을 경청하였다.

(2) 용모

실습 오리엔테이션에서 전달받은 내용대로 세미정장을 입어 항상 깔끔하고 단정한 용모를 취했으며, 이름표를 항상 착용하였다. (재가복지센터에서 가정방문을 할 때에는 많은 가정을 찾아다녀야 하는 관계로 운동화를 신었다.)

(3) 의욕

실습생의 자세와 실습생의 권리 및 한계를 항상 인지하고, 성실함과 책임감을 갖고 배움의 자세로 실습에 임하였다.

(4) 책임감

주어진 과제를 미루지 않았고, 다른 실습생에게 업무와 일처리에 대해 피해를 주지 않도록 맡은 바 최선을 다했다.

(5) 서비스 자세

중립적이고 합리적·객관적인 자세를 유지하려고 하였으며 순간순간 나 자신의 주간적인 감정이나 가치관, 신념, 생각이 서비스 자세에 영향을 미치지 않도록 유의하였다.

3) 실습 업무처리 능력

방과 후 아동들을 지도함에 있어 적극적으로 다가가지는 못했지만 아동들의 궁금증에 대한 답변과 학습 지도를 철저히 해 주었으며, 재가대상자 방문 및 욕구 조사에서는 매우 적극적인 모습과 친절함으로 면담하였다.

4) 슈퍼바이저의 관계

　긍정적이며 협조적인 관계를 유지하고 있다.

5) 클라이언트와의 관계

　만남이 한두 번 이어지면서 친밀감이 형성되었으며, 앞으로의 서비스를 위해 계속적인 만남을 유지하고자 한다.

6) 동료 실습생과의 관계

　긍정적이며, 서로 간의 정보 공유 및 어려운 부분에 대한 지지를 통해 함께 실습에 임하고 있다.

7) 기타 기관 직원과의 관계

　이론 교육 시간을 통해 각 담당자들을 만나면서 복지관에서 우리 실습생의 존재를 조금씩 인식시키고 있으며, 서로 도움을 줄 수 있는 긍정적인 관계로 보인다.

5. 슈퍼바이저에게 바라는 점

1) 관계

　바쁜 업무 중에도 아직 한 번도 조회 및 종례를 빠뜨린 적이 없고 매 시간 하루를 평가하고 슈퍼비전을 주어서 좋았다. 그러나 일지에 대한 작성 요령, 방법 등과 같은 피드백이 적어서 약간 아쉽다. 앞으로도 지금과 같이 열정을 가지고 우리를 지도해 주시기를 바라며 적극적으로 더욱 최선을 다할 것을 다짐한다.

2) 교육

　실무 참여 전에 각 사업소개 및 그에 따른 자료를 정리해 주어서 좋았다. 학교에서 배운 부분을 다시 현장에서 듣고 배우는 것에 대한 감회도 새로웠고, 또 아직 배우지 못한 부분을 배우게 되어 값진 공부가 된 듯하다. 실습생도 4명으로 소수가 토론을 하면서 강의를 들을 수 있어 매우 질 높은 교육을 받은 듯 만족스럽다. 계속 이런 식의 이론 교육을 기대한다.

📂 전체적으로 실습생의 관점에서 실습과정, 실습과정 중의 잘된 점과 아쉬운 점을 비교적 잘 정리하였다. 다만 몇 가지 사항을 보충하면 좋겠다. 중간평가서에는 자신의 실습 목표와 그 목표 대비 현재 도달점을 확인하는 것이 가장 중요하다. 또한 성취한 정도와 항목에 대하여 그 요인과 상황을 분석하고 앞으로의 성취도에 대한 전략을 생각하는 것이 중요한 목적이다. 이 보고서는 도달할 수 있는 상황에 대한 분석(예를 들면, 상황과 장애물에 대한 분석과 대처 방법 등)을 보완하고 앞으로 실습목표를 완수하기 위한 구체적인 방법을 제시한다면 더 나은 보고서가 될 것이다.

3) 행정

　　재무·회계에 대한 이해 교육에 있어서 복지관의 재정 구성과 세입/세출의 내용을 보면서 행정에 대한 구조를 알 수 있었다. 또한 기안문 작성 요령 및 경비처리에 관한 규정 등을 교육해 주어서 마치 본 복지관의 신입사원 교육을 받는 느낌이었다. 기안문의 작성은 기본이지만 잘 교육받을 기회가 없어 좀 더 실제적으로 작성해 보고 피드백을 받았으면 좋겠다.

4) 평가

　　실습을 하기 전 매우 힘들다는 이야기를 많이 들었기에 각오를 하고 있었는데, 실습 첫날부터 질 높은 연수를 받는 것처럼 이론 교육과 함께 토론을 하고 라포 형성을 하는 것이 좋았다. 몸으로 부딪혀 가며 실무를 배우는 것도 매우 효과적이지만, 그 전에 이론적으로 교육받음으로써 조직에 대한 전체적인 흐름을 잡을 수 있었다. 각 사업의 팀장님들과 사회복지사들께서 매 시간마다 들어와서 해당 사업의 강의를 해 주셔서 현장의 소리를 들을 수 있었고, 슈퍼바이저께서 실습생들을 위해 일정에서부터 많은 부분을 준비한 열정을 느낄 수 있었다. 오히려 실습생으로서 적극적으로 궂은 일이나 힘든 일도 겪으면서 값진 고생을 각오했기 때문에 기관에 죄송함이 든다는 느낌이다. 앞으로 이를 바탕으로 실무에서도 값진 배움을 얻을 수 있기를 기대한다.

4. 보충교육

　　보충교육은 사회복지 전반에 걸쳐 학교에서 배운 것 이외에 현장에서 유용하게 활용될 사항에 대하여 교육을 받는 것이다. 보충교육은 기관, 개인마다 다를 수 있는데 주로 지역사회복지 전반과 해당 복지기관이 주력하는 각 분야에 대한 교육이 이루어진다.

1) 지역사회복지 및 각 분야에 대한 이해

　　지역사회복지를 실천하기 위해서는 우선 지역사회에 대한 이해가 선행되어야 한다. 지역사회에 관한 이해는 기관이 서비스를 제공하는 지역의 경제적·정치적·사회적·문화적 구조에 대한 지식과 관련된 부분이다. 학생들은 정보의 중요성과 이를 서비스에 적용하는 방법을 학습해야 한다. 따라서 학생들에게 지역사회를 직접 관찰하고 다양한 자료를 활용하여 지역사회 분석보고서를 작성하는 과제를 부여할 수 있다. 아울러 이에 관하여 학생들과 집단토의의 시간을 가짐으로써 지역사회에 관한 이해를 도울 수 있다(태화기독교사회복지관, 2005).

작업 sheet 3

여러분이 생각하는 지역사회복지와 관심 있는 분야에 대하여 설명하시오.

1. 지역사회복지에 대하여 설명하시오.

_____

_____

2. 사회복지 분야 중 관심 있는 분야에 대하여 설명하시오.

_____

_____

작업 sheet 4

자신이 관심 있는 사회복지 대상을 선정하고, 그 대상별 복지정책을 설명하시오.

_____

_____

2) 기관방문

실습 기간 중에 타 기관을 방문할 기회가 생기게 되는데 이때 주의해야 할 점은 다음과 같다.

기관방문을 가장하여 역할극을 한 후, 기관방문할 때의 주의사항과 점검사항에 대하여 적어 보시오.

_____

_____

(1) 기관방문 시 주의사항

- 사전에 미리 연락한다.
- 방문의 목적과 자신의 신분을 미리 밝혀 허락을 받는다.
- 시간 약속을 정확하게 한다.
- 전화 통화한 담당자의 이름을 확실하게 적어 둔다.
- 질문의 내용을 미리 말하거나 일목요연하게 정리해 간다.
- 방문은 업무에 방해가 되지 않도록 하며 길어도 30분 정도를 넘지 않도록 한다.
- 방문 후 반드시 사후에 전화나 이메일로 감사의 표시를 한다.

(2) 기관방문 보고서 작성 시 점검사항

- 기관의 설립 목적과 연혁
- 실습기관에 대한 인식과 태도
- 실습기관에 대한 바람과 요구사항
- 방문 기관이 실습기관에게 줄 수 있는 도움
- 실습기관이 방문 기관에게 줄 수 있는 도움

3) 가정방문

가정방문 상담은 대부분의 사례에서 필수적이고 유용하지만 주로 재가복지실천현장에서 활용된다. 재가복지실천은 지역사회복지관의 필수사업이고, 지역복지와 가족복지실천을 위해 적극적으로 이루어지고 있다. 특히 가정방문은 사회복지 실습생에게 많이 부과되는 업무이므로 가정방문 상담의 목적과 유용성 그리고 수행지침을 익혀야 한다.

(1) 가정방문 상담의 목적

가정방문 상담은 환경이 클라이언트에게 미치는 영향을 이해하고 클라이언트에 대한 감정이입적 이해와 클라이언트의 실질적인 필요와 욕구 및 강점을 파악하는 데 그 목적이 있다. 가정은 그 가정만의 특별한 공간이고 가족 구성원의 개성과 생활양식을 반영하는 특성이 있기 때문이다.

(2) 가정방문 상담의 유용성

클라이언트가 익숙한 일상생활 환경에서 상호작용함으로써 사무실 방문에서는 쉽게 나타나지 않던 정보가 나타날 수 있다. 계획된 가정방문은 가족의 방어를 완화시키고 전체 가족의 참여를 촉진할 수 있는 가능성이 있다. 가정은 가족이 생활하는 자연스러운 장이므로 가정환경에서 달성된 행동 변화는 가족의 실생활에 보다 잘 적용되고 더 오래 지속될 가능성이 있다.

(3) 수행지침

클라이언트의 집에 들어갈 때는 자신의 집에서 다른 사람의 방문을 받을 때 기대하는 존중과 예절을 보여야 한다. 어디에 앉을 것인가 물어보고, 음식이나 음료의 대접을 정중히 받아들인다. 클라이언트의 정체성, 관심, 문화를 나타내는 가구 배치나 가족 사진에 진실된 관심을 표현한다. 또한 클라이언트 가정의 건물 상태, 불결한 냄새나 비위생적 상태를 보더라도 불편해하거나 비난해서는 안 된다.

또한 가정방문 상담은 아이들이 들락거리거나 이웃 사람이 찾아오고 전화벨이 울리는 등 면접의 방해요소가 많을 수 있다. 이는 사회복지사를 불편하게 하기는 하지만 클라이언트에게는 일상생활이므로 이 기회가 클라이언트의 생활기능과 생태체계를 사정할 수 있는 기회라고 긍정적으로 여기는 것도 필요하다. 그러나 상담에 너무 방해가 되면 면접의 목적을 설명하고 협조를 요청할 수 있다. 혹시 이웃 사람이 같이 있게 되는 상황이라면 상담을 진행해도 좋은지 클라이언트에게 확인하여야 한다. 클라이언트가 우범지역에 거주한다면 위험이 적은 시간에 방문하거나 다른 사회복지사와 동행하는 것이 좋다.

(4) 가정방문[2] 시 주의사항

- 사전에 미리 연락하여 시간 약속을 한다.
- 방문의 목적과 자신의 신분을 미리 밝혀 허락을 받는다.
- 시간 약속을 정확하게 한다. 만일 약속 시간에 만나지 못할 경우를 대비하여 다음 약속까지 언급해 둔다.
- 가정방문에 적합한 복장을 갖춘다.
- 가정방문은 가족의 상황을 파악하여 가족 내 성인 남성만 있을 경우에는 다른 날로 미루거나 2명 이상이 함께 가도록 한다.
- 질문의 내용을 미리 말하거나 일목요연하게 정리해 간다.
- 방문은 업무에 방해가 되지 않도록 하며 길어도 30분 정도를 넘지 않도록 한다.
- 가정방문 시에는 문을 열어 두고 실습생은 문 옆에 앉도록 한다.
- 가정방문을 하는 중요한 이유는 클라이언트가 살고 있는 환경을 이해하고자 함이기 때문에 대상자와의 면담도 중요하지만 살고 있는 주거 환경에 대하여도 충분히 살필 수 있도록 하자.
- 가정방문 후 전화나 문자로 감사의 인사를 잊지 말자.

(5) 가정방문 보고서 작성 시 점검사항

- 가족의 역사
- 가족 가계도 및 생태도

---

[2] 〈부록 2〉의 서식 29 참조.

- 가정의 거주 환경 및 위생 상태
- 가족 구성원들의 욕구 및 기관에 대한 욕구
- 가족과 지역주민과의 관계 등

작업 sheet 6

가정방문 시 점검 사항과 주의 사항을 적어 본 후 역할극을 하시오.

_____

_____

작업 sheet 7

가족 면담 시 유의해야 할 사항을 적어 본 후 역할극을 하시오.

_____

_____

4) 위기개입

최근 사회복지 현장에서 위기 상황이 다양하게 생겨나고 있다. 이때 사회복지사들은 위기 발생 시 어떻게 대처해야 할지에 대한 정보가 필요하다. 학교 현장에서 실제 일어났던 위기개입 사례를 중심으로 위기개입에 대한 학습을 하고자 한다.

참조: 학교폭력 발생 시 위기 대처의 실례와 나눔

1. 당신이 학교에서 근무하는 학교사회복지사라면 어떻게 할 것인가?

> #### 사건의 개요
>
> 2002년 4월 15일 점심 급식을 마친 후, 방명수(가명, 3-5)와 조국진(가명)은 운동장에 나와 다른 학생들이 농구하는 모습을 구경하던 중 김홍일(가명, 3-4), 박지만(가명), 최일도(가명), 정한용(가명) 등이 방명수의 친구인 최민수(가명)를 운동장 구석의 높이 쌓아 둔 흙더미 뒤로 데려가는 모습과 김홍일이 최민수를 수차례 구타하는 장면을 농구 코트 옆(약 12m 지점)에서 직접 목격했다. 방명수는 이제까지 자신이 보호하고 있었다고 생각한 최민수가 구타당하자, 5교시와 6교시 사이에 집으로 가서 칼을 가지고 왔다. 그리고 즉시 3학년 4반 교실로 들어가서, 수업에 임하고 있던 김홍일(3-4)을 담임교사의 만류에도 불구하고 수차례 찔렀다. 이후 방명수는 파출소로 바로 뛰어가서 자수를 했고, 김홍일은 병원으로 이송하던 중 사망했다.

2. 시간별 개입 활동

구분	학생				학부모	교사	지역사회	
	가해자(집단)	피해자(집단)	학급	전체 학생			외부 위기지원단	지역 사회
24시간 이내	• 가해학생 자수 • 친구 위기 상담	• 위기상담	• 위기상담	• 정상귀가 • 휴교안내	• 위로단 구성	• 임시교직원회의 가정에 정보 제공 (휴교에 대한 공지) • 피해학생 애도를 위한 활동(영안실 상주)	• 학교사회복지 사와 연계	경찰-지역순찰 활동
48시간 이내	• 담임교사와 연계	• 담임교사 및 학교사회사 업가와 연계	• 휴교 • 담임교사와 연계	• 휴교 • 담임교사와 연계	• 피해학생 애도를 위한 활동(영안실 방문)	• 임시교직원회의 가정에 정보 제공 • 피해학생 애도를 위한 활동(영안실 상주)	• 구성(자문교수, 정신과의사, 정신의료사회 복지사, 학교 사회복지사, 복지관 사회 복지사 등) • 개입계획 수립	경찰-지역순찰 활동
72시간 이내	• 개별상담 • 집단개입 • 장례식 참여	• 개별상담 • 집단개입 • 장례식 참여	• 장례식 참여	• 휴교 • 담임교사와의 연계	• 개별상담 • 집단상담 • 장례식 참여	• 장례식 참여 • 임시교직원회의 • 가정통신문 발송	• 학교 내 지원활동실시 (피해자집단 및 부모에 대한 개입)	경찰-지역순찰 활동
106시간 이내	• 개별상담	• 개별상담	• 담임교사와 연계	• 휴교 • 담임교사와의 연계	• 학교운영위원회 참석 • 학부모 단체 임원회의	• 교직원연수 참여	• 학교 내 지원활동실시 (교직원 대상 위기 상황에서의 대처에 관한 지원)	경찰-지역순찰 활동

〈계속〉

1주일 이내	• 개별상담 • 집단개입	• 개별상담 • 집단개입	• 학급단위 위기개입 프로그램 • 담임교사 의뢰학생-학교사회복지사와 상담	• 교과활동 연계(HR)-학급회의 조사작업 • 학생대의원회의 개최	• 사건 설명회 참여 • 등·하교 지도 지원	• 환경 조성-사건 발생 교실을 교무실로 교체 • 조기출근 및 교실에서 학생 맞아 주기	• 학교 외 지원활동(의뢰학생에 대한 상담)	경찰-지역순찰 활동
1개월 이내	• 개별상담 • 집단개입	• 개별상담 • 집단개입	• 담임교사 의뢰학생-학교사회복지사와 상담	—	• 등·하교 지도 지원	• 피해학생 부모 순회 방문		경찰-지역순찰 활동
2개월 이내	• 사후지도	• 사후지도	• 사안 관련 전 학급에 대한 전일제 인성교육	—		• 49제 참여 • 가해학생 면회		• 한 문화인 성교육원
6개월 이내	• 사후지도	• 사후지도	• 폭력예방 프로그램	• 폭력예방을 위한 캠페인 참가		• 가해학생 면회		• 캠페인 연계: 어린이 보호재단

3. 경험을 근거로 수립해 본 위기개입 단계별 전략[3]

1) 위기개입의 단계 흐름도

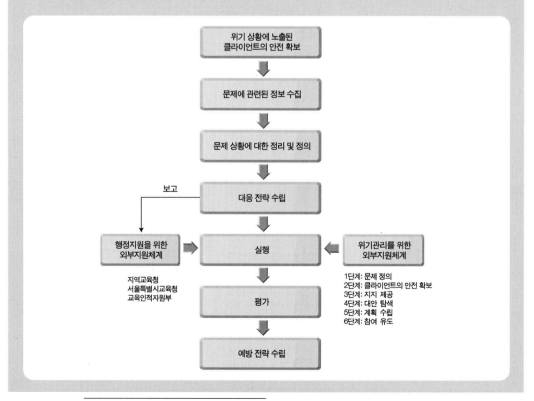

3) 이 내용은 한국학교사회복지사업실천가협회(2002)에서 발췌한 것이다.

2) 위기개입 단계별 실행 내용

(1) 위기 상황에 노출된 학생의 안전 확보

① 안전한 장소로 이동시킨다(공간, 정서적 격리).

② 경청, 감정이입, 진실, 수용, 비심판적 태도, 돌보는 태도를 가지고 관심기울이기, 관찰하기, 이해하기, 반응하기

③ 안전망을 확보한다(안정감을 심어 줌).

④ 또 다른 위험에 노출되지 않은지 확인하고, 핫라인(hot-line)을 확보한다.

⑤ 문제를 객관화할 수 있도록 돕는다.

⑥ 어떤 도움이 필요한지를 파악한다.

⑦ 학교나 학생의 상황이 안정되었다고 판단되면 귀가 조치한다.

(2) 문제와 관련된 정보 수집

① 학생, 교사, 관리자 등과의 교류를 통해 객관적인 사건의 정보를 수집한다.

② 수집된 정보를 서로 교환한다(사건의 진행 과정과 내용을 이해).

③ 학생·학급의 사건 정보, 심리 상태, 반응을 파악한다.

④ 교사들의 사건 정보, 심리 상태, 욕구를 파악한다.

⑤ 관리자의 상부 지시, 계획 지침을 수집한다(교직원 결정사안 파악).

⑥ 문제에 대한 학부모, 지역사회의 반응을 살핀다.

⑦ 사건과 관련하여 필요한 자원 정보를 수집한다.

⑧ 도움을 필요로 하는 학생들(목격자, 간접경험자)을 파악한다.

(3) 문제 상황에 대한 정리 및 사정

① 객관적인 정보를 바탕으로 문제 상황을 사정한다.

② 학생과 교사, 학부모와 학교당국의 문제해결을 위한 욕구 및 자원을 파악한다.

③ 학교와 일치된 문제 상황(학교지침, 방침)을 정리한다.

④ 문제 상황을 동일하게 알리고 숙지, 공유한다(학교, 교육청, 언론).

⑤ 대내외적으로 입장을 표명한다(언론담당자).

⑥ 대응 전략 수립을 위한 개략적 합의를 도출한다(위기개입팀 구성안, 필요성 제안, 행정적 준비 갖추기).

⑦ 사건 해결을 위한 직간접적 정보를 확인한다.

(4) 대응 전략 수립

① 위기관리팀을 구성한다.

② 위기에 노출된 학생·교사 및 관련된 체계에 대한 개입계획을 세운다.

(5) 실행

① 계획 수립 내용을 체크리스트로 확인한다.

② 학교 내의 위기관리팀과 외부지원팀의 원활한 역할수행을 조정한다.

③ 각 팀들의 원활한 역할수행을 위해 협조 및 지원한다.

④ 1일 1회 위기관리팀 사례회의를 실시한다.

⑤ 교직원 회의 시 진행 상황을 보고하여 함께 공유·공지한다.

⑥ 가해·피해 학생들에 대해 특별한 모니터링을 실시한다.

⑦ 상황실을 운영한다.

(6) 평가

① 대응 전략 수립 계획에 근거한 평가를 실시한다.

② 외부위기관리팀의 철수 이후 학교 내부의 역할에 대해 재조정한다.

③ 차후의 서비스 계획을 수립 및 시행하고, 의견을 수렴한다.

(7) 예방 전략 수립

① 재발·예방을 위한 장기계획을 수립한다.

② 위기개입 대상자 중심의 치료 및 교육 프로그램을 개발·실시한다(지역 및 학부모와 연계하여 입체적인 개입 프로그램 개발).

③ 학교 전체 대상의 예방 캠페인 및 이벤트를 실시한다.

4. 위기개입의 구체적인 지침

◎ 위기관리팀 구성

1) 위기관리팀 조직도

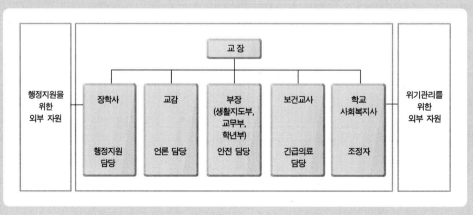

2) 위기관리팀 구성원의 역할

(1) 교장(위기관리팀장)
- 위기관리팀 소집 및 운영의 책임자
- 위기 사건과 개입에 관련된 전반적 과정 인지 및 감독
- 위기 사건 해결을 위한 모든 결정 및 행동에 대한 책임
- 위기 상황과 관련된 탄력적 교과과정 운영(예: 휴교조치, 수업시간표 변경 및 수정)
- 외부기관의 개입을 도모, 연계활동 총괄 및 과정
- 사망한 학생의 가족과 접촉하기

(2) 장학사(행정지원 담당)
- 상부기관인 교육청과의 연계: 사건 진행 상황 보고
- 위기 상황에 대한 슈퍼비전 및 조언
- 외부 지원체계 동원을 위한 행정절차 원조
- 위기 사건의 영향을 받은 타 학교와 의사소통
- 향후 교육정책 수립 시 영향력 행사 및 건의(위기 사건 및 해결과정에 대한 자료 수집, 교사 의견수렴을 통해)

(3) 교감(언론 담당)
- 사건에 대한 정확한 정보 수집 및 정리
- 교내외에 퍼져 있는 잘못된 소문이나 비사실적 이야기를 통제하고 사건에 대한 동일한 지침 확립
- 언론매체에 사실적인 정보를 제공하여 왜곡, 과장 보도 대처
- 교사 내부의 어려움 관장하고 지지
- 교장 부재 시 역할 대행

(4) 보건교사(긴급의료 담당)
- 사건 발생 시 긴급 응급 의료 처치 및 환자 호송
- 교내의 전반적 의료 행위 총괄
- 심리적 응급 상황에 있는 학생 발견 및 의뢰
- 필요시 외부 의료진 연계

(5) 부장(안전 담당)
- 안전한 장소 및 이동 경로 파악 및 사전 확보(생활지도부의 업무: 평상시 업무 중 안전을 위한 교내 시설점검 등 안전관리 담당)
- 위기 상황 발생 시 안전장소로 학생 이동

- 혼란스러워하는 학생의 안정을 위한 노력
- 학생에게 정확한 정보 제공
- 학생의 등 · 하교 안전 지도: 파출소, 경찰서 연계

(6) 학교사회복지사(조정자)
- 위기 상황 해결을 위한 전반적 개입계획 및 방향 수립 · 제공
- 외부 전문 지지체계와 학교 연결 및 조정: 지역정신건강센터, 심리치료 전문가, 복지기관, 가족치료기관 등
- 외부 전문기관으로의 의뢰 확인 및 사례회의 참석
- 각 체계(학교, 학생, 외부기관)의 욕구 및 적절한 서비스 파악
- 각 체계에 적절한 지원체계 연계
- 외부기관 철수 이후, 위기상황에 노출된 학생에 대한 지속적 사후관리
- 사안과 관련하여 학교로부터 징계처분을 받은 학생에 대한 교육 활동 지원

(7) 경험적으로 살펴본 학교사회사업가의 역할

현재 위기에 처한 학교체계 내에서 경험해 본 학교사회복지사의 역할은 혼란스러워하는 학교체계에 적절한 대응 방법, 특히 학생과 관련된 대응 전략을 객관적으로 개발하여 제공하는 일이다. 또한 외부의 자문체계를 활용하여 외부 전문 위기대응팀을 학교와 연결시키는 일을 담당한다. 이 가운데 학교의 욕구와 외부의 욕구를 연결시키고 조정하는 역할을 수행한다. 따라서 학교사회복지사는 다음의 그림에서 볼 수 있듯이 각각의 체계와 연결되어 그 사이를 중재하고 조정하는 역할을 수행할 수 있을 것으로 사료된다.

【학교사회사업가의 역할모형】

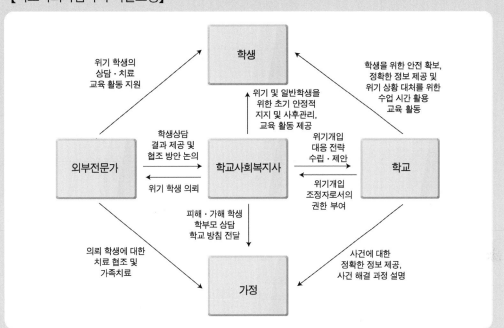

사건이 일어난 중학교에서 학교사회복지사의 활동이 시작된 것은 2001년부터다. 타교에 비해 학교사회복지실에 대한 인식이 어느 정도 자리 잡혀 있었음에도 불구하고 위기 상황에서 여러 가지 제한된 역할을 할 수밖에 없었던 것은 다음과 같은 이유가 영향을 끼쳤기 때문이다.

- 학교 행정가들의 위기에 대한 인식 부족
- 외부의 전문가들을 받아들이기에 학교는 너무나 폐쇄적인 공간
- 언론을 활용하는 능력 부족
- 학교사회복지가 제도화되지 못한 상태에서 학교사회복지사의 지위의 모호성

제9장
평가 및 종결 단계

사회복지 현장실습의 평가 및 종결 단계의 주요 업무는 실습생들이 실습 결과를 통합하고 정리하는 것이다. 슈퍼바이저와 실습생은 실습을 통해서 수행한 업무와 지식 및 기술 향상에 대해서 논의하고, 이것이 어떻게 이루어졌는가를 분명히 정리하게 한다. 이때 슈퍼바이저는 실습생의 장래를 위한 준비와 관련된 슈퍼비전을 주어야 한다(Pettes, 1967). 또 다른 주요 과업은 실습생과 실습에 대한 최종평가다. 실습평가는 단순히 실습평가서만을 작성하는 수준이 아니라 실습생과 슈퍼바이저, 부서 차원, 기관 차원 등에서 공식적으로 이루어져야 한다. 실습평가 시에는 실습생의 업무와 학습에 초점을 두고 평가를 해야 하고, 실습생들의 실습지도에 대한 피드백을 수렴한다. 마지막으로 각 학교에 실습생에 대한 평가서를 발송하고 실습지도와 관련된 피드백이나 건의사항을 전달하는 행정 처리를 한다. 행정 처리 이후에는 슈퍼바이저들 간 평가회의를 통해 슈퍼바이저로서의 역할수행에 대한 보고와 평가, 피드백의 시간을 갖고 상위 슈퍼바이저에게 슈퍼비전을 받는다.[1]

---

1) 〈부록 2〉의 서식 10, 서식 36 참조.

1. 실습의 평가

1) 프로그램 및 사례 평가

프로그램 평가서를 작성하는 과정은 책무성의 시대에 프로그램 실행 못지않게 중요한 부분이다. 실습생은 이미 계획단계에서 다각적인 평가설계를 통해 실행된 프로그램 성과에 대해 보고서로 명확하게 표현할 수 있어야 한다. 실습생에게 프로그램 평가서는 하나의 연구논문을 쓰는 과정과 같이 객관적이며 과학적으로 입증될 수 있도록 작성되어야 하며, 작성 후에도 슈퍼비전을 통해 수정·보완하여야 한다. 평가서 작성 이후에는 평가를 위해 확보하였던 모든 평가자료를 공식적으로 기관에 이양하고 보관되어야 함을 잊지 말자.

> **작업 sheet 1**
>
> 실습 기간 동안 자신의 어떤 영역이 취약하였으며, 보완할 점은 무엇인가?

2) 실습종결평가

실습계약서는 실습평가의 중요한 근거 자료로 활용될 수 있는데, 실습계약서에 포함된 평가 항목과 기준을 통해 실습 초기부터 계획된 보다 일관되고 구체적인 평가를 할 수 있다.

또한 실습평가에는 자료에 근거한 평가뿐만 아니라 또 다른 특성에 대한 평가도 포함될 수 있는데, 다음의 내용들이 기관에 따라서 중요한 평가기준이 되기도 한다(오혜경, 하지영, 2007).

- 출석과 시간 엄수로 결근과 지각의 횟수가 빈번하게 보고되었을 때에는 원조 전문직으로서 기본적인 신뢰감을 주기 어렵다.

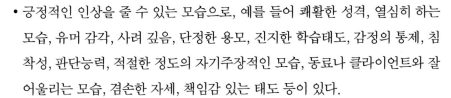

- 긍정적인 인상을 줄 수 있는 모습으로, 예를 들어 쾌활한 성격, 열심히 하는 모습, 유머 감각, 사려 깊음, 단정한 용모, 진지한 학습태도, 감정의 통제, 침착성, 판단능력, 적절한 정도의 자기주장적인 모습, 동료나 클라이언트와 잘 어울리는 모습, 겸손한 자세, 책임감 있는 태도 등이 있다.
- 기관에서 꼭 필요한 능력이나 전문성으로, 예를 들면 조사방법이나 SPSS통계능력, 포토샵 등 컴퓨터 활용기술, 수화능력, 프로포절 작성능력, 웹사이트 구축이나 관리능력, 레크리에이션 능력 등이 포함된다.

실습종결평가는 실습종결평가서를 통해 실습생과 슈퍼바이저가 상호합의하는 과정을 통해 이루어진다. 실습생과 슈퍼바이저가 각각 자신과 실습생의 실습에 대해 평가 점수를 부여하고 함께 모여 합의점을 찾게 된다. 이러한 과정을 통해 실습생은 자신의 실습 수행에 대한 피드백을 얻을 수 있고, 또한 반대로 자신의 수행에 대해 슈퍼바이저에게 명확하게 설명할 수 있는 기회도 얻을 수 있게 된다.

개별면담을 통해 업무수행에 관련된 평가 외에 미래의 사회복지사로서 실습생 자신의 강점과 약점에 대해 피드백을 받는 것이 중요하다. 이 모든 과정을 객관적인 과정으로 받아들여야 한다. 주관적이거나 감정적으로 받아들인다면 평가의 의미가 없으므로 객관적인 평가과정이 될 수 있도록 스스로 노력해야 한다.

작업 sheet 2

1. 자신이 어떤 평가를 받을 것이라고 생각하는가?

_____

_____

2. 자신의 평가와 슈퍼바이저의 평가는 어떠한 차이가 있는가?

_____

_____

3. 자신과 슈퍼바이저와의 평가 차이가 왜 발생하였다고 생각하는가?

_____

_____

---

3) 실습종결평가회

실습의 종결시점에 부서 또는 팀별로 가능한 한 모든 직원과 실습생들이 모여 실습의 전 과정에 대한 간략한 보고와 평가, 배운 점, 목표성취 정도 그리고 기관에 대한 제언 등에 대하여 발표하고 평가하는 시간을 갖는다. 기관에서의 최종실습평가는 종결평가서를 중심으로 진행되며, 종결평가서에 기록되어야 할 주요한 내용은 다음과 같다.

- 실습일정과 실습내용, 역할의 요약
- 실습을 통해 배운 점 및 실습목표 성취도에 대한 평가(실습계약 중심): 전문적 발달 측면, 행정적 측면, 지역사회 정책적 측면, 기본적 대인관계기술 측면, 클라이언트 체계 개입기술 측면 등을 구체적으로 기술
- 실습과정상 어려웠던 점
- 기관에 대한 제언
- 실습지도자에게 하고 싶은 말

실습 종결평가서 예시

실습 종결평가서

실습생명	○○○	기관명	○○○종합사회복지관
실습기간	2008. 6. 30.~8. 9.(총 6주)	실습지도자	○○○ 선생님
실습평가일	팀별 평가: 2008. 8. 7. 종결 평가: 2008. 8. 8.	실습지도교수	○○○ 교수님

1. 실습일정에 대한 평가

　3주간의 공통교육기간과 4회의 연합실습, 3주간의 팀별 심화실습과정이 있었다. 3주의 공통 실습에서 '부평시장 한평공원 만들기'에 대한 시청각 교육을 제외하고는 모든 일정이 예정대로 이루어졌다.

　4회의 연합실습에서는 기관의 소개와 강의 등이 예정대로 이루어졌다. 공통교육 2회는 종일 일정이었고, 2회는 오전 일정으로만 이루어지게 되었는데, 4회 모두 종일 교육이 아니었지만 오전 일정만 있던 복지관을 개인적으로 둘러보고 자료를 찾아보는 데 시간적으로 부족했던 것 같다.

　팀별 실습의 일정에서 도봉 아이사랑모임, 생명지기 등의 모임 참여자들의 인터뷰를 하지 못해서 아쉬웠고, 지역사회를 알기 위한 프로그램들이 일정 중에 너무 적은 부분들이 차지하고 있었다. 하지만 밑반찬 배달사업, 가정도우미사업, 푸드뱅크 등의 지역복지 두 팀에서의 사업을 자세히 볼 수 있는 일정이 많이 있었다. 일정 중에 청소년 자원봉사학교로 바뀐 사항을 늦게 알아서 전달사항에서 문제가 있었다.

2. 실습 내용 및 역할에 대한 평가

• ○○○종합사회복지관의 소개: 봉사활동을 통해서 기관의 소개를 자세하게 들은 적이 없었고, 기관의 소개들이 하나하나 세세한 부분까지 알 수는 없지만 종합사회복지관에서의 역할에 대해서 알 수 있었다.

• 자기이해 프로그램: 실습생에게 좀 더 다가서는 시간이었고, 사회복지에 대한 현재의 나의 생각에 대해서 알게 되었으며, 앞으로의 나의 과제들에 대해서 고민하게 되었다. 아직 비전을 세우지는 못했지만 그 바탕에 무엇을 해야 하는지에 대해서 생각하게 되었다.

- 신명나는 지역복지 만들기 발제: '신명나는 지역복지 만들기'라는 책은 ○○종합사회복지관의 역사를 나타낸 책이다. 주민과 함께하는 복지관으로 만들기 위한 노력과 학습뿐만 아니라 나의 역사에 대해서도 노력하는 모습이 필요하다고 생각한다.
- 총무팀 소개: 총무팀의 소개가 있었지만 회계나 재무관리에 대해서 깊게 듣지 못한 부분이 아쉬웠다. 그리고 예산에 대한 부분도 시간이 없어서 듣지 못한 것 또한 아쉬웠다.
- 연구기획팀 소개: 다른 복지관에서 찾아보기 힘든 팀 이름이었는데, 사회의 현상을 제대로 바라보고 모든 직원들이 학습과 업그레이드를 위해 꼭 필요한 팀이라고 생각했다.
- 주간보호센터 소개: 노인분들이 계신 곳이고 봉사활동도 가 보지 않았던 곳이어서 방문의 의미가 깊었고, 노인장기요양보험제도가 시행되면서 주간보호센터의 변화들이 나타나는데, 그 변화에 대해서 고민을 하게 되었고 장기요양보험이 시장화되고 아직 많은 어르신들이 혜택을 받을 수 없는 제도의 한계에 대해서 생각할 수 있었다.
- 지역복지 1팀 소개: 내가 실습하게 될 팀은 지역복지 2팀이었는데 선생님으로부터 사업에 대해서 이야기를 자세하게 들었지만 참관 또한 신사임당과 ○○ 아이사랑모임의 사람들과의 만남이 없다는 것이 아쉬웠다. 하지만 간접적으로 자세하게 듣게 되고 사업에 따른 고민을 함께 나누면서 사업에 대한 관심이 많아진 계기였다.
- 지역복지 2팀 소개: 지역복지 2팀에서 팀별 실습을 하기 때문에 좀 더 관심을 갖게 되는데, 나눔공작소나 섬들모임 등 이러한 모임들이 이번 연도는 휴식의 기간이지만 현재 이루어지고 있는 푸드뱅크나 가정도우미사업에 대해서 간접적으로 알 수 있었다.
- 1차 워크숍: 평소에 산행은 별로 좋아하지 않아서 힘든 부분이 많았다. 2차 워크숍에는 산행 말고 바다나 계곡에 가고 싶다는 생각이 들었다. 그리고 2기 선배와의 시간에 불안과 초조의 감정에 대해 많이 공감해 주서서 감사했다. 그리고 실습 동료들과 좀 더 한 걸음씩 다가서는 중요한 시간이 많았다. 실습생이 개인이 아닌 우리라는 모습을 찾을 수 있었다.
- 지역복지 정의 내리기: 대학교에서 지역복지에 대한 정의를 내릴 때는 많은 생각과 고민 없이 교과서적 의미의 지역복지에 대해서 생각했던 것 같다. 많은 고민과 나의 지역복지에 대한 관점을 재정립하는 기회가 되었다.

- ○○지역자활센터 소개: 지역자활센터가 지역에 한 개씩 있다는 것은 알고 있었는데, 실제로 하는 사업과 자활이라는 부분을 좀 더 자세하게 알게 되었다. 그리고 현장의 에피소드도 많이 이야기를 해 주어서 생생한 지역자활센터를 보면서 '살아 있다'라는 생각이 많이 들었다.

- 사회복지 정보화 교육: 사회복지 정보화라고 하면 전산화 프로그램들이나 통계 프로그램을 배우는 시간인 줄 알았는데, 사회복지도 정보화 시대의 흐름에 따라감으로써 예비 사회복지사로서 정보화와 인권에 대해서 간과했는데 다시 새기게 되었다.

- 토론회 참가: 사회복지시설의 민간 위탁에 관련된 토론회를 참가하여 민간 위탁에 대해 자세하게 알게 되었고, 이러한 민간 위탁이 점점 사라지는 이슈들이 아니라 공론화되어서 앞으로의 사회복지 현장에서 깊게 생각해야 할 부분이라는 생각이 들었다. 그리고 토론회라고 하면 자신의 주장뿐만 아니라 어떠한 주제에 대하여 토론도 하고, 의견 대립하기보다는 각자의 해결방안과 문제점에 대해 이야기하는 질의응답식의 토론회가 진행되어서 아쉬웠다.

- 기획 및 프로포절 작성법: 대학교에서 프로그램 개발과 평가를 배우기는 하지만 너무 어렵고 낯설었는데, 우리 삶 속에서도 기획이 이뤄지고 있다는 점에서 좀 더 친밀하게 느껴졌다.

- 지역부민 인터뷰: △△ 2, 4동의 지역주민을 인터뷰하러 갔는데, 많은 사람의 참여가 고마웠다. 그리고 너무 구조화된 질문들로 구성해서 가지 않았나 하는 후회가 들고 좀 더 인간적인 대화를 시도하지 못한 것에 아쉬웠다. 우리가 인터뷰를 하는 이유는 지역주민이 복지관에 대한 생각이 아니라 ○○구 안에 △△동이 어떠한 지역인지 봐야 하는데, 내가 인터뷰를 하는 방향이 잘못되었다는 것을 알 수 있었다.

- '생태도시 아바나' 발제: 우리 지역사회에서 꼭 필요한 공동체라는 부분과 잘 접하지 못했던 도시 농업에 대한 이야기를 나누기도 했는데, '자원이 한정되는 시대가 앞으로 오게 된다면 우리나라도 이러한 생태적 복지를 생각해야 하지 않을까'라는 고민을 던져 주는 시간이었다.

- 사회복지 영상교육: 사회복지 영상이라는 것이 잘 찍는 것이 아니라 사회복지적인 마인드를 담아서 찍는 것이 중요하고, 찍은 것을 보여 주는 것으로 신뢰를 쌓아야 한다는 것을 알 수 있었다. 물체인 카메라의 기술적인 부분보다는 마음과 공유라는 부분이 중요하다는 것을 알 수 있었다.

- 지역탐방 보고: 지역주민 인터뷰에 대한 이야기를 나누었는데, 서로 다녀

왔던 동네가 달라서 서로의 차이점에 대해서 알게 된 것도 있고 알고 있었던 것도 있었다. 다른 지역에 대해서 간접적으로 경험함으로써 ○○○종합사회복지관에서 관할하고 있는 지역에 대해서 좀 더 알 수 있는 시간이었다.

- 만나고 싶은 사회복지사 보고: 우리 조는 김○○ 사회복지사에 대해서 많은 부분을 듣고자 인터뷰를 했고, 세 팀이 섭외한 선생님들에 대해서 좀 더 알아가는 시간이었다. 그리고 다가가기 어려운 분으로만 생각했는데 우리의 열정에 대한 코멘트가 정말 마음에 와 닿는 것 같다. 선생님들의 비전과 우리에게 기대하는 부분에 대해서 알 수 있는 시간이었다.

- 지역활동단체 보고: 우리는 아름다운재단, 참여연대, ○○문화정보센터에 대해서 조사했는데, 아름다운재단은 방학동에 위치하고 있는 아름다운 가게라는 부분에 대한 지역과의 활동을 자세히 알려 주지 못해서 안타까웠다. 총 9개의 지역활동단체에 대한 보고서라 좀 더 많은 단체에 대해서 알게 되었던 것 같다. 직접 방문해서 인터뷰하지 못한 부분들에 대해서는 아쉬웠다.

- 영화 〈식코〉 감상: 〈식코〉는 민영의료보험제도에 관한 영화로, 제주도에서 민간의료보험을 시작하고 있고, 앞으로 우리 사회의 민영의료보험제도에 대한 개선방안이 나오겠지만 영국과 쿠바 등과 같은 곳은 정말 복지에 신경을 쓰는 것 같다. 민영의료보험의 이론적인 부분만 알다가 실제적으로 민영의료보험에 대한 부작용을 봄으로써 내가 앞으로 민영의료보험에 대해서 어떻게 생각해야 할지에 대해 고민하게 되었다.

- 지역복지실천전략(지역사회조직): 우선 과제가 지역복지에 관한 내용을 정리하는 것이었는데, 지역복지에 대해서 나름의 정의를 하고 사람들과 나누고 방향성을 정립하는 시간이었다. 그리고 조직화 사업 중에 도봉 아이사랑모임에 대한 이야기도 있었는데, 조직화를 책에서만 보다가 직접 진행되었던 과정에 대한 이야기를 듣고 상황을 들으면서 많은 갈등도 있었지만 갈등 속에서도 주민들 개인에 귀 기울인 모습들이 갈등을 모두 해결할 수 없지만 중요한 부분인 것 같았다.

- 프로포절 1차 발표: 최선을 다해서 1차 발표를 준비했는데, 많이 부족하기도 하고 수업시간에 배운 내용인데도 불구하고 배운 만큼 반영하지 못한 것이 아쉽다. 그리고 실제 ○○구의 욕구를 바탕으로 하는 것은 힘들어서 아직 우리 팀도 그러한 관점에서 잘 녹여 내지 못한 부분에 대해 고민을 해 보아야겠다는 생각을 했다.

- 처음처럼 발제: '처음처럼'은 우리 조의 발표였고, 시들이 담긴 책에서 감정과 지혜를 요구하는 부분이 많아 몇 개의 시와 함께 이야기를 나누는 시간이었다. 같은 시를 보면서 많은 사람이 생각을 공유하면서 나의 삶과 사회복지에 대해 어떻게 행동하고 생각을 해야 할지에 대해서 스스로 다짐을 해 보는 시간이 되었다.

- 연합실습: 4개의 복지관에 대해서 간략하게 알게 되었고, 다른 실습생들이 어떠한 실습을 하고 있는지에 대해서 이야기 나눌 수 있는 시간이었다. 그리고 많은 강의로 사회복지의 다양한 부분의 강의를 들을 수 있었다. 또한 수업시간에 들을 수 없는 주제들에 대해서 들을 수 있었다.

- 〈불편한 진실〉 감상: 지구 온난화에 대해서 요즘은 잊고 살았던 부분이 많았는데, 심각성을 보여 주는 시청각 자료였다. 지구를 살리기 위해서 작은 실천부터 하면 되는데, 아직 사람들의 습관으로 인해서 잘 지켜지고 있지 않은 부분이 있다. 어쩌면 나도 지구에 대해서 간과하고 습관에 의존하는 것일지도 모른다. 나부터 이를 위한 실천을 시작해야겠다.

- 밑반찬 배달사업: 밑반찬 배달 서비스를 받으시는 분들과의 인터뷰를 하게 되었는데, 사업에 대한 소개를 들을 때와는 다른 느낌이었다. 서비스 그 자체만으로 감사해서 어떠한 부분이 마음에 들지 않아도 이야기를 잘하지 않았다. 그리고 선생님께서 인격과 관계를 기반으로 하는 밑반찬 배달사업에 대해서 풀어 나가야 할 고민들을 알 수 있었다. 아직 시작단계라서 구상하고 고민하는 시기들이지만 주체로서의 밑반찬 배달사업을 위한 시도가 앞으로 어떻게 잘해 나갈지 기대된다.

- 사례관리에 관한 교육: 대학에서 배웠던 사례관리를 다시 한번 공부할 수 있는 시간이었고, ○○○종합사회복지관에서는 사례관리가 어떻게 이뤄지고 있는지 알 수 있었다.

- 초기면접: 어르신 댁에 방문을 했는데 가정환경이 심각함에도 불구하고 밑반찬 서비스만 원하시는 어르신을 보면서 무엇이 더 필요한지에 대해서 고민하게 되었다. 그리고 강점관점 사례관리인 강점을 바라보고, 신뢰를 쌓고 이웃 같은 입장에서 사례관리를 하기에는 힘들 것 같다라는 생각이 들었다. 초기면접은 한 번 갈 수도 있고 여러 번 갈 수도 있지만 항상 한정된 시간 안에 할 수 있을지와 강점관점의 사례관리를 하려면 어떠한 노력이 필요한지에 대해서 생각을 해보게 되었다.

- 가정도우미사업: 가정도우미 선생님을 종일 따라다녔다. 청소도 하고 육체적인 활동을 많이 해서 빨리 지칠 것 같았는데, 항상 상냥하고 꼼꼼한

부분까지 챙기시는 모습이 인상에 남았다. 가정도우미사업을 처음 접하게 되었는데, 기계적 관계가 아니라 이웃적인 관계인 느낌을 많이 받았다. 독거노인생활지도사 등의 많은 사업이 생겨나면서 가정도우미 선생님들이 그만두면 가정도우미사업이 축소된다고 하였다. 지금 가정도우미 선생님들은 10년 정도 일한 분이 많은데, 이웃처럼 이루어졌던 사업들이 사라지게 되어서 너무나 안타까웠다.

- 청소년자원봉사학교: 약물예방단으로 약물에 대한 교육을 받고 청소년에게 술과 담배를 팔지 말도록 하는 캠페인이었다. 나와 함께하는 조원들은 모두 중학교 1학년이었다. 집단 프로그램이기 때문에 전체적 집단과 조별 단위의 집단을 한꺼번에 보는 것이 힘들었고, 아직 집단을 바라보는 눈과 지식이 부족해서 분석하는 일이 힘들었다. 청소년들이 재미있게 봉사활동을 할 수 있는 프로그램이어서 조별 동료들도 만족했다. 그리고 캠페인을 하면서 서명을 거부하는 사람들을 보고 아이들이 상처를 받지 않을까 걱정을 많이 했다. 자원봉사학교이고, 자원봉사와 약물오남용이 중첩되는 부분들이 있는데, 자원봉사나 약물오남용에 대해 정확하고 깊게 학습하지 못한 부분이 아쉬웠다.
- ○○시민사회복지 네트워크 소개: 네트워크라는 말을 평소에도 많이 듣지만 지역사회복지를 배우면서 관심을 가져보니 어려운 부분이었다. 그리고 기관이나 단체들이 네트워크를 하려면 신뢰가 많이 중요한데, 그것을 위해서 많은 노력이 있었던 것을 알 수 있었고, 아직 민간기관에 대한 공적인 네트워킹이 잘 안되는 부분은 어떻게 할 것인지 고민을 더 해 봐야겠다.
- 사례 선정 회의: 총 세 개의 사례에 대해서 사례 선정 회의가 이루어졌는데 내가 초기 면접에 참가한 곳은 모의 면접을 하였다. 아직 내가 클라이언트 입장에 대해서 생각을 못하는 분이 많다는 것도 알게 되었다. 그리고 사례 선정 회의를 위해서는 정확한 정보가 필요한데 그 부분에 대해서 부족했던 것 같다. 클라이언트를 생각한 최고의 선택과 서비스를 정하는 것이 정말로 어렵다는 생각을 했다.
- 푸드뱅크: 푸드뱅크에서 식품을 받는 어르신들이 푸드뱅크 절차방법 등에서 오해를 하는 것이 많다는 것을 알게 되었다. 이러한 오해를 해소하기 위해서 노력이 필요할 것 같다. 그리고 ○○광역푸드뱅크에 의존하는 경우가 많고 ○○광역푸드뱅크에 의존할 경우 수량이 일정하지 않아서 지역사회 자원들을 개발해야 하는데 업무 과다로 인해서 쉬울지에 대한 고민이 든다. 그리고 푸드뱅크와 푸드마켓에 대해서 서로 비교도 할 수 있는 시간이었다.

- 지역사회 캠페인: '일회용품 사용 줄이기'에 대한 캠페인을 실시했는데, 주민들과 좀 더 소통하는 계기가 되었다. 접근하기 쉬운 주제여서 사람들이 많이 참여해 주었던 것 같다. 하지만 기관에 대한 소개나 홍보가 적어서 아쉬웠다.
- 지역탐방: 무수골과 초안산, 연산군묘 등을 방문하면서 처음에는 왜 문화에 대해서 알아야할지 잘 인식하지 못했는데, 문화도 하나의 자원이 될 수 있다는 코멘트를 받은 후에 알게 되었다. 무수골은 계곡인데, 멀리 가지도 않고 재미있게 프로그램을 즐길 수 있는 자원이라고 생각을 하게 되었다. 자원의 해석이 더 넓어진 계기가 되었다. 그리고 내가 알지 못했던 도봉구에 있는 소중한 부분들을 알 수 있었다. 초안산은 내시의 무덤과 양반, 평민의 무덤이 있었는데, 제대로 관리가 이뤄지지 않아서 무덤의 형체를 알아볼 수가 없었다. 권력에 의해서 파괴된 부분을 보고 한숨이 나왔다. 앞으로 더 이상 권력에 의한 환경 파괴, 문화 파괴가 없도록 하기 위해서 많은 노력이 필요하다.
- 2차 워크숍: 6주를 마무리하는 시간으로 소통에 대한 프로그램도 진행이 되었다. 사회복지는 관계와 소통이 중요한데, 이 가운데 꼭 생각하고 지켜야 할 부분이라는 생각이 들었다.

3. 실습목표에 대한 평가

1) 구체적이고 적절한 목표 설정 여부

- 실습목표 1. ○○○복지관에서 담당하고 있는 지역사회에 대한 이해를 높인다.
  1-1. 지역사회자원 지도를 그림으로써 지역사회에 대한 자원의 이해를 한다.
  1-2. 지역주민 인터뷰를 통해서 지역에 대한 이해를 한다.
- 실습목표 2. ○○○복지관에서 이뤄지고 있는 주민조직화사업에 대한 이해를 높인다.
  2-1. ○○ 아이사랑모임 등의 회원과 인터뷰 및 참관한다.
  2-2. 신명나는 지역사회 만들기 및 주민 조직화에 관련된 책을 읽고 정리를 한다.
- 실습목표 3. 사회복지사로서의 역할에 대한 이해를 한다.
  3-1. ○○○복지관 사회복지사 선생님을 인터뷰한다.
  3-2. 실제 실행되고 있는 프로그램을 참관하여 관찰한다.
- 실습목표 4. 실습기간 중에 내 의견을 자신 있게 표현한다.
  4-1. 내 의견을 말할 때마다 수첩에 적도록 한다. 그리고 선생님 및 실습 동료

들이 코멘트에 관한 부분도 적도록 한다.

4-2. 궁금한 사항이나 건의사항이 있으면 직접 찾아가서 여쭤 보거나 실습일지에 남기도록 하고 코멘트 또한 기록해 둔다.

　실습내용 중의 일부분만 목표로 넣어서 전체 실습 내용을 포괄하는 목표라고 할 수는 없을 것 같다. 또한 비전이 안 세워진 상태여서 비전에 관한 목표가 없어 아쉽다. 그리고 관찰이나 그 외 부분을 더 자세하게 기술해야 할 필요성이 있다고 생각된다.

2) 목표 달성 여부

① 실습목표 1

　담당하고 있는 지역사회가 □□ 1, 2, 3, 4동과 △△ 2, 4동이다. 지역사회 자원 지도를 그리지 못했다. 하지만 자원이라는 의미를 더 넓게 해석할 수 있는 계기가 되었고, 무수골과 문화탐방을 하면서 내가 알지 못했던 지역사회의 자원에 대해서 알게 되었다. 그리고 지역주민 인터뷰는 했지만 일단 △△ 2, 4동만 함으로써 다른 사람들이 지역 인터뷰에 관한 사항을 공유하기는 했지만 담당하고 있는 모든 지역사회를 알기에는 부족하였다. 인터뷰의 방향은 지역주민들이 복지관에 대해서 얼마나 알지에 대해서 포커스를 두고 있었다. 인터뷰는 지역사회에 대해서 아는 것이었는데 포커스가 잘못된 부분에 대해서 아쉬운 부분이 있었다.

② 실습목표 2

　○○ 아이사랑모임 등의 인터뷰나 참관은 하지 못했지만 신명나는 지역사회복지를 통해서 주민조직화사업에 대해서 이해를 할 수 있게 되었다. 그리고 선생님께서 나중에 원한다면 인터뷰의 기회를 주신다고 해서 이 목표의 평가 일부분은 미뤄 두어야 할 것 같다. 주민 조직화를 모이는 과정부터 갈등을 넘어서 안정화되는 시기까지를 간접적으로 알 수 있었다. 주민 조직화에 관련된 책은 '신명나는 지역사회 만들기' 이외는 읽어 보지 못했다.

③ 실습목표 3

　사회복지사의 역할을 이해하기 위해서 김○○ 선생님을 인터뷰하고 많은 것에 대해서 이야기를 나누었으며, 다른 선생님과는 교육과정이나 함께 이야기할 때에 비전이나 가치에 대한 부분에 대해서 많이 질문을 하고 대답을 듣게 되었다. 그리고 사업 소개 때 지역복지 1팀, 지역복지 2팀, 연구기획팀, 총무팀 등이 하고 있는 업무에 대해서 간접적으로 알게 되었다.

팀별 심화실습이 지역복지 2팀이어서 지역복지 1팀이 실행하고 있는 프로그램은 참관을 하지 못했지만 사업 소개 때 자세하게 설명해 주어 간접적으로 사업에 대한 이해를 할 수 있었다. 지역복지 2팀에서는 가정도우미사업, 푸드뱅크, 밑반찬사업 등의 사업에 대해 참관을 하게 되었다. 가정도우미사업은 가정도우미 선생님과 활동을 해서 사회복지사의 역할에 대한 부분보다 가정도우미 선생님의 역할에 대해서 더 알게 된 것 같아서 아쉽지만 가정도우미사업을 이해하는 데는 도움이 많이 되었다.

④ 실습목표 4

강의시간이나 교육시간에 궁금한 부분은 질문을 하고 그에 따른 의견이나 코멘트 등을 수첩에 적어 두었으나 따로 기록해 두지는 않았다. 그리고 아직 선생님들과의 관계 형성이 많이 되지 않아서 직접 찾아가서 여쭤보는 것보다 실습일지에 의문사항에 대해서 남기는 부분이 많았다. 그에 따른 코멘트 부분은 잘 보관하고 있다.

4. 서비스 실천과정에 대한 평가/정책 및 행정실습에 대한 평가

1) 문제 파악 및 자료 수집 능력/문제인식 능력

사례관리 중의 초기 면접을 가기 전에 독거노인생활지도사가 기록한 문서를 읽어 보았다. 그리고 직접 방문해서 생활환경에 대해서 보고, 어르신이 이야기 해준 필요한 서비스에 대한 이야기를 들으면서 내가 나름대로 문제라고 느끼는 부분을 정리하였다. 하지만 정확하게 기록하지 못한 정보도 있었던 것 같다. 그리고 독거노인생활지도사가 생각한 문제와 어르신이 생각하는 문제가 약간씩 달라서 문제를 인식하는 데 좀 어려운 부분도 있었다.

2) 문제사정 능력/문제분석 능력

문제에 대해 사정하고 분석하는 것은 아직 클라이언트를 문제의 대상으로 보고 접근했던 부분이 있다. 그리고 사정을 할 때 생태도나 가계도에 대해서 대화의 내용으로 많은 부분을 나타내기에는 제한점도 많았다.

3) 개입 기술/문제해결을 위한 대안제시 능력

내가 나름대로 생각한 개입이 필요한 서비스에 대해서 이야기를 했는데, 아직 많은 서비스에 대한 지식이 부족하고 대안을 제시할 만큼의 능력이 부족했다.

4) 면접 기술/기존 지식과 정보의 사용능력

실제로 면접에 대한 일정이 없어서 경험하지 못했고, 기존 지식과 정보의 사용을 해보지 못했던 것 같다.

5) 기록 기술

초기면접을 하였을 때 대화를 하는 데 먼저 허락을 받고 필기하는 거였는데, 모든 내용을 기록하는 것은 아직 힘들다. 그리고 기록을 정리할 때 불확실한 정보들은 빼야 하는데 빼지 못했고, 같이 갔던 실습생과 비교했을 때 적지 못한 부분도 있었다.

6) 클라이언트와의 전문적인 관계 형성/유관기관 및 관련된 사람들과 전문적인 관계 형성

클라이언트와 관계 형성을 할 만큼의 실천 프로그램이 없었고, 유관기관이나 사람들과의 관계 형성에 대한 부분에 관련된 프로그램이 없었다. 전문적인 관계 형성은 아니지만 청소년자원봉사학교에서 흡연과 담배에 대한 토론이 있고 함께 캠페인을 나가야 하는 활동이 있어서 관계 형성을 하려고 했으나, 내가 생각하는 관계 형성과 평가서의 관계 형성의 의미가 맞는지 잘 모르겠다. 사례에 대한 관계 형성이라면 그런 프로그램이 없었다.

5. 실습생의 자원 활용에 대한 평가(인적 · 문적 자원)

1) 기관 외의 자원 활용

지역사회 캠페인 개별적 계획서를 작성해 오는 것에 있어서 예전 자원봉사활동을 했던 학교사회복지활동에 대한 부분을 활용하였다. 그리고 ○○복지관에서 사업보고서에 대한 부분과 특화사업에 대해서 읽어보기도 했다. 지역주민 인터뷰를 나갔을 때 지역 지도가 없어서 동사무소에 가서 지도를 받고 인터뷰를 진행했었다.

2) 실습과 관련된 참고서적의 활용

청소년자원봉사학교에서 집단에 대한 분석을 하였을 때 대학에서 배웠던 사회복지실천기술론의 책, 프로포절 등을 참고하기도 했다. 그리고 선생님이 참고하라고 주셨던 욕구조사보고서나 논문을 읽어 보기도 했다. 사례관리에 대해서 부가적인 자료로 강점관점의 사례관리에 대한 논문을 읽고 사례관리에 대한 다른 시각으로 바라보게 되었다.

6. 실습에 임하는 자세에 대한 평가

1) 업무관리

(1) 시간 준수, 과제 제출

출근시간과 퇴근시간을 준수하였고, 연합실습과 같이 다른 장소에서 만날 시에도 시간을 준수하였다. 그리고 과제 제출도 주어진 과제에 대해서는 제출을 하였다.

(2) 주어진 일에 대한 업무 조절능력

주어진 일에 대해서 수행을 하였고, 자율학습과 같은 부분에서는 시간 활용을 잘 못한 부분이 있었다.

2) 직원과의 관계

질문한 일에 대해서 많은 조언과 좋은 이야기를 많이 해 주시는 것 같다. 그리고 실습지도자 선생님께서는 생각을 할 수 있는 코멘트를 많이 해 주셨다. 하지만 6주 동안 선생님과 친밀감을 높게 형성하지 못했던 부분이 있다. 실습이 관계의 시작이라서 실습이 끝난 후에 친밀해지기 위해서 노력하려고 한다.

3) 다른 실습생과의 관계

1차 워크숍 이후에 많은 실습생과 친해졌으며, 지금 고민과 함께 나누고 좋은 관계를 유지하고 있다. 실습에 힘들고 지칠 때 많은 버팀목이 되어 주고, 웃음으로 힘듦을 이겨 내는 좋은 동료였으며, 모두가 나에게 긍정적 영향을 미치는 사람들이다. 그리고 나의 강점을 찾는 데 많은 도움을 주었다. 함께 도시락을 먹으면서 더 친해졌는데, 팀별 실습을 하면서 같은 팀끼리는 더 친해졌고, 다른 팀과도 자주 봐서 서로 많은 힘을 주고받는 관계다.

4) 실습에 있어서의 적극성 및 자발성

실습에 있어서 처음에는 낯을 많이 가려서 적극적인 면들이 적었지만, 실습생들과 관계 형성이 된 후에는 적극적인 편인 것 같다. 실습 동료 모두가 적극적이고 자발적이라서 나의 적극성이 나타나는지는 잘 모르겠지만, 나의 주관으로는 나에게 맡겨진 일에는 적극적이라는 생각을 하였다. 나의 의견이나 질문이 있으면 고민하지 않고 이야기하는 것도 적극성이라면 질문 부분에 있어서도 적극적이었던 것 같다. 하지만 선생님과의 관계에서는 적극적이지 않았던 것 같다.

7. 전문적 태도에 대한 평가

1) 사회복지사로서 실습생 자신의 장단점에 대한 인식

아직 개별적인 클라이언트만을 보는 경향이 있고, 문제 인식적인 부분으로 바라보는 경향이 있는 것 같다. 어르신들과 대화를 많이 해 본 적이 없어서 어르신을 대할 때 많이 불편했고, 미리 계획하는 부분이 좀 부족한 것 같다. 반면, 나의 생각을 표현하는 것은 나의 장점이라고 생각한다. 배우고 새로운 것에 알고 싶어하는 것도 잘 활용하면 장점이다. 또한 사회복지에 열린 마음으로 많은 변화를 받아들이는 열정적인 자세가 나의 장점이다.

2) 전문가로서 윤리 및 가치관의 이행

클라이언트를 바라볼 때 문제를 바라보기보다는 강점과 가능성에 대한 부분을 더 생각하는 계기가 되었다. 복지관은 지역주민을 위해 존재한다는 것이라고 생각하게 되었다. 초기면접을 실습생에게 시키지 않은 이유가 지역주민이 나의 연습 대상이 되는 것은 인권에 대한 부분도 있다는 것에 대해 다시 생각하게 되었다. 인권에 대해서 강의도 듣게 되고, 초기면접에 참관했던 분에 대한 인적 사항을 지워 달라고 하는 등의 인권에 대한 중요성을 다시 생각하게 되었다.

8. 실습지도 활용 정도에 대한 평가

1) 실습생 자신의 실습지도 활용 정도에 대한 평가

코멘트를 받은 부분들에 대해서 한 번씩 더 생각하게 되는 것 같고 나의 사회복지에 대한 생각을 정리하는 데 활용하고 있다. 그리고 어떠한 부분이 잘못된 생각이었는지 다시 수정할 수 있었다. 생각에서 그치지 않고 행동으로 옮기기 위해 실습 후의 실천 목표를 세우는 계기가 되었다.

2) 실습지도 자체에 대한 평가

궁금한 사항이나 의문이 드는 부분에 대해서 조언을 해 주시고, 사회복지를 공부하고 있는 나에게 많은 고민을 할 수 있는 실습지도였다. 그리고 소감을 이야기할 때 처음에는 부끄러웠는데, 나의 소감을 이야기하고 다른 실습생의 소감을 들으면서 나의 생각이 열리게 되는 시간이었다. 이론으로 한정된 나의 시각을 더 넓게 바라볼 수 있도록 지도해 주었다.

9. 기관이해도에 대한 평가

1) 실습생의 과업과 관련된 기관의 목적, 정책, 행정절차에 대한 이해

우리의 일정에 있어서 왜 하고 있는지, 어떠한 내용으로 구성되어 있는지에 대해서는 설명해 주어 이해하게 되었다. 기관의 정책이나 행정절차에 대해서 실제로 팀별 실습을 하면서 밑반찬이나 식사 배달에 대한 이해를 하게 된 부분이 많았다.

2) 실습생으로서 기관 내의 권한과 한계에 대한 인식

실습 전에 공고된 일정이 모두 진행되지 않아 배우고 싶고 보고 싶었던 조직화 사업에 참관하지 못한 아쉬움이 남았다. 실습시간 동안에 실습생에 대한 의견을 수렴하기 때문에 많은 한계를 느끼지는 못했다.

10. 실습기간 중 가장 유익했던 내용

초기 면접을 다녀와서 사례 선정 회의까지 참여했던 내용이 가장 유익했던 것 같다. 의뢰하는 집을 가 보고, 이야기를 듣고 그것을 토대로 초기 면접지를 작성하고, 문제 사정 요약 등을 작성하기도 하였다. 그리고 내가 클라이언트를 바라볼 때의 시각을 할 수 있었고, 어떤 부분이 변화해야 할지에 대해서 진지하게 고민을 했던 내용이었다.

11. 실습기간 중 가장 안 좋았던 내용

팀별 실습 동안 자율학습이 나에게는 가장 안 좋았던 것 같다. 처음에는 2팀끼리 이 시간을 잘 활용하려고 스터디모임도 하려고 했는데, 빡빡한 실습일정으로 잘 활용하지 못해서 아쉬웠다.

12. 실습기관, 실습지도자, 대학에 대한 건의 사항

팀별 실습을 하면서 팀 간 서로 교류하는 시간이 없었는데, 아침이나 일정이 마치는 시간에 30분이라도 공유하거나 소감을 나누는 시간이 있었으면 좋겠다. 그리고 프로포절은 좀 더 일찍 시작할 수 있는 프로그램으로 구성되었으면 좋겠다.

13. 기타 하고 싶은 말

6주 동안 실습생을 잘 이끌어 주고, 많은 것을 얻을 수 있는 뜻깊은 시간이었다. 그리고 항상 생각할 수 있는 코멘트로 사회복지 시각을 전환할 수 있는 시간이었다. 6주 동안 선생님과 많이 친해지지 못해서 아쉽지만 실습이 관계의 시작이기 때문에 자주 연락하면서 친밀감을 쌓으면 좋겠다.

4) 실습보고회

실습보고회는 실습을 종결하는 시점에서 실습생들이 미래의 사회복지사로서 용기와 비전을 가질 수 있도록 지지하고 격려하는 차원의 의식을 경험하도록 하기 위해서 실시한다. 실습생과 슈퍼바이저는 물론 관장(학교장)과 가능한 한 모든 직원이 참여하여 진행된다.

전체적인 준비는 실습생들이 계획하고 실행한다. 실습보고회의 준비를 위해 실습생들은 자체적으로 실습 초기부터 모임을 갖는다. 실습생 대표를 선발하고 자체적인 회의와 보고 자료를 준비한다. 실습보고회는 슈퍼바이저보다도 실습생들이 주도하여 초대장 작성, 홍보, 진행, 사회 등을 맡게 된다.

실습보고회에는 일정이 된다면 실습생을 파견한 학교의 '실습지도교수'를 초대하여 함께 참여하게 할 수 있다. 일반적인 실습보고회에서 이루어지는 내용은 다음과 같다.

- 실습생 경과보고
- 슈퍼바이저 대표 인사
- 실습생 보고 및 발표(부서/팀 내지 프로그램별)
- 실습생 인사
- 기관에 대한 제언과 건의
- 총평: 공식적으로 슈퍼바이저보다는 기관(학교) 대표가 답변 및 지지
- 기념 촬영 및 다과회

5) 실습기관 및 슈퍼바이저에 대한 평가

각 기관에서는 실습지도 프로그램을 지속적으로 보완하기 위해서 실습생들이 전체적인 실습지도에 대한 평가를 실시한다. 이러한 실습평가는 중간평가와 종합평가를 보완하고 실질적인 만족도를 평가하기 위한 자료로서 실습평가 설문지를 제작하여 활용한다. 실습이 종료되는 시점에 실습생들이 설문지를 작성하고 기관에서는 이 결과를 활용하여 다음 실습지도 계획에 반영한다. 실습평가 설문지의 항목은 실습 오리엔테이션, 각종 공통 교육, 실습 내용, 실습간담회, 실습보고회 등을 중심으로 구성하고, 5점 만족도 척도로 평가한다. 슈퍼바이저의 슈퍼비전에 대한 내용은 별도의 슈퍼바이저 평가서를 활용한다.

또한 각 기관에서는 보다 높은 질의 실습지도와 슈퍼바이저들의 지속적인 성장을 위해서 실습생들이 자신의 슈퍼바이저를 평가하는 슈퍼바이저 평가를 실시한다. 슈퍼바이저는 실습생의 현장 학습에 어느 다른 부분보다도 많은 영향력을 미치는 것으로 나타나고 있기에 슈퍼바이저 평가는 무엇보다 중요한 부분이다. 물론 실질적으로 실습생의 입장에서 슈퍼바이저를 면밀하게 평가하는 작업이 용이한 것은 아니다. 슈퍼바이저는 실습생이 편안한 마음으로 슈퍼바이저를

평가할 수 있도록 분위기를 조성하여야 한다.

6) 기관의 실습지도 평가회의

기관에서는 실습 종결 후 1주일 이내에 실시하게 되는 실습지도 평가회의를 실시한다. 이는 실습에 관한 정책과 방향성을 결정하는 자리다. 이 회의의 참석 대상자는 관장, 해당 학기 슈퍼바이저, 슈퍼바이저(실습지도자)의 관내 슈퍼바이저 그리고 실습행정담당자다. 슈퍼바이저들은 실습지도평가서를 작성하고, 이와 더불어 실습생들이 작성한 종합평가서 요약과 실습평가 설문 결과를 준비하여 실습지도 과정에 필요하다고 생각되는 부분과 실습생들의 의견을 수렴하여 보다 발전된 실습체계를 개발한다.

실습지도 평가회의 주요 진행은 실습행정담당자의 실습평가 설문분석 결과발표, 각 슈퍼바이저의 평가서 발표, 실습진행 시 야기된 주요 문제나 차기 실습 개선 반영사항 등 주요 사안 토의 및 결정, 새로운 아이디어와 노하우 공유, 기관 대표의 최종 피드백 등을 포함한다. 평가회의가 종결된 이후에 실습기관은 다양한 사후 작업을 통해 실습에 관한 평가 정리 작업을 한다. 이처럼 사회복지 기관에서는 스스로 실습생의 각종 피드백 자료와 평가서들을 정리하고 차후 방향성을 수립한다. 각종 실습과 프로그램 관련 보관 자료와 파일들이 유실되지 않았는지도 확인한다. 실습에 대한 평가의 내용이 차기 계획 시 반영되었는지에 대해 지속적인 모니터링이 이루어진다.

따라서 기관의 이와 같은 노력에 대하여 실습생은 동참을 해야 하는데, 동참은 의외로 간단하다. 즉, 실습기관 및 슈퍼바이저의 평가에 대하여 객관적으로 임하고, 실습 이후에 실습기관을 방문할 경우에도 자신이 느꼈던 실습교육 과정에 대하여 객관적으로 전달하는 것이다.

실습은 한 번 하고 끝나는 것이 아니라 후배들에게 지속적으로 연계되는 교육 과정이라는 점을 잊지 말고 기관에서 실시하는 각종 평가에 성실하게 참여하는 것이 중요하다.

7) 실습교육의 최종평가(대학의 실습세미나 수업)

실습교육에 대한 최종적인 평가는 실습생에 대한 실습기관에서의 평가에 기초하여 대학에서 실습지도교수가 하도록 되어 있다. 실습기관마다 평가 기준과 방법이 다르고, 실습생의 과제와 역할 또한 다르므로 실습지도교수는 실습기관의 평가뿐만 아니라 다른 평가기준을 마련할 필요가 있다. 예를 들어, 실습세미나에 대한 출석 및 참여 정도, 대학에 제출하는 실습보고서와 기록물(실습일지, 실습보고서, 실습과제 바인더 등)을 얼마나 충실히 준비하여 제출하는가, 그 내용이 대학에서의 학습내용을 적절하게 적용하고 있으며, 교육이나 슈퍼비전의 결과가 반영되어 진전을 보이고 있는가 등을 평가의 기준으로 사용할 수 있다.

실습세미나에서 다루어지는 내용들은 실습현장에서 이루어진 업무나 실습 내용 등 해당 실습현장에 적합한 것이어야 하며, 학생들은 실습세미나를 통하여 각자의 실습기관에서의 활동을 소개하고, 배운 점과 느낀 점, 실습 중 어려웠던 점 등을 동료학생들과의 논의를 통하여 동료 슈퍼비전을 받게 되고, 나아가 실습지도교수로부터 슈퍼비전을 받게 된다(김형모, 2004). 이러한 과정을 통해 학생들이 다룬 사례나 실습 내용을 적용 가능한 이론의 틀 속에서 살펴보도록 할 수 있으며, 현장에서 발견된 내용과 다른 지식들을 통합할 수 있도록 도움을 받는다(박용권, 2009). 아울러 학생들은 계획된 일정에 따라 실습과제물들을 실습수업에서 발표하고 제출하여야 한다. 특히 실습과제물 바인더는 학생의 미래의 실습, 나아가 졸업후 사회복지기관에서의 활동, 그리고 추후 실습지도자로서의 실습생 지도를 위한 유용한 자료로 활용될 수 있을 것이다.

참조: 실습세미나의 주요 내용

- 학생의 실습과정에 관한 강점 및 개선점을 점검한다.
- 현장에서 적용한 사회복지실천의 방법 및 기술을 이론적으로 정리하여 지식과 경험을 통합할 수 있도록 지도한다.
- 실습현장에서 직간접적으로 경험한 사회복지실천 과정이 다양한 클라이언트 체계에 미치는 영향에 대해 탐색하도록 지도한다.
- 사회복지조직으로서의 실습기관에 대한 기능과 역할에 대해 이해하도록 토론을 유도한다.
- 실습기관이 속한 지역사회 욕구를 파악한 것을 토대로 실습기관 서비스 간의 연계에 대해 이해하도록 토론을 유도한다.
- 실습 내용을 사회복지정책, 사회복지법규 및 제도와 연계하여 이해하도록 토론을 유도한다.
- 사회복지실천현장에서 직면하는 윤리적 딜레마에 대해 토의한다.
- 사회복지사로서의 전문적 자기인식에 대해 정리한다.
- 실습생이 자신의 실습과정에 대한 평가를 통해 반영적 실천을 경험하도록 지도한다.

출처: 한국사회복지사협회(2017).

2. 실습의 종결

학생들은 그동안 클라이언트에게 직접적으로 개입해 왔거나 기관의 업무 및 프로젝트에 직간접적으로 개입해 왔다. 따라서 종결 전에는 종결을 위한 준비를 체계적으로 하는 것이 좋다. 특히 사례에 직접적인 개입을 제공한 경우에는 기관의 담당 사회복지사에게 사례 이양을 제대로 해 주어야 실습이 종결되었다고 할 수 있다.

1) 사례 종결

실습생은 실습과정 전체를 통해 실습이 시간제한적이라는 것을 유념해야 하고, 실습을 종결할 때를 대비하여 미리 계획을 잘 세워야 한다. 즉, 실습생은 개입시점이나 목표달성 정도가 자신의 실습기간에 일치하지 않을 수 있으며, 정해진 실습기간 동안만 클라이언트를 만나기 때문에 종결을 잘 다루는 기술도 필요하다.

클라이언트와의 관계의 초기부터 실습생임을 밝히고 기관에 일정 기간만 있게 될 것을 알려 준다. 클라이언트가 이 경우 관계에 깊이 관여하지 않으려 하고 자신의 깊은 얘기를 하지 않을 수도 있으나, 이에 대해서는 클라이언트가 결정할 권리가 있는 것임을 인정해야 한다.

종결 시점에서 실습생은 클라이언트와의 관계 종결을 앞두고 다음과 같은 의문과 염려를 갖게 된다(박용권, 2009).

- 클라이언트에게 종결에 대해 언제부터 말해야 하는가?
- 실습생이 떠나는 것에 대해 클라이언트가 갖는 감정을 표현하도록 하기 위해서 어떻게 말해야 하는가?
- 종결에 대한 논의가 진행되면서 클라이언트가 침묵할 때 어떻게 이를 다루어야 하는가?
- 클라이언트가 나에게 혹시라도 화를 내는 것은 아닌지, 만약 그렇다면 어떻게 대처해야 하는가?
- 실습생이 일정 기간이 지나면 떠날 것임을 클라이언트가 알게 되면 더 이상 실습생을 신뢰하지 않는 것은 아닌가?
- 클라이언트가 아동인 경우 종결할 때 특별히 고려해야 할 점은 없는가?
- 클라이언트가 나에게 실망하게 되지 않을까?
- 아직 클라이언트와의 개입목적을 달성하지 않았는데, 어떻게 내가 떠날 수 있을 것인가?

특히 아동의 경우, 관계의 상실에 대해 적응하기 위해서는 더 많은 시간이 필요하다. 아동이 '마지막'에 대해 이해하고 있는 정도와 이에 대한 대처기술을 고려(예: 연령, 인지적 수준 등)해야 하고, 이에 대한 지지가 필요하다. 곧 떠난다는 식의 말보다는 달력에 날짜를 표시하는 식의 구체적인 방법이 더욱 효과적이다. 실습생의 입장에서는 도움이 더 필요한 상황에 있는 아동을 버린다는 느낌이 들 수도 있는데, 그동안 아동과의 관계에서 성취할 수 있었던 것에 초점을 두는 것이 도움이 된다(최세영, 박경수, 2021).

성공적 종결은 다음과 같은 요인을 포함한다. 첫째, 실습생에게 맞는 클라이언트를 선택해야 한다. 실습시간이 제한적이기에 실습생과 실습지도자는 클라이언트와 작업하는 전체 과정에서 이 사실을 고려해야 한다. 둘째, 실습지도자와 함께 종결을 준비해야 한다. 셋째, 클라이언트에게 종결을 언제, 어떻게 알려야 하는가다. 충분한 종결 처리 시간을 갖기 위해 반드시 실제 종결 날짜보다 훨씬 앞서서 클라이언트에게 종결을 알려야 한다. 실습생은 종결에 대해 죄책감을 느끼고 자신이 떠난 후 무슨 일이 일어날지에 대해 걱정하기 때문에 가끔 방문, 편지 또는 기타 방법으로 접촉을 유지할 것을 약속함으로써 클라이언트를 안심시키려고 하는데, 이러한 행위는 피하는 것이 좋다. 개입이 종결된 후 관계가 계속되면 윤리적 문제도 생길 수 있다(Baird, 2008).

2) 실습지도자, 기타 직원 및 동료 실습생과의 이별

실습생과 실습지도자는 모두 실습의 종결에 대해 양가감정을 갖게 된다. 실습을 무사히 마치고 학습과 교육관계를 성공적으로 이루어 낼 수 있었다는 데에 대한 안도감과 동시에 각자의 생활에서 중요했던 관계가 끝나게 되어 이로 인한 상실감을 경험하는 것이다.

실습지도자는 이러한 감정들이 탐색되고 표현될 수 있도록 하며, 실습경험에 대한 감정과 이별, 종결에 대한 감정을 모두 표현할 충분한 기회를 주어야 한다. 이때 실습지도자가 종결 감정을 처리하면서 보여 주는 적절한 행동은 실습생에게 중요한 모델링의 역할을 한다. 실습기간 동안의 인간관계 기술은 전문가로서의 발전에 중요한 부분임에 틀림이 없다. 또한 실습기간 동안 맺었던 관계는 사회복지학을 전공하면서 가능한 한 가장 의미 있는 경험이 될 수 있으며, 장래의 관계망을 구성하는 기회가 될 수도 있다.

실습기관에서 특별히 라포를 형성했던 실습지도자, 직원 혹은 다른 실습생들에게 어떻게 감사와 인사를 전할 것인지 미리 생각해 두고, 이들에게 자신의 마음을 전하는 것은 의미 깊은 관계를 만족스럽게 종결하는 데 중요하다.

참조: 사회복지 현장실습의 성과

1. 실습생의 성과

- 사회복지이론 적용의 기회
- 전문직 역할에 대한 간접적인 학습 기회
- 전문직으로의 사회화 과정에 참여하는 기회
- 장래 직업 계획을 위한 기회
- 사회복지사로서의 정체성 확립을 위한 기회

2. 실습기관의 성과

- 부족한 인력의 보충
- 미래 사회복지사 양성을 위한 기여
- 기관의 인력수급을 위한 계획 수립에 기여
- 지역사회 내 기관 상호 의뢰 체계 구축에 기여
- 실습지도자의 실천기술 발전을 위한 계기 제공

3. 교육기관의 성과

- 사회복지교육 목적의 효과적인 실현
- 실천현장과의 지속적인 접촉을 통한 현장경험의 기회 제공

출처: 윤정혜, 권현진(2015).

제4부

사회복지 현장실습슈퍼비전

제**10**장
실습슈퍼비전의 구조와 과정

1. 슈퍼비전의 개념

슈퍼비전(supervision)이란 말은 'over(위에서)'의 뜻을 가진 super와 'to watch, to see(지켜보다)'의 뜻을 가진 videre라는 라틴어의 합성어에서 유래하였다. 문자적으로 정의하면, 슈퍼비전은 다른 사람이 하는 일에 대해 책임을 지고 지켜보는 감독자(overseer)의 일이라는 의미다. 슈퍼비전을 포괄적으로 정의하려면 다음의 네 가지 요소를 고려해야 한다.

1) 슈퍼비전의 목표

슈퍼비전의 목표에는 단기목표와 장기목표가 있는데, 교육적 슈퍼비전의 단기목표는 실습생이 업무를 효과적으로 수행할 수 있는 능력을 향상시키는 것이고, 행정적 기능의 단기목표는 실습생이 업무를 효과적으로 수행할 수 있도록 작업 배경을 제공하는 것이며, 지지적 슈퍼비전의 단기목표는 실습생이 업무를 수행하는 데 대하여 자신감을 갖도록 돕는 것이다. 그러나 이와 같은 목표는 그 자체가 목적이 아니라 슈퍼비전의 달성을 위한 수단이다. 슈퍼비전의 장기목표는 특정 기관이 클라이언트에게 제공하도록 되어 있는 특정 서비스를 효율적·효과적으로 제공하는 것인데, 이와 같은 장기목표를 달성하려면 이 단기목표들이 달성되어야 한다.

2) 간접 서비스로서의 슈퍼비전

슈퍼바이저는 사회복지사 또는 실습생을 경유해서 클라이언트와 간접적인 접촉을 한다. 슈퍼바이저는 직접 서비스를 제공하는 사회복지사 또는 실습생이 클라이언트를 제대로 잘 도울 수 있도록 도울 뿐, 클라이언트에게 직접적인 서비스를 제공하지는 않는다.

3) 상호작용 과정으로서의 슈퍼비전

슈퍼비전은 과정으로 정의할 수 있다. 슈퍼비전 기능을 수행함에 있어서 슈퍼바이저는 신중하고 의식적으로 선택한 일련의 활동들을 차례차례 수행한다. 슈퍼비전 과정에는 시작단계, 중간단계, 종결단계가 있으며, 각 단계에서는 다소 다른 활동들을 수행할 것이 요구된다. 슈퍼비전 과정은 관계 속에서 진행된다. 이 관계에는 적어도 두 사람이 관여되기 때문에 그들의 상호작용은 슈퍼비전의 중요한 측면이다. 사회복지사와 클라이언트 간의 관계와 유사성을 보여 주는 슈퍼바이저와 슈퍼바이지(사회복지사)의 관계는, 첫째, 라포(Rapport: 사이좋게 지낼 수 있는 일반적 능력), 둘째, 신뢰(Trust: 슈퍼바이저에 대해 개방적일 수 있으며 성공은 물론 실수와 실패를 함께 나눌 수 있는 슈퍼바이지에 대한 신뢰), 셋째, 돌봄(Caring: 클라이언트는 물론 슈퍼바이지에 대한 관심과 배려를 전달할 수 있는 슈퍼바이저의 능력)이라는 세 RTC 요인으로 구성되어 있다.

슈퍼바이저와 슈퍼바이지 관계는 서로 영향을 끼치는 역동적 맥락에 얽혀 있는 특성이기 때문에 상호 협력적이고, 민주적이며, 참여적이고, 상호적이며, 개방적이고, 존중적일 때 최상의 기능을 한다. 또 다른 슈퍼비전 관계의 특성으로 실습생과 클라이언트 간의 관계는 슈퍼바이저와 슈퍼바이지의 상호작용에 영향을 받는다는 병행과정이 있다. 즉, 슈퍼바이저와의 긍정적인 신뢰관계의 경험과 같은 슈퍼비전 관계에서의 경험이 실습생의 클라이언트에 대한 실천에 영향을 미칠 수 있음을 의미한다. 역으로 실습생의 클라이언트와의 실천경험이 슈퍼바이저와의 관계에도 반영될 수 있으므로 슈퍼바이저가 이를 잘 활용하면서 슈퍼비전을 주는 것이 필요하다.

그러므로 슈퍼비전이 효과적이려면, 첫째, 구조화되어야 하고, 둘째, 정규적이어야 하고, 셋째, 일관성이 있어야 하며, 넷째, 사례중심적이어야 하고, 다섯째, 평가되어야 한다.

4) 경험적 요소로서의 슈퍼비전

슈퍼비전 경험의 요소들은 '무엇'과 '언제' 그리고 '어떻게'로 개념화될 수 있다. '무엇'은 내용으로서 슈퍼비전 모형에서 슈퍼바이저와 슈퍼바이지 사이에 무엇이 일어나는가를 말하는데 이것은 모형의 종류, 모형의 목표와 내용, 목표에 따른 기법들에 의해 좌우된다. '언제'는 슈퍼바이지의 클라이언트와의 일과 관련하여 슈퍼비전이 언제 실시되는가를 말한다. 즉, 슈퍼바이지가 클라이언트와 만나는 동안에 슈퍼비전이 실시될 수도 있고, 만난 다음에 즉시 실시될 수도 있고, 어느 정도 나중에 실시될 수도 있다. '어떻게'는 슈퍼비전이 제공되는 양식으로 개인 형태나 집단 형태 또는 동료 형태의 슈퍼비전이 있다.

2. 실습슈퍼비전의 구조

실습슈퍼비전은 실습기관, 실습지도자, 실습생 그리고 실습비를 기본구조로 이루어진다. 사회복지 현장실습은 사회복지 현장인 사회복지기관에서 이루어진다. 실습기관은 사회복지실습교육기관의 공식적인 정책과 사업의 일부로 인식하고 실천하는 주체로서 실습교육의 질과 사회복지 인재 양성에 책무를 갖는다. 이러한 실습기관의 책무를 구체적으로 수행하는 실습지도자(슈퍼바이저)를 중심으로 실습생을 선발하고, 실습교육에 따르는 소정의 실습비를 받아 실습을 운영한다.

1) 실습기관

실습기관를 정하는 일은 실습 슈퍼비전에 있어서 매우 중요한 부분이다. 실습 슈퍼비전은 공식적·체계적·정기적·구조적이어야 하며, 실습기관의 정책에 실습슈퍼비전에 관한 정책이 포함되어야 실습생에게 체계적인 학습기회를 제공하고 소속감과 함께 안정감을 가지고 실습에 임할 수 있을 것이다. 한국사회복지사협회(2014)의 표준실습매뉴얼에서는 실습기관의 요건을 다음과 같이 제시하고 있다.

(1) 실습을 기관의 공식 업무로 규정하고 있는 기관

실습지도의 공식 업무화는 1개년 사업계획서상에 명시된 것만을 의미하는 것이 아니다. 각 사회복지기관에서 실습을 기관 업무의 일부로 간주하여 이에 대한 계획, 실행, 평가의 과정을 거치는 것을 의미한다.

(2) 실습에 대한 명료한 목적을 전 직원이 공유하고 있는 기관

실습이 기관의 인력보충 방편이 되어서는 안 된다. 사회복지 현장실습의 목적에 대해 기관 전체가 명료하게 인식하여 실습의 본래 목적이 퇴색되지 않도록 해야 한다.

(3) 실습지도자에 대한 업무 조정이 가능하고 이를 실행하는 기관

업무의 공식화와 같은 맥락에서 이해될 수 있다. 업무과중으로 인해 실습지도에 어려움을 겪고 있는 기관이 적지 않기 때문에 실습이 부가적인 업무가 아니라 기관의 공식 업무의 하나로 개인에게 할당된 것이라는 인식하에 실습을 지도할 수 있도록 업무를 조정해야 한다.

(4) 실습지도자가 실습지도를 제대로 할 수 있도록 성장의 기회를 제공할 수 있는 기관

실습지도자가 실습생에 비해 상위의 지식과 기술을 겸비해야 함을 감안하여 교육이나 훈련의 기회를 제공하므로 질적 수준을 담보하는 실습을 지향해야 한다.

(5) 실습지도를 위한 공간 확보 및 사무기기의 활용이 가능한 기관

실습기간 중 실습생을 조직 성원의 일부로 고려하여 업무를 위한 공간 및 실습과 관련된 사무용품을 활용할 수 있도록 배려해야 한다.

(6) 자격 있는 실습지도자가 있는 기관

사회복지사 1급 자격증을 소지한 자로서 3년 이상 또는 사회복지사 2급 자격증을 소지한 자로서 5년 이상 사회복지사업의 실무경험을 가진 실습지도자가 있는 기관에서 실습을 지도하여야 함은 물론이고, 효과적인 슈퍼비전과 전문적 실습교육을 제공할 수 있는 능력 있는 사회복지사가 있는 기관이어야 한다.

(7) 다른 기관들의 기준과 비교하였을 때 건전성을 갖고 프로그램과 재정적 지원에서 안정성을 갖추고 있는 기관

기관의 운영지침이나 원칙이 사회복지의 가치와 부합하면서 재정적인 건실성을 갖고 실습생으로 하여금 자원모금이나 후원자 개발을 강요하지 않는 기관이어야 한다.

(8) 사회복지전문직의 윤리와 가치에 부합되는 사회복지기관

사회복지사 윤리강령을 강조하면서 기관의 운영원칙이 윤리적 실천에 부합되어야 하며, 더 나아가서 다양한 학생을 동등하게 교육할 수 있는 능력이 있으며 학생에 대한 공식적인 안전 절차와 규정을 마련해 놓은 기관이어야 한다.

2) 실습지도자(슈퍼바이저)

기관 실습지도의 중점은 전문직업적 실천에 요구되는 지식과 기술을 가르치는 데 있으며, 이를 위해 기관 내에서 학생의 활동과 기능을 활용한다. 기관에서의 실습교육이 기능적 역할을 충실히 수행하려면 실습지도자의 역할이 중요한데, 실습지도자는 보통 해당기관에서 중간 위치로 정의된다. 실습지도자는 실습생들에게 기관의 입장을 대변하는 동시에 실습생의 교육과 클라이언트의 복지를 책임지고 실습생들이 기관에 적응하며 실습교육의 목적과 목표를 달성하는 데 중요한 역할을 수행한다(김정진, 2004). 서진환(2001)은 실습지도자의 역할을, 첫째, 실습지도 준비와 실습생 오리엔테이션, 둘째, 사회복지 지식전수와 적절한 학습과제 제공, 셋째, 정규적인 실습지도 시간 확보, 넷째, 사회복지실천가의 역할모델 제공, 다섯째, 실습평가, 여섯째, 다양한 실습생의 문제해결을 위한 원조 제공, 일곱째, 전문가적 정체성 형성을 위한 원조로 제시하고 있다.

그러나 경력이 많은 사회복지사라 하더라도 이러한 역할수행이 저절로 되는 것은 아니다. 실습교육에 대한 교육은 별도로 이루어져야 하며, 핵심적 교육 요소는, 첫째, 실습지도자들이 공유해야 하는 사회복지 지식, 둘째, 효과적 의사소통을 위해 그 지식들을 개념화하는 능력, 셋째, 학습에 적합한 분위기 조성, 넷째, 학생의 실습에 대해 명확한 판단기준을 갖게 함, 다섯째, 기준에 입각하여 학생의 실습을 평가하는 능력이다(김정진, 2004에서 재인용). 한국사회복지협의회 표준실습 교육매뉴얼(2013)에 따르면, 실습교육기관 등록제 운영방안의 기준으로 실습지도자의 자격을 사회복지사 1급 소지자, 실습생과 동등 이상의 학력, 해당 분야 실무경력 최소 3년 이상, 당해기관 경력 최소 1년 이상, 실습실시전년도에 실습지도에 관한 교육 8시간 이상을 이수한 자로 규정하고 있다. 실습교육의 일정 수준을 유지하기 위해 실습지도자 1인당 최대 5명까지를 원칙으로 하고 있다.

3) 실습생(슈퍼바이지)

실습생들은 사회복지실천이 현장에서 이렇게 이루어지는지를 배워야 하며 이를 위해 자원봉사자와는 다른 지위를 보장받고 실습생으로서의 역할을 수행해야 한다. 실습생의 역할은, 첫째, 실습목표와 욕구를 명확하게 전달, 둘째, 학습계약서 작성에 적극참여, 셋째, 실습과제의 성실한 수행과 문제 발생 실습지도자에게 보고, 넷째, 실습지도시간을 위한 준비, 다섯째, 실습과제(실습일지, 과정기록, 프로그램기획안, 결과보고서 등)를 정해진 시간내에 작성 제출, 여섯째, 학교의 실습세미나 수업참여, 일곱째, 실습평가과정에 적극 참여로 이후 학습교육방법 향상을 기대 등이다(서진환, 2001). 실습생의 자격기준에 대해 한국사회복지협의회의 교과목 지침서(2005)에서는 사회복지사 1급 국가시험 필수과목 8개 중 네 과목 이상 이수한 자로 그 기준을 정하고 있다. 한국사회복지교육협의회 사회복지 현장실습 교과목 지침서(2005: 58)에서는 실습생의 자세에 관하여 다음과 같이 제시하고 있다.

• 사회복지 실습생으로서 사회복지사 윤리강령과 함께 다음 사항을 준수한다.

- 실습의 목적과 중요성을 충분히 이해하고 실습계약 사항을 이행하기 위하여 최선의 자세로 실습에 임한다.
- 실습은 대학에서 학습된 이론을 구체적으로 적용하는 과정임을 인식하여 이에 최선을 다한다.
- 실습교육기관의 구성원이라는 생각으로 타 구성원과 협력하며 친화적 태도를 취한다.
- 기관의 정책을 이해하고 수용하며 실습과정에서 준수하도록 한다.
- 근무시간은 기관의 규정에 준하며 직원과 동일한 자세로 근무시간에 임하도록 한다.
- 실습시작 최소 10분 전에 출근하여 출근을 확인하며 업무에 관계된 사항을 사전에 준비하도록 한다.
- 결근 조퇴 지각 등 근태와 관련된 사항은 반드시 실습지도자에게 사전에 보고하여 허락을 받도록 한다.
- 실습지도자의 지시뿐 아니라 타직원의 지도를 잘 이행하므로 실습효과를 최대화 하도록 한다.
- 직무에 강한 책임감과 열의를 갖고 적극적으로 임하며 타인에게 책임을 전가하거나 태만하게 행동하지 않는다.
- 실습으로 인하여 알게 된 클라이언트의 사적인 정보를 교육적 목적, 대학실습지도 등 이외에는 절대 발설하지 않으며 교육적 목적이라 하더라도 가명을 사용하여 개인의 비밀이 침해되지 않도록 한다. 실습 종료 후 실습 관련 내용을 학회지 등에 게재하고자 할 때는 반드시 실습지도자와 상의하여 허락을 받아야 한다.
- 실습지도자의 지도 혹은 타실습생의 실습을 견학 관찰할 경우 배우는 자세로 진지한 태도를 취한다.
- 기관의 직원, 클라이언트 등에게 예의를 지킨다.
- 복장 소지품은 실습 기관의 특성과 상황에 맞게 취하되, 가능한 한 화려한 것을 피하고 검소하며 단정한 것으로 착용하도록 한다.
- 안전사고에 만반을 기하도록 하며 안전사고와 관련된 기관의 규정을 사전에 숙지하여 그에 준해 처리하도록 한다.
- 실습일지를 비롯한 각종 실습기록은 사실에 근거하여 정확하고 구체적으로

정리하여 실습 시 실습지도자와 실습지도교수의 강평을 받는다.
- 과제에 관하여 연구하고 그 결과물에 대해 실습지도자의 강평을 받는다.
- 실습과정 중 어떤 경우라도 사례금 등의 금품을 절대 주거나 받지 않는다.
- 과제물은 정해진 기일에 제출하고 출근 전에 작성을 마친다.
- 기관의 명칭을 사적으로 활용하지 않으며 실습생의 신분을 지킨다.
- 기관을 대표한다는 자세로 실습교육기관의 직원들과 동일한 업무 태도와 자세를 취한다.

4) 실습비

실습은 사회복지교육에서 가장 중요한 교과목이다. 사회복지기관이 사회복지사를 양성할 책임을 가지는 것은 당연한 것이지만, 사회복지사를 양성한다는 명분으로 실습에 소요되는 비용까지 기관이 부담해야 한다는 것에 기관들이 어려움을 가지기도 한다(서진환, 2001). 우리나라의 대다수의 기관이 실습비를 받고 있으며, 그 범위는 기관마다 차이가 있다. 사회복지사협회의 지침서(2005)에서는 실습비에 대하여 "기관의 상황에 준하여 정하도록 한다."라고 권유함으로써 기관의 자율성에 맡기고 있다. 서진환(2001)은 기관에서 주로 실습교육교재의 제작, 오리엔테이션 실시 등 실습생에게 교육 제공을 위해 실제 비용이 소요되는 만큼 기관이 전담할 수 없는 현실이라면 실습비의 용도를 학생과 학교에 제시하고 이에 대한 충분한 이해와 동의과정을 거친다면 실습교육의 질을 강화할 수 있어서 바람직할 것이라고 제안한다. 보건복지부의 사회복지사 자격관리지침(2021)에는 실습생 1인당 10만 원 내외로 규정하고 있다.

3. 슈퍼비전의 과정

1) 오리엔테이션

이는 실습의 나머지 부분을 결정하는 중요한 단계다. 전체를 이해하고 친숙해지도록 세심한 준비와 사고가 필요하다. 실습시간은 상대적으로 짧다. 간략한 오리엔테이션 시간을 통해 기관은 학생이 실습 동안 만나게 될 일반적인 클라이언트의 문제와 기관의 일을 소개해 준다. 실습 초기에 주어지는 이 오리엔테이션에 대한 시간적 투자와 집중이 실습 기간 동안의 과제를 성공적으로 수행하는 데 기초가 될 것이다.

오리엔테이션은 학생을 맞이하는 기관의 첫 단계다. 이 시간에 다른 스태프에 대한 소개가 있을 것이며, 기관의 직원들에게 학생의 이름, 학교, 실습 기간, 실습 내용과 과제, 실습생이 할 일에 대해 소개할 것이다. 이러한 과정을 통해서 실습생은 팀의 일부로 환영받고 좀 더 빨리 적응하는 데 도움을 받는다. 이는 또한 기관 내 다른 직원들이 학생의 역할에 대해 오해할 소지를 줄이고 모든 직원에게 실습생을 소개하거나 기관 소식지에 알리는 기회가 된다. 어떤 기관이든 오리엔테이션에는 일반적으로 다음과 같은 내용이 포함된다.

- 기관의 목적과 사업 및 예산
- 서비스 제공 우선순위
- 기관의 조직 구조와 담당 직원 서비스 제공 절차
- 클라이언트 기록의 비밀보장, 고지된 동의, 기록과 관리 지침
- 기관과 지역사회 관계, 지역 내 다른 기관에 대한 의뢰나 다른 기관으로부터의 의뢰체계
- 프로그램/서비스와 사회복지사의 역할
- 업무수행에 따른 안전지침
- 업무수행을 위한 적절한 복장과 태도

오리엔테이션 기간 동안 실습생은 슈퍼바이저와의 면담이나 관련 기록, 보고서, 매뉴얼 등을 상당한 시간 동안 읽어 보도록 요구받기도 한다. 또 다른 효과적인 오리엔테이션 방법은 관련 기관이나 부서를 직접 방문하는 것이다. 이 기간 동안 지도자는 실습생과 실습 목표에 대한 합의를 하게 되는데, 별도의 실습계약서를 작성하거나 슈퍼비전 시간을 통해 구두로 확인한다.

2) 실습생 사정

실습지도의 다음 단계는 학생의 학습 욕구, 학습능력, 개인적인 성격에 대한 사정이다. 교육적 사정은 사람들마다 다른 학습 방식[1], 구체적 지시나 모호성에 대한 선호도, 자율성과 보호에 대한 선호도, 의존적이거나 거부적인 학습 태도, 실습생이 클라이언트를 돕는 유형 등을 사정하여 지도계획을 세우며 실습생에게 실천 분야에 대한 실천력을 향상시키고 '사람을 돕는 전문가'가 되고자 하는 동기를 강화하는 데 있다(보충자료 1, 2 참조).

펄먼(Perlman)은 사람을 돕는 전문직에 종사하는 사람은 다른 사람의 상처와 슬픔에 대해 충분히 이해할 수 있어야 하며, 잊어버리고 싶어 하는 그들의 욕구나 마치 아무 일도 없는 것처럼 행동하고 싶어 하는 것도 이해할 수 있어야 한다고 하였다. 또한 "좋은 전문가는 클라이언트로부터 항상 좋은 대접만 받아야 한다고 잘못 생각하지 않도록 하고, 실패에 대한 두려움 또는 클라이언트의 반응에 대한 지나친 염려나 두려움을 갖지 않도록 업무에 대해 개인적 안정감을 가질 수 있어야 한다."고 하였다(Harkness, 1995에서 재인용). 이를 위해 실습교육에서도 이러한 주제에 대한 사정이 필요하다. 슈퍼바이저와의 관계 맺는 방법을 관찰하여 전이의 문제가 있는지 사정하고, 실습생이 가지고 있는 취약성이 클라이언트에게 영향을 미치지 않도록 하여야 하며, 이와 관련된 주제에 관해서는 이전 실습지에서의 경험이나 생활경험 등에 대해 검토하는 것도 도움이 된다.

---

1) 실습생의 학습 방식의 파악은 실습생을 객관적으로 이해하고 학습동기를 유지하고 강화하여 교육 목표를 성취하는 데 유용하다. 지각 유형에 따라 학습 방식을 시각형, 청각형, 신체감각형으로 구분할 수 있다. 시각형 학습자는 눈으로 보고 기억하며, 관찰력이 뛰어나며, 체계적이고 준비성이 있으며, 계획성이 있다. 청각형은 소리에 민감하여 큰 소리로 책을 읽고 토론하기 좋아하며, 말로 설명해 줄 때 이해가 빠르기 때문에 혼잣말로라도 정보와 생각을 정리할 때 학습 효과가 높은 유형이다. 신체감각형은 조작적인 능력이 우수하며, 감각적이고 직관적인 경향이 있다. 상황을 행동으로 옮기고, 몸을 움직이고 상호작용을 통하여 학습하도록 배려하면 좋다(양옥경, 최소연, 이기연, 2007에서 재인용).

보충자료 1 | **실습생 면담 시 주요 질문 목록**

실습생 면담 시 주요 질문

- 사전면담의 목적 설명
- 이곳에서 실습을 하고 싶은 이유(왜 이 학생이 여기에서 실습을 하고 싶어 하는지, 실습을 통해 얻고 싶은 것이 무엇인지, 학생이 기관과 기관의 회원 그리고 클라이언트에 대해 어떤 것들을 알고 있는지 등)
- 이전 실습 경험
- 과거 실습 경험
- 직업적 목표
- 강점과 성장이 요구되는 분야
- 실습 영역에 대한 사회복지사의 설명
- 슈퍼비전 스타일과 기관의 실습지도 방법
- 실습의 경험과 슈퍼바이저로부터 학생이 얻기를 원하는 것 또는 욕구
- 학생의 개인적 상황

출처: 태화기독교사회복지관(2003).

보충자료 2 | **실습생 면담 예상 질문 목록**

실습생 면담 예상 질문

- 실습의 목적은 무엇인가?
- 왜 이곳에서 실습을 하고 싶은가?
- 이곳에서 무엇을 배우고 싶은가?
- 과거 실습 및 자원봉사 경험은 어떠한가?
- 자신의 강점과 성장이 요구되는 분야는 무엇인가?
- 슈퍼바이저로부터 얻고자 하는 학생의 욕구는 무엇인가?
- 실습에 임하는 각오와 다짐이 있다면 무엇인가?

* 면담의 목적을 설명하고 간단한 자기소개를 요청할 수도 있다. 시사에 관련하여 질문할 수도 있다.

3) 실습계약

이 단계에서는 사정을 토대로 개별화된 실습계약을 한다. 슈퍼바이저는 실습생의 기대, 전문적 발달을 위해 실습생이 원하는 경험을 확인하여 적극적으로 실습에 임할 수 있도록 한다. 또한 실습생에게 어느 정도의 도전이 필요한지 이전 경험을 고려하며, 실습 기간 동안의 과제물은 어느 정도 주어야 할지, 실습생이 새로운 클라이언트와 접수면접에서 개입까지 할 수 있는지, 프로그램을 계획하고 개입하는 것이 혼자 하는 것이 아닌지 혹은 팀으로 하는 것이 좋은지, 어느정도가 실습생에게 적절한 학습적 도전이 될 것인지 평가하여 계획한다. 실습생이 감당할 수 있을 정도의 강도로 서서히 업무를 부여하여 안정감과 자신감을 가지고 실습에 임할 수 있도록 계획하는 것이 슈퍼바이저의 교육적 역할이다. 그러나 실습생의 개인적 문제가 업무수행에 계속 장애가 되는 경우 지도자가 이러한 이슈를 슈퍼비전 시간에 확인하였다면 슈퍼바이저는 실습생이 개인적으로 상담을 받을 수 있도록 안내해 주어야 한다. 실습에서 모델링은 학습의 중요한 도구이므로 실습생에게 슈퍼바이저의 전문적 역할수행을 관찰하게 하고 이후 슈퍼비전 시간에 토론해 보는 것도 좋은 방법이다. 또한 다른 부서의 업무에도 투입시켜 다른 스태프의 업무수행을 모델링할 수 있는 기회를 주는 것도 융통성 있는 방법이다.

4) 실습 실행 단계

실습 계획이 적용되는 단계로 슈퍼바이저는 실습생의 학습을 안내하고 평가하는 이중적인 역할을 수행하게 된다. 슈퍼비전은 정기적으로 주 1회 이루어지며, 행정적인 슈퍼비전뿐 아니라 학생의 성장에 초점을 둔 실습교육이 바람직하다(보충자료 3, 4 참조). 다양한 교육적 도구를 사용하여 학생의 학습을 돕는 것이 효과적이다. 실습에서 사용할 수 있는 교육적 도구는 다음과 같다.

(1) 과정기록

자신의 실무를 검토할 수 있는 중요한 도구로 실습생 자신이 담당했던 실제 사건과 자신의 주관적인 반응을 기록하여, 실습생의 반응, 행동, 판단 등에 의해 클라이언트가 어떻게 영향을 받는지 알 수 있는 장점이 있다. 목표 성취에 도움이 되는 대인관계 기술인 개인적 면담이나 소집단 접근을 계획하고 관리하는 직접적인 실천에 대해 과정기록이 이루어진다.

(2) 역할극

실습지도에서는 클라이언트나 동료에 대한 감정이입 능력을 향상시킬 뿐 아니라 개입 기술의 발달에 도움이 되는 역할극을 활용한다. 이 방법을 사용하는 데 익숙해지면 다양한 실천적 상황에 대한 준비와 두려움 해소에 도움이 된다.

(3) 직접 관찰

지도자가 함께 개입과정에 참여하거나 일방경으로 관찰하거나 녹음하는 것 같은 방법은 여과되지 않은 그대로의 기록이 되므로 실습지도에 활용하면 좋으나 실습생에게는 초기에 부담이 되는 방법일 수 있다. 지도자는 이러한 자료를 토대로 실습생의 개입활동 목표와 과정에 대한 토론을 하여 학습을 촉진할 수 있다.

(4) 오디오/비디오 녹화

실습생의 긍정적인 역할수행과 클라이언트에 대한 반응 과정을 분석하여 학습 자료로 활용할 수 있다.

보충자료 3 슈퍼바이저를 위한 자성 질문 목록

슈퍼바이저 자성 질문

- 사람에게 어떤 변화가 일어나는 것에 있어 나는 무엇을 믿는가?
- 훈련과 슈퍼비전의 중대한 변수는 무엇인가?
- 나는 슈퍼비전의 성공을 어떻게 측정하는가?
- 나는 성공에 어떻게 공헌하였는가?
- 나의 슈퍼비전의 교육 목적은 무엇인가?
- 목적을 성취하기 위해 내가 사용할 기술은 무엇인가?

보충자료 4 사회복지 슈퍼바이저의 자세 및 준수사항

사회복지 슈퍼바이저의 자세 및 준수사항

실습생에 대한 슈퍼바이저의 자세

- 실습생은 학습과 실천에 대한 욕구가 있는 클라이언트다. 개별 실습 목표를 충족시켜 주기 위하여 최선의 노력을 다하여야 한다.
- 실습생은 준사회복지사다. 실습생은 사회복지사를 대신하여 서비스를 전달한다. 클라이언트에게 최선의 서비스를 제공하기 위해서는 실습생에게 철저한 슈퍼비전을 제공해야 한다. 만약 슈퍼비전을 제대로 주지 않는 사람은 본인이 담당하는 클라이언트에게 해를 끼치는 사람이다.
- 실습생은 학생이다. 사회복지사가 실천하면서 성장하듯이 실습생에게 최선의 교육 기회를 제공해야 한다. 사회복지 전공생의 진로에 가장 큰 영향을 미치는 것이 실습이다.

- 실습생에게 슈퍼바이저는 기관의 대표자다. 말과 행동에 주의를 해야 한다. 개인이 잘못된 의견을 주었을 때, 그것이 기관의 입장으로 오해될 수 있다. 슈퍼바이저가 잘못 처신하는 것은 기관에 누를 끼치는 것이다. 진실의 순간(Moment of Truth: MOT)이 중요하다.
- 실습생과의 관계에서 부당한 이득을 취하지 않는다.

〈준수사항〉
- 실습일지, 과제는 당일 확인하여 꼼꼼하게 피드백을 준다. 만약 다른 사정으로 검토하지 못할 경우에 양해를 구하고 가능한 한 빠른 시일 내에 피드백을 준다.
- 실습생을 별다른 과업 없이 방치해서는 안 된다.
- 실습 일정을 신중하게 계획해야 하며, 실습 일정을 최대한 지킨다. 변동이 생겼을 경우에 충분히 설명하여 실습생에게 이해시켜야 한다.

5) 실습평가

평가는 상세하고 현실적이며 달성 가능한 기준에 근거한 판단이어야 하며, '업무수행의 질'과 '성취물의 양' 모두 포함되어야 한다. 평가는 실천에 대한 학습의 질을 향상시키는 교육적 절차일 뿐 아니라, 전문적 성장을 이끄는 행정적 절차이기도 하다. 따라서 평가에는 행정적 슈퍼비전 요소와 교육적 슈퍼비전 요소가 농축되어 있으며, 더 나아가 보다 넓은 지지적 슈퍼비전 요소까지도 지니고 있다. 평가를 통한 확실한 피드백은 실습생에게 의미 있는 성취감을 얻게 해 주며, 역할의 모호함과 관련된 긴장감을 감소시키고, 잘한 일에 대해서는 긍정적 강화를 제공한다.

평가는 근본적으로 사정과 다른데, 사정의 초점은 현재 진행하고 있는 사례의 상황인 반면, 평가는 전체 업무에 관한 것이다. 평가는 학습동기를 유발하여 직접적이며 통합적인 학습을 하게 한다. 또한 평가는 업무수행의 명백한 사정을 요구하기 때문에 학습을 의식하게도 한다. 즉, 지금까지 얼마나 많이 배웠는지, 얼마나 많이 진행되었는지 등을 지적하고, 무엇을 더 학습할 필요가 있는지를 알도록 도와준다.

(1) 평가의 가치

평가의 가치를 정확하게 인식하는 것은 평가에 대한 불편한 감정이 생길 수 있기 때문에 자칫 무의식적으로 평가를 회피하려는 태도를 막을 수 있다. 이에 각 영역에 대한 평가의 가치를 살펴보자.

① 기관에 대한 가치

기관이 공공의 책임을 다하고 있는지 그 목적 달성 정도를 평가하는 것은 개개의 사회복지사들이 기관의 기준을 만족시키고 있는 정도를 평가함으로써 시작된다. 기관이 지역사회에 대한 책임이 있는 것과 마찬가지로 사회복지사는 기관에 대한 책임이 있고, 준사회복지사로서 실습생도 이러한 책임에서 배제될 수 없다. 실습생의 업무에 대한 슈퍼바이저의 평가는 지역사회에 대해 갖는 기관의 책임성 사슬에 있는 하나의 연결고리다. 평가는 실습생의 행동을 통제하고 표준화시키기 위한 절차다. 그러므로 기관에서는 평가 항목을 통해 실습생에게 기대하는 행동, 인정되는 행동, 보상받을 만한 행동들을 제시하는 것이다.

② 실습생에 대한 가치

실습생은 자신이 기관의 기대를 충족시키고 있는지, 다른 동료 실습생과 비교하여 어떠한지 모르기 때문에 흔히 불안을 느낀다. 평가는 실습생에게 현 상황을 알 수 있도록 도와주기 때문에 불안을 감소시켜 주는 역할을 한다. 물론 평가 그 자체가 주는 불안이 있긴 하지만, 그보다 더 불안을 일으키는 것은 평가를 하지 않는 것이다. 실습생에게 있어서 평가는 그러한 판단을 자신보다 우월한 경험과 능력 및 정보를 지녔다고 생각되는 누군가로부터 인정받는 기회다. 자신의 결점을 지적받는 동안 실습생은 자신의 업무를 보다 현실적이고 긍정적으로 바라보게 된다. 그러므로 평가는 학습의 동기를 유발하여 직접적이며 통합적인 학습을 하게 한다. 또한 평가는 업무수행의 명백한 사정을 요구하기 때문에 학습을 의식하게도 한다. 즉, 지금까지 얼마나 많이 배웠는지, 얼마나 많이 진행되었는지 등을 지적하고, 무엇을 더 학습할 필요가 있는지를 알도록 도와준다. 실습생은 좋은 평가를 받기 위하여 자극을 받아 배우며 변화한다. 지금까지 배워 온 것에 대한 체계적인 확인이 자신감을 심어 주기도 하고, 지금까지 쌓아 온 지식을 다져 주기도 한다. 특히 평가는 실습생으로 하여금 자기평가의 양식을 세우도록 도와주고, 보다 나은 자기발전을 촉진하게 하는 자아인식을 증가시키기 때문에 중요하다. 평가회의의 경험은 업무수행 기준에 대한 적응감을 높여 주기 때문에 실습생은 자신의 업무를 스스로 비판할 수 있는 능력을 갖게 된다. 모든 실습생은 자기평가와 자기규제에 대한 책임성을 지니고 있기 때문에 실습에서의 평가 훈련은 매우 중요하다.

③ 클라이언트에 대한 가치

사회복지사에게는 다른 전문직과 마찬가지로 직접적인 업무에 대해 외부의 통제 없이 자신의 자율이 주어진다. 전문가는 외부의 규제나 압력에 의해서가 아니라 자기규제에 의해 서로의 악용을 방지하고 효율적이고 공신력 있는 실무를 구사해야 하는 것이다. 지역사회는 외부의 규정, 통제, 방해로부터 전문가적 자유를 인정하는 대신에 전문직 자체 내에 보다 즉각적이고 일상적인 적용이 가능한 통제 또는 자정 체계를 갖추기를 기대한다. 이는 평가과정이 엄격하고 적절한 자체 내 통제가 이루어져야, 클라이언트는 효율적이고 공평한 서비스를 보장받을 수 있고, 부적절한 서비스로부터 보호받을 수 있기 때문이다. 더구나 현장 훈련을 받고 있는 실습생에 의해 서비스가 주어질 때에는 클라이언트 보호 측면에서 평가과정이 필수적인 요소인 것이다.

④ 슈퍼바이저에 대한 가치

슈퍼바이지의 업무수행에 대한 체계적인 평가를 통해, 슈퍼바이저는 실습생이 지금까지 무엇을 배웠는지와 앞으로 가르쳐야 할 부분이 무엇인지에 관하여 알게 된다. 또한 실습생의 강점과 약점을 명확히 함으로써 인적 자원을 효율적으로 활용할 수 있으며, 앞으로의 교육적 슈퍼비전에 대한 의제를 정할 수 있다. 더구나 교육자로서 슈퍼바이저는 실습생의 학업에 대한 객관적인 평가를 해야 할 책임이 있다는 면에서 평가에 대해 신중하고 객관적이어야 하며, 흔하게 범하기 쉬운 평가의 오류로부터 자유롭기 위해 의식적으로 자기규제를 하여야 한다.

(2) 평가 절차

평가의 가치적인 측면과 유용성을 고려할 때 평가과정이 필수적이고 평가가 생산적이고 객관적으로 이루어질 수 있도록 절차를 고려할 필요가 있다. 그 절차의 고려사항은 다음과 같다.

- 평가는 지속적인 과정이다.
- 평가 절차는 슈퍼바이저와 실습생이 함께 토의한다.
- 긍정적 관계의 맥락에서 평가에 관한 의사소통을 한다.
- 평가절차는 함께 공유하는 상호적 과정이다.
- 평가는 실습생의 업무수행에 결정요인이 될 수 있는 현실적인 요소들을 고려하고 인정하면서 행해져야 한다.
- 평가의 주요 초점은 실습생의 인간성이 아니라 실습생의 업무수행이다.
- 평가에서는 실습생의 강점과 약점, 성장과 침체를 모두 다루어야 하며, 지식, 가치, 기술의 3요소와 기관 그리고 실습 상황의 맥락에 대한 공평하고 균형적인 고려가 있어야 한다.
- 훌륭한 평가는 결과도 중요하지만 과정을 고려하는 데 있다.
- 평가는 최종적인 것보다는 시험적인 것을 제시해야 하며, 실습생의 업무수행 중 수정 가능한 측면에 초점을 두어야 한다.
- 평가는 어느 정도의 일관성을 가지고 구성되어야 한다.
- 슈퍼바이저는 실습생 자신의 업무평가에 대해서도 기꺼이 받아들이는 것이 바람직하다. 평가과정은 실습생의 발전에 도움이 되는 것과 마찬가지로 슈퍼바이저의 전문적 발전에도 공헌할 수 있다.

(3) 평가의 내용

포괄적인 평가에서 고려할 주요 영역과 세부내용은 〈표 10-1〉과 같다. 〈표 10-1〉의 내용으로 평가를 고려하면서 슈퍼바이저는 평점척도, 점검표 등을 활용하여 평가를 객관화하려고 노력할 필요가 있다. 또한 평가의 정보원을 다양화하여 주관적인 평가를 하지 않도록 하는 것이 평가의 오류[2]를 줄일 수 있다. 슈

2) 평가의 오류란 외모, 학벌 등과 같은 특정 측면의 강한 인상으로 실습생의 모든 평가에 영

퍼바이저는 실습생 사정 시 기준이 될 수 있는 실습생에 대한 타당하고 신뢰할 만한 정보를 충분히 획득하고 있어야 한다. 실습생의 수행평가를 위해 슈퍼바이저가 이용 가능한 정보원[3]을 충분히 고려하여 평가 내용을 축적해 놓을 필요가 있다. 평가에서 슈퍼바이저는 실습생의 필기 기록 자료와 구두활동 보고에 의존함으로써 아주 제한된 정보원에 의해 평가하는 경향이 있다. 기록 자료는 실시된 면접횟수, 배치된 클라이언트와 이에 대한 개입활동의 평가를 위해 검토하고, 보고서, 과제물, 직원회의와 집단 슈퍼비전모임에서의 실습생 활동과 참여, 개입에 대한 직접 관찰, 클라이언트의 평가, 동료 평가 등을 다면적으로 활용할 수 있다. 그러나 클라이언트와 동료 평가는 중요한 평가 정보원이기는 하지만, 클라이언트가 평가과정을 잘 모르는데다가 밀착관계 때문에 객관성이 결여됐을 수 있고, 동료 평가의 경우는 동료들이 서로 경쟁관계에 있을 수 있기 때문에 전체적인 맥락에서 참고자료로 활용하는 것이 바람직하다.

〈표 10-1〉 평가의 주요 영역과 세부내용

평가 영역	세부내용
클라이언트 체계와 관계(의미 있고 효과적이며 적절한 전문적 관계를 수립하고 유지하는 능력)	• 클라이언트에 대한 행동에 내재된 태도: 도움이 되고자 하는 관심과 바람, 존경, 공감적 이해, 비판적 수용, 정형화되지 않은 개별화; 클라이언트의 자기결정권에 대한 동의, 온정과 관심 • 클라이언트를 위하여 관계에서 객관적이며 교육적인 자기의 사용: 과잉동일시가 아닌 공감과 동정 • 클라이언트와 접촉 시 전문적 가치의 고수: 비밀보장

〈계속〉

향을 미치는 후광효과, 대부분 보통은 넘을 거라고 막연히 평가하는 중앙화 경향이나 관대함의 오류, 이미 경험과 숙련이 풍부한 슈퍼바이저 자신 등 부적절한 대상을 기준으로 평가하는 대조의 오류 등을 말한다.

3) 이 정보원이란 슈퍼바이지의 필기기록, 슈퍼바이지의 활동 구두 보고, 슈퍼바이지와 클라이언트(개인, 집단, 지역사회) 간 접촉의 녹음테이프, 일방경을 통한 슈퍼바이지의 수행관찰, 연석(joint)면접에서 슈퍼바이지 관찰, 집단 슈퍼비전 회합에서 슈퍼바이지의 활동 관찰, 직원회의 그리고/또는 합동전문가 연석회의에서 슈퍼바이지 활동 관찰, 슈퍼바이지의 수행에 대한 클라이언트의 평가, 슈퍼바이지의 통신문, 보고서, 통계서식, 주별 일정, 일별 행동일지, 월별 수행기록 등을 말한다.

실천과정 (지식과 기술)	• 사회조사(자료 수집) 기술: 서비스 상황에 의미가 있는 심리 · 사회 · 문화적 요인들을 식별할 수 있는 능력, 적절한 정보를 수집할 수 있는 능력, 사회조사와 관련된 항목들의 관찰과 탐색의 정확성과 꼼꼼함 • 진단(자료 사정) 기술: 정신 내적 · 대인관계적 · 환경적 요소들의 상호관계에 대한 이해; 인간행동과 사회체계에 대한 지식의 효과적 적용(사회조사 자료로부터 의미를 찾아낼 수 있는 능력), 클라이언트의 지각적 · 인지적 · 감정적 틀에 대한 이해와 인식, 기술적이고 역동적인 진단이나 자료사정을 계통화시킬 수 있는 능력 • 치료(개입) 기술: 사실의 이해(진단)에 근거해 치료 프로그램을 계획하고 실행할 수 있는 능력(예: 환경 수정, 심리적 지지, 명료화, 통찰력, 옹호, 중재, 사회행동), 개입의 시기적절성 • 면담 기술: 클라이언트와 면담의 목적을 명확하게 설정하는 능력; 면담의 초점을 유지하는 능력, 클라이언트의 요구에 대한 적절한 균형 유지 및 방향 제시와 통제, 재치 있고 위협적이지 않은 의사소통 능력 • 기록 기술: 사소한 감정을 조직화해서 의사소통하는 능력, 기록은 분별력 있고, 선택적이며, 정확하고, 간결해야 함
기관행정 (목적, 정책, 절차의 이해와 활용)	• 기관의 목적, 정책, 절차에 대한 지식 • 정책, 절차의 한계 내에서 일할 수 있는 능력 • 클라이언트를 돕는 데 있어서 기관의 정책과 절차에 대한 창의적 사용
슈퍼비전 (슈퍼바이저와의 관계 및 이의 사용)	• 행정 측면: 회의를 철저하게 준비함; 계획된 회의에 즉각적이고 정기적으로 참석함, 회의에 필요하고 적절한 자료를 제공함 • 대인관계 측면: 지나친 의존 없이 슈퍼바이저의 도움을 사용하고 추구할 수 있음, 슈퍼비전 회의에의 활발하고 적절한 참여; 자문이 필요할 때 적절히 자문 요청을 함
직원 및 지역사회와의 관계	• 모든 직원과의 관계가 조화롭고 효과적이도록 기여함 • 동료들과 긍정적인 관계를 발전시키고 자신을 적절히 활용함 • 적절한 지역사회 자원에 대한 지식과 활용
업무 내용과 업무량의 처리	• 정기적이고 적절한 업무분담 • 주어진 시간 내에 업무를 계획하고 조직하는 능력 • 선별적이며 타당한 우선순위에 따른 업무 계획 능력 • 기록, 통계보고서, 시간표, 서비스 보고서 등의 즉시 작성 • 건실한 근무 태도(결석과 지각을 거의 하지 않음) • 실습생 수준에 맞는 생산성 기대

〈계속〉

전문가로서의 속성과 태도	• 지나친 불안 없이 자신의 한계에 대하여 사실적이고 비판적인 사정 • 자기평가에 대한 적절한 수준의 자아인식과 능력과 업무에 대한 융통성과 협조성 • 일에 대한 열정과 확신 • 전문직의 가치와 윤리에 따른 업무수행 • 전문직에 대한 동일시 • 계속적인 자기개발에 대한 책임과 전문적 발전에 대한 책임

(4) 평가의 과정

평가과정에 대해 실습생과 토론하는 것도 좋으며, 실습 배치 시 주어진 실습지침과 함께 평가 계획과 평가 도구를 알리는 것이 좋다. 이를 위해 1주일 전에 검토해 보도록 알려 주고 평가하는 것이 필요하며, 갑자기 공식적인 평가에서 문제를 제기하거나 부정적인 피드백을 주는 것은 옳지 않다. 중간평가를 통해 학습계약의 성취 정도를 평가하고 성취를 위해 변화를 검토해야 할 부분이 있는지 살펴본다. 종결평가는 실습에 대한 학습 목표 성취와 학습 전략에 대하여 실시한다. 실습은 학생의 전문 사회복지실천 능력을 향상하고 현장에서 이를 측정할 수 있는 보편적인 수단이다. 때로는 사회복지사로서의 능력이나 윤리적 방법에서 좋지 않은 평가를 내려야 하는 불쾌한 일도 있다. 슈퍼바이저는 부정적인 성취를 보이는 실습생에 대해, 가능하면 초기에 학교의 지도교수와 의사소통하여 실습생이 실습에서 좋은 성취를 할 수 있도록 협력적인 도움을 제공하는 것이 필요하다.

6) 실습 종결

슈퍼바이저는 실습생이 클라이언트와의 종결, 기관 스태프 및 함께 일했던 사람들과의 종결을 계획하도록 돕는다. 종결요약기록이나 의뢰기록과 같은 기록물이나 구두 보고를 통해 종결을 준비한다. 종결은 앞으로도 지속될 수 있는 실습 동료들 사이의 관계의 또 다른 시작이기도 하다. 실습에서의 주된 보상은 이전에 실습생이었던 실무자들의 업무수행과 경력을 보며 자신의 전문가로서의 앞날에 대해서도 설계하는 기반을 갖는 것이다. 또한 실습을 통해서 성취하고 성장한 것을 확인하며 앞으로의 전문적 발달을 위해 노력해야 할 방향을 설정하는 계기를 갖는 것이 중요하다.

제**11**장
실습슈퍼비전과 슈퍼바이저

1. 슈퍼바이저의 과업

　기관 실습지도에서 역점으로 삼는 것은 교육, 즉 전문직업적 실천에 요구되는 지식과 기술을 가르치는 것이며, 실습지도에서 교육은 기관 내에서 실습생의 실천활동에 대한 준비와 배치, 업무수행과 피드백을 통하여 이루어지는 것이 특징이다. 그러므로 슈퍼바이저는 실습생이 어떤 일을 어떻게, 왜, 무엇을 위해 하는가를 현장에서 배우며 다른 실천 상황에서도 이러한 학습 경험을 이용하고 보편화할 수 있는 학습에 임하도록 지도하여야 한다.

　슈퍼바이저는 새로운 학습 경험에 적응하도록 실습생을 긍정적으로 지지해야 하고, 실습생에게 기대되는 사회복지전문직 역할을 내면화하며, 전문적 가치감을 발전시키도록 도와야 한다. 또한 실습 업무의 우선순위를 명확히 하고 문제를 구체화시키며 업무에 대한 역량을 향상시킬 수 있도록 도와야 한다.

　기능적인 슈퍼바이저는 실습생을 업무에 배치할 때 실습생의 개인적 성취 욕구를 자극하여 그들의 자아인식과 자기훈련을 발달시킬 수 있도록 지도한다. 즉, 슈퍼바이저는 실습생이 독자성과 의존성의 균형을 유지함으로써 지식과 기술을 적절하게 습득하도록 하여야 하고, 점차적으로 실습생에게 결정권을 더 많이 주며 자율적인 참여를 유도하여 직접적 교육의 정도를 축소해 간다. 실습교육의 일차적 목표는 실습생이 자기 스스로 능력을 개발하고 이를 통하여 실천상황에 대한 응용력을 가질 수 있도록 이끌어 주는 것이다. 따라서 슈퍼바이저는 실습목표를 단계적으로 측정하여 실습생이 현재 어느 단계까지 와 있으며, 그에게 부족하거나 과잉된 실습교육 내용이 무엇인지를 파악한 후, 그에 따른 적절한 실습지도로서 이론과 실제의 통합과 함께 전문직의 동일시로 사회사업에 관한 바람직한 자아인식을 유도해야 한다.

슈퍼바이저는 대개 기관의 중간 위치에 있으면서 기관 입장을 대변하는 기관의 직원으로서 실습생들에게 클라이언트의 복지를 우선 고려하는 동시에 기관에 적응하며 실습교육의 목적과 목표를 달성하도록 지도하는 슈퍼바이저 역할을 수행한다.

슈퍼바이저는 슈퍼비전을 통해 실습생의 실습 내용과 실습과정 속에서 자기가치와 존엄성을 확인하고 자기방향 설정을 격려하며, 실습생이 객체가 아닌 주체로서 행동하고 실습교육에 적극적으로 참여함으로써 책임을 공유하게 하여야 한다(조휘일, 1999). 이는 지식적인 면, 기술적인 면 그리고 가치적인 면의 균형적인 학습이 이루어지도록 슈퍼비전을 고려할 때 가능하다.

우선, 지식적인 면에서 슈퍼바이저는 실습생들이 사회복지 현장에서 사용되는 이론들을 학습하고 적용하도록 하며, 업무수행 및 실천 지식에 근거해서 분석하고 사정하는 능력 등을 발전시키도록 돕는다. 기술적인 면에서는 실습생이 자아를 의식적으로 활용할 수 있도록 자아관찰, 실천 내용에 대한 자기분석, 자기훈련, 자기노출 등을 훈련시키며, 자신의 동료 및 클라이언트와의 전문적 관계를 발전시키고 유지하는 기술을 훈련시켜야 한다. 또한 가치적인 면에서는 실습과정 속에서 자신의 가치관을 확인하고, 수정·변경을 도모하며 전문직의 가치관과 비교·고찰하여 자신의 사명감을 판단하고 전문적 실천을 위한 가치관을 형성하도록 실습생을 지도해야 한다(조휘일, 1998).

실습생이 이러한 실습 목표들을 달성하기 위해서는 실습지도 과정 속에서 슈퍼바이저와의 전문적 관계를 통해서 이루어지는 슈퍼비전을 제공받아야 한다. 이러한 전문적 관계의 경험은 실습생이 클라이언트와 전문적 관계를 형성하면서 객관적으로 서비스를 계획하고 제공하는 실천의 기초가 된다. 그러므로 슈퍼바이저는 직접적인 교육자이자 역할모델로서의 역할시연, 현직 훈련, 비디오 또는 오디오 활용, 다학문적 경험, 기타 지도 방법 등을 활용하여 지도하는 응용학습의 교육자가 되는 것이다. 이때 학교의 지도교수는 현장에서의 학습과정을 모니터링하면서 필요시 중재한다.

〈표 11-1〉은 박미정(1999)과 양옥경 등(2007)이 제안한 슈퍼바이저의 교육자로서의 업무와 역할을 통합하여 실습지도 과정을 단계별로 슈퍼바이저의 과업을 구분한 것이다. 슈퍼바이저의 일반적인 기본과업은 보충자료 5를 참고하기 바란다.

〈표 11-1〉 실습단계별 슈퍼바이저 과업

과정	슈퍼바이저의 과업
준비 및 초기 과정	• 학생 슈퍼비전에 대한 문헌 검토, 세미나 참석, 동료들과의 토론 등으로 슈퍼바이저로의 전환을 준비 • 기관에서 제공할 수 있는 학습기회들에 대해서 결정 • 실습신청서를 기초로 실습생의 욕구와 준비 정도를 고려하여 담당할 사례의 선별 및 할당 작업 • 학생과 함께 실습의 목적 및 서로의 역할과 책임에 대한 명확화 • 학생에 대한 정보를 입수하여 교육적 진단을 통해 개별화하고 학습계약을 맺음. 이때 교육적 진단은 일회적인 것이 아니라 지속적 모니터링 과정을 통하여 수정·보완할 필요가 있으며, 실습생의 개인차와 학습욕구를 고려하여야 함
실습지도 과정	• 실습의 중요성과 유용성을 인식시켜 실습생에게 학습동기를 부여하고, 실습의 일정과 내용, 지침을 구체화하여 지지적인 분위기에서 교육함으로써 두려움을 극복하고 실습 활동에 에너지를 투입할 수 있도록 지원 • 설명(실습생의 경험을 설명할 기회를 많이 주고, 격려하는 데 치중)-명료화(실습생의 개입 활동에 대한 의도, 관련 감정 등을 명료화하도록 지도)-평가(기록 및 관찰을 통한 평가, 클라이언트의 평가, 자기평가 등을 통하여 이루어짐. 실습 수행의 장단점, 지시 및 기술의 보완점 파악. 이때 슈퍼바이저는 평가의 오류를 범하지 않도록 주의해야 함), 수행의 과정을 통해서 평행적인 실습 슈퍼비전 제공 • 행정적·교육적·지지적 영역의 슈퍼비전 제공
평가 및 종결과정	• 평가 시작 전 평가 목적에 대한 설명 • 학생들의 업무와 학습에 초점을 두고 평가 • 평가서 작성 • 학생들의 실습지도에 대한 피드백을 수렴 • 학생-슈퍼바이저 관계 종결

| 보충자료 5 | 슈퍼바이저의 기본 과업(Munson, 2002) |

슈퍼바이저의 기본 과업

- 읽기: 슈퍼바이지에게 효과적인 슈퍼비전을 제공하기 위해서 관련 문헌을 탐독하는 것은 슈퍼바이저의 기본적인 과업이다. 슈퍼바이저는 새로운 연구 자료와 문헌을 체계적으로 탐독할 수 있는 방법을 찾아야 한다.

- 쓰기: 슈퍼바이저는 다양한 기록 양식을 작성해야 한다. 이러한 양식은 기관마다 다르지만, 슈퍼바이저의 기록 활동은 슈퍼바이지에게 효과적인 역할모델이 될 수 있다. 슈퍼바이저와 슈퍼바이지의 공동 기록 활동은 서로에게 도움이 될 수 있는 방법이다.

- 관찰하기: 슈퍼바이저는 지속적으로 슈퍼바이지의 활동을 관찰해야 한다. 슈퍼바이저는 슈퍼바이지가 그에게 표현하는 것 이상을 알고 있어야 한다. 슈퍼바이지가 제시하는 것만으로 판단하고 결정을 내리는 것은 슈퍼비전 과정에 손실을 초래할 수 있다.

- 듣기: 이것은 슈퍼바이저가 갖추어야 할 매우 중요한 기술이다. 슈퍼비전 관계에서 슈퍼바이저는 임상 실천의 상황에서보다 더 적극적인 자세로 듣는 것이 필요하다. '오직 듣기'만 하는 슈퍼바이저는 슈퍼바이지를 돕는 데 한계가 있을 수밖에 없다.

- 말하기: 대부분의 슈퍼비전 활동은 토론을 통해서 진행된다. 슈퍼바이저는 임상 실천에서 활용하는 말하는 기술을 슈퍼비전에서도 활용한다. 그러나 토론과 참여를 촉진하기 위한 기법들은 임상 실천에서와는 다른 방법이 되어야 한다. 슈퍼바이지는 슈퍼바이저가 자신을 클라이언트처럼 대한다고 느끼면 불안해하고 좌절하기 때문이다.

2. 슈퍼바이저의 역할과 책임

1) 슈퍼바이저의 역할

사회복지 실습의 목표가 실습생이 전문 사회복지사로서의 지식과 기술을 개발하는 것이라고 볼 때, 실습생으로 하여금 이론을 실천에 적응할 수 있도록 하는 곳이 바로 실습장소다. 사회복지 슈퍼바이저는 기관이라는 실천 현장에서 실습생들에게 '전문적 역할 실천'을 교육하기 위해 다음과 같은 역할을 담당한다.

(1) 교육자 역할

클라이언트에 대한 책임과 기관에 대한 책임은 전문직 역할 실천의 일부분이다. 즉, 실습생은 기관의 임시직원으로서 기관의 업무 가운데, 슈퍼바이저를 비롯한 기관의 직원과 같은 전문적 책임감을 갖고 클라이언트에게 서비스를 적절히 제공할 수 있어야 한다. 슈퍼바이저가 하는 교육 중 가장 중요한 부분은 클라이언트의 요구가 충족되었는지, 또는 실습생이 하는 업무가 기관의 기능과 정책의 범위 내에서 이루어지고 있는지를 확인하는 것이다.

(2) 행정가 역할

슈퍼바이저는 실습생이 기관 내에서 전문적 역할을 효과적으로 수행하고 학습할 수 있도록 하기 위해 자신이 가진 지식과 기술을 모두 활용해야 한다. 실습생으로 하여금 기관의 조직과 기능 그리고 정책에 대해서 충분한 지식을 갖고 활용할 수 있도록 지도해야 한다. 실습생은 기관의 행정업무 수행과정 속에서 정책 변경을 요청할 수 있는 상황이 있을 수 있다. 또한 사례를 통해서 행정실천 분야에서 큰 경험을 하게 되는 것이다. 실습생 자신이 변화를 초래했는지의 여부에 관계없이 슈퍼바이저는 실습생으로 하여금 각 단계에서 정책이 논의되는 것을 볼 수 있도록 하여야 한다. 실습생은 직원회의에 참석하여 변화에 대해 검토하는 것을 관찰하고, 가능하면 이사회나 임원회에 참석함으로써 업무의 변화가 결정되는 것을 관찰하는 것이 바람직하다.

(3) 원조자 역할

슈퍼바이저에게 요구되는 것은 전문적 역할 습득의 기초가 되는 전문적 가치관과 윤리관을 실습생이 습득할 수 있도록 돕는 것이다. 슈퍼바이저의 태도, 가치관 그리고 행동은 실습생에게 큰 영향을 미치며, 흔히 동일시의 과정이 생기는 것을 볼 수 있다. 즉, 실습 상황에서 슈퍼바이저는 동일시의 대상으로서 실습생이 전문가로 성장하도록 이끄는 역할을 하게 된다. 대다수의 실습생에게 실습지에서 경험한 학습은 매우 중요하다. 학교에서 습득한 지식을 실천을 통해 구체화하고 실용화할 수 있기 때문이다. 이때 슈퍼바이저는 그들의 교사이고 안내자이며, 실습생을 격려하여 이러한 지속적인 도전을 수행해 내도록 돕는 사람인 원조자로서의 기능을 하게 된다.

(4) 전문가 역할모델

현장학습을 통하여 전문가로서의 정체감을 갖는 실습 경험은 새로운 차원을 제공한다. 대부분 사회복지실천에 대한 관심은 실습생으로 하여금 미래에 가능한 직업선택에 영향을 미치며, 기관은 실습생이 자신을 평가할 수 있는 전문적 역할모델을 제공한다. 또한 클라이언트에 대한 서비스 제공에 있어서 책임감을 갖게 됨으로써 실제 상황에서의 전문적 역할을 담당해 볼 수 있는 기회를 갖게 되는 것이다. 슈퍼바이저는 실습생의 다양한 교육적 욕구와 기대를 이해하고 충족할 수 있도록 지원하며, 실제로 실천하는 것을 보여 주는 전문적 사회복지사의 역할모델로서 실습생의 전문적 역할학습에 기여할 수 있는 것이다.

2) 슈퍼바이저의 책임

슈퍼바이저가 져야 할 책임에는 다음과 같은 것들이 있다.

첫째, 슈퍼바이저는 기관에 관한 오리엔테이션으로 기관정책 및 다음 사항에 관한 제한점과 절차에 대해 교육을 하여야 한다. 즉, 가정방문 수행방법, 자기보호 및 안정성 이슈, 클라이언트의 위험 상황(자살, 폭력)에 관한 보고와 관리 절차, 소외집단에 대한 서비스 실천에서 나타날 가능성이 있는 전문가의 실수나 동료 스태프의 문제(정신건강, 물질남용), 비밀보장, 고지된 동의, 클라이언트의 불평불만, 윤리적 갈등 등에 관한 이슈에 관해 교육하여야 한다. 특히 기관에서는 사회복지사와 사회복지기관의 윤리강령을 실천에서 준수할 수 있도록 기관의 실무지침에 이를 구체적으로 명시하고 있어야 한다. 이러한 지침을 오리엔테이션 시간에 다룰 뿐 아니라 실습 기간 동안 실천을 점검하면서 항상 이를 다루고 사회복지실천 가치를 내면화할 수 있도록 하여야 한다.

둘째, 슈퍼바이저는 실습계약을 준비하여야 한다. 이를 위해 오리엔테이션을 구체적으로 계획하여야 하며, 실습생의 학습 욕구와 실습 목표가 기관의 실습교육과 통합될 수 있도록 조정하고 개별화된 교육계획을 고려하여야 한다.

셋째, 슈퍼바이저는 임상의 이론화, 이론의 임상화와 같은 과학적 실천 노력을 통하여 사회복지실천교육자의 역량을 지닌 이론가가 되어야 한다. 슈퍼바이저는 슈퍼바이저 혹은 실천가의 역할에서 교사의 역할로 전환해야 한다. 지식을 실천 속에 통합하고 다양한 교육 방법을 개발하는 것이 필요하다. 강의실 학습과 현장실습교육의 내용에 대한 철저한 이해는 슈퍼바이저 자신의 지식과 지식의 활용을 위해서뿐만 아니라 다른 사람들이 해석 · 이해 · 활용하는 다양한 방법에 대처하기 위해서 필요하다. 강의실 학습의 내용은 일반적인 것에서 구체적인 것으로 초점이 이동하는 반면, 실습 경험은 구체적인 사례를 통하여 이론을 적용하는 학습을 하게 된다. 슈퍼바이저 자신이 실천가로서 이론과 현장을 접목하고, 임상을 이론화하기 위한 객관화의 작업에 근거를 둔 실천노력을 하고 있어야 실천현장에서 효과적인 교육자가 될 수 있다.

넷째, 슈퍼바이저는 전문적 기술의 실천 경험을 부여하여야 한다. 실습생은 슈퍼바이저에게서 역할모델을 추구하며, 슈퍼바이저의 행동을 관찰하고 평가한다. 슈퍼바이저는 항상 자신의 업무수행에 대한 실습생의 질문에 솔직히 대답해 줄 수 있는 준비가 되어 있고, 자신의 행동 근거를 설명해 줄 수 있어야 한다.

다섯째, 슈퍼바이저는 지지적 및 개별적 학습 경험의 기회를 제공하여야 한다. 슈퍼바이저는 실습생과 융통성 있게 상호작용하며, 실습생 개개인의 특성을 고려하여야 한다. 중요한 것은 교육적 지혜를 가지고 실습생의 독특성에 반응하는 것이다.

여섯째, 슈퍼바이저는 학습 분위기 조성을 위해 초보실습생에게 자신의 강점을 찾도록 도와주어야 하며, 구체적으로 능동적인 지지를 표명해 주어야 한다.

일곱째, 슈퍼바이저는 각 실습생에 관한 중간평가와 종결평가를 하며, 실습생에게 지속적인 피드백을 주고 실습생이 자신의 성취에 대해 알 수 있도록 하여야 한다. 학기말 실습평가에 대해서 슈퍼바이저와 실습생 간에 공유하여야 한다.

여덟째, 슈퍼바이저는 정기적으로 슈퍼비전을 진행하여야 한다. 일반적으로 슈퍼비전은 개별 혹은 집단으로 이루어진다. 일반적으로 시작, 중간, 종결 시에 개별슈퍼비전을 제공하여 개별화된 학습계약의 실행과 평가를 지원한다. 방학 중 실습에는 매일 일과 시간이 지난 후, 학기 중에는 매주 실습일 일과 후 집단 슈퍼비전으로 그날의 실습 내용을 점검하고, 이슈에 대한 토론과 지지, 과제의 점검과 제공 등을 통하여 실습 수행을 모니터링한다.

아홉째, 공식적인 형태로서 슈퍼바이저 외에 부서 책임자나 기관장을 포함하여 전 직원이 참여하는 중간보고회와 종결보고회를 진행하여야 한다. 이는 실습생의 발표를 위해 실시한 발표 훈련과 지지를 통하여 자신감을 부여하고자 하는 교육적 목표에서 이루어진다. 하지만 실습생의 신선한 시각으로부터 제안되는 다양한 대안의 제시와 건의는 기관의 변화와 발전에도 긍정적인 영향을 줄 수 있다는 면에서 의의가 있다. 또한 기관장 입장에서는 우수한 신진 인력을 발굴할 수 있는 기회가 되기도 한다.

3. 슈퍼바이저의 자격과 기본 요건

1) 슈퍼바이저의 자격

한국사회복지(사업)교육협의회가 제시하는 슈퍼바이저의 자격은 석사 이상의 학력과 졸업 후 2년 이상의 현장경험을 요구하고, 실습생이 배치된 기관에서 1년 이상 근무한 자로 규정하고 있다. 또한 사회복지사 1급 자격증 소지자로서 3년 이상 사회복지기관에서 근무한 경험이 있는 자, 사회복지사 2급 자격증 소지자로서 5년 이상 사회복지기관에서 근무한 경험이 있는 자로 규정하고 있다.

2) 슈퍼바이저의 기본 요건

슈퍼바이저의 자격을 갖추었다 할지라도 실습지도를 효과적으로 하기 위해서는 다음과 같은 요건을 기본적으로 갖추어야 한다(김선희, 조휘일, 2000: 151-152).

- 사회복지사 자신이 슈퍼바이저가 되기를 원해야 한다.
- 슈퍼바이저가 되고자 개인적으로 노력하는 사람이어야 한다.
- 실습 나온 학생들이나 사회복지 및 사회사업 교육에 대해 긍정적인 태도를 가지고 있어야 한다.
- 만족할 만한 업무수행의 수준을 유지하고, 기관의 업무 환경에 긍정적 태도를 가지고 있어야 한다.
- 실습생의 학습 능력의 차이를 합리적으로 다루려는 의지와 준비성을 갖추어야 한다.
- 실습생이 있는 시간에 함께 자리를 지킬 수 있어야 한다.

4. 슈퍼바이저의 윤리

개인의 가치는 추상적인 원칙이 아니라 실제적인 수준에서 다른 사람과의 관계에 영향을 미친다. 즉, 개인의 문화적 경험과 배경은 의사결정에 영향을 미치게 되는데, 사회복지실천에서도 사회복지사가 가지고 있는 가치가 클라이언트를 돕는 과정에 의식적, 무의식적으로 윤리적 문제를 야기할 수 있다. 그러므로 사회복지실천에서 일어나는 사회복지사의 모든 의사결정은 윤리적 이슈가 동반될 수 있다. 사회복지실천에서 이런 윤리적 이슈를 효과적으로 해결하여 사회정의에 기초한 클라이언트를 위한 최선의 실천을 하려면 사회복지사는 전문적 가치를 기반으로 실천하여야 한다(김정진, 2020).

이에 실습지도자는 실습생을 교육함에 있어 실습생의 윤리의식 및 윤리실천에 대하여 다루는 것이 매우 중요하다. 특히 사례지도에 있어 클라이언트의 권리에 관한 인권 감수성과 실천과정에서의 윤리적 딜레마에 대한 윤리적 민감성과 이에 기초한 의사결정과 서비스 실천적용에 대하여 윤리적 질문과 토의가 실습교육에서 이루어져야 한다. 또한 실천모델로서 슈퍼바이저의 윤리적 문제에 대한 성찰적 태도와 윤리적 실천, 실습생 관계에서의 윤리적 행위가 더욱 중요하다.

한국사회복지사협회가 2001년 개정한 사회복지사 윤리강령에는 동료에 대한 윤리지침이 있으며, 특별히 슈퍼바이저의 윤리지침이 마련되어 있다. 윤리강령에서는 실습생을 교육하는 실습지도자 역시 슈퍼바이저로서 의무를 다해야 함을 지적하고 있으며, 그 의무수행에 있어 윤리적 지침을 따르도록 규정하고 있다. 관련 조항은 다음과 같다.

〈표 11-2〉 슈퍼바이저 관련 조항의 예

---

2. 슈퍼바이저
1) 슈퍼바이저는 개인적인 이익의 추구를 위해 자신의 지위를 이용해서는 안 된다.
2) 슈퍼바이저는 전문적인 기준에 의해 공정하게 책임을 수행하며, 사회복지사, 수련생 및 실습생에 대한 평가는 저들과 공유해야 한다.
3) 사회복지사는 슈퍼바이저의 전문적 지도와 조언을 존중해야 하며, 슈퍼바이저는 사회복지사의 전문적 업무수행을 도와야 한다.
4) 슈퍼바이저는 사회복지사, 수련생 및 실습생에 대해 인격적, 성적으로 수치심을 주는 행위를 해서는 안 된다.

미국사회복지사협회(Reamer, 2000)는 윤리감사 도구(ethics audit)를 개발하여 사용하고 있다(한국사회복지사협회 2017에서 재인용). 각 기관의 윤리적 위험도가 어느 정도인지를 측정하도록 하고 있으며 기관의 정책과 절차가 '매우 윤리적'으로 잘 마련되어 있는지 아니면 '위험수위'에 올라가 있는지를 4점 척도로 측정하도록 하고 있다. 미국의 윤리감사 주제 18개 중에서 한국에서의 사회복지 현장 실습에 맞는 부분만 발췌하여 한국사회복지사협회(2017)에서 소개한 척도 중 실습 슈퍼비전과 윤리적 의사결정에 대한 척도를 살펴보았다.

우선 실습 슈퍼비전에 관한 윤리감사 척도는 기관에 슈퍼바이저가 존재하는지, 슈퍼비전 제도와 지침을 갖고, 슈퍼비전을 정규적으로 제공하는지, 슈퍼바이저로서의 기능과 역할을 잘하고 있는지 등 20개 조항으로 되어 있으며, 얼마나 잘 되어 있는지, 얼마나 수정이 필요한지를 점검하여 1점부터 4점까지의 점수를 측정하는 윤리감사 도구이다.

작업 sheet 1

슈퍼비전에 대한 윤리감사 척도

내용	척도			
슈퍼바이지로 하여금 고지된 동의를 얻어내도록 정보를 제공한다.	1	2	3	4
철저한 치료와 개입계획을 발전시키고 실행하려는 슈퍼바이지의 노력을 관찰한다.	1	2	3	4
정보의 부적절한 노출과 같은 클라이언트와의 모든 접촉에서 슈퍼바이지의 실수를 지적하고 반응한다.	1	2	3	4
슈퍼바이지의 클라이언트가 언제 다른 곳으로 의뢰되어야 하는지, 치료의 종결은 언제 해야 하는지 등에 관해 알고 있다.	1	2	3	4
슈퍼바이지가 언제 자문을 구해야 하는지를 알고 있다.	1	2	3	4
슈퍼바이지의 역량이 부족하고, 잘못을 저지르고 비윤리적인 행위를 했다는 것을 슈퍼바이지가 기꺼이 말할 수 있도록 그 능력과 자발성을 모니터링한다.	1	2	3	4
슈퍼바이지가 자신의 클라이언트와 적절한 경계를 유지하는지 모니터링한다.	1	2	3	4
신체적인 위험으로부터 제3자를 보호한다.	1	2	3	4
필요 이상으로 길게 진행되는 치료와 태만한 치료계획을 감지하거나 중지시킨다.	1	2	3	4
특정 클라이언트의 치료를 위해서는 외부전문가가 필요할 수도 있다고 결정한다.	1	2	3	4
슈퍼바이지와 정기적으로 만난다.	1	2	3	4
슈퍼바이지의 기록, 결정, 행동을 검토하고 인정한다.	1	2	3	4
슈퍼바이지의 결근에 적절한 반응을 보인다.	1	2	3	4
슈퍼비전 제공에 대해 문서화한다.	1	2	3	4
슈퍼바이지와의 관계에서 적절한 경계를 유지한다.	1	2	3	4
슈퍼바이지에게 시기적절하고 도움이 되는 성과평가와 피드백을 제공한다.	1	2	3	4
슈퍼비전 동의서를 문서화한다.	1	2	3	4
슈퍼바이지의 윤리적 관심과 윤리적 쟁점의 민감성을 높이기 위한 슈퍼바이지의 노력에 반응한다.	1	2	3	4
슈퍼바이지가 그들의 전문적인 책임성을 충족시킬 수 있도록 하는 충분한 시간과 적절한 업무량을 준다.	1	2	3	4
적절한 슈퍼비전을 제공하기 위하여 그들의 업무에 있어 충분한 시간을 제공한다.	1	2	3	4

출처: 한국사회복지사협회(2017), p. 116.

윤리적 의사결정에 관한 윤리감사는 기관에서 윤리적 쟁점에 봉착했을 때, 윤리적인 결정의 과정이 어떠한지, 윤리적 결정을 내릴 수 있는 능력은 있는지, 윤리강령을 잘 준수하는지 등 윤리적 결정에 관한 사회복지실천 상태를 서술하고 있다. 내용은 8개 조항으로 되어 있으며, 윤리적 의사결정이 얼마나 잘 이루어지는지, 얼마나 수정이 필요한지를 점검하여 1점부터 4점까지 측정하게 되어 있다.

작업 sheet 2

윤리적 결정에 대한 윤리감사 척도

내용	척도			
직원의 윤리적 딜레마를 인식하는 능력	1	2	3	4
윤리적 의사결정 프로토콜을 사용할 수 있는 능력과 친근성	1	2	3	4
윤리 이론 · 원칙 · 지침을 이용할 수 있는 능력과 친근성	1	2	3	4
윤리강령을 이용할 수 있는 능력과 친근성	1	2	3	4
법적 원칙(현재 실행법, 규제, 법적 결정사항)	1	2	3	4
윤리자문(기관 스태프, 슈퍼바이저, 행정가, 윤리전문가, 윤리위원회)	1	2	3	4
윤리적 결정의 문서업무	1	2	3	4
윤리적 결정사항의 모니터링과 평가	1	2	3	4

출처: 한국사회복지사협회(2017), p. 117.

제12장

실습슈퍼비전의 실제

1. 실습슈퍼비전의 모형과 실제

슈퍼비전은 사회복지 현장에서 기관의 슈퍼바이저들이 행하는 지도감독을 의미한다. 슈퍼비전은 실천현장을 경험하기 위해 실습교육을 받으러 기관에 온 실습생을 교육시키는 것으로, 전문적 사회화를 통해 전문적 능력을 증진시키는 것을 단기목표로 삼고, 전문적인 실천에 포함된 중요한 요소들을 가르치는 것이라고 정의할 수 있다(김용일, 양옥경, 2002: 413).

사회복지 현장실습에서 슈퍼비전은 실습생들에게 낯선 조직과 실무 환경에 적응해야 하는 부담을 덜어내고 긍정적으로 활동하게 만드는 영양소이며, 실천현장 전문가로의 성장을 스스로 기대하고 노력하게 하는 능동적 동기부여를 제공하는 이정표 역할을 한다. 이처럼 슈퍼비전은 실습지도에 있어서 가장 중요한 요인이다. 실습기관 지도자의 교육적인 슈퍼비전이 실습만족도에 가장 큰 영향을 끼치며, 실습 기간 동안 받은 가장 많은 도움의 원천은 슈퍼바이저다(정명숙, 2000; Fortune & Abramson, 1993). 그러므로 슈퍼바이저는 본연의 최상위 과업으로서 슈퍼비전을 통한 실습생의 전인적 인간상을 추구해야 한다. 제한된 시간적 환경일지라도 슈퍼비전의 제공이 단순히 한 가지 측면의 기능이나 역할, 성과에만 몰두하지 않도록, 총체적이고 보편적인 관점에서 충분히 기능하는 전문가로서의 역할상을 정립할 수 있도록 지원한다. 실습생과의 우호적 상호관계를 기반으로 함께 성장·발달을 도모할 수 있도록 상황에 따른 적절한 개방적 태도와 수평적인 관계구조를 구축할 필요가 있다.

이처럼 중요한 슈퍼비전을 효과적으로 하기 위해서는 구조화된 접근이 필요하다. 이를 위해 학습에 대한 실습생의 욕구를 토론하고, 학습 목표 및 목표 달성 방법에 대한 교육계획을 통해 기대치를 명료화하여, 수행에 대한 최종 평가요소를 명료하게 하는 것이 중요하다. 무엇보다도 정기적인 슈퍼비전 회기와 개별 또는 집단 슈퍼비전의 유형에 대해서도 미리 계획하는 것이 중요하다. 포춘과 에이브람슨(Fortune & Abramson, 1993)은 실습에 앞서 학습 욕구를 심도 있게 토의하고, 계획된 슈퍼비전을 정기적으로 받고, 공식적 평가 전에 평가에 관한 토의를 할 때 실습 만족도가 더 높았다고 하였다. 조휘일(1998)은 실습교육을 효과적으로 실시하기 위해서는 학습계약 개념을 적용하여 구체적인 학습 목표와 학습 목표를 성취할 수 있도록 지원하는 슈퍼비전 계획을 미리 합의하는 것이 필수적이라고 하였다. 정명숙(2000)은 구체적인 실습의 지침을 제공하는 기관의 사전교육과 실습계획서 공유가 실습 만족도를 높인다고 하였다. 이처럼 실습 슈퍼비전에 있어 실습생의 성장도 중요하지만, 실습생이 클라이언트를 위해 제공하는 서비스가 최선의 서비스가 되는 것이 무엇보다 중요하다. 그러므로 슈퍼바이저가 실습생의 업무를 지도·감독하는 것은 클라이언트와 기관 모두에게 중요하다.

이렇듯 사회복지 현장실습이 실습생 개인과 기관 그리고 클라이언트 모두에게 매우 중요한 과정임에도 불구하고 실습 슈퍼비전 체계나 내부 지침서가 없이 실습을 진행하고 있는 기관이 다수 있는 것으로 알고 있다. 기관에서 실습 슈퍼비전 체계 또는 내부 지침서를 마련하지 않은 상태에서 실습을 받게 될 경우 실습생들은 슈퍼바이저 개인의 역량과 능력 그리고 취향에 따라 수준이 다른 실습을 경험할 수도 있다. 또한 클라이언트에 대한 서비스의 질을 담보할 수 없게 된다. 이렇게 되면 실습과정을 통한 교육 목표 달성의 효과를 기대하기보다는 사회복지전문직에 대한 정체성의 혼란만 가중시킬 수도 있다. 그러므로 효과적인 슈퍼비전을 위해서는 실습지침이나 매뉴얼이 있어야 하며, 이를 위해서는 슈퍼비전 모델을 고려해야 한다. 하지만 어떤 슈퍼비전 모델이든 슈퍼바이저가 간과해서는 안 되는 것은, 실습 초기에는 관계 형성과 행정적 슈퍼비전, 실습 중기에는 교육적 및 지지적 슈퍼비전, 실습 종결기에는 지지적 슈퍼비전에 초점을 두어야 한다는 것이다. 왜냐하면 실습 초기에는 실습에 대한 두려움을 완화하고 기관의 구조와 특성, 실습 일정과 기관 지침을 이해하여야 새로운 실습 환경을 학습할 준비가 되기 때문이다. 실습 중기는 실질적인 실습 활동이 왕성한 시기이므로 교육을 강화하고, 실천에 대한 즉각적이고 긍정적인 피드백을 통해 자신감을 가지고 실천에 임하도록 지원해야 하기 때문이다. 실습 종결기에는 실습 경험을 정리하고 통합하기 위해서 많은 정서적 에너지를 필요로 하기 때문에 지지적인 슈퍼비전이 필요하기 때문이다. 이런 보편적 슈퍼비전 과정 속에서 어디에 초점을 두는가에 따라 다음과 같은 슈퍼비전 모델이 있다.

　첫째, 실습지도의 내용 및 기술향상에 관련된 모델로 콜린스와 보고(Collins & Bogo)의 실무능력중심 모델과 포춘의 핵심적 내용 및 기술 모델이 있고, 둘째, 실습 과정 및 전략에 관한 모델로 노울즈(Knowles)의 성인교육의 원칙을 적용한 학습단계 모델, 슐먼(Shulman)의 교육지침을 제시한 모델, 학습단계를 제시한 리드(Reid)의 모델, 임상이론에 기초한 실천접근법을 실습지도에 적용한 카스피(Caspi)의 과제중심 모델 등이 있다(태화기독교사회복지관, 2003). 한편, 김융일과 양옥경(2002)은 실습지도 모델을 전통적 도제 모델, 구조 모델, 기술증진 모델, 특수 관심사 모델, 과정과 전략을 제공하는 모델로 구분하였다. 과정과 전략을 제공하는 모델은 성인학습장려 모델, 교육전략제공 모델, 학습과정단계 모델, 이론중심 모델로 범주화하였다. 이 중에서 카스피의 과제중심 모델을 적용한 실습 슈퍼비전의 실제를 과정에 따라 살펴보면 다음과 같다(김정진, 2004).

1) 시작단계

(1) 사회적 단계

　슈퍼바이저는 클라이언트와 관계 형성을 할 때 활용하는 사회복지실천 계약 기술을 시작단계에서 적용한다. 슈퍼바이저는 실습생의 불안을 감소시키고 안전하고 믿을 수 있는 실습지도 관계를 발전시키기 위해서 사회복지실천 과정의 관계 형성 기술을 활용한다. 초기 시작단계의 관계 형성을 위해서 환영하기, 가벼운 이야기, 실습의 실습에 따른 변화(예컨대, 학교 개강, 실습 배치에 대한 불안, 실습기록, 정기적인 출퇴근, 다중 역할수행, 직업인으로서 기대되는 태도와 복장, 직장 언어사용 등)에 어떻게 대처할 것인가에 대한 간략한 검토 등을 한다. 예를 들어,

다음과 같은 주제로 시작하는 것은 슈퍼바이저와 실습생의 관계 형성에 도움이 된다.

- 막상 실습을 시작하게 되니 잘할 수 있을까 걱정되지요?
- 학교의 기말고사가 끝난 직후 실습을 바로 하게 되어 힘들지 않은가요?
- 실습기관에 올 때 교통은 편리한가요?
- 슈퍼바이저가 어떤 사람일까, 힘들게 하지는 않을까 걱정되지요?

슈퍼바이저는 시작단계에서 클라이언트에게 활용하는 예비적 감정이입과 보편화 기술을 적용하여 실습생의 두려움을 완화해 주고 방어적인 자세를 완화할 수 있다. 이러한 관계 형성 기술은 불안의 수준을 감소시키고 실습 경험에 장애가 될 수 있는 이슈를 직접 언급하여 표현을 격려하며 즉각적인 도움을 줄 수 있다는 점에서 중요하다. 카두신(Kadushin, 1992)은 슈퍼비전에서 기술 개발과 정서적인 지지를 중요시하였는데, 관계 형성 단계는 이러한 모델의 실행을 시작하기 전에 학생의 정서적인 욕구에 초점을 맞추는 것이다.

(2) 표적 목표의 설정

- 과제중심 임상모델에서의 표적 문제 대신 실습에서는 표적 목표를 설정한다. 표적 목표는 슈퍼바이저와 실습생이 협력하여 선택한다. 실습생의 개인적인 상황을 고려하여 조정의 여지가 있기는 하지만, 세 가지 이상의 목표를 선택해야 한다. 표적 목표를 선택할 때의 고려사항은 실습기관에서 제시하는 핵심적인 내용에 근거하여야 한다는 것이다. 즉, 실습이 이루어지는 사회복지기관의 사업 목적과 분야에 적합한 목표를 설정하여야 한다는 의미다. 슈퍼바이저는 이러한 것에 근거하여 학생이 가장 먼저 배우고 싶은 것, 이번 실습 기간 동안 이루고 싶은 목적 등에 관한 논의를 통하여 실습계약을 한다.
- 목표의 우선순위를 설정하며, 실천 순서를 고려한다.
- 상술한 핵심적인 내용 및 기술에 있어서 전문적인 발달에 대한 부분은 모든 실습생이 선택하도록 한다.

(3) 표적 목표 달성을 위한 과제 개발

- 실습생과 슈퍼바이저는 목표를 이루기 위한 과제를 의논해서 함께 결정한다.
- 실습의 시기별로 볼 때, 초기에는 강의를 통한 이론적인 학습에 관련된 과제가 적합하다. 실습 중기와 종결기에는 클라이언트 체계 개입에 직접적으로 관련되는 부분들을 과제로 설정한다.
- 실습계약을 위한 과제 개발은 실습 초기에 대부분 진행하는 것이 바람직하다. 또한 클라이언트 체계 개입(개별 사례 및 집단활동 프로그램)에 관련된 이론적인 부분도 실습 초기에 교육하도록 한다. 과제 개발 단계에서 슈퍼바이저는 앞에서 제시한 것과 같이 표적 목표에 따라서 목표 성취를 위한 구체적인 과제를 개발해야 한다. 이때에 포춘(1994)이 제시한 실습지도의 핵심적인 내용 및 기술에 근거하여 다음의 범주가 포함되도록 해야 한다.
  - 윤리강령에 대해 논의하고 윤리적 딜레마 상황에 대한 토론
  - 기관 분석틀
  - 지역사회 분석틀
  - 문제해결 모델에 대한 교육
  - 팀별 활동(실습생 2~3명으로 한 팀을 구성함)

과제는 각 목표마다 3개를 기준으로 하되 표적 목표의 설정 단계와 마찬가지로 실습생들의 개인적인 상황을 고려하여 조정한다. 표적 목표에 근거한 과제의 예를 살펴보면 다음과 같다.

- **전문적 발달을 위한 교육 내용에 관한 과제**
  - 사회복지사가 자신의 적성에 맞는지 신중히 생각해 본다.
  - 자기가 생각하기 싫어하는 자신의 단점에 대해서 생각하고 정리한다.
  - 사회복지사로서의 자신의 강점과 약점을 파악한다.
  - 자신의 편견과 고정관념에 대해 항목을 작성한다.
  - 실습 기간 동안 자신의 학습한 부분에 대해서 평가한다.
  - 실습일지와 교육 자료, 과제를 바탕으로 실습평가서를 작성한다.

- 행정적 측면의 지식과 기술을 학습하기 위한 과제
  - 복지관의 사업을 분석한 후에 지역사회에 적합한 것인지 확인한다.
  - 지역사회복지관의 프로그램에 대해서 구체적으로 파악하고 정리한다.
  - 기관의 성향을 파악한다(직원, 복지관 분위기, 기관의 유동인구 등을 관찰).
  - 사업을 담당하는 사회복지사와 면담을 통해서 사업 현황과 문제점을 파악한다.
  - 사업계획서를 읽고 각 사업의 특성을 비교분석한다.
  - 기관 분석 보고서를 작성한다.

- 정책적 측면의 교육 내용에 관한 과제
  - ○○구의 지역적인 특성을 파악한다(인터넷 검색 실시).
  - 지역사회 분석 보고서를 작성한다.
  - 지역사회 분석 보고서를 바탕으로 지역사회의 사용 가능한 자원을 정리해 본다.
  - 지역사회 관련 이론을 한 가지 이상 읽는다.
  - 기관에 영향을 미치는 사회복지정책에 대해서 학습한다.

- 기본적 대인관계 기술을 학습하기 위한 과제
  - 항상 먼저 인사하고 밝은 표정으로 실습생들을 대한다.
  - 집단활동 프로그램을 계획할 때 함께 의견을 내서 서로 공유한다.
  - 지역사회 분석을 할 때 필요한 자료를 찾는 데 있어서 역할분담을 한다.
  - 하루에 한 사람에게 칭찬의 말을 한다.
  - 티타임을 가짐으로써 그날의 일에 관해 토론하고 어려운 점을 나눈다.
  - 동료들이 힘들어할 때마다 격려의 말을 해 준다.

- 클라이언트 체계 개입을 위한 일반적 기술을 학습하기 위한 과제
  - 사회복지실천론 및 사회복지실천기술론 교재에서 문제해결 과정론, 관계론, 상담기법, 기록론 및 집단사회사업방법론을 읽는다.
  - 클라이언트의 가정 환경을 파악하기 위해 가정방문을 실시한다.
  - 집단활동 프로그램을 실제로 진행하기 전에 연습을 해 본다.
  - 클라이언트에게 종결을 알리고 평가를 실시한다.

- 개별 사례 면담을 문제해결 모델 적용 사례분석을 통해서 평가해 본다.
- 클라이언트와의 종결 후 복지관과 연계한 사후관리를 계획한다.
- 집단성원과 종결을 준비하고 관계를 마무리한다.
- 집단활동 프로그램에 대해서 평가한다.

(5) 과제수행상 나타날 수 있는 장애물에 대한 논의

- 과제수행의 잠재적인 장애물을 토론한다. 실습생은 자신이 당황할 수 있는 상황과 상황 대처 과정에서 발생 가능한 장애물을 예상해 본 후 이를 해결하기 위한 대안을 생각해야 한다.
- 클라이언트를 접촉하기 전에 사전 역할극이나 클라이언트를 이해하는 데 도움이 되는 과제수행은 실습생이 보다 편안한 느낌으로 실제 실천 상황에서 감당해야 할 과제를 수행하는 데 도움이 된다.
- 이와 같이 장애물을 논의하는 것은 실습생들이 클라이언트를 만날 때 일어날 수 있는 상황에 대해서 미리 예측하게 함으로써 여러 가지 대안을 고려할 수 있도록 도움을 주는 것으로 나타났다. 그러므로 슈퍼바이저는 실습생이 과제수행 시의 장애물을 생각하지 못할 경우 적극적으로 이를 유도해야 할 필요가 있다. 즉, 구체적인 질문을 통해 슈퍼바이저는 실습생에게 클라이언트를 만날 때 일어날 수 있는 상황을 예측해 보도록 도울 수 있다. 질문의 구체적인 예는 다음과 같다.
  - 클라이언트를 면접할 때 무엇이 문제가 될 것 같나요?
  - 집단 프로그램을 성공적으로 마치려면 무엇이 필요한가요?
  - 클라이언트가 말을 하지 않으면 어떻게 할까요?
  - 클라이언트가 먹을 것을 자꾸 권하면 어떻게 할까요?
  - 클라이언트가 집단 진행에 방해가 되는 행동을 반복하면 어떻게 할까요?
  - 가정방문 시 클라이언트의 집을 찾기 어려우면 어떻게 할까요?
  - 혼자 사는 남자 성인 클라이언트 가정을 방문할 때에 예상되는 어려움은 무엇일까요?

(6) 슈퍼바이저와 실습생의 실습계약

슈퍼바이저와 실습생은 실습계약서(〈부록 2〉의 서식 13 참조)를 작성한다. 실습생과 슈퍼바이저는 함께 목표를 정의하고, 실습생과 슈퍼바이저 모두가 실행해야 할 실습 과업에 대한 상호 이해를 해야 한다. 또한 슈퍼바이저는 실습생에게 클라이언트와의 회합 후에 완성해야 할 과정기록 양식과 자기평가 방법을 교육한다.

2) 중간단계

(1) 사회적 단계

이 단계는 지속적인 정서적 지지, 성공적인 과제수행 여부에 대한 평가 그리고 사례에 대한 검토를 실시하는 것이 특징이다. 과제수행과 관련하여 예상된 장애물을 파악하고 이러한 장애물을 다루는 방법들을 구체적으로 논의한다. 목표 달성을 향한 과정을 논의한다. 과제는 표적 목표를 달성하기 위해서 수행해야 할 구체적 실행 방안이다. 실습기관에서 주어지는 과제를 토대로 실습생의 목표와 실행 방안을 구체화하면서 실습과제를 개발한다. 시작단계에서 개발한 과제가 표적 목표의 성취에 적합한지, 과제의 개발이 더 필요한지 검토한다.

(2) 표적 목표 재검토

시작단계에 수립한 표적 목표와 이를 수행하기 위한 과제를 검토하면서 장애물에 대한 논의를 시작한다. 특히 중간단계는 일반적으로 어떤 형태로든 클라이언트 체계에 대한 개입이 이루어지므로 과정을 평가하면서 표적 목표를 추가 선택한다. 이러한 과정은 권위적이거나 일방적인 평가과정이 아닌 협동적인 평가과정이 되어야 하며, 슈퍼바이저는 실습생이 실천하려는 목표를 명료화하면서 재검토하고, 실습생은 목표의 우선순위를 재고한다.

(3) 과제의 구체화

실습생과 슈퍼바이저는 목표를 달성하기 위한 과제를 함께 결정한다. 슈퍼바이저는 핵심 내용에 근거하여 목표를 성취하는 데 활용할 수 있는 다양한 과제를 제시한다. 또한 실습생은 문헌조사나 생활 경험을 활용하여 대안을 제시할 수 있다. 각각의 표적 목표에 따라 세 가지 과제를 선택한다. 과제는 행동중심 용어로 세분화될 수 있어야 하고, 가능하다면 경험적이어야 한다(예: 클라이언트와 감정이입적인 반응들을 활용하는 과제는 "아동의 어머니와 최소한 다섯 번 면담하여 감정이입에 대한 기술을 연마한다."와 같이 진술).

(4) 장애물에 대한 논의

실행할 과제의 달성 정도를 평가할 수 있는 방법에 대해 논의한다. 슈퍼바이저는 과제를 충분히 혹은 완전히 실행한 실습생을 축하해 주어야 한다. 만일 과제가 수행되지 않았다면, 혹은 일부 달성했다면, 슈퍼바이저와 실습생은 장애물에 대해서 논의하고, 이러한 장애물을 다루는 방법을 고려하며(장애물을 해결하기 위한 과제를 정함), 대안이 될 수 있는 과제를 고려한다. 실습생과 슈퍼바이저는 목적을 이루기 위한 과제들을 고려한 후, 과제수행을 방해할 수 있는 장애물들을 정의한다. 만일 실습생이 이러한 장애물을 생각하지 못할 경우, 슈퍼바이저는 '만일 …… 일이 생긴다면' 형태로 질문한다. 회합 동안 실행하는 과제는 발견된 장애물을 해결하기 위한 새로운 방법들을 실천해 볼 수 있을 뿐만 아니라 나타날 수 있는 장애물들을 예측하는 방법으로서 도움이 된다. 지난 회합 이후 동안 나타난 장애물들을 조사하고, 이러한 장애물을 어떻게 해결할 것인가에 대해서 함께 결정한다. 또한 과제수행에 따른 윤리적 이슈는 없는지, 업무수행에 있어 실습생의 가치나 태도가 실천에 영향을 미치지는 않는지 검토하고 실습생과 토의할 수 있어야 한다. 또한 슈퍼비전 회합 동안 역할극이나 모델링을 활용하여 장애물을 규명하고 제시하거나, 실제 실천에서 활용하기에 앞서 연습해 봄으로써 과제수행의 완성도를 높일 수 있도록 직접 시연해 보는 것도 좋다.

(5) 실습계약 점검과 완료

초기에 설정된 세 가지 목표와 과제, 장애물에 대한 점검을 통해 표적 목표와 과제가 구체화하면 실습생과 슈퍼바이저 사이의 실습계약이 완료된다. 우선순위에 의해 구체적인 과제 계획과 시간 계획을 포함하여 실습계약서를 완성하고, 슈퍼바이저는 과제에 대한 평가 계획을 실습생에게 제공한다. 이때 슈퍼바이저는 실습생에게 정서적인 지지를 제공하는 지지적 슈퍼비전에 대한 기술은 물론 실습지도의 핵심적인 내용을 지도할 수 있는 교육적 슈퍼비전을 제공한다.

3) 종결단계

이 단계에서도 지속적인 정서적 지지, 과제의 성공적인 수행 여부에 대한 평가 그리고 사례에 대한 검토를 실시한다. 다만 앞의 단계들은 관계 형성에 중점을 두었고, 이 단계는 그러한 것을 종결한다는 것이 특징이다. 슈퍼바이저는 실습지도 관계의 종결에 대한 자신의 감정을 탐색하고 자신이 어떻게 '종결'을 다룰 것인가를 탐색해야 한다.

(1) 사회적 단계

실습생에 대한 지속적인 정서적 지지와 더불어 이 단계에서 슈퍼바이저는 실습생에게 클라이언트와의 회합이 얼마나 남아 있는지, 그리고 슈퍼바이저와 실습생이 함께할 시간이 얼마나 남았는지를 상기시켜야 한다. 슈퍼바이저는 실습생과 자신 그리고 클라이언트의 종결에 대한 감정을 탐색해야 한다.

(2) 종결 준비

슈퍼바이저와 실습생은 사례에 대해서 논의하고, 종결에 대한 강한 정서적 반응이 있을 수 있음을 논의한다. 또한 실습생은 자신에게 어떤 강한 반응을 유발할 수 있는 클라이언트의 질문에 대답할 수 있어야 한다. 슈퍼바이저는 실습생이 제출해야 할 서류 작업을 완료할 수 있도록 실습생을 적절한 방식으로 격려해야 한다.

이 단계의 마지막에는 최종평가를 실시한다. 슈퍼바이저와 실습생은 달성한 것과 강점을 논의하고, 지속적인 실천을 위한 향후 과제를 고려하는 시간으로서 평가를 활용해야 한다. 실습과 슈퍼바이저에 대한 실습생의 지각과 감정에 대한 실습생의 반응을 적절하게 탐색하여야 한다. 종결에 따른 과제에는 실습 수행의 성공 요소를 탐색하고, 발전을 명료화하며, 강점에 초점을 맞추어, 미래에 대한 계획을 개발하면서 생산적인 방법으로 종결할 수 있는 내용이 포함되어야 한다. 이 단계에서 장애물들은 종결 관계에 대한 실습생의 감정이 반영된 것일 수 있으므로, 실습생과 함께 양가감정의 근원과 장애물을 탐색하는 것이 필요하다. 종결에 대한 양가감정은 클라이언트와의 관계, 슈퍼바이저와의 관계, 동료집단과의 관계, 혹은 일반적으로 종결에서 나타날 수 있는 생각으로 인한 것이다. 또한 실습계약서를 토대로 전반적인 목표 성취를 점검하고 확인한다.

2. 실습슈퍼비전의 유형

　슈퍼비전은 자기분석 슈퍼비전, 개별슈퍼비전, 동료 간 개별슈퍼비전, 집단 슈퍼비전, 동료집단 슈퍼비전, 부서/팀 슈퍼비전으로 구분된다(이시연, 2004).

　이 중 실습 슈퍼비전에서는 개별슈퍼비전과 집단 슈퍼비전 그리고 동료집단 슈퍼비전의 활용이 유용하다. 개별슈퍼비전은 개인의 전문적 발달을 돕는 핵심적 방법이라 할 수 있다. 상담슈퍼비전 등 많은 휴먼서비스 전문가 협회에서는 전체 슈퍼비전에서 개별슈퍼비전의 일정비율을 의무화하여 전문적 발달을 꾀하고 있다. 개별슈퍼비전은 실습지도자와 실습생의 일대일 만남으로 이루어지며, 집단슈퍼비전과 달리 다른 실습생의 요구에 주의가 분산되지 않을 수 있으며, 실습생에게 주의를 좀 더 기울이고 초점화하는 것이 가능하다는 장점이 있다.

　집단슈퍼비전은 그 구성 측면으로는 1명의 실습지도자와 다수의 실습생으로 구성되어 진행되는 슈퍼비전 방법이다. 슈퍼비전의 목표를 세워서 실습생 간 상호작용과 상호학습을 통해 슈퍼비전을 주는 것이다. 따라서 실습생의 수가 너무 많아 충분한 상호작용과 참여를 활용하기 어렵거나 효과적으로 집단을 통제하지 못할 정도로 많은 수로 구성되면 일방적인 집단교육으로 흐를 수 있어 바람직하지 않다. 일반적 소집단 구성기준을 적용하면 2명 이상 8명 이내가 바람직하며, 슈퍼비전 이슈에 따라 좀 더 적은 인원을 대상으로 밀도 있게 이루어질 수도 있다.

3. 실습슈퍼비전의 내용

실습의 내용을 한국사회복지교육협의회(2005)에서는 필수공통 내용과 필수선택 내용, 선택 내용으로 구분하여 일반실습, 심화실습 1, 심화실습 2의 수준으로 설명하고 있다. 즉, 오리엔테이션과 행정업무를 필수공통 기본으로 하고 실습생의 욕구와 실습교육기관의 특성에 따라 사례관리, 집단지도, 지역복지 및 정책개발의 3개 영역 중 최소 1개 영역을 선택하여 실습하도록 하고 있다. 그 외 자유 선택으로 개별상담, 가족상담 및 치료, 사회조사, 프로포잘 작성, 지역탐방, 타 기관방문 등이 포함되어 있으므로 이러한 내용을 충족시키는 범위 내에서 기관의 특성에 따라 내부지침에 이를 포함시키는 것이 바람직할 것이다. 이시연(2001)과 태화기독교사회복지관(2003)은 일반주의 실천을 위한 실습교육 내용을 포춘의 모델을 기본으로 다음과 같은 정리하고 있다(최원희, 2006에서 재인용).

1) 전문적 발달을 위한 교육 내용

사회복지의 가치와 윤리에 대한 사명감, 인간의 다양성을 존중하고 다양한 배경의 사람과 일할 수 있는 능력을 기르는 것, 사회적 억압과 차별 그리고 경제적 부정을 극복하려는 책임감과 사명감, 자기에 대한 객관적 지식과 자신의 강점 및 약점에 대한 자아인식, 자신의 전문적 성장에 대한 책임, 자기 자신이 활동의 효과성을 평가할 수 있는 능력을 포함한다.

2) 행정적 측면의 지식과 기술: 조직적 상황

조직적 상황을 이해하고 조직 내에서 효과적 서비스를 제공하는 데 도움이 되는 지식과 기술이다. 기관의 사명 이해, 기관의 구조 파악, 조직 내에서 기능하는 방법을 학습하는 능력, 기록 유지와 기록 학습 등을 포함한다.

3) 정책적 측면의 교육 내용: 서비스전달체계의 상황

기관에 직접 영향을 주는 국가와 지방의 사회복지정책, 지역의 경제적·정치적·사회적·문화적 구조에 대한 지역사회 지식, 지역사회복지서비스 연계망인 서비스전달체계에 대한 지식 등을 포함한다.

4) 기본적 대인관계의 기술

다른 사람과 협력적으로 일하거나 다른 사람들로부터 협력을 확보하는 데 필요한 기술로 기본적 대인관계에서의 의사소통 기술과 동료와의 관계 기술 등을 포함한다.

5) 클라이언트 체계의 개입을 위한 일반적 기술

개인, 가족, 치료적 집단을 포함하는 클라이언트 체계에 대한 개입으로 문제해결 과정을 포괄적으로 다루는 기술이다. 인간행동과 다양성의 내용에 대한 지식 적용, 클라이언트와의 면접 기술, 클라이언트 체계 사정, 개입이나 치료 계획 기술, 평가 기술, 종결 기술, 집단에의 개입 기술, 의뢰와 사례관리 기술, 옹호활동 등을 포함한다(실천기술 목록 참조).

참조: 실천기술 목록

TIP 실천기술 목록을 활용하여 실천기술의 향상 정도를 측정할 수 있다.

오헤어와 콜린스(O'Hare & Collins, 1997)가 개발한 실천기술 목록(Practice Skills Inventory: PSI)은 사회복지실천 능력의 다양한 지표로 지지 기술, 개입 기술, 사례관리 기술, 통찰 촉진 기술의 네 가지 요인을 포함하는 자기보고식 척도다. 이를 실습 전과 후에 측정해 보도록 하여 사회복지실천 역량과 정체성 향상을 측정해 볼 수 있다. 이는 5점 척도로 측정한다.

- 클라이언트가 이해받는다는 느낌이 들도록 사고와 감정을 반영할 수 있다.
- 클라이언트가 신뢰감을 느낄 수 있도록 공감을 사용할 수 있다.
- 클라이언트에게 정서적 지지를 해 줄 수 있다
- 클라이언트가 마음을 열고 싶다는 느낌을 받게 할 수 있다.
- 클라이언트가 수용된다는 느낌을 받을 수 있는 관계를 형성할 수 있다.

- 클라이언트의 잘하는 것을 지목하여 격려할 수 있다.
- 클라이언트가 스트레스 감소를 위한 기술을 활용하도록 도울 수 있다.
- 클라이언트가 문제를 촉진하는 역기능적 사고를 감소시킬 수 있도록 도와줄 수 있다.
- 특정한 문제해결에 도움이 되는 기술을 적용할 수 있다.
- 클라이언트가 자신의 문제 행동을 관리하는 법을 가르칠 수 있다.
- 클라이언트가 보다 효과적으로 과업을 수행할 수 있도록 도울 수 있다.
- 클라이언트가 좀 더 효과적으로 의사결정할 수 있도록 도울 수 있다.
- 클라이언트에게 보다 적절한 서비스를 제공하기 위해 다른 기관에 의뢰할 수 있다.
- 클라이언트의 문제와 관계가 있는 사회문제와 정책을 분석할 수 있다.
- 클라이언트가 필요로 하는 서비스 이용에 대한 정보를 제공할 수 있다.
- 서비스를 조정하기 위해 다른 기관들과 네트워크를 형성할 수 있다.
- 지역사회의 문제 및 문제해결을 위한 표적집단을 이해할 수 있다.
- 지역사회의 서비스전달체계를 이해한다.
- 사회복지를 전공하고 있는 것을 자랑스럽게 생각한다.
- 사회복지사를 일생의 직업으로 생각하게 되었다.
- 사회복지직이 추구하는 목표를 적극적으로 지지하게 되었다.

출처: O'Hare & Collins (1997).

4. 슈퍼바이저에 대한 이해

1) 슈퍼바이저 스타일

슈퍼바이저 스타일은 슈퍼바이지의 학습과 실천의 효과성을 증진시키는 데에 영향을 미친다고 보기 때문에 슈퍼바이저의 기본적인 스타일을 규명하는 작업은 중요한 의미가 있다. 슈퍼바이저의 스타일은 슈퍼비전에서 상호관계에 영향을 미치기 때문에, 슈퍼바이저와 슈퍼바이지가 슈퍼비전 초기에 자신들의 스타일에 대한 인식을 확실하게 한다면 도움이 될 것이다(김융일, 양옥경, 2002).

스타일은 타인과 의사소통을 시도하는 데에서 사용되는 하나의 패턴이다(Munson,

2002). 슈퍼바이저의 스타일에는 슈퍼비전에 대한 슈퍼바이저의 철학과 그것을 슈퍼바이지에게 전달하는 방법 등이 내포되어 있다. 스타일을 구성하는 요소로는 목소리의 성량과 음질, 얼굴 표정, 자세, 제스처, 묻는 질문, 묻는 질문에 대한 반응 방식, 제공하는 해설, 회기의 조직과 구조, 회기의 물리적 환경, 사용하는 예, 사용하는 이론, 제안 내용, 제안 방법 등을 들 수 있다.

2) 슈퍼바이저 유형

슈퍼바이저 유형은 다음과 같이 구분해 볼 수 있다(Brown & Bourne, 1996).

(1) 의사소통 유형

의사소통 방법은 슈퍼비전 관계에서 매우 중요한 의미를 갖는다. 인간의 상호작용에 있어서 세 가지 수준의 의사소통(시각, 청각, 촉각)은 모두 사용하지만 이 중에서도 자신이 가장 자신 있고 선호하는 방법을 주로 사용하려는 경향이 있다. 슈퍼바이저는 자신이 선호하는 의사소통 유형을 파악하여 이를 슈퍼비전 관계에 적용할 수 있어야 하고, 자신과 슈퍼바이지의 의사소통 방법을 인식하고 슈퍼비전 관계에 있어서 이를 고려하는 자세가 필요하다.

(2) 과업중심과 과정중심 유형

슈퍼비전 관계에서 결과를 중요시하는 과업중심 슈퍼바이저와, 수단과 방법에 관심을 두는 과정중심 슈퍼바이저로 구분하기도 한다. 과정과 과업의 측면은 인간에 대한 이해와 유연성 대 성취와 유능감이라는 두 가지 차원을 고려할 때 모두 중요하다. 슈퍼바이저는 이 두 가지 유형에 대한 균형감을 유지하면서 슈퍼바이지와 관계를 유지하여야 한다. 이는 이 두 가지 스타일 중 어느 하나에 지나치게 치중하면 슈퍼비전 관계에서 갈등이 발생할 수 있기 때문이다. 슈퍼바이저는 자신의 스타일이 미치는 영향을 자각하려는 자기성찰을 지속하면서 슈퍼비전을 제공하여야 한다.

3) 학습 유형

슈퍼비전의 중요한 기능 중 하나는 교육이다. 그러므로 슈퍼바이저와 슈퍼바이지는 자신의 개인적인 학습 유형과 이것이 슈퍼비전에 어떤 영향을 미치는가를 규명하고 이해하는 것이 필요하다. 특히 슈퍼바이저가 가정, 학교, 현장에서 얻은 학습 경험이나 교육적 역할수행에 영향을 끼치므로, 슈퍼바이저는 이에 대해 자기성찰을 하여, 이것이 실습생에게 무의식적으로 영향을 미치도록 통제하는 노력을 하여야 한다(김융일, 양옥경, 2002; 이시연, 2004).

(1) 가정과 학교에서의 경험

① 가족의 영향

슈퍼바이저와 슈퍼바이지의 관계는 그들 각자의 어린 시절에 부모나 보호자로부터 경험한 권위와 권한의 영향을 받게 된다. 특히 슈퍼비전에 있어서 가장 중요한 영향을 미치는 부분은 학대 경험과 관련된다. 신체적 학대뿐 아니라 언어적·정서적 학대 혹은 방임을 경험한 슈퍼바이저는 갈등 상황이 발생했을 때 자신이 경험한 대로 권위와 권한을 남용하여 학대를 반복하거나 자신이 갖고 있는 권한을 회피하거나 부정할 수 있다. 이는 슈퍼비전 관계에 치명적인 영향을 끼치고, 돕는 전문가가 되고자 하는 실습생의 동기를 약화시키는 것이므로 반드시 검토할 필요가 있다.

② 학교의 영향

슈퍼바이저 자신이 교육기관에서 한 교수(교사)와 겪은 학습 방식 경험은 슈퍼비전 관계에 영향을 미칠 수 있다. 어떤 식으로든 자신에게 영향을 미친 교수(사)와의 관계 경험은 그들을 모델링하게 하기 때문이다. 그러므로 특히 자신에게 부정적인 감정을 경험하게 한 교수(교사)와의 관계 혹은 학습 경험을 성찰하여 자신이 어떻게 모델링 혹은 보상하고 있는지 확인하여야 한다.

③ 육아 경험의 영향

슈퍼바이저-슈퍼바이지 관계와 부모-자녀 관계가 같을 수는 없지만 이 사람이 다른 사람에게 행사하는 권한에는 유사한 점이 발견된다. 부모의 역할을 하면서 자녀와의 관계에 있어서 안전한 경계를 설정하기 어렵고, 때로는 금기 이슈에 대해 수치심을 경험한 슈퍼바이저는 무의식적으로 이러한 기술들을 슈퍼비전 관계에 적용하여 문제를 유발할 수 있다.

(2) 전문적 실천가로서의 경험

전문적 실천가로서 관계 기술, 사람들과 집단으로 일하는 기술, 옹호활동의 기술, 계약을 맺는 기술, 피드백 제공의 기술도 슈퍼비전을 할 때 적절히 활용하는 것이 가능하다.

(3) 슈퍼비전을 받은 경험

슈퍼비전은 그 접근법이 매우 다양하기 때문에 새롭게 슈퍼바이저가 될 때 슈퍼비전을 받은 경험이 큰 영향을 미치게 된다. 초보 슈퍼바이저는 자신의 슈퍼비전 유형과 접근법을 만들기 위해 과거의 모든 경험(훌륭했거나 좋지 않았거나 평범했던 경험)에서 배운 교훈과 슈퍼바이저 훈련과정에서 배운 경험을 통합해 독자적인 유형을 찾아야 할 것이다.

4) 스타일의 적용

슈퍼바이지의 학습과 실천의 효과성을 증진시키는 데에 영향을 미치는 슈퍼바이저의 스타일을 규명하고, 고유한 자신의 스타일을 효과적으로 만들어 가기 위해 다음과 같은 작업을 할 수 있다(김융일, 양옥경, 2002).

(1) 자기 스타일의 관찰

슈퍼바이저가 슈퍼비전을 제공하는 스타일을 관찰하는 데 가장 좋은 방법은 슈퍼비전을 기록으로 관찰하는 것이다. 슈퍼바이저는 자기 자신의 스타일을 발달시키기 위해 다른 슈퍼바이저들과 일하는 시간을 의도적으로 가져야 한다. 슈퍼바이저의 스타일 정착을 위해 슈퍼바이저에게 슈퍼비전이나 자문을 제공할 필요가 있다.

슈퍼바이저는 자신의 고유한 스타일을 개발하기 위해 이론적 준거틀을 기초로 할 필요가 있다. 슈퍼비전의 상호작용 요소를 중시하면서 클라이언트에 대한 일차적 책임도 반드시 고려해야 한다. 즉, 슈퍼비전의 결과로서 슈퍼바이지, 클라이언트 그리고 기관환경에 미치는 영향을 고려하는 상호작용 맥락에서 슈퍼비전 스타일을 고려할 필요가 있다. 슈퍼바이지에 집중된 어떠한 상호작용도 클라이언트와의 실천 내용 및 기관 정책과 관계가 있어야 함을 항상 인식하여야 한다.

(2) 스타일 찾기

슈퍼바이저는 슈퍼바이지가 자신의 스타일과 그것이 결과에 어떻게 영향을 미치는지를 알 수 있도록 도와주어야 한다. 또한 슈퍼바이저는 자신의 스타일이 슈퍼비전의 목표 달성에 어떻게 영향을 주는지도 확인해야 한다. 즉, 스타일 찾기에서 중요한 것은 스타일 개념과 스타일 범주의 정의보다도, 상호작용을 탐색하는 데 있다.

(3) 스타일의 차이

해리슨과 브람슨(Harrison & Bramson, 1982)은 종합주의자, 이상주의자, 합리주의자, 분석자, 현실주의자라는 다섯 가지 스타일에 기초해 스타일의 포괄적인 관점을 발전시켰다. 이들은 개별 사회사업에서 슈퍼바이저의 예를 제시하고 그 슈퍼바이저와 슈퍼바이지 간의 스타일의 차이가 어떻게 문제가 되는지를 보여 주었다.

슈퍼바이저와 슈퍼바이지 간에는 각자 가지고 있는 방법과 접근법, 가치 등에 따라 행동과 태도에 차이가 존재한다. 행동과 태도의 결정 요인으로서 개인 가치체계의 중요성은 모든 슈퍼바이저에게 해당한다. 여기서 중요한 것은 그들의 가치, 가치판단, 도덕적 질문, 윤리적 원칙들에 부여하는 비중이며 이에 대한 서로의 차이를 어떻게 그리고 어느 정도 인정할 수 있느냐다. 그럼에도 불구하고 사회복지실천에서 클라이언트에 대한 개인의 성향 차이나 스타일의 차이로 설명하는 것에 그쳐서는 안 되며, 윤리강령 등에 입각해서 생각해 보아야 한다.

작업 sheet 1

실습생의 모습은 어떠해야 하는지 생각해 보자.

1. 당신이 생각하는 훌륭한 실습생은?

순위	내용	이유	
1			
2			
3			
4			
5			

2. 당신이 생각하는 최악의 실습생은?

순위	내용	이유	
1			
2			
3			
4			
5			

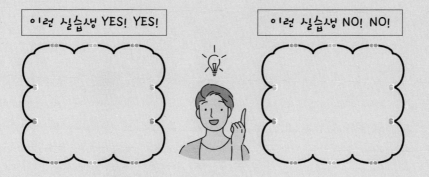

이런 실습생 YES! YES!

이런 실습생 NO! NO!

슈퍼바이저의 모습은 어떠해야 하는지 생각해 보자.

1. 당신이 생각하는 훌륭한 슈퍼바이저는?

순위	이름	이유	
1			
2			
3			
4			
5			

2. 당신이 생각하는 최악의 슈퍼바이저는?

순위	이름	이유	
1			
2			
3			
4			
5			

이런 슈퍼바이저 YES! YES!

이런 슈퍼바이저 NO! NO!

제13장
새로운 시대와 슈퍼비전 과제

1. 코로나19 팬데믹과 사회복지 현장의 변화 및 슈퍼비전 과제

2019년 말부터 시작된 코로나19는 인간 역사에서 손꼽힐 팬데믹의 하나로 전 세계 사람들의 삶 전반에 엄청난 피해와 변화를 가져왔다. 사회복지 현장은 코로나19로 인해 서비스 내용과 방식에서 상당한 혁신을 요구받으며, 비대면 온택트 서비스를 개발하는 등 디지털기술과 사회복지의 융합을 시도하고 있다. 또한 서비스 이용자의 불안과 공포를 다루는 것뿐 아니라 사회복지사 자신의 불안과 공포, 새로운 직무 스트레스로 인한 소진 예방과 같은 사회복지사를 보호하고 사회복지 가치를 재정립하는 도전과제에 직면하였다(최지선, 2021).

이 코로나19 위기는 대학 교육 시스템에도 영향을 주어 비대면 상황 속에 수업이 진행되었으며, 사람을 대상으로 하는 실습 교과목들은 운영 자체가 불가능해질 정도로 교과목 운영의 혼란이 초래되었다. 대학에서 전문 사회복지사를 양성하는 사회복지학과의 사회복지 현장실습 교과목 운영은 정부의 방역 지침에 따라 취소되거나 연기되고, 보건복지부에서는 실습을 진행하는 사회복지기관들에 대해서 코로나19 확산 정도에 따라 80시간 이내에서 간접실습을 할 수 있도록 허용하였다. 클라이언트 접촉이 제한되다 보니 80시간마저도 기관 내에서 모의 사례관리, 모의 프로그램기획 및 진행, 기존 사례분석과 개입계획 수립과 같이 교육중심으로 이루어지는 경우가 많았다. 일부 기관에서는 비대면서비스 제공과정에 참여하여 이용자들을 위한 온라인 프로그램 및 영상 제작과 보급사업을 경험하기도 하였다(김혜미 외, 2021). 이에 코로나19 상황에서 사회복지 현장 실습을 수행한 학생들은 코로나19라는 상황이 사회복지기관에서 예비사회복지사로서 경험할 수 있는 클라이언트와의 대면 관계, 동료들과의 상호소통의 기회, 사회복지기관의 종사자 및 조직으로부터 지도 및 실천적 교육의 기회를 제약받을 수밖에 없었다(이오복, 권순애, 2021).

한편, 3년째 지속되는 코로나19 팬데믹은 클라이언트의 삶과 사회에 어떤 영향을 미쳤는가? 울리히 백(Bech, 1997)은 그의 걸출한 저서 『위험사회』에서 "위험은 특정지역이나 집단에 국한하지 않고 모두에게 나타나서 민주적이지만, 위험으로 인한 영향은 취약계층에게 더 가혹해서 계급적이다."라고 하였다. 실제로 코로나19 팬데믹이라는 사회적 위험은 사회적 거리두기 강화로 일상이 달라지며 다음과 같이 우리 사회의 가장 취약한 계층을 공격하고 있다.

첫째, 상용직 가구에 비해 자영업 종사자의 소득이 감소하고, 자유업 종사자 등 고용보험에 가입되어 있지 않은 시간제 근로자와 특수형태근로종사자들이 해고로 인한 소득 감소로 고통받고 있다. 둘째, 요양시설에 있는 거동이 불편한 노인들은 사회적 거리두기 강화로 단절과 고립 속에서 고통받거나 외롭게 사망에 이르고 있다. 셋째, 가족과 함께 지내는 노인 돌봄 부담이 증가하면서 가정 내 노인학대가 증가하고 있다. 넷째, 타인과의 접촉이 줄어드는 '비접촉사회'의 도래로 가족 구성원 간의 접촉시간이 증가하면서 스트레스가 가중되어 기존의 부부갈등이 심화되거나 양육부담과 등교제한으로 인한 자녀교육지원부담 증가로 아동학대 등 가정폭력 위험이 증가하였다. 다섯째, 자녀의 등교제한과 가정 내 학습지도 시간의 증가로 자녀양육과 경제활동 양립의 어려움을 겪는 한 부모 가족의 어려움이 더욱 가중되고 있다. 여섯째, 증가하는 1인 가구의 고립과 코로나 감염에 따른 관리 문제 및 직업단절 등 소득감소로 인한 생존 위협이 심화되고 있다. 일곱째, 장애인 가족의 경우 장애 관련 복지기관의 이용제한으로 장애자녀 돌봄부담이 가중되어 생계 활동에 지장을 받으면서 생활유지에 스트레스가 가중되고 있다.

이러한 취약계층의 돌봄문제를 지원하기 위해 정부에서는 그동안 양육 및 노인이나 장애인 돌봄에 대한 사회적 돌봄을 강화해 왔다. 어린이집, 지역아동센터, 학교에서의 종일돌봄, 장애인주간보호 및 평생교육센터, 노인주간보호, 재가요양보호 등이 대표적 사회적 돌봄서비스이다. 그러나 사회적 거리두기로 인해 사회적 돌봄이 가족의 돌봄으로 유턴하는 돌봄의 재가족화가 일어나면서 취약계층의 어려움을 심화하고 있는 것이다.

사회적 거리두기의 제약 속에서도 이처럼 코로나19 상황에서 경험하는 클라이언트의 어려움에 대한 조사, 대처방법의 개발에 대한 토의, 모의 적용 등의 과제수행, 동료들과의 협업, 실습기록에 대한 심층적인 지도와 대면 · 비대면 소통 기회 확보, 위기에 대응하는 기관의 대처 과정에 대한 간접경험 기회 제공과 윤리적 이슈의 토의 등이 중요한 슈퍼비전 과제가 될 것이다.

2. 4차 산업혁명시대 사회복지 현장과 슈퍼비전 과제

4차 산업혁명은 꿈과 희망의 도구가 될 수도 있지만 윤리와 가치에 위반될 수 있는 여러 문제와 화두를 제기한다. 인간의 편리와 보호, 삶의 질 향상을 위한 '희망'을 줄 수 있는 반면, 기술과 기계, 인공지능이 인간을 지배하거나 인공지능을 가진 기계에 대한 인간의 처우, 생존에 대한 여러 위험이 우리에게 '위기'로 다가올 수 있다. 사회복지는 인간을 다루기 때문에 과학과의 연계가 긍정적일 수만은 없다. 영리가 개입되는 기술과 기계, 또는 인간의 감정과 정서를 대신해 줄 수 없는 인공지능의 개입은 기존과는 다른 사회복지실천에서의 윤리와 가치를 요구할 수 있다. 기계와 휴먼서비스 종사자들의 근본적인 차이는 클라이언트의 여러 심리, 정서, 신체, 가정, 환경 등 다양한 부분에 대한 개별화된 종합적 고려를 토대로 인간 존중을 통한 감정이입의 따뜻한 마음과 윤리적 사고다(이윤수, 2018). 이는 기계가 대신할 수 없는 영역이다.

가상현실과 3D, 로봇, 인공지능과 다양한 웨어러블, 포스트바디(각종 첨단 장애인 보장구나 시각보조 슈퍼히어로 렌즈 등과 같은 인간의 몸에 첨단기술들이 결합된 신체) 등 4차 산업혁명의 여러 도구가 사회복지실천에서도 상용된다면 이를 이용하고자 하는 클라이언트의 자기결정권과 제한된 자원의 분배와 관련된 많은 윤리적 딜레마를 경험할 것이다. 로봇이나 사물인터넷(IoT)를 활용한 돌봄서비스가 확대되면 언제든 서비스를 이용할 수 있는 접근성과 유용성도 있지만, 기계의 오작동이나 오류에 의한 문제나 데이터 축적과정의 비밀보장 문제, 공감적 대응의 한계에 의한 인간 존엄성에 대한 윤리적 보호 문제도 일어날 수 있다.

정보화가 진전될수록 사회복지사가 전통적으로 수행해 오던 가치판단은 컴퓨터시스템의 분석으로 대체될 수 있다. 정부는 수급자 판정과 업무를 사회복지공무원의 "경험이나 지식에 의존하기보다 '편리하고 똑똑한 시스템'이 자동판정하고 사용자는 이상유무만 점검"하는 소위 '자동의사결정지원기능'을 차세대시스템에 도입할 예정이라고 한다(김수영, 2016에서 재인용). 공공영역의 사회복지공무원에게 정확한 자산조사와 관리업무로서 컴퓨터 분석과 인공지능, 빅데이터 등이 유용한 측면이 있으나, 사회복지대상자와 직접 상호 교류와 소통 및 전문적 판단에 의한 유동적인 서비스가 제공되어야 하는 사회복지고유의 전문적 가치와 상충될 것이다.

그러므로 슈퍼비전에서 이러한 윤리적 이슈에 대한 자유로운 토론을 통해 대안을 고민하는 성찰을 촉진하고 윤리적 민감성을 확장하면서 다양한 기술을 접목하는 실천서비스 대안에 대한 창의적 접근을 모색하도록 지도하는 것이 매우 중요한 과제일 것이다.

3. 다양성과 슈퍼비전 과제

우리 사회의 다양화는 계속 진행되고 있다. 1990년대 이후 외국인 근로자 및 결혼이주여성, 북한이탈주민의 국내 유입이 증가하면서 인구 다양화가 진행되고 있다. 통계청의 인구주택총조사 자료에 의하면 2020년 11월 1일 기준 지방자치단체 외국인주민 현황에 따르면 외국인주민 수는 214만 6,748명으로 국내 총인구 5,182만 9,136명의 4.1%를 차지한다. 외국인주민은 국내에 거주한 지 90일을 초과한 외국인 · 귀화자와 그 자녀를 말한다. 경제협력개발기구(OECD)는 총인구 대비 5%를 넘으면 다문화 · 다인종 국가로 분류하고 있다. 이러한 사회적 변화 속에서 다문화 사회, 다문화주의에 관한 많은 연구가 사회학, 정치학, 행정학, 교육학, 사회복지학 등에서 활발하게 전개되어 왔다. 국가 차원에서도 외국인지원기본법의 제정과 함께 다문화가족지원, 외국인고용허가제와 사회복지서비스를 보완하는 등 많은 변화가 급속도로 전개되어 왔다.

또 하나의 두드러진 다양화 양상은 가족의 다양화다. 1990년대 말 급작스럽게 전개된 IMF 관리체계와 위기의식은 가족과 개인 생활에 심대한 영향을 끼쳤다. 세계 최저 수준의 저출산은 물론 만혼과 비혼, 1인 가구의 증가, 이혼률 증가와 같은 급진적 변화가 발생하였다. 2019년 기준 우리나라의 1인 가구 비중이 전체의 30.2%, 2인 이하인 가구는 절반을 넘어 전체 가구의 58.0%에 달한다. 최근까지 전형적 가족으로 인식되어 왔던 부부와 미혼자녀로 이루어진 가구 비중은 2019년 29.8%로 2010년 37%에 비해 크게 감소했다. 이러한 혼인과 출산의 감소, 만혼 현상의 지속 등으로 인한 가족 구성 지연과 가족에 대한 가치관 변화 등이 맞물려 가족의 생애주기도 다변화되고 있다. 이에 가족 위기론이 부상하면서 동시에 가족 다양성의 흐름에 맞는 가족정책 수립의 필요성이 제기되고 있다.

이에 여성가족부에서는 가족정책의 기본법인 「건강가정기본법」 제15조에 따라 2021년부터 2025년까지 시행되는 「제4차 건강가정기본계획」을 2021년 4월 발표하였다. 정책의 기본 관점을 다양성, 보편성, 성평등을 강화하는 방향으로 설정하고, 1인 가구 증가 등 가족 형태와 가족 생애주기의 다변화, 가족 구성원 개인의 권리에 대한 관심 증대 등 최근의 급격한 가족 변화를 반영하였다. 구체적인 정책추진 방향으로 다양성에 대해서는 모든 가족이 차별 없이 존중받으며 정책에서 배제되지 않는 여건 조성에 초점을 두고 있다. 보편성으로 한부모·다문화가족 등에 대한 맞춤형 지원은 지속 강화하되 보편적 가족 지원으로 정책 패러다임을 확장하였다. 성평등을 위해 남녀 모두의 일하고 돌볼 권리의 균형을 중시하는 성평등 관점의 정책 기조를 강화하고 있다. 이러한 정책추진 방향을 위한 구체적인 정책과제로, 첫째, 세상 모든 가족을 포용하는 사회기반 구축, 둘째, 모든 가족의 안정적 생활여건 보장, 셋째, 가족다양성에 대응하는 사회적 돌봄 체계 강화, 넷째, 함께 일하고 돌보는 사회 환경 조성의 4개 영역별 과제를 제시하고 있다. 또한 건강가정센터라는 명칭에서 주는 건강과 불건강의 이분법적 이미지를 불식하기 위해 가족센터로 개칭하기로 하였다(여성가족부 보도자료, 2021. 4. 27).

이처럼 우리 사회의 다양성은 사회정책 및 가족정책을 변화시키고 있다. 이는 1987년 이후 시민사회가 성장하면서 외국인의 인권과 사회적 대응의 변화를 요구하는 다양한 옹호집단의 활동과 함께 그동안 억압된 생활을 해오던 여성, 장애인, 성적소수자, 성매매 여성, 한센인, 노숙인 등의 소수자가 집단화하면서 그들의 특성을 부각하고 사회변화를 요구하는 소수자 운동을 전개해 온 결과일 것이다. 우리 사회는 한국 내부에서 소외되고 차별받았던 소수자, 해외로부터 유입되는 소수자 그리고 개성과 양심에 따라 스스로 소수자가 되는 사람들이 얽혀 있는 '다문화사회'이다. 사회적 소수자는 종래에는 사회적 신분의 취약성과 대중의 무관심으로 인하여 자신의 문제를 사회 주요 이슈로 제기하지 못하였으나, 국민의 정부 이후 시민사회단체의 활발한 사회참여와 국가인권위원회의 출범에 따라 소수자에 대한 차별과 인권문제 제기가 이어지면서 집단화를 통하여 조직적인 소수자 운동을 전개하기 시작하였다. 이들은 국가로 하여금 인권적 차별시정을 위한 조치와 더불어, 고용, 복지, 교육 등에 있어서 차별적 대우에 대한 조치를 강구해 줄 것을 요구해 왔다(김정진, 2011).

이처럼 민주주의, 시장경제, 시민사회 성장과 더불어 폭발적으로 증가하는 인권 및 다양성 존중에 대한 시민적 욕구와 당사자의 저항으로 사회복지가 확대되었다. 사회복지의 대상은 언제나 사회적 약자가 우선이었고, 사회적 소수자도 사회적 약자이다. 소수자들은 사회운동을 통하여 조직적으로 문제해결을 위한 운동을 시작하여 여성, 장애인 등 사회복지 영역에서 상당한 성과를 보였다. 이외에도 다양한 소수자가 이를 모델로 연대하며 운동을 모색하고 있으나, 여전히 삶의 문제가 심각하다.

이처럼 클라이언트가 주체적인 문제해결을 위한 다양한 운동을 하거나, 사회운동이 필요로 하는 이 영역에는 여전히 사회적 배제와 차별이 존재하고 사회복지적 관심이 필요하다. 이 영역에 대하여 사회복지는 새로운 도전을 받고 있다. 이에 주체적 참여자인 클라이언트와 어떻게 관계를 형성하고 옹호할 것인가는 다양성의 관점에서 임파워먼트 사회복지실천과정의 윤리적 이슈가 될 것으로 보인다. 이런 사회변화들에 대하여 실습지도 과정에서 다양성의 관점에서 클라이언트의 인권과 사회복지사의 실천윤리에 관한 토의와 슈퍼비전이 중요한 주제가 되어야 할 것으로 보인다.

부록

〈부록 1〉 한국사회복지사 윤리강령

◈ 전문

사회복지사는 인본주의·평등주의 사상에 기초하여, 모든 인간의 존엄성과 가치를 존중하고 천부의 자유권과 생존권의 보장활동에 헌신한다. 특히 사회적·경제적 약자들의 편에 서서 사회정의와 평등·자유와 민주주의 가치를 실현하는 데 앞장선다. 또한 도움을 필요로 하는 사람들의 사회적 지위와 기능을 향상시키기 위해 저들과 함께 일하며, 사회제도 개선과 관련된 제반 활동에 주도적으로 참여한다.

사회복지사는 개인의 주체성과 자기결정권을 보장하는 데 최선을 다하고, 어떠한 여건에서도 개인이 부당하게 희생되는 일이 없도록 한다. 이러한 사명을 실천하기 위하여 전문적 지식과 기술을 개발하고, 사회적 가치를 실현하는 전문가로서의 능력과 품위를 유지하기 위해 노력한다. 이에 우리는 클라이언트, 동료 기관 그리고 지역사회 및 전체사회와 관련된 사회복지사의 행위와 활동을 판단·평가하며 인도하는 윤리기준을 다음과 같이 선언하고 이를 준수할 것을 다짐한다.

◈ 윤리 기준

1. 사회복지사의 기본적 윤리 기준

1) 전문가로서의 자세

(1) 사회복지사는 전문가로서의 품위와 자질을 유지하고, 자신이 맡고 있는 업무에 대해 책임을 진다.

(2) 사회복지사는 클라이언트의 종교, 인종, 성, 연령, 국적, 결혼상태, 성적 취향, 경제적 지위, 정치적 신념, 정신·신체적 장애, 기타 개인적 선호, 특징, 조건, 지위를 이유로 차별 대우를 하지 않는다.

(3) 사회복지사는 전문가로서 성실하고 공정하게 업무를 수행하며, 이 과정에서 어떠한 부당한 압력에도 타협하지 않는다.

(4) 사회복지사는 사회정의 실현과 클라이언트의 복지 증진에 헌신하며, 이를 위한 환경 조성을 국가와 사회에 요구해야 한다.

(5) 사회복지사는 전문적 가치와 판단에 따라 업무를 수행함에 있어, 기관 내외로부터 부당한 간섭이나 압력을 받지 않는다.

(6) 사회복지사는 자신의 이익을 위해 사회복지전문직의 가치와 권위를 훼손해서는 안 된다.

(7) 사회복지사는 한국사회복지사협회 등 전문가단체 활동에 적극 참여하여, 사회정의 실현과 사회복지사의 권익옹호를 위해 노력해야 한다.

2) 전문성 개발을 위한 노력

(1) 사회복지사는 클라이언트에게 최상의 서비스를 제공하기 위해 지식과 기술을 개발하는 데 최선을 다하며, 이를 활용하고 전파할 책임이 있다.

(2) 클라이언트를 대상으로 연구하는 사회복지사는 저들의 권리를 보장하기 위해 자발적이고 고지된 동의를 얻어야 한다.

(3) 연구과정에서 얻은 정보는 비밀보장의 원칙에서 다루어져야 하고, 이 과정에서 클라이언트는 신체적·정신적 불편이나 위험·위해 등으로부터 보호되어야 한다.

(4) 사회복지사는 전문성을 개발하기 위해 노력하되, 이를 이유로 서비스의 제공을 소홀히 해서는 안 된다.

(5) 사회복지사는 한국사회복지사협회 등이 실시하는 제반 교육에 적극 참여하여야 한다.

3) 경제적 이득에 대한 태도

(1) 사회복지사는 클라이언트의 지불능력에 상관없이 서비스를 제공해야 하며, 이를 이유로 차별 대우를 해서는 안 된다.

(2) 사회복지사는 필요한 경우에 제공된 서비스에 대해 공정하고 합리적으로 이용료를 책정해야 한다.

(3) 사회복지사는 업무와 관련하여 정당하지 않은 방법으로 경제적 이득을 취하여서는 안 된다.

2. 사회복지사의 클라이언트에 대한 윤리 기준

1) 클라이언트와의 관계

(1) 사회복지사는 클라이언트의 권익옹호를 최우선의 가치로 삼고 행동한다.

(2) 사회복지사는 클라이언트에 대하여 인간으로서의 존엄성을 존중해야 하며, 전문적 기술과 능력을 최대한 발휘한다.

(3) 사회복지사는 클라이언트가 자기결정권을 최대한 행사할 수 있도록 도와야 하며, 저들의 이익을 최대한 대변해야 한다.

(4) 사회복지사는 클라이언트의 사생활을 존중하고 보호하며, 직무 수행 과정에서 얻은 정보에 대해 철저하게 비밀을 유지해야 한다.

(5) 사회복지사는 클라이언트가 받는 서비스의 범위와 내용에 대해, 정확하고 충분한 정보를 제공함으로써 알 권리를 인정하고 존중해야 한다.

(6) 사회복지사는 문서, 사진, 컴퓨터 파일 등의 형태로 된 클라이언트의 정보에 대해 비밀보장의 한계와 정보를 얻어야 하는 목적 및 활용에 대해 구체적으로 알려야 하며, 정보 공개 시에는 동의를 얻어야 한다.

(7) 사회복지사는 개인적 이익을 위해 클라이언트와의 전문적 관계를 이용하여서는 안 된다.

(8) 사회복지사는 어떠한 상황에서도 클라이언트와 부적절한 성적 관계를 가져서는 안 된다.

(9) 사회복지사는 사회복지 증진을 위한 환경 조성에 클라이언트를 동반자로 인정하고 함께 일해야 한다.

2) 동료의 클라이언트와의 관계

(1) 사회복지사는 적법하고도 적절한 논의 없이 동료 혹은 다른 기관의 클라이언트와 전문적 관계를 맺어서는 안 된다.

(2) 사회복지사는 긴급한 사정으로 인해 동표의 클라이언트를 맡게 된 경우, 자신의 의뢰인처럼 관심을 갖고 서비스를 제공한다.

3. 사회복지사의 동료에 대한 윤리 기준

1) 동료

(1) 사회복지사는 존중과 신뢰로서 동료를 대하며, 전문가로서의 지위와 인격을 훼손하는 언행을 하지 않는다.

(2) 사회복지사는 사회복지전문직의 이익과 권익을 증진시키기 위해 동료와 협력해야 한다.

(3) 사회복지사는 동료의 윤리적이고 전문적인 행위를 촉진시켜야 하며, 이에 반하는 경우에는 제반 법률규정이나 윤리기준에 따라 대처해야 한다.

(4) 사회복지사가 전문적인 판단과 실천이 미흡하여 문제를 야기시켰을 때에는 적절한 조치를 취하여 클라이언트의 이익을 보호해야 한다.

(5) 사회복지사는 전문직 내 다른 구성원이 행한 비윤리적 행위에 대해 제반 법률규정이나 윤리기준에 따라 조치를 취해야 한다.

(6) 사회복지사는 동표 및 타 전문직 동료의 직무 가치와 내용을 인정하고, 이해하며, 상호 간에 민주적인 직무관계를 이루도록 노력해야 한다.

2) 슈퍼바이저

(1) 슈퍼바이저는 개인적인 이익의 추구를 위해 자신의 지위를 이용해서는 안 된다.

(2) 슈퍼바이저는 전문적 기준에 의해 공정하게 책임을 수행하며, 사회복지사 수련생 및 실습생에 대한 평가는 저들과 공유해야 한다.

(3) 사회복지사는 슈퍼바이저의 전문적 지도와 조언을 존중해야 하며, 슈퍼바이저는 사회복지사의 전문적 업무수행을 도와야 한다.

(4) 슈퍼바이저는 사회복지사, 수련생 및 실습생에 대해 인격적 · 성적으로 수치심을 주는 행위를 해서는 안 된다.

4. 사회복지사의 사회에 대한 윤리 기준

(1) 사회복지사는 인권존중과 인간평등을 위해 헌신해야 하며, 사회적 약자를 옹호하고 대변하는 일을 주도해야 한다.

(2) 사회복지사는 필요한 사회서비스를 개발하기 위한 사회정책의 수립, 발전, 입법, 집행에 적극적으로 참여하고 지원해야 한다.

(3) 사회복지사는 사회환경을 개선하고 사회정의를 증진시키기 위한 사회정책의 수립, 발전, 입법, 집행을 요구하고 옹호해야 한다.

(4) 사회복지사는 자신이 일하는 지역사회의 문제를 이해하고, 그것을 해결하는 일에 적극적으로 참여해야 한다.

5. 사회복지사의 개관에 대한 윤리 기준

(1) 사회복지사는 기관의 정책과 사업 목표의 달성, 서비스의 효율성과 효과성의 증진을 위해 노력함으로써 클라이언트에게 이익이 되도록 해야 한다.

(2) 사회복지사는 기관의 부당한 정책이나 요구에 대하여 전문직의 가치와 지식을 근거로 이에 대응하고 즉시 사회복지윤리위원회에 보고해야 한다.

(3) 사회복지사는 소속기관 활동에 적극 참여함으로써 기관의 성장발전을 위해 노력해야 한다.

6. 사회복지윤리위원회의 구성과 운영

(1) 한국사회복지사협회는 사회복지윤리위원회를 구성하여, 사회복지원리실천의 질적인 향상을 도모하여야 한다.

(2) 사회복지윤리위원회는 윤리강령을 위배하거나 침해하는 행위를 접수받아 공식적인 절차를 통해 대처하여야 한다.

(3) 사회복지사는 한국사회복지사협회의 윤리적 권고와 결정을 존중하여야 한다.

◆ 사회복지사 선서

나는 모든 사람들이 인간다운 삶을 누릴 수 있도록,
인간존엄성과 사회정의의 신념을 바탕으로,

개인 · 가족 · 집단 · 조직 · 지역사회 · 전체 사회와 함께한다.

나는 언제나 소외되고 고통받는 사람들의 편에 서서,

저들의 인권과 권익을 지키며, 사회의 불의와 부정을 거부하고,

개인이익보다 공공이익을 앞세운다.

나는 사회복지사 윤리강령을 준수함으로써,

도덕성과 책임성을 갖춘 사회복지사로 헌신한다.

나는 나의 자유의지에 따라 명예를 걸고 이를 엄숙하게 선서합니다.

〈부록 2〉 서식

서식 1   실습의뢰공문(교육기관용)

실습의뢰공문

수신자

(참 조)

제 목   사회복지 현장실습 의뢰

---

1. 항상 사회복지 현장실습교육을 위해 애써 주시는 귀 기관에 감사드립니다.

2. 사회복지 현장실습을 수강하는 본교 사회복지학과 학생의 실습교육을 의뢰하오니 아래를 참조하시어 협조하여 주시기 바랍니다.

－ 아 래 －

　　가. 학생명:　　　　　　(학생연락처:　　　　　　　)

　　나. 실습 기간:

　　다. 실습지도교수:

　　라. 실습담당조교:

　　　(연락처: 사회복지학과 ☎　　　　　　　　)

별첨: 실습신청서 1부. 끝.

○○○대학교(원) ○○대학 사회복지학과장(직인)

시행　처리과－일련번호(시행일자)　　　접수　처리과명－일련번호(접수일자)

우　　주소　　　　　　　　　　　　　　　　　　/홈페이지 주소

전화(　　　　)　전송(　　　　　)　　　/기안자의 공식 전자우편주소/공개구분

※ 교육기관의 상황에 따라 변경하여 사용할 수 있다.

서식 2 실습신청서

실습신청서

○ 실습기관: _____

1. 실습생 인적사항

이름		생년월일		
소속		학과/ 전공		학년/ 학기
현주소				
전화번호	집:	휴대폰:		
E-Mail				

2. 실습의뢰 내용

실습부서	
실습 분야	
실습 내용	
실습 기간	

* 상기 내용으로 귀 기관에 실습신청을 의뢰하며 실습생 프로파일을 동봉합니다.

신청인(학생명) _____인

실습지도교수 _____인

학과장/대학원장 _____인

서식 3　실습생 프로파일 양식

실습생 프로파일

1. 인적사항

	실습생명		성별		생년월일	
(사진)	소속	대학교(원)		전공	학년(　학기)	
	주소					
	전화번호	집:　　　　　　　　　　핸드폰:				
	E-mail					

2. 이수 전공과목

교과목명	이수 완료	현재 이수	교과목명	이수 완료	현재 이수	교과목명	이수 완료	현재 이수
사회복지개론			인간행동과 사회환경			사회복지실천론		
사회복지실천기술론			지역사회복지론			사회복지정책론		
사회복지행정론			사회복지법제론			사회복지조사론		
사회복지자료분석론			프로그램개발과 평가			가족복지론		
아동복지론			청소년복지론			노인복지론		
여성복지론			장애인복지론			정신건강론		
정신보건사회복지론			의료사회복지론			학교사회복지론		
산업복지론			자원봉사론			사회문제론		
사회복지발달사			사회보장론			교정복지론		
사회복지윤리와 철학			사회복지지도감독론			사회복지 현장실습		

3. 경력

구분 (취업, 실습, 봉사)	기관	기간	내용

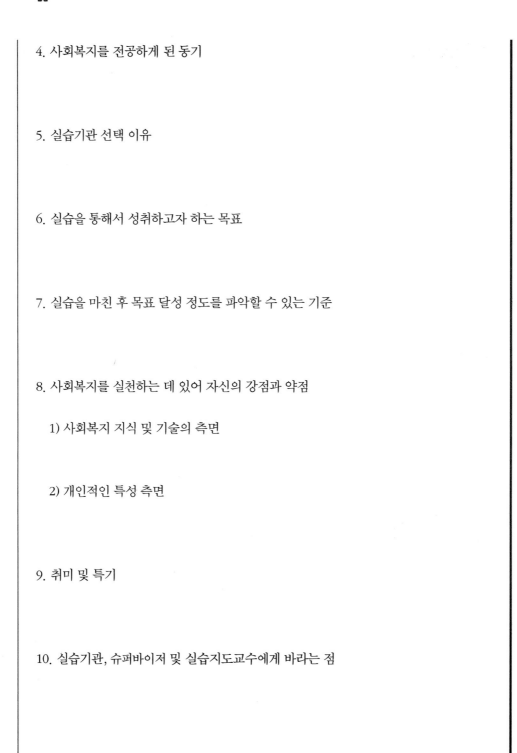

4. 사회복지를 전공하게 된 동기

5. 실습기관 선택 이유

6. 실습을 통해서 성취하고자 하는 목표

7. 실습을 마친 후 목표 달성 정도를 파악할 수 있는 기준

8. 사회복지를 실천하는 데 있어 자신의 강점과 약점

　　1) 사회복지 지식 및 기술의 측면

　　2) 개인적인 특성 측면

9. 취미 및 특기

10. 실습기관, 슈퍼바이저 및 실습지도교수에게 바라는 점

서식 4	실습의뢰공문(실습기관용)

실습의뢰공문

수신자

(참 조)

제 목 　 사회복지 현장실습 신청의뢰서

1. 사회복지교육 및 연구 활동을 통해 사회복지 발전에 전력을 다하시는 귀하와 귀교의 무궁한 발전을 기원합니다.
2. 아래와 같이 사회복지 현장실습교육이 가능하오니 관심 있는 학생들이 참여할 수 있도록 협조를 부탁드립니다.

― 아 래 ―

1. 실습부서/분야:
2. 슈퍼바이저:
3. 대학별 배정가능 실습생수:
4. 실습담당직원: 　　　　　　　　　(연락처: ☎　　　　　　　)
5. 실습비:

별첨1: 실습지도 계획서
별첨2: 슈퍼바이저 프로파일

실습기관장(직인)

시행 　 처리과-일련번호(시행일자) 　　　　접수 　 처리과명-일련번호(접수일자)

우 　　 주소 　　　　　　　　　　　　　　　　　　　　/홈페이지 주소

전화(　　) 전송(　) 　　　　　　　/기안자의 공식 전자우편주소/공개구분

서식 5 실습지도 계획서

실습지도 계획서

○ 슈퍼바이저:

1. 실습 목적:

2. 실습 목표:

3. 실습 분야:

4. 실습 기간:

5. 실습 대상:

6. 교육 계획

단위시간	내용	담당	비고

7. 실습지도방법

　-개별 실습지도 계획:

　-집단 실습지도 계획:

　-기타 계획:

8. 실습 일정

주	월/일	시간	실습 내용	담당	과제물

9. 실습생의 책임과 과제

10. 참고도서

서식 6　　슈퍼바이저 소개서(프로파일)

슈퍼바이저 프로파일

1. 인적사항

성명		성별	
기관명/부서		직책	
담당 업무		전화	
이메일		팩스	
최종학력		최종학력의 전공	
사회복지사 자격번호		사회복지 총 실무 경험 기간	년　　개월

2. 실습지도 및 실습 분야 관련 주요 교육 배경

교육명	주관단체	기간	수료/자격 여부

3. 사회복지 분야 근무경력

기관명	기간	직책	담당업무

4. 본인의 전공 분야(현재 자신의 관심분야, 실천모델, 실천기술과 기법)

5. 슈퍼바이저로서의 자신의 특성(강점 · 약점)

6. 실습생에게 바라는 점

서식 7   실습회답 공문

실습의뢰에 대한 회신

귀 대학의 실습생의 실습의뢰를 수락합니다.

실습생명		소속대학	
기관명			
기관주소		전화번호	
슈퍼바이저	직위: 부서: 성명:	연락처	전화: 팩스:
		E-mail	

실습 기간	년 월 일 – 년 월 일 (오리엔테이션 일정: 년 월 일 시)
필요서류	다음 서류를 실습개시일 ( )일 전까지 우송 바랍니다. • 실습생 프로파일 1부 • 실습비 (원) (실습개시일 납부 요망) • 기타 필요한 서류 ( )
실습을 위한 기타 준비사항	• 참고문헌 • 사전 과제물
대학에 대한 의견	

슈퍼바이저 _____(인)

기 관 장 _____(인)

| 서식 8 | 실습생 출근부 |

실습생 출근부

성명:　　　　　　　긴급연락처:　　　　　　　전자우편:

월 일	출근시간	퇴근시간	실습생 확인	슈퍼바이저 확인	지각, 조퇴, 결근여부	사유

* 기입 요령: 출근시간, 퇴근시간 표시, 퇴근 시 실습생 및 슈퍼바이저가 확인하며, 지각, 조퇴, 결근 시 그 사유를 함께 기록한다.

서식 9 실습지도 기록서

실습지도 기록서

○ 슈퍼바이저:
○ 실습생:

일시	실습지도 내용	비고

서식 10   실습평가서(교육기관 발송용)

실습평가서(교육기관 발송용)

기관명		슈퍼바이저	
실습 부서		실습지도교수	
실습 기간			
실습생		평가 일시	

* 출석상황

☐ 무단결석 없음　☐ 무단결석 1회　☐ 무단결석 2회　☐ 무단결석 3회 이상

* 다음은 실습생에 관한 평가입니다. 실습생이 실습지도 기간 동안 보여 주었던 태도와 행동을 기준으로 아래 항목에 솔직하게 평가해 주기 바랍니다.

실습 내용에 포함되어 있는 사항에 관해서만 평가하여 주시고, 평균에는 평가 항목 총점을 평가 항목 개수로 나눈 점수를 기입하면 됩니다.

(1점: 매우 그렇지 못하다~5점: 매우 그렇다)

항목	내용	1	2	3	4	5
실습 지도에 대한 태도	1. 실습지도 시간을 엄수한다.					
	2. 적극적이고 긍정적인 자세로 실습지도에 참여한다.					
	3. 실습지도에서 지적된 내용을 수용한다.					
	4. 배우는 입장에서 진지하게 노력하고 발전하려는 태도를 갖는다.					
	5. 슈퍼바이저와 실습생으로서 공식적 관계를 형성한다.					
기관 이해 및 관계 유지	6. 동료 실습생과 긍정적이고 원만한 협력관계를 유지한다.					
	7. 기관의 목적, 정책, 규칙, 사업내용을 이해한다.					
	8. 기관 내에서 실습생으로서의 권한과 한계를 알고 일한다.					
	9. 기관 내 타 직원과 협조적인 대인관계를 형성, 유지하여 업무를 처리한다.					
기본적 태도와 자질	10. 일의 우선순위를 결정하는 능력이 있다.					
	11. 할당된 시간 안에 일을 계획하고 수행한다.					
	12. 자신의 장점과 단점을 잘 인식하고 대응한다.					
	13. 사회복지실천 지식을 실습 내용에 적용한다.					
	14. 사회복지실천의 가치와 윤리를 갖고 임한다.					
	15. 전문가로서의 편견, 선입견, 고정관념을 인식하고 객관성을 유지한다.					
	16. 실습지도 내용을 실행에 옮긴다.					
	17. 실습 과정을 책임감 있게 수행한다.					
기록	18. 기록, 보고서 등을 정해진 일시에 제출한다.					
	19. 실습 내용을 사실에 근거하여 정확하게 기록한다.					
	20. 실습 내용을 체계적이고 구체적으로 기록한다.					
	21. 클라이언트와의 상호작용 및 실습생의 사고와 감정을 기록한다.					
	22. 실습지도를 통해 지적된 사항 및 배운 것을 정확히 기록한다.					

항목	내용	1	2	3	4	5
전문적 태도와 관계 형성	23. 클라이언트와 전문적 관계를 형성하고 활용한다.					
	24. 전문적 관계 형성에서 동정과 감정이입을 구별하여 적용한다.					
	25. 주변의 자원을 파악하고 그것을 활용하려고 노력한다.					
	26. 비심판적이며 경청과 수용의 태도를 갖는다.					
	27. 클라이언트의 능력과 동기의 한계를 수용한다.					
	28. 슈퍼바이저가 지시한 것을 잘 파악하여 실행에 옮긴다.					
개인에 대한 개입	29. 클라이언트가 표현한 의사소통과 암시적인 의사소통을 이해한다.					
	30. 실습생이 의도한 바를 클라이언트에게 명확하게 전달한다.					
	31. 클라이언트의 문제와 상황에 관련된 정확한 자료를 수집한다.					
	32. 수집된 자료를 체계적으로 종합하고 이론에 기초하여 사정한다.					
	33. 클라이언트 가족 등 주변의 지지자원을 활용한다.					
	34. 클라이언트와 환경의 상호역동성의 이해 아래 개입목표와 전략을 수립한다.					
	35. 개입목표에 따라 클라이언트의 긍정적인 변화를 유도한다.					
가족에 대한 개입	36. 가족의 역동성을 파악하고 가족상황에 관련된 정확한 자료를 수집한다.					
	37. 가족의 구조를 명확히 이해하여 필요한 가족개입의 기술을 활용한다.					
	38. 가족의 상호역동성의 이해 아래 개입목표와 전략을 수립한다.					
	39. 가족 구성원을 개별화하고 구성원들이 긍정적으로 변화하도록 유도한다.					
집단에 대한 개입	40. 집단 역동을 파악하여 의미 있는 개입으로 집단을 지도한다.					
	41. 집단에서 주 진행자와 보조진행자의 의미와 역할을 알고 실천한다.					
	42. 집단의 구조를 명확히 하고 필요한 집단지도의 기술을 활용한다.					
	43. 집단성원을 개별화하고 성원 간 의미 있는 관계를 형성하도록 한다.					
	44. 집단의 목적에 대해 정확히 사정한다.					
	45. 정확한 사정에 입각하여 적절한 프로그램을 계획하고 실행한다.					
	46. 집단의 상호작용이 목적 지향적이고 성원들이 긍정적으로 변화하도록 한다.					
지역 사회에 대한 개입	47. 지역주민들이 지역사회의 요구와 문제를 파악하도록 돕는다.					
	48. 파악된 지역사회 요구를 사회행동으로 계획하고 실행한다.					
	49. 지역사회 구조와 권력에 대해 이해하고 그 지역사회 상황을 정확히 파악한다.					
	50. 지역사회 자원을 정확히 파악하고 접근한다.					
정책 및 행정 분야	51. 정책형성 및 개선과 관련된 이해집단들의 문제상황 및 요구와 정책발의자들 및 집행자들의 이해관계를 정확하고 객관적으로 이해한다.					
	52. 정책 형성 및 개선과 관련된 이해집단과 건설적이고 전문적인 관계를 맺 는다.					
	53. 문제상황에 적합한 정책대안을 개발하는 데 적극적으로 참여한다.					
	54. 기본정보를 정확히 사용하며 실증적인 자료분석의 지식을 갖고 문제를 분 석한다.					
	55. 사회복지 행정체계 및 전달체계에 대해 정확하게 이해한다.					
기관 고유 항목*	56.					
	57.					
	58.					
	59.					
	60.					

* 기관 고유 항목에는 기관의 특성과 실습 상황에 맞는 평가 항목을 슈퍼바이저가 추가적으로 직접 기입하고 평가할 수 있습니다.

총평	(※ 실습생의 실천가로서의 장단점 및 대학에 대한 건의)

평가문항 개수		총점	

평균 (총점 ÷ 평가문항개수)	(※ 기록 후 테이프 부착 후 슈퍼바이저 서명 요망)

평점 부여	※ 여기에 부여하는 평점은 실습생이 받게 되는 성적표상의 최종 평점은 아닙니다. 교육기관 실습지도 점수과 함께 사회복지 현장실습 평점 부여 시 주요 고려사항이 됩니다.				
	□ A+	□ B+	□ C+	□ D+	
	□ A0	□ B0	□ C0	□ D0	□ F
	□ A−	□ B•	□ C−	□ D•	

슈퍼바이저 ＿＿＿＿＿＿＿＿인

기 관 장 ＿＿＿＿＿＿＿＿인

서식 11　　사회복지 현장실습교육 수료증

사회복지 현장실습교육 수료증

수료번호: ○○○○(연도)-○○(번호)

○○대학(원)　성명: ○○○ (학번)

　상기 학생은 아래의 과정을 수료하였으므로 사회복지 현장실습교육 수료증을 발급합니다.

—아 래—

1. 슈퍼바이저:

2. 실습교육기관:

3. 실습 기간:

4. 실습 분야:

년　월　일

○○기관장(직인)

서식 12　실습생 서약서

실습생 서약서

본인은 ○○ 기관의 실습생으로서 다음의 사항을 준수할 것을 서약합니다.

1. 사회복지사 윤리강령

2. 클라이언트와 기관에 대한 비밀유지

3. 실습교육기관 및 슈퍼바이저의 요구사항

　　　　　　　　　　　　　　　　　　년　　　　월　　　　일

　　　　　　　　　　　실습생:　　　　　　　　(인)

　　　　　　　　　○○ 기관 귀중

서식 13 실습계약서

실습계약서

실습생명		소속 대학	
기관명		주소/전화번호	
슈퍼바이저		실습지도교수	

1. 일반적 사항
   (1) 실습 기간: _____년 _____월 _____일부터
   　　　　　　　_____년 _____월 _____일까지 총 _____일
   (2) 업무시간: 주 _____일 근무, _____시부터 _____시까지
   (3) 대학 실습세미나 시간: _____요일, _____시부터 _____시까지
   (4) 결석에 대한 조치

2. 실습의 목적과 목표
   (1) 목적
   (2) 목표

3. 실습생의 의무와 책임

4. 슈퍼바이저의 의무와 책임

5. 실습지도교수의 의무와 책임

　　　　상기 사항을 성실하게 이행하여 실습을 진행하도록 하겠습니다.

　　　　　　　　　　　　　　　　　　　　　　년　　　월　　　일

　　　　　　　　　　　　　실　습　생 _____인
　　　　　　　　　　　　　슈 퍼 바 이 저 _____인
　　　　　　　　　　　　　실습지도교수 _____인

서식 14   실습일지

실습일지

1. 실습생명:

2. 실습일:

3. 오늘의 목표:

4. 진행 내용(시간, 내용 등을 중심으로 기록)

```



```

5. 실습생 의견(배운 점, 의문사항, 건의 등 포함)

```



```

6. 슈퍼바이저 의견

```



```

서식 15	실습기관 분석 보고서

실습기관 분석 보고서

실습생명		기관명	
기관주소	(전화:　　　　　　　　　　)		
기관소개자	(부서:　　　　　　직책:　　　　)		

1. 기관의 역사
   (1) 기관 설립 동기 및 설립 목적
   (2) 기관 사업의 역사적 변천
   (3) 기관 역사에 대한 실습생의 평가

2. 기관의 목적

3. 기관의 주요 사업 및 프로그램
   (1) 클라이언트 및 대상 지역
   (2) 주요사업
   (3) 서비스 전달체계
   (4) 기관의 대상층 및 주요 사업에 대한 실습생의 평가

4. 기관의 행정사항
   (1) 기관의 조직구조
   (2) 예산, 후원 및 지원사항
   (3) 기관의 행정구조와 예산 사용 및 후원에 대한 실습생의 평가

5. 기관이 속한 지역사회, 물리적 환경의 특징
   (1) 지역사회
   (2) 물리적 환경(시설, 공간 등)

6. 사회복지기관으로서 지역 내 타 기관들과의 연계
   (1) 관계유형 및 내용
   (2) 기관의 타 기관과의 관계유지에 대한 실습생의 평가

7. 기관의 특별한 면이나 전반적인 사항에 대한 인상이나 느낌

서식 16   사례관리 계획서

사례관리 계획서

실습생명:

클라이언트명		성별		조사일	
주소		전화번호		작성일	
직업		학력		연령	
의뢰경위		경제 상태	□ 일반 □ 저소득 □ 수급자		

1. 일반적인 사항
   가족 상황, 경제 상황, 건강 상황, 일상생활 및 주거 상황, 사회심리적 상황, 자원 활용 상황

2. 클라이언트에 관한 사항
   신체, 인지, 정서, 행동기능면/클라이언트의 강점 · 약점

3. 욕구진술

4. 개입계획

욕구	결과 목표	세부 목표	표적 체계	개입 전략 및 수행 방법	비고 (역할분담 등)

5. 서비스 일정표

날짜	담당	서비스 목표	서비스 내용	준비물	비고

서식 17 사례관리 진행일지

사례관리 진행일지(회)

클라이언트명		실습생명	
일 시		장 소	

1. 목표 및 내용

결과 목표	하위목표	서비스 목표	서비스 내용

2. 과정기록

3. 평가
  1) 목표 달성 및 서비스 평가

  2) 클라이언트에 대한 평가

  3) 사례개입에 대한 자신의 역할 평가

4. 계획

서식 18 사례관리 종결 기록서

사례관리 종결 기록서

클라이언트명	
실습생명	
서비스 제공 기간	

1. 제공된 서비스

2. 사례관리 목표 달성 정도

3. 사후지도 계획

서식 19 집단지도 계획서(소집단용)

집단지도 계획서(소집단용)

집단명		집단지도자(실습생)명	
대상		성원 수	
기간		장소	

1. 실시 배경

2. 목적

3. 목표

결과 목표 1		결과 목표 2	
하위목표 1-1		하위목표 2-1	
하위목표 1-2		하위목표 2-2	

4. 목표 관련 지도 내용 및 구체적 수행방법

결과 목표	하위목표	지도 내용	수행 방법	비 고

5. 평가 계획

평가 지표	
평가 도구	
평가 방법	

6. 회기별 일정표

횟수	일시	목표	내용	준비물

7. 예산

서식 20	집단과정 일지(소집단용)

집단과정 일지(소집단용)

집단지도자(실습생)명		집단명	
집단진행 날짜		집단활동 장소	
참석자(　　명) 명단			
결석자(　　명) 명단			

1. 목표 및 세부 목표

1. 목표:

2. 세부 목표:
　2-1.
　2-2.

2. 집단진행 요약

시간	프로그램 내용	사회복지사의 역할

3. 과정기록
　1) 모임 전 단계(자리 위치 표시)
　2) 모임 단계
　3) 모임 후 단계

4. 평가
　1) 목표 달성 및 프로그램 평가
　2) 집단의 역동성(성원-성원, 성원-지도자)
　3) 성원의 개별 평가(개인의 변화, 참여도, 지도자·타 회원과의 관계)
　4) 지도자 자신에 대한 평가(역할 및 의도적 개입)

5. 다음 집단모임 계획

서식 21 집단의 개별회원 분석표(소집단용)

집단의 개별회원 분석표*(소집단용)

회원명		집단명	
회원 수		집단지도자(실습생)	

집단의 목표	
개인의 목표	

회기	날짜	참석 여부/ 참석 인원	개인의 변화 정도 및 내용	참여도	지도자와의 관계	타 회원과의 관계
1		/				
2		/				
3		/				
4		/				
5		/				
6		/				
7		/				
8		/				

〈종합평가〉

---

* 모든 집단지도 상황에서 활용되어야 하는 것은 아니며, 집단과정에서 개인의 변화를 민감하게 기록할
필요가 있을 경우에 활용할 수 있다.

| 서식 22 | 집단 종결 기록서(소집단용) |

집단 종결 기록서(소집단용)

집단명		집단지도자(실습생)명	
집단진행 날짜		집단활동 장소	
전체진행 회기 수		출석율	
주요 진행사항			

1. 회원의 평가
   1) 운영
      (1) 프로그램 진행평가
      (2) 집단 참여 태도
   2) 프로그램 내용
   3) 목표 달성
   4) 다음 프로그램에 대한 의견
   5) 지도자에 대한 평가

2. 지도자(실습생)의 평가
   1) 집단의 특징
   2) 회원의 참여도
   3) 집단성원에 대한 개별화의 정도
   4) 집단역동의 활용 정도
   5) 집단에 대한 발달단계 분석

구분	초기	중기	말기
참여도			
개인의 변화			
지도자와의 관계			
타 회원과의 관계			
기타( )			
기타( )			

서식 23 프로그램 계획서(대집단 및 지역사회복지)

프로그램 계획서(대집단 및 지역사회복지)

프로그램명		지도자(실습생)명	
대상		참여자 수	
기간		장소	

1. 프로그램 실시 배경

2. 프로그램 목적

3. 프로그램 목표

결과 목표 1		결과 목표 2	
하위목표 1-1		하위목표 2-1	
하위목표 1-2		하위목표 2-2	

4. 목표 관련 지도 내용 및 구체적 수행 방법

결과 목표	하위목표	지도 내용	수행 방법	비 고

5. 평가 계획

평가 지표	
평가도구	
평가 방법	

6. 회기별 일정표

횟수	일시	목표	내용	준비물

7. 예산

서식 24　　프로그램 평가서(대집단 및 지역사회복지)

프로그램 평가서(대집단 및 지역사회복지)

프로그램명		지도자(실습생)명	
대상		참여자 수	
기간		장소	

1. 프로그램 목적 및 목표달성 평가

결과 목표	하위목표	달성 정도	평가 근거	의의

2. 프로그램 과정 평가

　1) 준비 과정

　2) 진행 과정

　3) 종결 및 정리 과정

3. 프로그램 만족도 평가

4. 예산평가

5. 추후 프로그램을 위한 제언

서식 25 사회복지정책 분석 보고서

사회복지정책 분석 보고서

○ 분석자(실습생)명:

정책명	
관련법규/지침	
주무부서	

1. 문제 제기 및 분석 목적

2. 분석한 정책의 주요 내용

3. 자료 수집 및 분석 방법

4. 분석 결과 논의
   1) 정책 목표 분석
   2) 정책이 추구하는 가치 분석
   3) 급여 대상 분석
   4) 급여의 적절성 분석
   5) 급여의 전달체계 분석
   6) 재정 분석

5. 관련 정책과 관련한 주요 이해당사자의 입장 분석

6. 분석한 정책의 개선 방향 및 전망

7. 총평

서식 26	사회행동, 옹호활동 보고서

사회행동, 옹호활동 보고서

○ 분석자(실습생)명:

구분	요약
사회행동명	
활동 목적	
참여자	
대상 집단	
옹호 대상	

1. 문제 제기 및 활동 목적

2. 참여자의 특성

3. 대상 집단의 특성

4. 옹호 집단의 특성

5. 주요 활동 경과

6. 활동 전략 분석
　1) 대상 집단을 이기기 위한 힘을 얻기 위한 전략
　2) 합법성을 확보하기 위한 전략(법적 행동 포함)
　3) 타조직과 협력하는 전략
　4) 전술을 연결시키는 전략
　5) 협상을 전개하는 전략
　6) 홍보 및 언론 활용 전략

7. 향후 행동 전략 제안

서식 27   사회복지기관(사업) 홍보 기획서

사회복지기관(사업) 홍보 기획서

○ 기획자(실습생)명:

1. 상품(홍보하려는 기관이나 사업)의 특성 분석
   (상품의 내용, 경쟁기관이나 경쟁사업의 존재 여부 등 제시)

2. 유치하려는 소비자 집단의 특성별 구분

3. 대상별 소비자에게 호소하기 위한 전략
   (담당, 장소, 방법 등을 일목요연하고 자세하게 제시)

4. 홍보 일정

5. 홍보 예산

7. 첨부(보도 자료, 광고전단, 안내지 자료, 홈페이지 자료 등 제시)

서식 28	개별면접일지

개별면접일지

실습생명		면접 날짜와 시간	
클라이언트		면접 장소	

1. 면접 준비 과정

2. 면접 목표

1)

2)

3. 과정기록 및 분석

면접 내용	실습생 분석	실습지도 내용

* 주요한 면접 장면에 대해서는 대화체의 기록을 직접 인용하는 것이 권장됨
* 면접자의 의도적인 개입, 언어적 · 비언어적 의사소통 모두에 주의하여 기록할 것
* 상기 내용이 포함된다면, 기관 상황과 면접 상황에 맞추어 별도 양식 활용 가능

4. 면접 목표 달성에 대한 평가

5. 실습생 의견

6. 다음 면접 계획

서식 29 가족상담기록서

가족상담기록서

클라이언트 (IP)		성별		연령	
날짜		장소		총 횟수/시간	
실습생명				슈퍼바이저	

1. 의뢰 과정

2. 문제 상황에 대한 가족의 정의

3. 가계도

4. 가족생태도(가족의 하위체계 간 관계 등 기록)

5. 가족의 사회자원망

6. 가족생활주기

7. 가족 사정 및 이론적 근거

8. 개입 목표와 개입 전략

9. 개입 내용 정리

회기	내용	주요 질문과 클라이언트의 반응

10. 평가 및 사후 관리 계획

서식 30　사회조사 계획서

사회조사 계획서

조사 주제	
조사/분석일	
조사자(실습생)명	

1. 문제 제기 및 조사 문제의 제시
   1) 문제의 기술
   2) 검토될 조사 문제에 대한 진술
   3) 문제의 중요성과 조사 필요성 제시

2. 조사와 관련한 문헌자료 검토
   1) 이론적 · 역사적 관점
   2) 문헌에서 파악된 차이점 검토

3. 조사 방법 제시
   1) 조사설계와 자료 수집 절차
   2) 표집설계
   3) 대상에 대한 기술
   4) 측정 방법 기술
   5) 자료 분석 절차

4. 예산

5. 기타 필요한 사항

6. 부록(관련 참고문헌, 설문지 등 필요한 자료 첨부)

서식 31 사회조사 진행일지

사회조사 진행일지

조사 주제	
진행일	
조사자(실습생)명	

1. 조사 진행 단계 기록

2. 조사 과정에서 보완되어야 할 사항 기록

3. 추후 조사 진행 계획

서식 32　사회조사 분석 평가서

사회조사 분석 평가서

조사 주제	
진행일	
조사자(실습생)명	

1. 문제 제기 및 조사 문제의 제시
   1) 문제의 기술
   2) 검토될 조사 문제에 대한 진술
   3) 문제의 중요성과 조사 필요성 제시

2. 조사와 관련한 문헌자료 검토
   1) 이론적 · 역사적 관점
   2) 문헌에서 파악된 차이점 검토

3. 조사 방법 제시
   1) 조사설계와 자료 수집 절차
   2) 표집설계
   3) 대상에 대한 기술
   4) 측정 방법 기술
   5) 자료 분석 절차

4. 조사 결과 제시
   1) 기술적 분석
   2) 인과적 분석

5. 논의점
   1) 밝혀진 사항에 대한 설명
   2) 실천에의 함의
   3) 평가의 한계와 약점

6. 참고문헌

7. 부록(설문지 외 조사와 관련된 주요 자료 첨부)

서식 33 기관방문 분석 보고서(정책개발 및 평가)

기관방문 분석 보고서

* 특정 분야나 내용에 관심을 가지고 방문을 추진한 경우에는 별도의 양식을 활용하거나, 특정 내용만 선택하여 기록할 수 있다.

실습생명		방문 기관명	
기관 소재지		(전화:)	
기관 소개자		(부서: 직책:)	

1. 기관방문 목적
2. 기관방문을 위한 질의사항 및 응답 정리
3. 기관방문을 통해 알게 된 지식

〈검토할 사항 예시〉

1. 기관의 역사
   1) 기관 설립 동기 및 설립 목적
   2) 기관 사업의 역사적 변천
   3) 기관 역사에 대한 실습생의 평가
2. 기관의 목적
3. 기관의 주요 사업 및 프로그램
   1) 클라이언트 및 대상 지역
   2) 주요 사업
   3) 서비스 전달체계
   4) 기관의 대상층 및 주요 사업에 대한 실습생의 평가
4. 기관의 행정사항
   1) 기관의 조직 구조
   2) 예산, 후원 및 지원사항
   3) 기관의 행정구조와 예산 사용 및 후원에 대한 실습생의 평가
5. 기관이 속한 지역사회, 물리적 환경의 특징
   1) 지역사회
   2) 물리적 환경(시설, 공간 등)
6. 사회복지기관으로서 지역 내 타 기관들과의 연계
   1) 관계유형 및 내용
   2) 기관의 타 기관과의 관계유지에 대한 실습생의 평가
7. 기관의 특별한 면이나 전반적인 사항에 대한 인상이나 느낌

서식 34　지역탐방 보고서

지역탐방 보고서

○ 조사자(실습생)명:　　　　　　　　○ 지역 소개자:

1. 탐방 지역

2. 지역의 주요 사회지표 제시

3. 지역의 인구사회학적 특성

4. 지역의 사회경제학적 특성

5. 지역의 사회복지기관 및 자원 탐색

6. 필요하거나 보완되어야 할 사회복지서비스 제안

7. 결론

8. 첨부(관련 지도를 비롯한 탐방 보고서 작성에 참조한 자료 첨부)

서식 35 실습 중간평가서

실습 중간평가서

* 본 평가서는 사회복지 현장실습 지침서를 참고하여 실습생 본인이 작성하며, 서술양식으로 작성한 뒤 슈퍼바이저와 평가회를 갖는 것을 추천한다.

실습생명		기관명	
실습 기간		슈퍼바이저	
실습 평가일		실습지도교수	

1. 실습 목표와 관련된 실습 내용 및 역할에 대한 평가

   1) 수행한 실습 내용 및 역할의 요약

   2) 평가

   3) 앞으로의 계획

2. 실습에 임한 자세 및 노력

3. 실습을 통해 배운 점

4. 앞으로 더 필요한 지식과 기술

5. 실습에서 어려웠던 점

6. 기관 및 슈퍼바이저에게 건의할 점

서식 36　실습 종결평가서

실습 종결평가서

* 본 평가서는 사회복지 현장실습 지침서를 참고하여 종결평가 내용을 실습생 본인이 작성하며, 서술양식으로 작성한 뒤 슈퍼바이저와 평가회를 갖는 것을 추천한다.

실습생명		기관명	
실습 기간		슈퍼바이저	
실습 평가일		실습지도교수	

1. 실습 일정에 대한 평가

2. 실습 내용 및 역할에 대한 평가

3. 실습 목표에 대한 평가
   1) 구체적이고 적절한 목표 설정 여부
   2) 목표의 달성 여부

4. 서비스 실천 과정에 대한 평가/정책 및 행정 실습에 대한 평가
   1) 문제 파악 및 자료 수집 능력/문제 인식 능력
   2) 문제 사정 능력/문제 분석 능력
   3) 개입 기술/문제해결을 위한 대안제시 능력
   4) 면접 기술/기존 지식과 정보의 사용 능력
   5) 기록 기술/기록을 유지하고 활용하는 기술
   6) 클라이언트와의 전문적인 관계 형성/유관 기관 및 관련된 사람들과의 전문적인 관계 형성

5. 실습생의 자원 활용에 대한 평가(인적 · 물적 자원)
   1) 기관 외의 자원 활용
   2) 실습과 관련된 참고서적의 활용

6. 실습에 임하는 자세에 대한 평가
  1) 업무관리
    (1) 시간 준수, 과제 제출
    (2) 주어진 일에 대한 업무 조절 능력
  2) 직원과의 관계(슈퍼바이저, 타 직원, 타 전문직 직원)
  3) 다른 실습생과의 관계
  4) 실습에 있어서의 적극성 및 자발성

7. 전문적 태도에 대한 평가
  1) 사회복지사로서 실습생 자신의 장 · 단점에 대한 인식
  2) 전문가로서 윤리 및 가치관의 이행

8. 실습지도 활용 정도에 대한 평가
  1) 실습생 자신의 실습지도 활용 정도에 대한 평가
    (1) 기관 실습지도
    (2) 대학 실습지도
  2) 실습지도 자체에 대한 평가
    (1) 기관 실습지도
    (2) 대학 실습지도

9. 기관 이해도에 대한 평가
  1) 실습생의 과업과 관련된 기관의 목적, 정책, 행정 절차에 대한 이해
  2) 실습생으로서 기관 내의 권한과 한계에 대한 인식

10. 실습 기간 중 가장 유익했던 내용

11. 실습 기간 중 가장 안 좋았던 내용

12. 실습기관, 슈퍼바이저, 대학에 대한 건의사항

13. 기타 하고 싶은 말

서식 37　사회복지 현장실습 확인서

〈2021.04.15.개정〉

사회복지 현장실습 확인서

(앞쪽)

[ ]신규발급, [ ]재발급

실습생 인적사항	성 명		생년월일	※ 주민등록번호 앞자리 6자리를 기재 바랍니다
	휴대전화번호		학 교 명	※ 현재 소속 중인 학교명을 기재 바랍니다.
실습기관 및 실습지도자	실습기관명		실습기관 관리번호	※ 실습기관 선정 시 부여된 등록번호 기재
	기관 주소	※ 도로명 주소로 기입해 주세요	전화번호	
	실습 지도자명	※ 실습생의 실습을 지도한 지도자 명 기재	사회복지사자격번호 (취득일자)	제 - 호 (. . .)
실습기간	실습 기간		20 년 월 일 ~ 20 년 월 일	
	실습 시간		총 시간 (총 회, 1일 평균 시간)	

실습기관은 「사회복지사업법 시행규칙」 제3조 [별표1]의 규정에 따라 자격요건을 갖춘 실습기관과 실습지도자에 의해 기관
실습을 진행하였으며, 상기 실습생이 위와 같이 기관실습을 하였음을 확인합니다.

20 년 월 일

기관실습 지도자 : 　　(서명 또는 인)　　　　　　　　기관실습 실시기관 : 　　　　(직인)

교육기관 및 세미나교수	교육기관 유형	[ ]오프라인 / [ ]온라인	교육기관명	※ 실습세미나 교육기관명을 기재 바랍니다.
	실습세미나 교수명		학 과 명	
	실습세미나 교수 취득학위(사회복지학 또는 사회사업학)	[ ]학사, [ ]석사, [ ]박사	교육기관 전화번호	
실습 세미나	실습세미나 기간		20 년 월 일 ~ 20 년 월 일	
	실습세미나 횟수(시간)	총 회 (시간)	대면방식 세미나 횟수(시간)	총 회 (시간)
	오프라인 세미나	총 회	실시간 온라인 화상세미나	총 회
간접실습	학교명		간접실습 지도교수	
	학과명		간접실습 실시시간	총 시간
	간접실습기간		년 월 일부터 년 월 일 까지	

교육기관은 「사회복지사업법 시행규칙」 제3조 [별표1]의 규정에 따라 자격요건을 갖춘 실습세미나 지도교수에 의해
실습세미나를 진행하였으며, 상기 실습생은 위와 같이 실습세미나를 이수하였음을 확인합니다.

20 년 월 일

실습세미나 교수 : 　　(서명 또는 인)　　　　　　　　학 과 장 : 　　　　(직인)

한국사회복지사협회장 귀하

재발급 사유	※ 사회복지 현장실습 확인서 재발급 시 재발급 사유 기재 바랍니다.

[사회복지 현장실습에 관한 기준] - 사회복지사업법 시행규칙[별표1] 사회복지관련 교과목 (제3조 관련)
① **기관실습 실시기관** : 보건복지부장관으로부터 선정된 사회복지사업을 수행하는 기관, 법인, 시설 또는 단체
② **기관실습 지도자** : 사회복지사 1급 자격증을 취득한 이후 3년 이상 또는 사회복지사 2급 자격증을 취득한 이후 5년 이상 사회복지사업의
실무경험이 있는 자로 기관실습이 실시되는 연도의 전년도에 8시간 이상의 보수교육을 받은 자
③ **기관실습 시간** : 160시간 이상으로 한다.(단, 시행일 2020.1.1. 기준일 2019.12.31. 사회복지학 전공교과목과 사회복지관련 교과목의 전
부 또는 일부 이수하였거나 수강하고 있는 사람은 120시간 이상)
④ **실습세미나** : 1회당 2시간 이상의 실습세미나를 총 15회 이상 실시하며, 정보통신망을 이용한 온라인 교육을 실시하는 교육기관의 실습세
미나에는 대면 방식의 세미나가 총 3회 이상 포함되어야 하며, 한 세미나에 참여하는 학생 수는 30명 이내일 것
⑤ **실습세미나 교수** : 학사, 석사 또는 박사 학위 중 2개 이상의 학위를 사회복지학 또는 사회사업학 전공으로 취득한 사람으로서 3년 이상의
사회복지학 교육경험 또는 3년 이상의 사회복지사업 실무경험이 있는 교수가 지도할 것
※ 법령이 정한 상기 기준은 모두 충족해야 하며, 미충족 시 사회복지사자격증을 교부할 수 없습니다.

(뒤쪽)

[사회복지 현장실습 확인서 작성 방법]

[주의 사항]

○ 실습확인서에 기재할 내용은 정자로 기재 하거나 전자문서로 작성 가능합니다. 다만 전자문서로 작성 시 서명란은 직접 작성하여야 하며, 서명, 직인란에 전자파일의 삽입은 불가합니다.

○ 실습확인서 최초 발급 시 신규발급란에 체크하고, 재발급 시 재발급란에 체크 및 재발급 사유란에 사유를 작성합니다.

○ 사회복지 현장실습 확인서는 원본을 원칙으로 하며, 자격증 신청 시 원본으로 제출하여야 합니다. (사본 제출 불가)

※ 사회복지 현장실습 확인서 내용을 허위 기재 및 위변조 시 이로 인해 발급된 사회복지사 자격은 취소될 수 있으며, 법적 제재를 받을 수 있습니다.

※ 사회복지 현장실습 확인서는 자격증 신청 시 원본으로 제출되는 서류로 원본 관리에 유념하여야 합니다.

[실습생 인적사항]

○ 실습생 성명은 주민등록증에 등록된 이름으로 기재하며, 외국인의 경우 외국인등록증에 등록된 영문명으로 기재 하여야 합니다.

○ 실습생의 생년월일은 주민등록번호 앞 6자리를 기재하여야 합니다.

○ 실습생 휴대전화번호는 연락 가능한 번호를 기재하여야 합니다.

○ 실습생의 교육기관명은 실습생의 실습 진행 당시 소속 중인 교육기관명을 기재 하여야 합니다.

[실습기관 및 실습지도자 인적사항]

○ 실습기관명은 실습기관으로 선정 시 등록된 기관명으로 기재하여야 하며, 기관명을 약칭으로 기재가 불가합니다.

○ 실습기관 관리번호는 실습기관으로 선정 시 부여된 '실습기관 관리번호'를 기재하시기 바랍니다. (사업자등록번호 및 기타 시설신고증 번호 기재 불가)

○ 기관주소는 도로명 주소로 기재 바라며, 전화번호는 연락 가능한 실습기관 전화번호를 기재바랍니다.

○ 기관실습 지도자명에는 실습지도자로 등록된 지도자 중 실습생을 실제로 지도한 실습지도자를 기재바랍니다.

○ 사회복지사 자격번호는 실습 지도한 실습지도자의 사회복지사 자격번호 (사회복지사 자격증 좌측 상단에 표시된 번호)를 기재하며, 취득 일자는 사회복지사 자격증에 기재된 발급 일자를 기재바랍니다.

[실습기간 및 실습시간]

○ 실습기간은 실제 진행된 실습 기간 중 최초 시작일과 종료일을 기재바랍니다. (실습기관별로 실습 O.T 등 실습시간에 포함되지 않는 기간은 기재하지 않아도 됨)

○ 실습시간은 총 실습시간과 횟수, 1일 평균 시간을 기재 바랍니다. (1일 4시간 이상 8시간 이하로 실습이 진행되어야 함)

[실습세미나]

○ 학교 유형을 체크해 주시기 바랍니다. (오프라인, 온라인 구분하여 체크)

○ 학교명은 현재 실습세미나를 운영하고 있는 학교명을 기재바랍니다.

○ 실습세미나 교수의 사회복지학 또는 사회사업학 학위 취득상황을 체크해 주시기 바랍니다. (학사, 석사, 박사 학위 중 2개 이상 학위를 사회복지학 또는 사회사업학으로 취득하여야 함)

○ 실습세미나 교육기간 및 교육 횟수, 운영 시간을 기재 바랍니다. (온라인 교육기관의 경우 대면 세미나를 주1회씩 총 3회 이상 진행하여야 함)

[서명 및 직인]

○ 기관실습지도자, 실습세미나 교수는 서명 또는 도장을 찍어야 합니다. 서명의 경우 직접 작성을 원칙으로 하며, 도장 또는 서명을 전자 파일 형태로 삽입은 불가합니다.

○ 사회복지 현장실습 확인서 재발급 시 실습지도자 및 실습세미나 교수 퇴사 등으로 직접 서명이 불가할 경우 실습기관장, 학과장의 이름 기재 후 재발급에 따른 대리 서명 사유와 실습기관장 또는 학과장 직인을 찍어 제출이 가능합니다. 이 경우 상단 재발급 표기란에 체크바랍니다.

○ 기관실습 실시기관, 학과장의 경우 직인을 찍어야 하며, 전자 파일 형태로 삽입은 불가합니다.

○ 기관실습 확인 일자는 실습을 진행한 기간 보다 앞선 일자 기재가 불가하며, 실습세미나 확인 일자는 실습세미나 교육 기간보다 앞서 기재가 불가합니다.

[사회복지 현장실습 확인서 발급 절차]

기관실습 → 사회복지 현장실습확인서 발급 (실습지도자 서명 및 기관확인) → 실습 세미나 → 실습세미나 확인 (실습지도교수 서명 및 학과장 확인) → 실습확인서 제출 (자격증 신청 시 원본 제출)

〈부록 3〉 사회복지학전공 사회복지 현장실습 교과목 운영 세칙(안)

예시

사회복지학전공 사회복지 현장실습 교과목 운영 세칙(안)

> ※ 교육기관의 이해를 돕기 위해 작성한 학기 외 실습 등 실습 관련 운영 규정 작성 예시(안)이다.
>
> ※ 각 교육기관에서는 내용을 참고하여 각급 교육기관의 상황에 맞는 학칙, 세칙, 내 규 등으로 계획 수립하여 반드시 총(학)장에게 결재를 받아 시행해야 한다.
>
> ※ 계획 수립 시 이러한 내용이 모두 포함되어야 하는 것은 아니며 교육기관 현황에 맞도록 '참고용'으로만 활용하시기 바랍니다.

제1조(목적) 본 규정은 「사회복지사업법」 시행규칙 〈별표1〉과 ○○대학교 학칙 제○○조(현장실습) 규정에 의하여 개설된 사회복지 현장실습 전공과목에 관 한 사항을 정함을 목적으로 한다.

제2조(사회복지 현장실습 교과목)

① 사회복지 현장실습은 「사회복지사업법」의 사회복지사 자격취득 조항에 따 라 학생이 향후 관련 실습기관에 종사하는 데 필요한 지식·기술·태도를 습 득할 수 있게 하는 것을 목적으로 한다. 사회복지 현장실습에는 다음 각 호의 내용을 포함한다.

1. 기관, 지역사회, 클라이언트에 대한 이해

2. 기관과 관련된 정책 및 제도(지침), 자원 네트워킹에 대한 이해

3. 기관의 사회복지실천(또는 정책 및 행정 분야)에 대한 직간접적인 경험

4. 기관의 행정 및 기록에 관한 교육

5. 사회복지사로서의 윤리적 실천 및 가치, 안전지침에 대한 교육

6. 실습 내용에 대한 피드백 및 정기적인 슈퍼비전 제공, 실습 중간평가 진행 및 평가 내용의 반영, 종결평가 진행 및 실습평가서 작성

② 사회복지 현장실습은 사회복지 현장에서 실시하는 기관실습과 학교수업으 로 이루어지는 실습세미나로 구성된다.

③ 대학은 사회복지 현장실습 교과목 운영을 위한 행정총괄 및 실시기관과의 연락을 지원하고, 실습세미나 교수는 기관실습 지도자와 협력하여 사회복지 현장실습기관 선정 현황과 실시기관별 사회복지 현장실습 운영계획서에 따라 실습이 운영되도록 교과목을 총괄 운영하고 최종 평가한다.

제3조(실습세미나)

① 실습세미나에 관한 내용은 다음과 같다.

1. 1회당 2시간 이상의 실습세미나를 총 15회 이상 실시한다.(정보통신망을 이용한 온라인 교육을 실시하는 교육기관의 실습세미나는 대면방식의 세미나가 총 3회 이상 포함되어야 하며, 이 경우 주 1회를 초과하여 실시할 수 없다.)

2. 학사, 석사 또는 박사 학위 중 2개 이상의 학위를 사회복지학 전공으로 취득한 사람으로서 3년 이상의 사회복지학 교육경험 또는 3년 이상의 사회복지사업 실무경험이 있는 교수가 지도한다.

3. 한 세미나에 참여하는 학생 수는 30명 이내여야 하며, 30명 이상일 때 분반한다.

제4조(현장실습 운영 기준 등)

① 사회복지 현장실습 수강자는 기관실습 개시일 이전에 사전교육을 받아야 하며, 사전교육 시간은 기관실습 시간에 포함하지 아니한다.

② 실습기간 중 실습생의 개인적인 사정 또는 기관 실습 중 실습생의 문제로 현장실습을 이어갈 수 없을 경우 실습세미나 교수, 실습기관 기관장의 허락을 득하여 실습을 중도에 포기할 수 있다. 이 경우 실습생의 기 이수한 실습시간에 대해서는 감면되지 않으며, 중도 포기에 따라 사회복지사현장실습의 학점은 부여되지 않는다.

③ 실습생 개인의 질병, 사고, 사회복지기관 폐쇄, 폐업, 감염병 등으로 사회복지 현장실습과정 실습생의 의사와 무관하게 사회복지 기관실습을 계속할 수 없는 경우에는 교육기관은 실습생의 원활한 실습 교과목 이수를 위해 유사한 기관으로 이전 조치한다. 다만 이전할 기관을 찾지 못하는 등 특별한 사유가 있는 경우 실습을 종료할 수 있으며, 이 경우 실습생에게 기 이수한 실습시

간에 대해서는 차후 기관실습시간 160시간에서 감면할 수 있다. 단, 수강 중인 사회복지 현장실습 학점은 부여되지 않는다.

제5조(기관실습 운영 기준 등)

① 기관실습에 관한 내용은 다음과 같다.

1. 기관실습 시간은 160시간 이상으로 한다.

2. 기관실습 실시기관은 다음의 요건을 모두 갖춘 기관에서 진행한다.

- 사회복지사업을 수행하는 기관, 법인, 시설 또는 단체일 것
- 보건복지부장관으로부터 선정되었을 것
- 다음의 요건을 모두 갖춘 기관실습 지도자가 2명 이상 상근할 것
  (1) 1급 사회복지사 자격증을 취득한 이후 3년 이상의 사회복지사업 실무경험이 있거나 2급 사회복지사 자격증을 취득한 이후 5년 이상의 사회복지사업 실무경험이 있을 것
  (2) 기관실습이 실시되는 연도의 전년도에 8시간 이상의 보수교육을 받았을 것

3. 기관실습 지도자 1명이 동시에 지도할 수 있는 학생 수는 5명 이내이다.

② 기관실습은 사회복지 현장실습 교과목 개설 전(前) 학기 방학 중 또는 개설된 학기 중에 160시간을 실시한다. 1학기는 전년도 12월 초~당해연도 6월말까지, 2학기는 6월 초~12월 말까지 실시한다.(평생교육기관 등은 자체규정에 따라 진행)

③ 기관실습은 실습지도자의 근로시간 내에 실시하며, 하루에 이수 가능한 시간은 최소 4시간 이상 최대 8시간 이하로 한다.

④ 현장실습은 휴게시간을 제외하고 1일 8시간, 1주간 40시간을 초과하지 않는 것을 원칙으로 하며, 오후 10시부터 이튿날 오전 6시까지의 야간 현장실습 및 공휴일 실습은 운영할 수 없다.

⑤ **실습기관과 학교에서는 교육부의 대학생현장실습 운영규정을 준수하여 현장실습에 참여하는 학생에 대해 현장실습의 목적·범위를 벗어난 업무 등에 실습이 진행되지 않도록 하여야 한다.**

제6조(기관실습비)

① 학생들은 사회복지 현장실습의 원활한 진행을 위해 실습기관에 실습비를 납부한다.

② 실습기관은 한국사회복지사협회에 등록된 실습비 이상을 수납하여서는 안 된다.

제7조(사회복지 현장실습 학점 인정 및 인정 절차) ① 사회복지 현장실습은 3학점으로 한다.

② 성적은 기관실습 지도자가 부여한 평가점수와 실습세미나 교수가 부여한 평가점수를 합산한 최종 평가점수를 실습세미나 교수가 부여한다. 실습기관은 실습이 종료된 후 담당교수에게 실습생의 실습평가서를 송부한다.

제8조(지원 및 선발)

① 사회복지실습과정 지원자는 다음 각 호의 자격을 갖추어야 한다. (사회복지 교과목지침서를 반영하되, 각 대학의 특성에 맞게 규정 가능)

1. 사회복지 현장실습과정 실시 전에 4개 학기 차 이상을 이수하거나 이수 예정인 자(전문대학교의 경우 2개 학기 이상을 이수하거나 이수 예정인 자)
2. 학과에서 요구하는 소정의 사회복지 현장실습 신청 자격에 합당한 자
3. 실습기관에서 요구하는 신청자격에 합당한 자

② 사회복지 현장실습의 수강을 지원하는 자는 소정의 기간 내에 사회복지 현장실습 신청서를 학부(과)장에게 제출하여야 한다.

제9조(등록 및 수강신청)

① 사회복지 현장실습 수강대상자는 해당 학기 등록기간 중에 반드시 등록하여야 한다.

제10조(교원 강의시간 인정)

① 사회복지 현장실습과정을 담당하는 교원의 강의시간은 3시간으로 인정한다.

제11조(실습진행절차)

구체적인 실습진행절차는 다음과 같다.

① 방학 중 실습 절차는 다음과 같다.

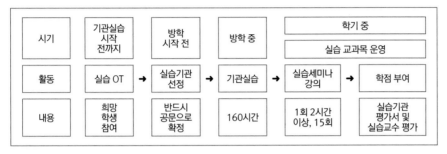

② 학기 중 실습 절차는 다음과 같다.

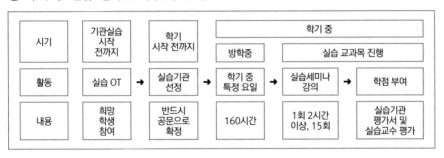

부칙

1. (시행일) 이 세칙은 2021년 3월 1일부터 시행한다.

참고문헌

강철희, 최소연(2005). 슈퍼비전의 개념과 모델 및 선행변인과 결과변인에 관한 고찰: 사회복지조직을 위한 논의. 한국사회복지행정학회, 7(1): 29-66.

구종회(1998). 사회복지실습의 당면과제와 실천모델 개발. 제3회 장애인 재활복지 강좌 자료집, 14-29. 서울: 한국발달장애복지센터.

구종회(1992). 사회사업실습핸드북. 서울: 홍익제.

국가인권위원회(2018). 인권의 이해: 사이버인권교육 보조교재.

김경희(2001). 학생실습지도의 방법 및 실습 프로그램 개발. 서울: 서울시사회복지관협회.

김누리(1999). 실습슈퍼비전에 영향을 미치는 지역사회복지관의 조직요인에 관한 연구. 숭실대학교 석사학위논문.

김만두(1990). 실습교육의 문제점과 개선. 1990년도 한국사회사업(복지)대학협의회 연찬회 보고서.

김범수, 신원우(2006). 지역사회복지론. 경기: 공동체.

김선희(1997). 사회복지대학 실습교육의 발전방안. 사회복지대학의 실습교육과 지역사회 산학 협동체계 구축. 강남대학 사회과학연구소.

김선희(1999). 사회사업 실습교육의 실천업무에 관한 연구. 강남대 한국사회복지.

김선희, 조휘일(2000). 사회복지실습. 서울: 양서원.

김수미(2005). 슈퍼비전 기능이 지역사회 정신보건사회복지사의 역할인식 및 수행에 미치는 영향. 서강대학교 석사학위논문(미간행).

김연옥(1997). 사회복지 학사과정의 교육목표와 교과과정의 발전방향에 관한 연구: 교수집단과 실무자집단의 평가를 중심으로. 한국사회복지학, 32: 1-24.

김영호, 오정옥, 이은경(2004). 사회복현장실습의 이해. 경기: 양서원.

김용석, 이석호, 전종설(2013). 사회복지실천기술. 서울: 박영사.

김윤정(1999). 지역사회복지관의 직원 슈퍼비전 실천에 관한 연구. 서울여자대학교 석사학위논문.

김융일, 양옥경(2002). 사회복지슈퍼비전론. 경기: 양서원.

김정진(2004). 사회복지실습론. 경기: 서현사.

김정진, 임은희, 권진숙(2007). 사회복지실천기술론. 경기: 서현사.

김정진(2011). 다양성의 발현과 사회통합 그리고 사회복지의 과제. 한국사회복지학회 춘계학술대회 발표자료집.

김종옥, 권중돈(1993). 집단사회사업방법론. 서울: 홍익재.

김종해(1999). 사회복지 실습 교육의 문제점과 개선 방안. 한국사회복지교육협의회 학술세미나 자료집.

김주리(1992). 사회사업 실습에 대한 학생의 만족도 연구. 연세대학교 석사학위논문.

김지연(2007). 학교사회복지사의 학습조직 슈퍼비전 경험에 관한 연구: Senge의 학습조직 구성요소의 적용을 중심으로. 한국사회복지행정학, 9(1): 83-117.

김형모(2004). 사회복지 실습매뉴얼. 서울: 청목출판사.

김혜란, 홍선미, 공계순(2001). 사회복지실천기술론. 경기: 나남.

김혜영, 석말숙, 최정숙, 김성경(2020). 사회복지실천론. 경기: 공동체.

김혜영, 석말숙, 최현미, 신인순, 홍나미, 황미영(2017). 사회복지실천기술론. 경기: 공동체.

나사렛대학교 사회복지학부(2008). 나사렛대학교 사회복지학부 실습 아카데미 자료집.

나사렛대학교 종합인력개발센터(2008). 꿈, NA-Star에서 이루다.

나사렛대학교(2010). 나사렛대학교 현장실습 지침서(미간행).

남세진, 조흥식, 한국사회사업대학협의회(1993). 한국사회사업 실습교육 지침 및 평가 모형개발. 한국사회사업대학협의회.

노상학(1994). 사회사업실습교육의 과제. 강남대 한국사회복지.

류상렬(2018). 사회사업 실제에 있어서 슈퍼비전의 기능과 역할. 사회복지, 118. 서울: 한국사회복지협의회.

류시향(1990). 사회사업 지도감독에 대한 만족도 연구. 이화여자대학교 석사학위논문.

류형택, 이경재, 강윤경, 김수정, 이명은, 이외승(2014). 사회복지 현장실습의 이해와 실제. 서울: 동문사.

문지은(2004). 사회복지관의 슈퍼비전이 사회복지사의 전문직업성에 미치는 영향에 관한 연구. 연세대학교 석사학위논문(미간행).

박경애(1998). 지역사회복지관의 효과적인 행정적 슈퍼비전 연구. 가톨릭대학교 석사학위논문.

박미정(1999). 지역사회복지관의 실습 지도과정 및 내용에 관한 연구. 서울여자대학교 석사학위논문.

박용권(2009). 사회복지 현장실습. 서울: 신정.

박일연(2010). 지역사회복지관 중간관리자의 지지적 슈퍼비전이 워커들의 직무만족에 미치는 영향에 관한 연구. 숭실대학교 석사학위논문(미간행).

박현옥(1990). Morton과 Kurtz의 교육적 슈퍼비전 모형에 따른 사회사업 슈퍼비전 사례연구. 이화여자대학교 대학원 석사학위논문.

보건복지부(2019). 희망복지지원단 업무안내.

보건복지부(2019). 2019년도 지역사회서비스투자사업안내.

보건복지부(2017). 2017 읍면동 맞춤형 복지 업무 매뉴얼.

보건복지부(2018a). 2018 사회복지관 운영관련 업무처리 안내.

보건복지부(2018). 지역사회 통합돌봄 기본계획(안).

보건복지부(2018). 희망복지지원단 사업안내.

보건복지부(2019). 2019년 사회서비스원 시범사업 추진계획.

보건복지부(2019). 지역사회 통합 돌봄(커뮤니티케어) 선도사업 추진계획.

서울복지재단(2005). 지역사회조직화 실천방법-사회복지 프로그램 매뉴얼 개발 연구보고서.

서진환(2001). 사회복지실습의 길잡이. 서울: 학지사.

서홍란, 이경아(1999). 사회복지 현장실습핸드북. 서울: 나눔의 집.

성북신나협동조합(2021). 지역자원조사 매뉴얼ABC.

성준모(2008). 사회복지실습기록. 나사렛대학교 사회복지학부 실습 아카데미 자료집.

양옥경(1993). 사회사업실습 지침서. 이화여자대학교 사회사업학과.

양옥경(2003). 사회복지서비스와 전문자격제도. 사회복지, 158호.

양옥경, 김융일(2002). 사회복지슈퍼비전론. 경기: 양서원.

양옥경, 김정진, 서미경, 김미옥, 김소희(2002). 사회복지실천론. 경기: 나남.

양옥경, 김정진, 서미경, 김미옥, 김소희(2005). 사회복지실천론(3판). 경기: 나남.

양옥경, 최소연, 이기연(2007). 사회복지 현장실습 수퍼비전. 서울: 한국사회복지사협회.

엄태영(2020). 지역사회복지론. 서울: 신정.

여성가족부(2021) 제4차 건강가족기본계획 보도자료, 2021. 4. 27.

오수경, 박병금, 최은희(2012). 사회복지 현장실습. 경기: 공동체.

오정수, 류진석(2008). 지역사회복지론. 서울: 학지사.

오혜경, 하지영(2007). 사회복지 현장실습 매뉴얼. 경기: 양서원.

유조안(1999). 사회복지 실습 교육의 문제점과 개선 방안. 한국사회복지교육협의회 학술세미나 자료집.

윤정혜, 권현진(2015). 사회복지 현장실습. 서울: 창지사.

윤현숙(1997). 사회복지 교육의 발전 방향: 실천현장 분석. 사회복지연구, Vol. 9. 서울대학교 사회복지연구소.

윤현숙, 김기환, 김성천, 이영분, 이은주, 최현미, 홍금자(2002). 사회복지실천기술론. 서울:

동인.

윤혜정(1996). 지지적 슈퍼비전이 사회복지사들의 사기에 미치는 영향에 관한 연구. 이화여자대학교 석사학위논문.

이경아, 서홍란(2011). 사회복지 현장실습. 경기: 공동체.

이기문(2000). 두산동아 국어사전. 서울: 동아출판.

이명신(2004). 사회복지사의 소진과정(Burnout Process) 모델. 한국사회복지학, 56(1): 5-34.

이상민, 유주희, 김기명, 강영숙, 이덕희, 김홍록(2021). 사회복지 현장실습. 서울: 동문사.

이시연(2001). 사회복지전공 학부생 실습지도 모델 개발에 관한 연구. 서울여자대학교 사회사업학과 박사학위논문.

이시연(2004). 사회복지관 실습지도자교육 프로그램 개발에 관한 연구. 서울장신논단, 제12집: 478-509. 서울장신대학교.

이은주(2004). 사회복지관에서의 슈퍼비전 인식에 관한 연구. 이화여자대학교 석사학위논문(미간행).

이종국, 공지현, 이기원, 장화순, 이봉원(2001). 정신보건에 종사하는 인력들의 소진(Burnout)의 현황과 대책. 용인정신 의학보, 8(1): 25-43.

이종복, 이성순, 김재열, 김현희, 정명희, 홍은미, 이형진, 조윤희(2012). 다문화사회의 이해와 복지. 경기: 양서원.

이지연(2002). 의료사회복지사의 슈퍼비전 만족요인 연구. 한림대학교 석사학위논문(미간행).

임정문, 나직균, 박용권(2013). 사회복지 현장실습. 서울: 동문사.

전현숙(1984). 1974-1984년간의 사회사업학과 학부 실습교육의 동향과 문제점에 대한 대책. 숭전대학교 석사학위논문.

정명숙(2000). 사회복지전공학생의 실습기관 슈퍼비전 내용에 관한 연구. 강남대학교 석사학위논문.

조석영(2009). 사례관리의 실제. 나사렛대학교 사회복지학부 실습 아카데미 자료집.

조성우, 안정선, 최승희, 김상곤(2018). 사회복지 프로그램 개발과 평가. 서울: 학지사.

조휘일(1998). 실습생을 위한 슈퍼비전과 학습계약. 서울여자대학교 제4회 실습 지도자 간담회 자료집.

조휘일(1999). 사회사업실습교육에 있어서 학습계약개념 적용에 관한 연구. 정진영 교수 정년퇴임 기념논총. 서울여자대학교 사회사업학과.

조휘일(2000). 사회복지실천과 슈퍼비전. 서울: 학지사.

진동숙(2001). 사회복지관 중간관리자의 슈퍼비전과 사회복지사의 소진과의 관계연구. 부산대학교 석사학위논문(미간행).

차은영(2001). 장애인복지관 사회복지사의 Burnout 과 지지적 슈퍼비전의 관계. 동덕대학교 석사학위논문(미간행).

최명민, 이기영, 최현미, 김정진(2009). 문화적 다양성과 사회복지. 서울: 학지사.

최미경(1999). 사회복지관에서의 슈퍼바이저와 사회복지사간의 슈퍼비전의 인식에 대한 연구. 이화여자대학교 석사학위논문(미간행).

최선희, 정재연(2020). 현장기반 사회복지 사례관리 실제. 경기: 지식공동체.

최세영, 박경수(2021). 사회복지 현장실습 세미나. 경기: 어가.

최옥채(2005). 사회복지사를 위한 조직화 기술. 경기: 학현사.

최원희(2006). 사회복지실습기관 슈퍼비전체계 개발. 사회복지실천, 6호.

태화기독교사회복지관(2005). 사회복지실습지도. 경기: 양서원.

평택대학교 다문화가족센터(2008). 사회복지와 인권. 경기: 양서원.

학교사회복지학회, 학교사회복지사협회(2002). 위기개입세미나 자료집.

한국사회복지교육협의회(2005). 사회복지 현장실습 교과목지침서 연구보고서.

한국사회복지사협회 편(1996). 사회복지와 슈퍼비전. 슈퍼바이저 보수교육 교재, 185–305.

한국사회복지사협회(2010). 사회복지 현장실습 안내서.

한국사회복지사협회(2017). 사회복지 현장실습매뉴얼. 한국사회복지사협회.

한국학교사회복지사협회(2005). 학교사회복지실습. 하계 워크숍 자료집.

한국학교사회복지사협회 부설 교육복지연구소(2006). 학교교육과 복지. 경기: 양서원.

한국학교사회복지사업실천가협회(2002). 학교사회복지 하계 워크숍 자료집.

한인영, 박인선, 김미옥(2002). 사회복지실습. 서울: 이화여자대학교출판부.

한인영, 장수미, 최정숙(2001). 위기개입. 서울: 나눔의 집.

Abramson, J. S., & Fortune, A. E. (1990). Improving Field Instruction: An Evaluation of a Seminar for New Field Instructor. *Journal of Social Work Education, 26*(3).

Austin, M. (1981). *Supervisory Management for the Human Services*. Englewood Cliffs. NJ: Prentice–Hall

Baird, B. N. (2008). *The Internship, Practicum, and Field Placement Handbook: A Guide for the Helping Professions* (5th ed.). Upper Saddle River. NJ: Prentice–Hall.

Barry University School of Social Work (2002). Field Instruction Mannual.

Beck, U. (2014). 위험사회: 새로운 근대성을 향하여(*Risikogesellschaft*). (홍성태 역). 서울: 새물결. (원저는 1997년에 출판).

Berg–Weger, M. & Birkenmaier, J. (2000). *The Practicum companion for social work*. Allyn and Bacon.

Berkeley University School of Social Work (2002). Field Instruction Mannual.

Bogo, M., Regehr, C., Hughes, J., Power, R., & Globerman, J. Evaluating a measure of student field performance in direct service: testing reliability and validity of explicit criteria. *Journal of Social Work Education, 38*(3): 385–401. 2002.

Bordin, E. (1994). Theory and research on the therapeutic working alliance: New directions. In A. O. Horvath & L. S. Greenberg, *The Working Alliance: Theory, Research, and Practice.* New York: Wiley.

Brown, A., & Bourne, I. (1996). *The Social Work Supervisor.* Buckingham: Pen University Press.

Levy, C. S. (1973). The ethics of Supervision. *Social Work, 18*: 14.

Cole, D., Panchanadeswaran, S., & Daining, C. (2004). Predictors of job satisfaction of licensed social workers: Perceived efficacy as a mediator of the relationship between workload and job satisfaction. *Journal of Social Service Research, 31*(1): 1–12.

Collins, D., Thronlison, B., & Grinnell, Jr. R. (1992). *The Social Work Practicum A Student Guide.* Itasca: ILL F E Peacock.

Decker, R. H. (1997). *When a Crisis Hits: Will Your School Be Ready?* Corwin press, Inc.

Diller, J. V. (2007). *Cultural Diversity: A Primer for the Human Services.* Belmont, CA: Brooks/Cole.

Dolgoff, R. (2005). *An Introduction to Supervisory Practice in Human Services.* Boston: Pearson.

Dollard, M. F., Winefield, H. R., & Winefield, A. H. (2001). *Occupational Strain and Eefficacy in Human Service Workers.* Norwell, MA: Kluwer Academic Publishers.

Dore, M. M., Morrison, M., Epstein, B. D., & Herrerias, C. (1992). Evaluating students' micropractice field performance: Do universal learning objectives exists? *Journal of Social Work Education, 28*: 353–362.

Efstation, J. F., Patton, M. J., & Kardash, C. M. (1990). Measuring the working alliance in counselor supervision. *Journal of Counseling Psychology, 37*(3): 322–329.

Fortune, A. E., & Abramson, J. S. (1993). Predictors of satisfaction with field practicum among social work students. *The Clinical Supervisor, 11*(1): 95–110.

Fortune, A. E. (1994). Fieldd education. In F. G. Reamer(Ed.), *The Foundations of Social Work Knowledge.* New York: Columbia University Press.

Fortune, A. E., McCarthy, M., & Abramson, J. S. (2001). Student Learning Processes in Field Education: Relationship of Learning Activities to Quality of Field Instruction, Satisfaction, and Performance among MSW Students. *Journal of Social Work Education, 37*(1): 111–123.

Friedman, C., & Issac, A. (2000). Burnout in teachers: Shattered dreams of impeccable professional performance. *JCLP/in Session Psychotherapy in Practice, 56*(5): 595–606.

Gambrill. E. D. (2002a). Evaluating the outcomes of social work practice: a pilot program. *Journal of Social Work Education, 38*(3): 355–364.

Gambrill. E. D. (2002b). Evaluating the quality of social work education: options galore. *Journal of Social Work Education, 37*(3): 418–434.

Gibbs, A. (2001). Maintaining front–line workers in child protection: A case for refocusing supervision. *Child Abuse Review, 10*: 323–335.

Goldstein, H. (2000). Social work at the millennium. *Families in society, 81*(1): 3–10.

Guskey, T. R. (1985). *Competency–based education: Beyond minimum competency testing*. edited by R. Nickse. New York: Teachers College Press.

Hackett, S. (2001). Educating for competency and reflective practice: Fostering a conjoint approach in deucation and training. *Journal of Workplace Learning, 13*(3): 103–112.

Hardina, D. (2012). *Interpersonal Social Work Skills for Community Practice*. Springer Publishing Co.

Hardina, D. (2002). *Analytical Skills for Community Organization Practice*. New York: Columbia University Press.

Harkness, D. (1995). The art of helping in supervised practice: Skills, relationships, and outcomes. *The Clinical Supervisor, 13*(1): 63–76.

Harrison, H. F., & B. M. Bramson (1982). *Styles of Thinking: Strategies for Asking Questions, Making Decisions, and Solving Problems*. Garden City, New York: Anchor Press Doubleday.

Himle, D., Jayaratne, S., & Thyness, P. (2000). The buffering effects of four types of supervisory support on work stress. *Administration in Social Work, 13*(1): 19–34.

Holden, G., J. Anastas, T. Meengaghan, & G. Metrey (2002). Outcomes of social work education: The case for social work self–efficacy. *Journal of Social Work Education, 38*(1).

Ife, J. (2006). 인권과 사회복지서비스: 기회와 도전, 국가인권위원회 Jim Ife 초청 사회복지 분야 인권관점 도입 확산을 위한 워크숍 보고서.

James L., Greenstone, S., & Leviton, S. (2002). *Elements of Crisis Intervention: Crises and How to Respond to Them*. Brooks/Cole.

Jayaratne, S. & Chess, W. (2003). Job satisfaction and burnout in social work. In B. Farber (Ed.), *Stress and Burnout in the Human Service Professions* (pp. 129–

141). Elmsford, NY: Pergamon Press, Inc.

Johnson. L. C. (1995). *Social Work Practice: A Gereralist Approach*. Alyn and Bacon.

Kadushin, A. E. (1991). *In Field education in social work: Contemporary issues and treands*. In D. Schneck, B. Grossman, & U. Glassman(Eds.). Dubuque, Iowa: Kendall/ Hunt.

Kadushin, A. (1992). *Supervision in Social Work* (3rd ed.). New York: Columbia University Press.

Kadushin. A. E. (1993). *Supervision in Social Work*. Columbia University Press.

Kadushin, A. & Harkness, D. (2002). *Supervision in Social Work* (4th ed.). New York: Columbia University Press.

Kaye, L. (2001). Coping skills and learning in social work field education. *The Clinical Supervisor, 20*(2): 31–42.

Knight, C. (2001). The skill of teaching social work practic ein the generalist/foundation curriculum: BSW and MSW students views. *Journal of Social Work Education, 37*(3): 507–525.

Knowles, M. S. (1972). Innovations in teaching styles and approaches based upon adult learning. *Journal of Education for Social Work*.

Koeske, F., & Kelly, T. (1995). The impact of overinvolvement on burnout and job satisfaction. *American Journal of Orthopsychiatry, 65*(2): 282–292.

Lacroix, M. (2003). Culturally Appropriate Knowledge and Skills Required for Effective Multucultural Practice with Individuals, Families, and Small Groups, In A. Al-Krenawi & J. R. Graham (Eds.), *Multicultural Social Work on Canada* (pp. 23–46). Ontario, Canada: Oxford University Press.

Lloyd, C., King, R., & Chenoweth, L. (2002). Social work, stress, burnout: A review. *Journal of Mental Health, 11*(3): 255–265.

Maguire, L. (2007). 전문 사회복지실천기술(*Clinicla Social Work*). (배태순, 최명민, 김영미 역). 서울: 시그마프레스. (원저는 2002년에 출판).

Maslach, C., Jackson, S., & Leiter, M. Maslach (1996). *Burnout Inventory Manual*. Palo Altp, CA: Consulting Psychologists Press, Inc.

Mean, C., & Bailey, D. (2007). The effects of the supervisory working alliance on worker outcomes. *Journal of Social Service Research, 34*(1): 55–65.

Frumkin, M. & Lolyd, G. A. (1995). Social Work Education. *Encyclopedia of Social Work* (19th ed.).

Mor Barak, M. E., Nissly, J. A., & Levin, A. (2001). Antecedents to retention and turnover among child welfare, social work, and other human service employees:

what can we learn from past research: A review and metaanalysis. *Social Service Review, 75*(4): 625-661.

Motta, R. W. (1994). Identification of characteristics and causes of childhood posttraumatic stress disorder. *Psychology in the Schools, 31*: 49-56.

Munson, C. E. (1983). *An Introduction to Clinical Social Work Supervision*. New York: The Haworth Press, Inc.

Munson, C. E. (1991). *Handbook of Clinical Social work Supervision* (3rd ed.). New York: The Haworth Social Work Practice Press, Inc.

Newsome, M., & Pillari, V. (1991). Job satisfaction and the worker-supervisor relationship. *The Clinical Supervisor, 9*(2): 110-129.

Northen, M. (1969). *Social Work with Groups*. New York: Columbia University press.

O'Hare, T. & P. Collins (1997). Development and validation of a scale for measuring social work practice skills. *Research on Social Work Practice, 7*: 228-238.

Overholser, J. (2004). The four pillars of psychotherapy supervision. *Journal of Clinical Supervision, 23*(1): 1-13.

Perrault, E. (2005). Coaching with social work field education. *The Clinical Supervisor, 23*(2): 47-64.

Pette, D. E. (1967). *Supervision In Social Work*. George Allen & Unwin.

Pette, D. E. (1979). *Staff and Student Supervision: A Task-centered Approach*. London: George Allen & Unwin.

Pines, A. (2003). On burnout and the buffering effects of social support. In B. Farber (Ed.), *Stress and Burnout in the Human Service Professions* (pp. 155-173). Elmsford, New York: Pergamon Press, Inc.

Posavac, E. J. & Carey, R. G. (1997). *Program evaluation: Methods and Case Studies* (5th ed.). Upper Saddle River, NJ: Prentice Hall.

Rose, S. D.(1988). *Working with adults in group: Integrating cognitive-behavioral and small group strategies*. San Francisco: Jossey-Bass.

Raskin, M. (1994). The delphi study in field instruction revisited: Expert consensus on issues and research priorities. *Journal of Social Work Education, 30*: 75-88.

Rauktis, E., & Koeske, F. (1994). Maintaining social worker morale: When supportive supervision is not enough. *Administration in Social Work, 18*(1): 39-60.

Regehr, C., Regehr, G., Leeson, J., & Fusco, L. (2002). Setting priorities for learning in the field practicum: A comparative study of students and field instructors. *Journal of Social Work Education, 38*(1): 55-65.

Reamer, F. G. (2002). 사회복지실천의 가치와 윤리[*Social work values and ethics* (2nd ed.)]. (고미영, 최경원, 황숙연 역). 서울: 사회복지실천연구소. (원저는 1999년에 출판).

Riggs, S., & Bretz, K. (2006). Attachment processes in the supervisory relationship: An exploratory investigation. *Professional Psychology: Research and Practice, 37*(5): 558-566.

Rogers, C. (1997). The necessary and sufficient conditions of therapeutic personality change. *Journal of Consulting Psychology, 21*: 95-103.

Royse, D., Dhooper, S., Singh, R., & Lewis, E. (1993). *Field Instruction; A Guide for Social Work Students.* Longman Publishing Group.

Royse, D., Dhooper, S., & Rompf. E. (2007). *Field Instruction: A Guide for Social Work Students.* Longman Publishing Group.

Sheafor, B. W. & Horejsi, C. R. (2020). 사회복지실천 기법과 지침(*Techniques and Guidelines for Social Work Practice*). (남기철, 정선욱 역). 경기: 나남. (원저는 1998년에 출판).

Shouksmith, G., Pajo, K., & Jepsen, A. (1990). Construction of a multidimensional scale of job satisfaction. *Psychological Reports, 67*(2): 355-364.

Shulman, L. (1994). *Teaching the Helping Skill: A Field Instructor's Guide.* Alexandra, VA: Council on Social Work Education.

Siebert, D. (2005). Personal and occupational factors in burnout among practicing social workers: Implications for researchers, practitioners, and managers. *Journal of Social Service Research, 32*(2): 25-44.

Sumerel, M., & Borders, L. (1996). Addressing personal issues in supervision: Impact of counselors' experience level on various aspects of the supervisory relationship. *Counselor Education and Supervision, 35*(4): 268-286.

Tsui, M. (2005). *Social Work Supervision.* Thousand Oak, CA: Sage.

Walsh, J. A. (1990). From Clinician to Supervisor: Essential Ingredients for Training. *Journal of Conenmporary Human Service.*

Wolpin, J., Burke, R., & Greenglass, E. (2000). Is job satisfaction an antecedent or a consequence of psychological burnout. *Human Relations, 44*(2): 193-208.

Yalom, I. D. (1975). *The Theory and practice of group psychotherapy.* NY: Basic Books.

Zastrow, C. H. (2007). *The Practice cf Social Work* (8th ed.). California: Thompson Brooke/Cole Publishing Co.

Zunz, J. (2006). Resiliency and burnout: Protective factors for human service managers. *Administration in Social Work, 22*(3): 39-54.

〈사회복지 관련 사이트〉
여성가족부: http://www.mogef.go.kr
지역아동센터중앙지원단: http://www.icareinfo.info
한국노인 종합복지관협회: http://www.kaswcs.or.kr/
한국사회복지관협회: http://www.kaswc.or.kr/
한국사회복지사협회: www.welfare.net
한국장애인복지관협회: http://www.hinet.or.kr/

찾아보기

인명

내용

저자 소개

석말숙(Seok, MalSook)

이화여자대학교 문학박사(임상사회복지 전공)
전 충청남도 사회복지공동모금회 배분위원
　　한국사회복지실천연구학회장
　　한국통합사례관리학회 이사
　　천안시장애인가족지원센터장
　　천안시장애인종합복지관 운영위원장
현 나사렛대학교 사회복지학부 교수

〈주요 저서〉

장애인복지론(공저, 양서원, 2020)
사회복지실천론(3판, 공저, 공동체, 2020)
사회복지개론(3판, 공저, 학지사, 2018)
사회복지실천기술론(공저, 공동체, 2017)
인간행동과 사회환경(공저, 창지사, 2016)

〈주요 논문〉

다문화청소년의 개인요인 · 정서요인, 부모요인, 사회 · 환경요인이 진로미결정에
　　미치는 영향(공동, 산업융합연구, 2021)
장애인의 일상생활차별경험과 취업여부의 상태변화가 생활만족도에 미치는 영향에
　　관한 종단연구: 노인과 비노인의 비교를 중심으로(공동, 보건사회연구, 2017)
사회복지교육에서 플립드 러닝 수업의 효과성: 자기주도적 학력력, 학습동기,
　　자아효능감을 중심으로(한국사회복지교육, 2016)

김정진(Kim, JungJin)

이화여자대학교 문학박사(임상사회복지 전공)
전 고려대학교병원 정신건강사회복지사
　　태화샘솟는집 관장
　　나우리정신건강센터 공동대표
　　한국정신건강사회복지학회장
　　한국사회복지실천연구학회장
현 나사렛대학교 사회복지학부 교수

〈주요 저서〉

정신건강론(학지사, 2022)
사회복지실천기술론(2판, 학지사, 2019)
사회복지개론(3판, 공저, 학지사, 2018)
사회복지실천론(5판, 공저, 나남, 2018)
정신건강사회복지론(공저, 공동체, 2017)
사회복지사 윤리 이론과 윤리적 실천 연습(공저, 한국사회복지사협회, 2016)
다문화사회복지론(공저, 학지사, 2015)

〈주요 논문〉

생애사 연구를 통한 정신장애여성의 영농 직업재활 경험 이해(생명연구, 2020)
베이비붐 세대의 정신건강과 교회의 역할(생명연구, 2017)
대학생의 외향성이 삶의 이유에 미치는 영향(정신보건과 사회사업, 2014)

사회복지 현장실습 A to Z
Social Welfare Practicum A to Z

2022년 2월 15일 1판 1쇄 인쇄
2022년 2월 25일 1판 1쇄 발행

지은이 • 석말숙 · 김정진

펴낸이 • 김진환

펴낸곳 • (주) **학지사**

04031 서울특별시 마포구 양화로 15길 20 마인드월드빌딩

대표전화 • 02)330-5114   팩스 • 02)324-2345

등록번호 • 제313-2006-000265호

홈페이지 • http://www.hakjisa.co.kr
페이스북 • https://www.facebook.com/hakjisabook

ISBN 978-89-997-2610-1 93330

정가 17,000원

저자와의 협약으로 인지는 생략합니다.
파본은 구입처에서 교환해 드립니다.

이 책을 무단으로 전재하거나 복제할 경우 저작권법에 따라 처벌을 받게 됩니다.

출판미디어기업 **학지사**

간호보건의학출판 **학지사메디컬** www.hakjisamd.co.kr
심리검사연구소 **인싸이트** www.inpsyt.co.kr
학술논문서비스 **뉴논문** www.newnonmun.com
교육연수원 **카운피아** www.counpia.com

이 책의 인세 수익금은 전액 장학금으로 사용됩니다.